DEYUNGAOZHONGYURENSHIJIANTANSUO

德韵：高中育人实践探索

吕国辉◇主编

辽宁人民出版社

图书在版编目（ＣＩＰ）数据

德韵 : 高中育人实践探索 / 吕国辉主编 . — 沈阳 :
辽宁人民出版社 , 2021.12

ISBN 978-7-205-10381-1

Ⅰ . ①德… Ⅱ . ①吕… Ⅲ . ①德育 – 教学研究 – 高中
Ⅳ . ① G631

中国版本图书馆 CIP 数据核字 (2021) 第 265992 号

出版发行：辽宁人民出版社

地址：沈阳市和平区十一纬路 25 号　邮编：110003

电话：024-23284321（邮　购）　024-23284324（发行部）

传真：024-23284191（发行部）　024-23284304（办公室）

http://www.lnpph.com.cn

印　　刷：辽宁鼎籍数码科技有限公司

幅面尺寸：185mm × 260mm

印　　张：27.25

字　　数：480 千字

出版时间：2021 年 12 月第 1 版

印刷时间：2021 年 12 月第 1 次印刷

责任编辑：祁雪芬

装帧设计：白　咏

责任校对：吴艳杰

书　　号：ISBN 978-7-205-10381-1

定　　价：98.00 元

编 委 会

前　言

Preface

　　教书育人是学校的根本任务，教书是教育的前提，是显性的手段和途径，而育人则是教育的终极目的。盘锦市笫二高级中学就是一所深入探索育人之道的省级特色高中实验学校。多年来，学校深入推进德育教育研究，在年部管理、班主任工作、思政课及学科教学过程中深入落实立德树人根本任务，全面促进学生德智体美劳全面健康发展，为上级学府及社会培养了大批品学兼优的毕业生。

　　2019年3月18日习近平总书记在学校思想政治理论课教师座谈会上提出"思想政治理论课是落实立德树人根本任务的关键课程"这一科学论断后，学校认真梳理德育工作的思路及经验，以"思政课程"和"课程思政"两个角度为切入点，进一步深入研究落实立德树人根本任务。在全校积极调动教师的积极性，紧扣坚定理想信念、厚植爱国主义情怀、加强品德修养、增长知识见识、培养奋斗精神、增强综合素质六项重点任务，从理论和实践两个方面探索推进立德树人根本任务，并将其融入学校教育教学工作各个环节。经过近两年的探索，2021年1月起，学校收集整理教师的实践经验汇编为《德韵》一书。

　　这本书以"德"为主线，广泛收集了学校在推进新时代立德树人工作中的探索及经验。全书紧扣"立德树人"这一教育根本任务，从"思政课程"和"课程思政"两个角度及理论与实践两个层面，全面展示了学校在落实习近平总书记《思政课是落实立德树人根本任务的关键课程》重要讲话精神所做出的尝试，内容涉及党建引领、德育管理、年部管理、班级管理、食堂管理及高中所有学科教学等方面，内容涵盖广，探索领域深，观点富于启发性。

　　这本书由一篇篇小论文构成，汇聚了教师们的教育经验与智慧。文中立德树人的思想、充满爱心的文字及符合教育规律教学的探索体现了市二高中教师不忘初心、为党育人、为国育才的教育情怀，体现了市二高中教师坚守使命、一切为了学生、为了学生一切的人间大爱，更体现了市二高中教师立足学校实际、潜心教书育人的科研精神。

　　这本书是高中育人实践探索的开始，虽显幼稚、尚不成熟，却也于细微之处给人以深刻的启迪，激发你向更深处探究的兴趣。这本书中的理论也许还不系统、有待完善，但二高人一步步地探索、一日日地凝练，在不懈的努力中，必将于立德树人方面开辟出一片新的领域，在办好符合教育规律、让盘锦人民满意的教育进程中添上浓墨重彩的一笔。

2021 年 7 月 1 日

目 录
Contents

浅谈新课标下高中政治
课堂教学中的人文精神教育

吕国辉

摘要：在新的政治课标下政治教育的本质是人文精神的素质教育，提高学生的人文素质对于学生未来的发展具有积极的意义。在高中政治教学过程中，通过人性化的教学理念加强学生人文精神的培养，不仅能够有助于学生对所学知识的深刻理解，还能使其思想品德素养与人生价值观得到进一步提升。

关键词：高中；政治教学；人文精神；渗透；培养

目前，随着我国新课程教学改革的深入实施，我们的教学工作发生了新的变化。在高中政治课堂教学中，我们提出了对学生的人文精神教育。而人文精神教育的主渠道是学科教育，主阵地是课堂教学。那么，教师如何在高中政治学科教学中渗透人文精神教育是一个新的课题探究。现在我们的教学十分注重"以人为本"的教学思想。在教学中渗透人文精神，一个关键的问题是要始终坚持"以人为本"的现代教育理念。从我们教师的层面来说，要突出学生的主体地位，从根本上摆脱"为了应试而教"的束缚，立足于提高学生的整体素质，特别要注重人文精神教育，教会学生做人，健全学生人格。从学生层面来说，要正确认识自我、超越自我，变被动学习为主动学习，在学习活动中体验和内化。

一、人文及人文精神的基本内涵

高中政治教学中非常重要的一个教学目标就是培养学生的人文精神。那么，什么是人文？什么是人文精神？

　　"人文"一词最早出现在《周易》"贲"（六十四卦之一）卦："文明以止，人文也。"指修饰。修饰出美，故曰"美在其中"。人文，是一个动态的概念。《辞海》中这样解释：人文"指人类社会的各种文化现象"。文化是人类或者一个民族、一个人群共同具有的符号、价值观及其规范。符号是文化的基础，价值观是文化的核心，而规范，包括习惯规范、道德规范和法律规范则是文化的主要内容。人文是指人类文化中的先进的、科学的、优秀的、健康的部分。

　　人文精神是一种普遍的人类自我关怀，表现为对人的尊严、价值、命运的维护、追求和关切，对人类遗留下来的各种精神文化现象的高度珍视，对一种全面发展的理想人格的肯定和塑造。人文精神的基本内涵包括三个层次：一、人性，对人的幸福和尊严的追求，是广义的人道主义精神；二、理性，对真理的追求，是广义的科学精神；三、超越性，对生活意义的追求。简单地说，就是关心人，尤其是关心人的精神生活；尊重人的价值，尤其是尊重人作为精神存在的价值。人文精神的基本含义就是：尊重人的价值，尊重精神的价值。

　　人文精神不仅是精神文明的主要内容，而且影响到物质文明建设。它是构成一个民族、一个地区文化个性的核心内容；是衡量一个民族、一个地区的文明程度的重要尺度。一个国家的国民人文修养的水准，在很大程度上取决于国民教育中人文教育的地位和水平。

二、在高中政治课堂教学中渗透人文精神教育的实践意义

　　1.注重强调以道德为主，深化高中政治课育人塑人功能。当前，高中政治教学过程中普遍存在着轻视人文的现象，由于人文教学的缺失，导致学生人文精神方面的素养严重不足。教师在教学过程中由于谈吐素养和风度不够，又给学生人文精神的培养上带来了一定的消极影响。在高中政治课堂上，我们教师对学生的道德爱国教育往往是被抽去了意蕴和灵魂的"大道理"。一方面学生的心理发展愈渐成熟，另一方面，以道德为主的高中政治课没有人文精神教育上的拓展，这样我们教师就很难让学生"亲其道，信其师"。一言以蔽之就是：道德的皮肉和灵魂被人为地剥离，剩下的只有被应试异化的悲哀和感叹。在我们高中政治课的教学中，教师有针对性地渗透人文精神教育，就能有效地使知识变得生动有趣，并贴近学生个性，为培养他们各方面素质所需。

　　2.坚持以人的发展为本，优化作为现代学生的素质结构。在高中政治课堂上，我们教学要符合现代精神应该是以人为本的。其重要的着眼点是提高学生的人文素质。我国是一个多民族国家，有着非常深厚的文化底蕴，在高中政治教学中，通过对教学

方法的改革，把人文精神渗透到政治教学中，就可以使学生在掌握基本知识的同时认知到本质。通过教学观念的转变将人文精神渗透到学生的生活以及社会历史背景中，让学生能够真正认识社会、适应社会、融入社会，在加深自身感受的同时拓宽和提升他们的人文精神素养。通过人文精神渗透，可以开阔学生的视野，促进学生独立思考，培养学生自主学习能力，促进学生历史思维能力发展，为学生的人文素质教育提供了更为广阔的途径。在工业化、信息化飞速发展的经济时代，学生中往往存在着重理轻文的不和谐现象，反映出教育功利化的一面。纵观世界各国的发展轨迹，我们不难看出，真正文明和先进的国度无不重视对公民人文精神的培养和塑造。真正决定一个人成就的不是冰山上的一角，而是水下蕴藏的不易看到的那部分。博大的人文精神正是学生日后成人成才所具备的良好素质。重理轻文直接导致学生素质结构出现缺失，并造成人格精神和魅力的局限。我们尚若在高中政治课教学中注重渗透人文精神教育，而不是简单的道德说教，就能够让学生在学习过程中受到各种高尚人格力量潜移默化的影响，为他们在日后的人生道路上实现人生价值储备深厚的人格底蕴。唯有如此，才能真正使学生从书本中悟出博大精深的人文道理。

三、在高中政治课堂教学中渗透人文精神的实施探究

1. 教师要"以人为本"，激发学生成才内驱力。作为合格的政治教师，我们在教育教学中应坚持以人为本的理念，在高中政治课堂教学中，我们教师要"以人为本"，把学生视为能动的主体，而不是被动地接受教育的客体。我们教师要培养学生的社会责任感和生存危机感，激发学生成才内驱力。在课堂教学中，教师要抓住思想教育的有利时机，使学生产生强大的认知内驱力。当代高中学生具有较强的独立自主意识，容易产生逆反心理，教师应放下老师的架子，平等地与学生进行心灵的对话，让学生感受到老师的真诚与关爱，使学生端正学习态度，态度决定高度，变"要我学"为"我要学"。我们教师要利用政治学科自身的优势来激发学生的主动学习。政治学科有很强的理论性和逻辑性。其生命力在于运用抽象的原理解决实际问题。高中政治课必须讲求理论的真理性，使学生心服口服，并在感情上引起共鸣，认识到本学科的知识价值；对于社会热点问题的分析，力求做到观点正确、材料充分、条理清楚，使学生充分认识到本学科的社会价值。我们教师要学会及时表扬学生，尽力创造条件让学生获得成功的喜悦，树立"我能行"的自信心，逐步形成自信乐观的人格特征。

2. 教师要建立平等、民主、和谐的师生关系，要理论和实践相结合。教师是实施人文精神教育的关键，也是培养学生成为具有较高人文素养人才的关键。人文精神教育是一项长期而艰巨的教育实践工作，在高中政治课堂教学中，新型的师生关系应该

是"教师＋家长＋朋友＋学生"。具体来说，教师发挥学生的主体作用，要以尊重学生为前提，要时刻关心学生，充分尊重学生的人格尊严，宽容学生在学习过程中出现的错误，优化课堂氛围，营造一种让学生"自由表达""自主参与"的课堂气氛，构建平等课堂，多鼓励和诱导学生独立思考。教师要创设情境，营造良性沟通，鼓励学生敢于质疑，能够独立表达自己的见解，学会与他人有效沟通。教师要扮演好问题者的角色，引导学生探究，将学生讨论与教师点拨相结合，学生通过讨论和导引，不断修正、充实前阶段的成果，激发学生的创造性思维，完成教学目标。教师在教学时还必须注重理论和实践相结合，以时政热点为突破口，对热点时事进行分析，加强和激起学生的爱国主义情怀，培养忧患意识，为祖国的建设做出贡献，建立起学生的社会责任感。以参加社会实践为途径，有利于学生通过实践获得亲身体验生活、了解社会，有利于培养学生的道德情感和道德意识，丰富学生人文情怀，提高学生对自身的认识。

　　总之，培养高中生的人文精神是高中生全面发展和社会可持续发展的需要，是提高其道德素质教育的一条有效途径。高中政治课应有更高的要求，教学工作要实现与人文精神的渗透交融，以学生发展为本，一切都要有利于学生发展，为此，我们政治教师对自己也要有更前瞻的思考，为加强对高中学生的人文精神培植力度创造更通畅的教学空间。在今后的高中政治教学中，教师要加强学生的人文精神的渗透和培养，从而为有效推动青少年的思想道德教育工作做出贡献。

参考文献：

[1]葛剑雄，朱永刚.人文精神[M].上海：上海科学技术出版社，2010.

[2]周国平.人文精神的哲学思考：周国平教授在国家行政学院的讲演[N].人民日报，2001-12-01.

[3]李旭红.浅谈高中政治课中的人文教学[J].新课程：教师，2010（6）.

[4]朱樟清.联系生活，让政治课充满活力[J].中学教学参考，2011（12）.

如何在高中思想政治课中
拓展学生思维能力的思考

吕国辉

摘要：新课程改革，能力的培养和提高已成为高中教育的重要内容，高中思想政治课综合性强，涵盖知识面广，对学生思维能力的培养起着重要的推动作用。文章拟对高中思想政治课与拓展学生思维能力作一思考。

关键词：思想政治；思维能力；理解

随着我国新课程教学改革的深入实施，素质教育的核心在于培养学生的创新精神和实践能力，这已成为我们的共识。思想政治学科是面向高中学生进行马克思主义、中国特色社会主义理论体系特别是习近平新时代中国特色社会主义思想，以及社会主义核心价值观教育的主渠道、主阵地。培养学生的政治认同是思想政治学科最根本的任务，引导学生在体验社会生活及自身的思维活动中理解理论的真谛，在践行正确价值观的过程中逐渐形成行动自觉。在高中思想政治课教学中，对学生最重要的要求就是理论联系实际的能力，用学习过的知识去解决现实中产生的各种问题。能力是一个复杂系统，学生的一般能力表现为观察力、记忆力、想象力、思维力、注意力等，其中思维力是核心。在高中思想政治课教学中，我们教师要想提高学生解决问题的能力，最核心的就是发展学生的思维能力。

在高中思想政治课的学习中，一些学生提出了自己的困惑：自己对基础知识已经滚瓜烂熟了，为什么做到一些能力型的题目时总是力不从心，很难答到要点，很难以简练的语言准确作答？学习到了这个阶段应该从哪些方面入手去提高自己运用知识的能力？这是一些学生普遍存在的感觉，尤其是中等层次的学生，这种感觉会更突出。

对于这些问题的形成，我觉得应当从以下几个方面进行深入思考。

一、学生在思想政治课学习上的认识误区

长期以来，思想政治课教学仍然处于上课交代知识点、复习背诵要点、考试答要点的僵化的应试教学模式上。学生在思想政治课学习上得到的只是一些教条，不知道它们在实践中如何运用，甚至觉得它们和现实相矛盾，是无用的知识。进入高中学习后，不少学生仍然认为学习高中思想政治课是"贝（背）多芬（分）"，听不听课不要紧，老师强调认为是啰嗦，学生在学习过程中懒于思考，自认为只要把课本主要内容背下来就万事大吉。这在基础学习阶段，能力高低问题并没有突出显现。到了综合提高阶段，分析能力差、逻辑模糊不清、原理生搬硬套、语言归纳不准确等问题就充分暴露出来了。问题出现后，不少学生仍然找不到正确的原因，把自己的这些问题归因于对知识还不够熟悉，或练习做得不够等，所以又投入到背书、做大量练习中去，岂不知这是在做大量的重复而且效率极其低下的工作，在辛苦劳累之后，成绩依然没有什么长进，由此对学习陷入了迷茫之中。在高中思想政治课的教学中，我们教师应重视对学生学习方法的指导。教师通过在阅读教材、学会质疑、思考、归纳概括、运用和表达等方面给学生以引导和帮助，让学生掌握科学的思想政治课学习方法，从而逐步提高学生运用科学的方式方法提出问题、分析问题和解决问题的能力。

二、如何启发学生的思维能力

在高中思想政治课教学中，提高学生思维能力是我们教师教学过程中的一个至关重要的任务。学生思维能力的提高与否，以及提高的程度如何，与教师的教学模式、方法是密切相关的。在教学过程中我们教师如何启发、提高学生的思维能力是没有一种固定模式的，但是却有一些规律可循，有一些好的经验可鉴。我们教师要注重发展学生的思维能力，是启迪学生思维的目的。在教学过程中，教师要注重发展学生的形象思维能力、抽象思维能力、直觉思维能力、灵感思维能力以及创造思维能力等，尤其要以发展学生的创造思维能力为核心。我们教师还要注重培养学生具备良好的思维品质，是高中思想政治课教学的一项重要任务，是发展学生思维能力的突破口。教育心理学的研究表明，学生思维品质主要包括思维的深刻性、灵活性、独创性、批判性和敏捷性，它们是判断学生智力层次高低的主要指标。思想政治课教师要有目的、有计划地培养学生的思维品质。我们教师对学生思维灵活性的培养可以通过引导学生发散思维，在思维过程中，培养学生善于随机应变、转换策略等。

三、如何发展学生的思维能力

在高中思想政治教学中，学生思维能力的提高表现为对知识理解能力、运用能力的提高，而理解知识又是提高学生思维能力的主要途径。因此，我们教师在教学过程中强调得最多的是要求学生对知识进行"理解"。学生也知道要提高对知识的运用能力，必须对知识进行深入理解。但是，什么是"理解"，怎样对知识进行"理解"，对知识掌握到什么程度才算是理解？对于这些问题学生往往是不甚了解的，因而不懂得如何调整学习方法，难以提高能力。我觉得，教师有必要对需要学生理解的知识，作出如何理解以及理解程度的要求，而不能含糊不清地以"理解"一词而作罢。在课堂教学中，我们教师应当把握好学生的理解发展规律，针对学生具体的学习阶段和情况，提出对学习内容的理解所应该和可能达到的要求，并不断促进其理解水平的提高。通过直观教学提供丰富的感性材料，知识的理解是通过思维实现的，但只有在丰富的、典型的、正确的感性材料的基础上才能更好地进行分析、综合、比较、抽象、概括，从而理解事物的本质与规律。因此，在学生学习过程中，尽量占有丰富的、典型的、正确的感性材料是提高理解能力的重要条件。

四、如何提高学生的思维能力

在高中思想政治教学中，由于思想政治课教学内容很抽象、理论性比较强，要让学生理解透、运用好，是一个非常高的要求，确实不容易。如果扎扎实实做好这几个方面，高中思想政治课学习起来也会觉得很实用，很有成就感。

第一，在学习方法上，掌握好"死活学习法"。人们把书本知识叫作"死"的知识，理解的知识并灵活运用的知识叫作"活"的知识。只强调背书记忆，是会禁锢思维的，不能达到将知识灵活运用的要求；而完全不看书，不去记忆知识也就没有了提高思维能力的途径，也不可能拥有解决问题的能力。所以，由"先死后活"到"死去活来"的过程中，是不容许有"害怕记忆，懒于思考"的惰性存在的，在这个过程中没有"捷径"。

第二，努力建立认识网络结构体系，完整地把握知识之间的相互联系与区别。高中思想政治课知识是一个相互联系的整体，更能够对知识灵活运用，准确地分析解决问题必须能够从整体上对知识体系进行把握。这需要在教师指导下，学生按一定思路画出知识结构网络图，从而不断巩固知识、深化理解，拓展思维能力，达到提高分析、解决问题的能力。

第三，注重从多方面多角度进行训练，提高学生综合能力。我们教师要想提高学生这些方面的能力，功夫不仅要在思想政治课上认真做好，还要在更广阔的范围去认真训练。如：看一篇材料或报道之后如何提炼中心思想、如何用简练的语言概括大意、如何用学过的知识去理解文章中反映的问题等等；在日常生活中遇到的问题如何从更多的角度去分析、如何联系不同的知识、如何看待不同的人的不同态度等等。认真抓住每一个机会训练自己，学会善于思考，才会使自己的思维能力得到不断提高，从而使自己的综合能力得到不断提升。

总之，如何培养学生的思维能力，是当前高中思想政治课深化改革亟待解决的问题。提高学生的思维能力是解决学生产生一系列学习问题的核心。实施素质教育必须培养好学生的思维能力，这就要求政治教师必须改变以往呆板、落后的教学模式，树立全新的教学观念和学生观，采用全新的教学手段多方面启发，学生按规律认知、理解，有目的、有计划地自觉进行思维能力的训练，以达到最终解决学生学习能力薄弱的问题，从而适应不断发展的教育教学需要，进而达到更好的教育教学效果。

参考文献：

［1］胡兴松.思想政治课教学艺术论——思维启迪艺术［J］.中学政治教学参考，1997（10）.

［2］程玉平.让主体对客体感兴趣，将"死"知识讲活［J］.思想政治课教学，2003（z1）.

做好课程思政　落实立德树人

吕国辉

摘要：在落实立德树人根本任务过程中，思政课程是关键课程，课程思政与思政课程同向同行，形成协同效应。做好课程思政，加深学科教育深度，提高课堂教学氛围，切实发挥教育功效，引导学生形成正确的价值观。

关键词：课程思政；教师；立德树人

"课程思政"是习近平总书记关于教育论述的重要内容之一。我校以"课程思政"为抓手，将思想政治教育贯穿于学校教育教学全过程，全面贯彻党的立德树人的根本任务，全员育人、全程育人、全方位育人，在知识传播的同时达到价值引领的目的。目前，我校的立德树人氛围日益浓郁、深入人心，课程思政正在持续发力，全面推进，蓬勃发展。

一、"课程思政"的背景

（一）习近平总书记在全国高校思想政治工作会议上的讲话是"课程思政"认识的缘起

2016 年 12 月 7 日，习近平总书记在全国高校思想政治工作会议上提出"要用好课堂教学这个主渠道""其他各门课都要守好一段渠，种好责任田，使各类课程与思想政治理论课同向同行，形成协同效应"。教育强则国家强，人才兴则民族兴。习近平总书记的重要讲话，具有很强的战略性、思想性和针对性，是指导做好新形势下学校思想政治工作的纲领性文献，为新时期做好学生思想政治工作提出了新要求、新方法。我们要进一步增强立德树人的紧迫感、责任感和使命感，坚持立德树人的核心地位不动摇，全面提升人才培养质量，为中国特色社会主义事业培养更多德才兼备、全面发展的建设者和接班人。也正是从这个意义上，我们说习近平总书记在全国高校思想政治工作会议上的讲话是"课程思政"的缘起。"课程思政"的概念就是从这里衍生出来的。

（二）习近平总书记在学校思想政治理论课教师座谈会上的讲话是"课程思政"认识的聚焦与深化

2019 年 3 月 18 日，习近平总书记在京主持召开学校思想政治理论课教师座谈会并发表重要讲话，习近平总书记指出，"思想政治理论课是落实立德树人根本任务的关键课程"，"思政课作用不可替代，思政课教师队伍责任重大"。同时，习近平总书记还提出"要坚持显性教育和隐性教育相统一，要挖掘其他课程和教学方式中蕴含的思想政治教育资源，实现全员全程全方位育人"。这是习近平总书记在全国高校思想政治工作会议之后，对推进思政课程与课程思政有机结合的再次强调。贯彻落实"坚持显性教育和隐性教育相统一"的要求，就是要深入推进思政课程和课程思政建设，围绕立德树人根本任务，把思政课程与课程思政教育教学相统一，探索实现思政课程与课程思政的有机结合；就是要把思政课程与课程思政两者紧密结合，作为新时代新形势下学校有效开展"三全育人"工作的有力抓手、培养担当民族复兴大任时代新人的重要举措，进一步加强和改进学校思想政治教育工作。唯有如此，才能"解决好培养什么人、怎样培养人、为谁培养人这个根本问题"。

（三）习近平新时代中国特色社会主义思想是推进"课程思政"建设的行动指南

党的十九大高举中国特色社会主义伟大旗帜，把习近平新时代中国特色社会主义思想写入党章，确立为党必须长期坚持的指导思想。教育是党的事业发展的重要保证，是国家兴旺发达的根本基石，是民族振兴的奠基工程。在党的十九大报告中，习近平总书记对教育工作作出了全面部署，明确提出社会主义教育事业的总方向，明确了"全面贯彻党的教育方针，落实立德树人根本任务，发展素质教育，推进教育公平，培养德智体美全面发展的社会主义建设者和接班人"的总任务。党的十八大以来，习近平总书记在领导全党和全国人民开创中国特色社会主义新时代的伟大实践中，始终把教育工作摆在突出位置，在多次走进大中小学，在与师生座谈时多次深入阐述立德树人的重要意义，在多次考察教育发展和学校办学情况以及在国内外多个重要会议上，对教育工作发表了一系列重要讲话，深刻阐明了"教育优先发展"的一系列战略性问题，深刻地回答了学校"培养什么样的人、怎样培养人、为谁培养人"这一根本性问题，"办什么样教育、怎样办教育、为谁办教育"这一方向性问题。习近平总书记关于教育的重要论述，传承了中华优秀传统教育思想，借鉴了当今世界优秀教育成果，总结了我们党领导教育工作的历史经验，是马克思主义教育理论的丰富和发展，是党的创新理论的重要组成部分，是推动我国教育事业改革发展的根本遵循，为新时代我国教育改革发展提供了根本遵循，为"课程思政"建设提供了强大的思想武器和行动指南。

二、"课程思政"的内涵及价值意蕴

（一）"课程思政"的内涵

课程思政是顺应新时代教育理念的产物，课程思政的核心目标是在课程当中贯穿思想政治教育元素，从而将思想政治教育贯穿教育的全部领域，潜移默化地对学生的思想意识、行为举止产生影响。课程思政在本质上还是一种教育，是为了实现立德树人。课程思政的理念是协同育人，其目的就是为了实现各类课程与思想政治理论课的同向同行，实现协同育人。课程思政的结构是立体多元的，即实现知识传授、价值塑造和能力培养的多元统一。课程思政的方法是显性教育和隐性教育相结合，通过深化课程目标、内容、结构、模式等方面的改革，把政治认同、国家意识、文化自信、人格养成等思想政治教育导向与各类课程固有的知识、技能传授有机融合，促进学生的全面发展，充分发挥教育教书育人的作用。课程思政的思维是科学创新，以新思维催生新思路，以新思路谋求新发展，以新发展推动新方法，以新方法解决新问题，实现课程思政的创新发展。综上，我们可以得出结论，课程思政是以构建全员、全程、全课程育人格局的形式，将各类课程与思想政治理论课同向同行，形成协同效应，把"立德树人"作为教育的根本任务的一种综合教育理念。

（二）课程思政立德树人的价值意蕴

1. 课程思政是要构建全课程育人体系。推行课程思政，能够开发全员育人、全过程育人的资源，推进各学科教师参与思想政治教育工作，引导他们在思想政治教育中发挥更积极有效的作用，充分利用各学科的思想政治教育资源，发挥所有教育主体的协同作用。课程思政就是将思想政治教育的目标融汇于各科的教学当中，使得各门课程都能参与到学校育人的过程当中，形成一个完整的课程育人体系，培养德才兼备的优秀人才。

2. 课程思政是落实立德树人根本任务的重要途径。课程思政要始终坚持社会主义办学方向，充分挖掘各门课程中的思政元素和价值内涵，以思政课程为核心促进各类课程协同育人，使思想政治教育实现"有形灌输"与"润物无声"相统一。课程思政要始终立足培养社会主义建设者和接班人的战略高度。要紧扣德智体美劳全面发展这一关键，在坚定理想信念上下功夫，培养矢志不渝、勇担使命的信仰者；在厚植爱国主义情怀上下功夫，培养忠于国家、融入人民的爱国者；在加强品德修养上下功夫，培养品行高洁、道德高尚的德馨者；在增长知识见识上下功夫，培养博古通今、见多识广的博学者；在培养奋斗精神上下功夫，培养脚踏实地、努力拼搏的实干者；在增强综合素质上下功夫，培养博学多才、全面发展的才能者。

3. 课程思政建设的意义还在于价值引领。价值理念引领就是让学生认同社会主义核心价值观。课程思政的稳步推进对于提升思想政治教育的实效具有举足轻重的作用，课程思政的意义就在于，在实际教学过程中将"富强、民主、文明、和谐"的社会主义国家层面的价值追求，与"自由、平等、公正、法治"的社会层面的价值追求的核心要义，贯穿于各个学科中，让学生接受和认同社会主义核心价值观。

三、"课程思政"让立德树人更有效

（一）明确德育目标，进一步提高学校德育工作水平

为深入贯彻落实习近平总书记系列重要讲话精神，落实立德树人根本任务，不断增强中小学德育工作的时代性、科学性和实效性，努力形成全员育人、全程育人、全方位育人的德育工作格局，教育部制定了《中小学德育工作指南》。该《指南》规定了高中学段的德育目标："教育和引导学生热爱中国共产党、热爱祖国、热爱人民，拥护中国特色社会主义道路，弘扬民族精神，增强民族自尊心、自信心和自豪感，增强公民意识、社会责任感和民主法治观念，学习运用马克思主义基本观点和方法观察问题、分析问题和解决问题，学会正确选择人生发展道路的相关知识，具备自主、自立、自强的态度和能力，初步形成正确的世界观、人生观和价值观。"德育内容包括理想信念教育、社会主义核心价值观教育、中华优秀传统文化教育、生态文明教育和心理健康教育。我们要以《指南》作为学校开展德育工作的基本遵循，进一步提高学校德育工作水平。

（二）做好课程思政，充分发挥课堂教学的主渠道作用

思想政治课是落实立德树人根本任务的关键课程，要围绕课程目标联系学生生活实际，挖掘课程思想内涵，充分利用时政媒体资源，精心设计教学内容，优化教学方法，发展学生道德认知，注重学生的情感体验和道德实践，让思政课程在春风化雨中润物无声。其他课程要充分挖掘各门课程蕴含的德育资源，将德育内容有机融入到各门课程教学中。尽量做到让课程更有温度、更有高度、更接地气，在有滋有味、回味无穷中帮助学生成长成才。语文、历史、地理等课要利用课程中语言文字、传统文化、历史地理常识等丰富的思想道德教育因素，潜移默化地对学生进行世界观、人生观和价值观的引导。数学、科学、物理、化学、生物等课要加强对学生科学精神、科学方法、科学态度、科学探究能力和逻辑思维能力的培养，促进学生树立勇于创新、求真求实

的思想品质。音乐、体育、美术、艺术等课要加强对学生审美情趣、健康体魄、意志品质、人文素养和生活方式的培养。外语课要加强对学生国际视野、国际理解和综合人文素养的培养。综合实践活动课要加强对学生生活技能、劳动习惯、动手实践和合作交流能力的培养。

（三）立德树人，充分发挥教师思想政治工作主力军作用

教师要强化课程思政意识。我们教师要站在培养德智体美劳全面发展的社会主义建设者和接班人的高度，理解课程思政的重要意义，增强课程思政的自觉性和使命感，发自内心地推进课程思政建设，切实做到教书育人，担起学生健康成长指导者和引路人的责任。教师要着力提升课程思政的能力。习近平总书记指出，传道者自己首先要明道、信道。课程思政要求教师努力掌握思想政治理论知识及其教育的规律方法和艺术。我们教师要注重个人知识、素养与能力水平的提升，努力成为先进思想文化的传播者、党执政的坚定支持者，主动将马克思主义理论和党的理论创新融入课程之中。教师要深入研究教材，积极探索学科教学和思政教育的结合点。在课堂教学过程中，我们教师要对教材做到深入把握，从而以教材为出发点来有效地融入思政思想。各门课程都要守好一段渠、种好责任田，要把做人做事的基本道理、把社会主义核心价值观的要求、把实现民族复兴的理想和责任融入各类课程教学之中，使各类课程与思政课程同向同行，形成协同效应。教师要抓住教育时机，采用多样性教学手段发挥思政影响。在各类课堂上融入思政教育，不仅能够体现教书育人的整体目标，同时也可以使学生的思想道德受到积极引导。在充分发挥思政影响的过程中，教师不仅要采取多样化的教学手段来使教学内容得以呈现，同时还应当及时地抓住教育时机，培养学生良好的道德行为，不断激发学生学习的积极性和主动性。教师要自觉做为学为事为人的示范，坚持教育者首先受教育。为了更好地担当起学生健康成长指导者和引路人的责任，我们教师要把教书育人和自我修养结合起来，做到以德立身、以德立学、以德施教，用高尚的人格感染学生、赢得学生，用真理的力量感召学生，以深厚的理论功底赢得学生，用自己的人格魅力滋养学生，引导学生树立远大理想信念和正确价值观念，促进学生成长为全面发展的人。

总之，课程门门有德育，教师人人讲育人，各门课程都蕴含着育人的力量，各方面学习都可以积淀人生的学问。上好思政课能明白人生道理，上好其他课同样能感悟人生哲理。做好课程思政就是要全面落实立德树人根本任务。教师是做好课程思政的关键，在课堂教学中，我们教师要丰富教学内容，让学科内容更具深度，要创新教学方法，让课堂氛围更有温度，要提升教学效果，让思政教育更有力度，通过一个个鲜活生动的实践体验、一次次润物无声的文化滋养，逐步引导学生培育和弘扬社会主义核心价值观，内化于心、外化于形，才能成为社会主义合格的建设者和接班人，成为

新时代的好公民。

参考文献：

［1］王学俭，石岩.新时代课程思政的内涵、特点、难点及应对策略［J］.新疆师范大学学报，2020（3）.

［2］李潇君.把握课程思政立德树人的价值意蕴［N］.光明日报，2021-04-21.

［3］《中小学德育工作指南》（教基〔2017〕8号）.

党建引领教师队伍建设

蔡素娟

摘要：高中教师队伍建设对于教师群体整体素质的提升、专业素养的培养非常重要，而思想方面的引导应占据主导地位，党建则能够通过向教师传授先进思想、重要讲话来对教师进行思想上的武装，以促进教师内部思想、行为的统一，推进教师队伍的建设。

关键词：党建；教师队伍；建设

党建是党的建设的简称，这是党出于保持自身队伍纯洁性与先进性所进行的一系列整改与完善工作，党建以思想内容为基础，以对教师的行为与工作为重点进行引导与管理。教师是教书育人的职业，党建引领教师队伍建设既是对教师自身素质提升的重视，也考虑到学生的发展离不开教师良好品德的熏陶、专业的培养。通过开展党建，教师尝试将组织建设、思想引导与教学工作相结合，提升教师专业素养。

一、利用专题学习

对于高中教师来说，高考始终是教师与学生共同面临的挑战，而高考习题又苛有一定的时效性与启发性，与当前政治、经济发展息息相关。教师作为带给学生知识的人，更应该提升自己的能力，加强学习，了解当前社会与政治经济发展变化，不断扩充自己的知识，接受新思想的引导。而在学习的过程中，教师则应思考如何保持思想的先进性，如何在激烈的高考竞争中带领学生克服各种各样的困难，对学生群体进行启发与诱导。首先，教师认识到加强自身修养需要保持不断的学习，而在高中教师队伍建设中，利用各种专题进行学习是比较普遍的学习方式。学习强国是中共中央宣传部为了让全体国民了解党的精神、解读最新政策、紧跟思想潮流所研发的一款软件，通过该软件，教师能够随时随地开展专题学习，利用学习强国来学习更多知识。在国家层面上，各个中小学都在利用学习强国软件学习新思想，争做进步人。在学习强国上，教师能够以专题的形式掌握党的精神，了解习近平总书记的各种讲话，各种重要会议的指示精神，国内国际发生的一些时政要闻，也可以拜读其他有感悟的人所写下的文章，不断加强自身思想修养。同时，在开展专题学习时，学校方面也应注意定期组织教师群体一起参与不同专题下开展的学习活动，这些学习活动包括面对高三学生所进行的一系列教育讲座，如帮助学生备战高考、关注学生身心健康等方面。在学习这些专题时，教师明确在教育工作中学生的成绩固然重要，但在学校教育中利用课堂为学生进行思想引导，利用教师这个职业向社会、向学生传播光与热，用自己的言传身教来感染学生，为学生提供基本而必要的帮助。这种学习活动能够使教师深刻地明白，立德树人是教师的使命，在漫长的职业生涯中不断丰富与拓展自己的知识，接受新思想的引导，利用各种专题学习来丰富自我是非常有必要的。教师群体更应树立终身学习的概念，在日常的教学工作中不忘抽出时间发展自我，不断提升自己的专业素养和道德水平。

二、培养教师间的"学风"

教师作为传道授业者，在教学中反复向学生强调该如何保持学习的积极性，不断保持学习与进步，培养学生的自主学习能力。而对于教师自身来说，学习就更为重要了，教师以身作则才能让学生心服口服，使学生更加认识到学习的重要性。因此，在党建工作中，对于教师群体开展学习型活动、组织学习型群体是非常必要的。党的建设是以群众为基础的，在开展党建时更要以教师群体的教学实际为核心，确定以党组织为中心，定期开展一些学习互助与交流分享会，带领全体教师在学习新思想的同时也关注自身的发展与进步。这要求教师在教学工作中不仅要关注学生的学习，也要重视自身的学习进步。教师可以利用空闲时间加强自己的专业能力，提升自己的学历水平，利用课余时间读书与丰富自己，在教师群体内形成一股向学的风气，鼓励学生不断保持学习与进步。教师应该紧跟党的步伐，积极参加一些培训活动，并且参与进修，丰富自己的学科知识，为学生带来更加全面、到位而细致的讲解。同时，在党建引导下的学习活动中，教师能够在自己逐步深入接触党的精神的过程中了解到自己的思想与境界还有诸多不足，而学习则是能够弥补这些不足的唯一方法。因此，教师应树立学习观念，并且不仅仅拘泥于思想与学科，而是从多方面完善自己，让自己成为一个如习近平总书记所说的"大先生"。学校教育需要"大先生"，教师需要从思想品德与人文素养等方面不断完善自己，为学生树立正确的榜样，成为一位言行一致的教师。

三、学习先进，争做典型

在开展党的建设时，当前最常采用的一个方法就包括利用榜样带动群体。在我们党的带领下，当代社会有许多无私奉献、对国家与社会做出重大贡献的人们，这些人中既有已经被《感动中国》带到大众视野面前的那一群人，也有默默无闻坚守在自己岗位，于不起眼的角落散发光与热的人们。而在教师群体内开展党的建设时更应关注榜样的力量，在教师群体中有学习态度积极、工作能力良好且思想品德素养高，深受学生尊敬的教师。在开展党建工作时，这些教师就应该作为榜样来分享自己的工作经验，与其他教师一起探讨如何在教学工作中根据学生的实际情况出发，结合学生当前的学习情况，按照高考标准要求来展开教学，同时在日常教学与学生生活中关心学生的情绪，了解学生的心理状态，做一个在学业上严格要求学生、帮助学生解决疑难的教师，也是学生亲密的伙伴、敬爱的师长，给学生支持、温暖与鼓励。党建工作应关注榜样的力量，在学校教育中定期开展一些评课以及师德教育大会，将那些思想先进、能力出众的人选出来作为榜样，鼓励大家去交流与学习，在全体教师之间形成一种向学的风气，促进教师群体的思想与学风建设，带动全校教师加强学习，共同提高。

四、关注学生身心发展

党建工作在学校的开展归根结底还是要落脚到学生，作为教育工作者，以人为本应该是基本的行为准则，因此，党建工作还是要落脚到关爱学生，关注学生身心发展等方面。在教学中，教师与家长往往容易陷入一个误区，即过分关心成绩，而忽视了学生的全面发展，难以照顾到学生的心灵感受。对于高中教学来说尤其如此。高中生的学业压力过大，本身其情绪就容易受到困扰，自我抗压能力较差的学生更容易走入迷途，在学习与生活中感到压力。而高中教师在开展教学时就应关注学生的心理健康，发现学生成绩下降时，不要急于斥责，而应与学生一起交流、探讨导致该问题的原因，帮助学生锁定自己的薄弱项。当学生存在心理压力时，当学生面对自己不能好好解决的问题时，教师需要思考该如何帮助学生从当前的情境以及糟糕的情绪、心理状态中摆脱出来，引导学生主动、独立地解决当前的困难，帮助学生更好地处理这些问题。关注学生的身心发展是教师在培养学生、引导学生时需要做的最基本任务，教师应在党的领导与思想指引下做好教师工作，为祖国培育人才，承担自己作为教师的责任，不断拓展与提升自身能力，作为一名光荣的人民教师，坚守自己的岗位，贡献出光与热。

结语：党的建设落脚到教育领域体现了当前国家与社会对教育的重视，对人民的负责，对祖国未来的慎重。而教师队伍建设则关系到教育的发展，关系到教学质量，更迫切影响着一代代国民的素质。因此，在开展党建工作时，教学与思想相结合，教师群体向党组织靠拢，积极学习新思想，努力成为先进、负责、受人敬重的新时代人民教师。

参考文献：

［1］李红春，王艳 . 新时代高校党建引领教师队伍建设研究进展与趋势的可视化分析［J］. 辽宁师范大学学报（社会科学版），2020（5）.

［2］吴继娟，张静 . 党建引领 立德树人 构建优良学风院风——记河南大学环境与规划学院教师队伍建设［J］. 河南教育：高教版（中），2020（1）.

强化普高思政教育　促进和谐校园建设

蔡素娟

摘要：立德树人是教育的根本任务，习近平总书记在学校思想政治理论课教师座谈会上强调"思想政治课是落实立德树人根本任务的关键课程"。近年来，普通高中生源逐年减少，学生的素质不断下降，学生痴迷网吧、吸烟、早恋、不守信、纪律观念淡薄等现象明显增多。针对这一事实，笔者认为要不断强化思政教育，促进和谐校园建设，并从什么样的校园是和谐校园、高中思想政治教育究竟在创建和谐校园当中起着什么样的重要作用、如何对高中生进行思想政治教育以创建和谐校园三个方面阐述了在普通高中落实立德树人根本任务的举措。

关键词：立德树人；和谐校园；思政教育

党的十八大报告提出"把立德树人作为教育的根本任务"，习近平总书记在学校思想政治理论课教师座谈会上强调"思想政治课是落实立德树人根本任务的关键课程"。这无疑是"培养德智体美全面发展的社会主义建设者和接班人"的关键所在。近几年，随着重点高中的不断扩招，对于我们这样的普通高中来说，一方面，学校的生源逐年减少；另一方面，学生的素质更是不断下降，这不仅表现在学生的文化素质低，更主要表现在学生的思想道德素质参差不齐。学生痴迷网吧、吸烟、早恋、不守信、纪律观念淡薄等现象明显增多。针对这一事实，不断强化思政教育，促进和谐校园建设，便成为普通高中落实立德树人根本任务的必然之举。那么，什么样的校园是和谐校园？高中思想政治教育究竟在创建和谐校园当中起着什么样的重要作用？如何对高中生进行思想政治教育以创建和谐校园呢？下面我就结合多年教育教学管理经验谈一谈自己的看法与观点。

一、和谐校园的内涵

所谓的和谐校园，是学校发展、制度健全、教研兴旺、校园环境优美、师生和谐相处、学生质量不断提高的校园。和谐校园既是学习的校园，也是生活的乐园、环境的公园，这是和谐的高中校园具备的条件。我认为具体应有以下几个特点。

（一）环境和谐，充满活力

和谐的校园应该是环境和谐，充满活力的。宽松和谐的人文环境能够使一切有利于学校发展的创造愿望得到尊重，创造活动得到支持，创造才能得到发挥，创造成果得到肯定。在和谐校园中，学生体验着校园生活的愉悦，教师享受着为人师表的精神满足，师生充满活力，有理想和追求，工作和学习有激情，有创造性，展示自信、健康、向上的精神风貌。

（二）诚信友爱，公平公正

和谐校园应该是诚信友爱的校园。和谐校园首先是这种诚信待人、与人为善的道德情感和态度。公平正义的校园意味着学校的各方面利益关系得到妥善协调，学校内部矛盾和其他社会矛盾得到正确处理，学校公平和正义得到切实维护和实现。

（三）民主法制，安定有序

民主是指在处理学校的各种关系和矛盾，做各种决策时，对来自各方面的意见和要求都要尊重和重视，通过协调而不是命令手段化解矛盾。法制是使校园有序的重要保证，依照法律规则来治校，人们就有制可循，有法可依，校园就有了和谐的基础。

（四）科学发展，服务社会

和谐校园在建设目标上，坚持提升学校的核心竞争力，发展优先；在办学理念上，坚持以人为本，育人优先；在发展方向上，坚持面向经济社会发展，贡献优先。要体现人文关怀和道德情感，用全面发展的视野培养全面发展的人。

二、思想政治教育对普通高中创建和谐校园的作用

（一）良好的理论宣传作用

思想政治教育为创建普通高中和谐校园进行理论宣传。高中生思想政治教育是构建和谐校园的宣传媒介，必将起到良好的理论宣传作用。由于中学拥有较为活跃的宣传队伍，通过理论宣讲深入校园的各个角落，将和谐校园的理论以朴实的、喜闻乐见的形式在校园内外广泛宣传，必将收到良好的效果。可见，高中政治教师通过思想政治教育活动，将和谐校园理论的内容全面系统、科学准确地传授给学生，帮助学生对

和谐校园理论进行解读，然后通过学生将教育的效果宣传到校园内外，从而为和谐校园的构建创造条件。

（二）提供精神动力和智力支持

思想政治教育为创建普通高中和谐校园提供精神动力和智力支持。和谐校园建设有多方面的要求和目标，如学校教育环境与社会教育环境的和谐发展，学校教育环境与家庭教育环境的和谐发展，学校教育环境中教学因素与非教学因素的和谐发展，等等，但归根到底，评价和谐校园构建成功与否的一个重要尺度是学生个性的全面、和谐发展。学生的全面发展应该是高中思想政治教育的不懈追求。在创建和谐校园的背景下，思想政治教育者通过培养和谐校园所需要的高素质人才，打好良好的思想和道德基础，为和谐校园的创建提供了精神动力和智力支持。

（三）提供重要的思想保障

思想政治教育是普通高中创建和谐校园的重要保障。和谐校园的目标是提高人才培养质量，而高中思想政治教育的本质是一种培养人、塑造人、发展人的教育活动。因此，加强和改进高中生思想政治教育，坚定理想信念，提高思想道德水平，能够为推进和谐校园建设提供重要的思想保障。通过扎实有效的思想政治教育，帮助高中学生牢固树立正确的世界观、人生观和价值观，培养良好的思想政治素质和行为以及高尚的情操，做德、智、体等全面发展的人才。

可以说，坚持公平正义，师生、同学诚信友爱，学习充满活力，生活安定有序，人与自然和谐相处，是和谐校园的关键所在。

三、强化思想政治教育有效促进和谐校园建设

（一）不断坚持以学生为本的思想政治教育新理念

过去我们对学生思想政治教育，主要是立足于简单的说教，着眼点是"管理学生"甚至是"监管学生"，视角在学生、在手段，缺乏理念和思路上的创新。和谐校园是以人为本的校园，对于高中生思想政治教育来说，就是从高中生的实际出发，满足他们的需要，相信学生、依靠学生。从这一新理念出发，有助于满足学生不同层次的精神需求，提高学生思想政治教育的针对性和实效性，有助于发挥学生自我教育、自我管理、自我服务的作用，形成教育和自我教育的合力，从而把学生的思想政治教育与构建和谐校园有机结合起来，进而实现为大学输送更多的合格人才的教育目标。

（二）努力完善思想政治教育工作创新体系

"创新是一个民族进步的灵魂"。同样，创新也是思想政治工作的灵魂。在当今社会的很多负面影响下，我们普通高中思想政治工作可谓难上加难。为了扭转思想政

治工作实效性每况愈下的不良局面，只有从创新思想政治教育途径、创新思想政治教育保障机制等方面不断地完善思想政治教育工作的创新体系，进一步加大创新力度，此为切实提高中学思想政治工作实效性的关键。

1.创新思想政治教育途径。有效的思想政治教育途径是提高思想政治教育实效性的根本保障。创新思想政治工作途径，关键要抓住社会实践环节和健全育人机制。具体而言：一是深入开展切实有效的社会实践活动。社会实践是思想政治教育的重要环节，对于促进学生了解社会、了解国情、增长才干、锻炼能力、增强社会责任感具有不可替代的作用。当前，有些学校开展的社会实践大多流于形式，起不到应有的作用。因此，必须建立和完善社会实践的保障体系和服务体系，探索实践育人的长效机制，把社会实践活动纳入学校教育教学的总体规划，并提供必要经费。要注意围绕社会热点、难点、重点问题开展实践活动，根据学生的实际需要开展实践活动，增强社会实践活动的针对性。二是健全全员育人机制，探索建立社会、学校、家庭三结合的高中生思想政治教育新模式。高中生思想政治教育工作是一项艰巨而又复杂的基础性工程，需要全社会的广泛支持和配合。社会与家庭要保持和学校教育的一致性，才能形成强大的合力，从而为高中生思想政治工作创造良好的外部环境。

2.创新思想政治教育保障机制。一是组织保障机制。大力加强以学校党政干部、共青团干部、年部主任和班主任为主体的思想政治教育队伍建设，逐步增强其政治素质和业务素质，提高做好高中生思想政治工作的本领。二是领导保障机制。健全和完善校长统一领导、全校紧密配合、学生自我教育的领导体制和工作机制，形成全社会共同关心支持高中生思想政治教育的强大合力。三是经费投入、政策导向和制度保障机制。要不断加大对思想政治教育工作的经费投入，改善条件、优化手段，要把思想政治教育工作作为对办学质量和水平考核的重要指标，纳入教育教学评估体系，要把切实加强思想政治教育工作放在突出位置，努力开创高中思想政治教育工作新局面。

（三）切实加强高中生心理健康教育

健康的心理既是高中生健康成长的必要条件，也是和谐校园赖以存在的心理基础。从某种意义上讲，高中生只有处在和谐的心理状态下，才乐于接受教育。实践证明，某些高中生的违法违纪行为，就是心理障碍或心理不和谐的结果。近年来，由于家庭原因以及在学习升学方面面临着一定压力，由此引发的心理问题不断增多，既影响了他们的全面发展，也成为影响构建和谐校园的不稳定因素，甚至成为影响和谐社会的不稳定因素。因此，要采取切实措施，延长心理健康教育链条，将高中生心理健康教育延伸到各个方面，并制定高中生心理健康教育计划，确定相应的教育内容、教育方法。

1.建立健全心理健康教育的专门机构。这是切实加强高中生心理健康教育的前提条件。建设一支高水平的心理健康教育工作队伍，是开展全方位的高中生心理健康教育的必要条件。我们学校设立了专门的心理咨询室。

2.通过科学、规范的心理测试建立高中生个人心理档案。针对高中生的心理特点，积极开展心理健康教育活动。如心理咨询辅导、心理学知识讲座、人际交往训练、升学指导等。帮助学生消除心理困惑，提高学习能力、耐挫折能力、人际交往能力和创造能力，确保高中生健康成长。

3.积极开展心理健康宣传教育活动。支持学生成立心理健康教育社团活动，努力构建和完善高中生心理问题预警机制。

总之，强化思想政治教育，促进和谐校园建设，有利于普通高中落实"立德树人"的根本任务，为社会培养出更多德智体美全面发展的、能够担当民族复兴大任的时代新人。

过程性监控在高中德育管理中的运用分析

张 鹏

摘要：在高中德育教育中，管理者应该加强对学生的管理，让他们高效学习、健康成长。在高中阶段，学生需要学习的内容很多，因此压力很大，所以需要高效的管理。管理者可以对学生的德育教学进行监控，这样可以对他们产生积极的作用，本文主要针对过程性监控在高中德育管理中的运用分析进行具体说明。

关键词：过程性监控；高中德育管理；运用分析

德育教育在学生的成长中占据着重要的地位，教师需要将理论与实践相结合，对学生进行管理，帮助他们树立正确的人生观，让他们对未来有正确的规划，学会高效学习。我们可以在学生的生活和学习中通过过程性监控提高德育管理的效率，抓住教育契机，帮助学生成长，让学生和家长满意。

一、过程性关怀助力学科学习

在高中阶段，学生的学习压力非常大，在生活和学习中会出现很多困难。作为管理者，我们应该对学生进行关怀与教育，让他们更好地适应高中的生活。陶行知先生曾说过，生活即教育。我们应该将生活与教育结合在一起，用生活中的关怀帮助学生更好地学习。例如，我们可以在高一新生入学时安排座谈会，让他们从高一制定学习目标，做好自己的人生规划。这样不仅可以让他们在学习中有明确的方向，而且可以让他们有合理的计划。管理者可以通过学生的学习成绩和学习状态了解他们的目标完成情况，从而深入地了解他们的学习困难和学习问题，帮助他们解决问题，让他们感受到教师对他们的关注。在班级中，教师也应该秉持用爱育人的教育观念，用眼神和语言让学生感受到我们对他们的关怀。当学生出现问题时，我们可以与他们谈心，也可以向其他同学了解具体情况。过程性关怀可以让学生感受到教师对他们的关注，我们应该用爱教育学生，用关怀构建起沟通的桥梁。

二、过程性评价激发学生潜能

在每个学生的成长中都希望获得同学、老师、家长的认可，这样不仅可以建立自信，而且可以激发自己的潜能，在学习中保持积极的心态。因此在高中德育管理中，教师应该为他们创建良好的学习氛围，管理者不仅要重视他们的学习成果，更要重视他们的成长。管理者可以设立一些奖项，以此激励那些突破自我、不断成长的学生。比如，一名同学偏科，当他的成绩有了明显的进步时，管理者就可以利用奖励和表彰认可他，让他感受到我们的关注，用更大的努力回报教师对他的关心，从而提高自己的成绩。对于班级而言，管理者可以利用流动红旗进行评比，无论是班级卫生，还是个人素质，都会对评比结果产生影响，这样可以大大提高他们的集体荣誉感，也会约束他们的行为。当他们获得优秀班级或优秀个人时，管理者可以进行全校表扬或者板报宣传，以此鼓励优秀的同学，这样可以激发他们的潜能，让他们更加努力。过程性评价可以让学生获得认可，让他们拥有坚持不懈的精神。教师的评价，让他们相信坚持和努力会有收获。

三、过程性时间管理促进成长

无论是学习，还是生活，时间管理都是非常重要的，学生拥有强大的时间管理能力会对他们的学习和生活有很大的帮助。在高中德育管理中，我们应该监督他们根据自己的日常计划完成任务，正确管理学习时间与休息时间，在学习时学习，在休息时放松，这样才能真正做到高效的时间管理。久而久之，学生就会养成良好的学习习惯，这会对他们以后的发展有很大的帮助。例如，在假期时，教师会给学生布置很多作业，具有学习计划的同学会根据自己的计划完成作业，然而没有时间概念的同学会在于学前期补作业，这种方式完成的作业是没有意义的，对他们的成长也没有帮助。所以，德育管理者提出了每日打卡的计划，由家长监督，每日在班级群中上传学生写作业的内容，当假期结束时，教师可以以此作为基准，表扬每日打卡的同学。

四、过程性关注留下生命印记

在高中德育管理中，管理者应该学会寻找契机，利用主题式教育提高管理的效率。管理者应该利用特殊的场合对学生进行德育教育，比如高一新生报到、十八岁成人礼、百日誓师等等，我们可以在这些特殊的场合激励学生，让他们留下生命的印记。在每个班级中，班主任都可以设立班级相册，将这些难忘的时光用相机记录下来，这样他们在遇到困难时可以回顾以往的快乐，从而有效激励自己。学校也可以邀请优秀毕业生分享自己的大学生活，解答同学的问题，让他们对大学生活充满向往之情，坚定自己的目标。过程性关注可以让他们正视自己的身份，为以后的发展打下良好的基础。

综上所述，过程性监控在高中德育管理中有着重要的意义，它不仅可以帮助学生健康成长，而且可以推动教育事业的发展，为国家培养优秀的人才。过程性监控可以让学生感受到教师对他们的关注，让他们被认可，被肯定，用积极的心态面对学习和生活。过程性监控也可以提高他们的各项能力，让他们拥有坚持不懈的精神，最终获得成功。

参考文献：

［1］王诗瑞.高中学校德育管理方法有效性初探［J］.中学课程辅导（教师通讯），2019（12）.

［2］唐耀.过程性监控在高中德育管理中的运用［J］.教学管理与教育研究，2019（8）.

［3］赵健.浅析高中学校的德育管理［J］.知识文库，2019（6）.

坚持立德树人

——把培养和践行社会主义核心价值观融入教书育人全过程

张 鹏

摘要： 高中阶段学生的世界观、人生观、价值观还没有完全养成，而且较容易受到外界因素的影响。如何引导学生自觉学习社会主义核心价值观、提升思想高度、坚定正确方向是教师亟待解决的问题。学校必须根据高中学生的身心发展特点，并结合时代要求与时代特色安排相关的教育活动，创建特色主题课程的同时加强家校联动，从而促进学生的发展。本文将根据实际情况探讨把培养和践行社会主义核心价值观融入教书育人全过程的有效策略。

关键词： 社会主义核心价值观；立德树人；思想

社会中多元的价值取向正在给形成三观的高中生造成困惑，面对信息高度发达且质量参差不齐的现状，教师必须坚持立德树人的育人宗旨，把握时代主旋律，高举社会主义核心价值观这面大旗。高中学生即将步入大学，是祖国的希望，关系着国家的未来与命运，教师必须引导学生养成正确的国家观、民族观，引导其将核心价值观应用于自己的实践生活，将理论与实践实现有效结合，从而为构建社会的价值秩序奉献自己的力量。

一、营造良好的校园氛围

环境能够影响人、塑造人，只有创建符合社会主义核心价值观的环境，学生才能在潜移默化中获得自身的发展。同时，人与环境也是相互影响、相互成就的，学校应该与社会和家庭携手，通过多种途径创建良好氛围。首先，加大社会主义核心价值观的宣传力度，教师在学习先进思想的基础上与家长进行沟通，引导家长摆脱陋习，学习新思想；同时加强社会与学校的合作，例如邀请本市的先进人物来到学校进行宣讲，树立典型，宣传正面形象，在学生心中榜样的力量是无穷的。通过多种方式将人、事、物有机结合起来，教育贵于薰习，风气赖于浸染，学校作为学生学习生活的重要场所，应该建立常规化宣传阵地，通过黑板报、展览等媒介进行思想宣传，促使宣传模式常态化、长效化。

二、提升教师个人的思想道德素质

教师是学生学习的引路人，要想提升学生的道德素养，教师首先必须实现自我提升。教师的言行举止是其内在素养的体现，教师的一举一动都在潜移默化中影响着学生。伴随着时代进步教师要不断学习新思想、新观念，时刻牢记立德树人初心，铭记教书育人使命。当前素质教育不断发展，教师应摆脱传统"成绩至上"的观念，将重心转移到"育人"方面来，重视学生素养的提升与正确价值观的建立。在教学中，注重将社会主义核心价值观与教学内容结合起来，根据各学科的特点寻找切入点，从而在修正错误观念的同时更为学生指引了正确的发展道路。同时，教师的行为也会对学生产生影响，在语言行为等方面教师必须加以注意，坚持举止文明、言谈得体，以积极健康的面貌展现在学生面前。

三、把握课堂思想教育的正确方向

在进行教学时，不能只专注于课本知识，还应该将社会主义核心价值观融入弘扬传承中华传统文化、课堂教育教学和社会实践活动，多方面、多层次开展特色主题课程活动。高中的部分具有人文气息的学科可以将社会热点与课程内容紧密结合起来，让教学更加灵活，更加有深度，有利于深化教育，内化思想。同时，高考与社会现象联系愈加紧密，教师应该以课堂为平台，坚持学生的课堂主体地位，把社会主义核心价值观以更加具体化、更加生动的方式展现出来，避免枯燥乏味的说教，从而获得学生的信服与认可。同时，思想教育不是一朝一夕就能完成的，教师应时时刻刻强化养成教育，从细小处进行渗透，课堂上把握和明确主要方向，通过丰富多彩的课堂活动让学生参与课堂的同时，内化思想，提升思想高度。

四、将社会主义核心价值观与实践相结合

学校既是教育教学的场所，也是实践的重要阵地，实践出真知，道不可坐论，德

不能空谈，要想真正理解思想内涵，教师要带领学生将核心价值观应用于实践。服务和奉献是核心价值观的主要内容之一，在校园中教师应鼓励学生积极参与学校组织的各项活动，如慰问敬老院老人、义务献血等，让学生对其有更加深刻的感悟，从而内化于心，外化于行。同时，必须解决"重形式，轻内容"的问题，将"育人"与"教书"紧密结合，加强实践落实，突破传统教学观念的限制，教师积极参与各项实践，身体力行，让学生从中感受到思想的提升。

综上可知，为了把培养和践行社会主义核心价值观融入教书育人全过程，教师在坚持立德树人的宗旨的同时，必须加强家校联动，在社会主旋律的带领下创造良好氛围。同时提升教师的个人素质，起到榜样的带头作用，将课堂与思想宣传紧密结合，并立足于实践，以此加强学生的精神文明建设，提升学生的整体素质。

参考文献：

［1］黎益民.高中生社会三义核心价值观的培育策略［J］.教师博览（科研版），2019（6）.

［2］王维，刘菲.将社会主义核心价值观融入高中校园文化建设的探索［J］.教育革新，2018（3）.

［3］姚瑶.高中生社会主义核心价值观培育路径探究［J］.高考，2017（12）.

高中历史统编教材如何进行思想教育

摘要： 从教材的编写目的、教材的线索脉络、历史学科素养、端正教师思想意识四个方面阐述高中历史统编教材教学实践中的思想教育落实。

关键词： 高中历史统编教材；思想教育；做法

思想教育是历史学科的学科功能，高中历史统编教材将这一功能凸显，在教学中怎样做才能充分发挥新教材的这一特色，下面从四个方面谈高中历史统编教材如何进行思想教育。

一、明确教材编写目的，强化思想教育为前提

高中历史统编教材，强调历史学科的基本理念就是立德树人。在进行统编教材的培训时，教育部副部长郑富芝强调统编教材的重要性和思想性时，他指出：这次教材统编是基础教育领域重大变革，这是一项培养时代新人的世纪工程，是一项立德树人的落地工程，是一项全科育人的系统工程，是一项综合改革的协同工程。经过三年时间编写的统编教材，具有 5 个特点，即方向性更强、导向性强、创新性强、统筹性强、权威性强。其中的教学方向性要求培养合格的社会主义建设者和接班人，培养具有爱国主义和主权意识的堂堂正正的中国人，培养有国际视野、有胸襟有世界眼光的人。在确定这一前提下教学。

二、注重教材编写内容，强调思想教育为主线

以《中外历史纲要》上册为例，历史统编教材的重点学习内容有四个方面。

（一）中华民族 5000 多年文明史。教材内容涵盖了中华优秀传统文化所包含的核心思想理念、传统美德和人文精神，共涉及历史文化名人 100 余位，思想、科技、文学、法律等著作 80 余部，四大发明、天文历法、医学、数学、农学、地理学、水利工程等重大发明创造 50 余项，书画、音乐舞蹈、雕塑、器物等艺术作品 40 余件，引导学生形成对中华文化的认同感，树立正确的文化观，增强文化自信。

（二）中国人民 170 多年斗争史和中国共产党 90 多年奋斗史。必修上册介绍了近代以来中华民族反抗侵略、谋求民族独立的历史，展现了近代中国不同阶层救亡图存的努力和斗争，讲述了中国共产党领导中国人民进行革命、建设和改革的史实，重点介绍了中国共产党领导革命过程中提出的重要战略方针、召开的重要会议、发生的重大事件、取得的重大胜利和涌现的英雄人物等，突出反映了中国共产党在全民族团结抗战中发挥的中流砥柱作用，揭示了中国共产党的领导和社会主义道路是历史的选择、人民的选择，引导学生认同走中国特色社会主义道路是历史的必然以及社会主义道路的优越性，增强道路自信。

（三）国家主权、海洋意识教育。教材以史实为依托，讲述西藏、新疆、台湾及其附属岛屿、南海诸岛等作为我国领土不可分割一部分的历史渊源，讲述时注意内容和语言的准确性，使用教辅用书，要注意地图的准确度和语言的表述，增强学生维护国家统一、国家主权安全和领土完整的意识，形成正确的国家观。

（四）民族团结进步教育。教材讲述了各民族在我国历史上交往交流交融"三交"从而形成多元一体的中华民族的历史，讲课时强调一体是主线和方向，多元是要素和动力，二者辩证统一。介绍我国民族区域自治政策时，要讲明这是中国特色解决民族问题正确道路的重要内容和制度保障。对民族区域自治要防止片面理解，要有针对性地说清楚：民族自治地方不是某个民族独有的地方，民族区域自治不是某个民族独享的自治。我国所有民族自治地方都是党领导下的地方，都是中华人民共和国的地方，都是全国各民族人民共同拥有的地方。以往一些对民族区域自治制度的解释只说是要"保证少数民族当家作主，自主管理本民族内部事务"，这是不够准确的。我国的民族区域自治本质是各民族共同当家作主，共同管理国家和地方事务。我国坚决不搞任何形式的"民族自决"。引导学生树立正确的国家观、民族观、文化观和历史观，增强民族自信心和自豪感，筑牢中华民族共同体意识。

三、落实课标学科素养，要求以思想教育为主导

学科核心素养是学科育人价值的集中体现，是学生通过学科学习而逐步形成的正确价值观念、必备品格和关键能力。历史学科核心素养包括唯物史观、时空观念、史

料实证、历史解释、家国情怀五个方面，通过诸素养的培育，达到立德树人的要求。其中唯物史观和家国情怀是思想教育的主要素养，唯物史观是揭示人类社会历史客观基础及发展规律的科学的历史观和方法论，是诸素养得以达成的理论保证；家国情怀是学习和探究历史应具有的人文追求，体现了对国家富强、人民幸福的情感，以及对国家的高度认同感、归属感、责任感和使命感，是诸素养中价值追求的目标。历史教材的每一节课都要培养学生的唯物史观，必修教材上册每一节都贯穿家国情怀的培养，比如"从隋唐盛世到五代十国"这节课，通过学习，分析隋朝短命而亡的历史教训和唐朝出现"贞观之治""开元盛世"的重要原因，认识历史人物在历史演进中的重要作用，培养学生唯物史观；通过学习民族融合，疆域版图的史实，增强民族认同感和国家观念。"辽宋夏金元的经济与社会"，通过实时分析宋元时期经济发展引起的社会关系的变化，通过认识北方少数民族政权在统一多民族封建国家发展中的重要作用，认识到各民族共同繁荣了中华文明这一道理。所以说，教学中，只要遵循课程标准，必然就落实了思想教育。

四、端正教师思想意识，保证思想教育落地

正人先正己。作为教者，我们要坚持以马克思列宁主义、毛泽东思想、邓小平理论、"三个代表"重要思想、科学发展观、习近平新时代中国特色社会主义思想为指导，体现马克思主义中国化要求，体现中国和中华民族风格，体现党和国家对教育的基本要求，体现国家、民族和宗教基本价值观，体现人类文化知识积累和创新成果，全面贯彻党的教育方针，加强爱国主义、集体主义、社会主义教育，加强中华优秀传统文化、革命传统、法治意识和国家安全、民族团结以及生态文明教育。贯彻落实习近平总书记在全国教育大会上提出的"六个下功夫"，教学中语言要符合中国语言特点和表达方式，这样才能引导学生树立正确的世界观、人生观和价值观，坚定四个自信，把学生培养成为德智体美劳全面发展的社会主义建设者和接班人。这是时代赋予我们教师、我们历史教师的责任和使命。

浅谈高中学科教学中的德育渗透

姜玉艳

摘要：课堂，学校教育的主渠道，在课堂教学中落实立德树人的根本任务，是课堂教学的核心目的。各学科根据本学科的特点及学科知识特点，适时适当进行德育渗透。

关键词：立德树人；学科教学；德育渗透

党的十八大报告提出要"把立德树人作为教育的根本任务"，党的十九大报告再一次明确提出要"落实立德树人根本任务"。习近平总书记在2018年全国教育大会上的讲话指出，要把立德树人融入思想道德教育、文化知识教育、社会实践教育各环节，贯穿基础教育、职业教育、高等教育各领域，学科体系、教学体系、教材体系、管理体系要围绕这个目标来设计，教师要围绕这个目标来教，学生要围绕这个目标来学。凡是不利于实现这个目标的做法都要坚决改过来。

学校，是教育的主阵地；课堂，学校教育的主渠道。在课堂教学中落实立德树人的根本任务，是课堂教学的核心目的。那么，在课堂教学的过程中，教师在讲授学科知识的同时，如何加强思想教育，成为新时代教师新的使命要求和实践方向。在课堂教学中进行思想教育，不是简单地在课堂上敲敲黑板，说我们要热爱祖国，也不是突兀的喊口号式地强调社会主义核心价值观。这需要讲求教学技巧，是需要与学科知识相融合、与自身教学特点相结合，潜移默化、水到渠成地使课程育人价值得以完满释放的过程。这一过程不仅是思政课的教学任务，而且是贯穿于整个学段的全部学科教学中的任务。

一、教师树立思想道德教育情怀

既然课堂是思想道德教育的主渠道，那么教师就是思想道德教育的引领者，所以，教师首先要树立教育"四个为谁服务"的理念,即为人民服务,为中国共产党治国理政服务,为巩固和发展中国特色社会主义制度服务,为改革开放和社会主义现代化建设服务。增强"四个意识"、坚定"四个自信",时刻牢记"四有好老师"基本要求。在教育教学中,始终坚持党和人民的基本立场,自觉做中国特色社会主义的坚定信仰者和忠实实践者。

二、教师明确思想道德教育的内涵

教师要深入学习,明确思想道德教育的核心是社会主义核心价值观,教学中具体体现在家国情怀、民族团结、集体观念、感恩教育、优秀传统、理想信念、道德情操、社会公德、终身学习、勤劳质朴、人文精神、国际视野等等,依据学科特点,结合学科教学的具体内容,适时适度地开展思想道德教育。

三、教师挖掘课程的思想教育的功能

高中阶段是打牢常识性基础知识的学习阶段,进行思想道德教育,各科教学要与思政课同向同行,构建本学科的渗透着思想教育的学科体系、教学体系、教材体系,深入挖掘教材内容中所包含的思想政治元素,找到有机融入教学过程的操作支点,进行有效教学。高中语文、政治、历史教材为国家统编教材,在编撰教材时,已经把立德树人放在首位,教学中教师易于把握;在数学学科的课堂教学中,可以将中国古代对数学的贡献比如《周髀算经》中"勾股定理"的初步应用,祖冲之对圆周率的推算等内容融入;在英语课堂教学中,可以借助科技短文,介绍祖国科技的发达及中国的国际地位;物理学科的教学中,介绍中国原子弹的研制及爆炸成功,成为世界上第五个拥有核武器的国家,国防地位有所提高;化学学科教学中,应该让学生了解早在唐代,中国已经研制火药,中国较早掌握炼钢技术,中国独一无二的制瓷技术等;生物学科教学中,可以引导学生树立人与自然和谐共生的理念;地理学科的学习,教育学生热爱祖国的壮美山川等。总之,各科教学不是贴德育的标签,而是充分挖掘学科教学中的文化内涵、育人因素,各科教学互相配合,真正做到教书育人。

四、教师掌握学科教学中的教育技巧

学科教学过程中的思想政治教育不能生拉硬扯、牵强附会,要与学科核心素养相结合。比如,语文学科素养有文化传承与理解,借助语言文字,体会中华文化的博大精深、源远流长,继承中华优秀传统文化,理解并认同中华文化,形成热爱中华文化的感情,提高道德修养，增强文化自信。英语学科的学科素养有文化意识，体现英语学科核心素养的价值取向，文化意识的培育有助于学生增强国家认同和家国情怀，坚定文化自信，树立人类命运共同体意识，学会做人做事，成长为有文明素养和社会责任感的人。数学学科素养中的数学运算，要求学生在发展运算能力中，养成一丝不苟、严谨求实的科学精神。物理、化学、生物学科的核心素养中都有科学精神与社会责任，要求学生在学科学习中，培养科学精神的同时，勇于承担社会责任。可见，教师在教学中深挖教材的同时，要掌握学科核心素养，结合教学内容，恰如其分地进行思想道德教育。

另外，对学生进行思想道德教育，还要与时俱进。跟随时代步伐，掌握时事热点，利用传统节日及纪念日。比如五四运动纪念日，进行爱国主义教育；端午节，纪念屈原的爱国主义和人民情怀；再如"九一八"事变纪念日，教育学生勿忘国耻、自强不息；疫情肆虐的世界，中国防控措施得当，既有党的强有力的领导指挥，还有那些将生死置之度外的白衣逆行者，等等。适时地对学生进行文化传统及爱国主义教育，会收到更好的效果。

新时代的课堂教学，要全方位、深层次和根本性地彰显立德树人的价值，新时代的教师就应担此重任，正如习近平总书记2014年9月9日在北京师范大学同师生代表座谈时所讲的那样："好老师应该懂得，选择当老师就选择了责任，就要尽到教书育人、立德树人的责任，并把这种责任体现到平凡、普通、细微的教学管理之中。"

新课改下高中思想政治课
如何践行立德树人

李华平

摘要：教育是民族振兴、社会进步的重要基石，对提高人民综合素质、促进人的全面发展、增强中华民族创新创造活力、实现中华民族伟大复兴具有决定性意义。思想政治理论课是落实立德树人根本任务的关键课程，其作用不可替代，思政课教师队伍责任重大。所以，高中思政课教师要充分认识高中思政课程的责任担当，通过改革创新、彰显学生主体地位、引导学生关注时代和社会热点、教学多元化等途径，充分发挥高中思想政治课落实立德树人主渠道作用。

关键词：思想政治理论课；立德树人；责任担当；改革创新；主渠道作用

习近平总书记讲话提到，古人说："敬教劝学，建国之大本；兴贤育才，为政之先务。"教育是民族振兴、社会进步的重要基石，是功在当代、利在千秋的德政工程，对提高人民综合素质、促进人的全面发展、增强中华民族创新创造活力、实现中华民族伟大复兴具有决定性意义。青少年是祖国的未来、民族的希望。"思想政治理论课是落实立德树人根本任务的关键课程。"他还强调，"思政课作用不可替代，思政课教师队伍责任重大"。思想政治教育是立德树人的根本。思想政治课程是立德树人的关键课程，是落实立德树人的主渠道。所以，作为一名高中思政课教师要充分发挥思想政治课程落实立德树人的主渠道作用，那怎样才能充分发挥高中思想政治课落实立德树人主渠道作用呢？

一、必须认识到高中思政课程的责任担当

《普通高中思想政治课程标准（2017 年版）》，明确指出了高中思想政治课程的责任担当："高中思想政治课程紧密结合社会实践、讲授马克思主义基本原理，特别是马克思主义中国化最新成果，引导学生经历自由思考，合作探究的学习过程，理解中国特色社会主义进入新时代的历史方位，了解新时代中国特色社会主义经济、政治、文化、社会、生态文明建设和党的建设进程，培育政治认同、科学精神、法治意识和公共参与等核心素养，逐步树立共产主义远大理想和中国特色社会主义共同理想，坚定中国特色社会主义道路自信、理论自信、制度自信、文化自信，基本形成正确的世界观、人生观、价值观。"

二、结合思政课进行改革创新，使课堂教学"动态化"

习近平总书记在学校思想政治理论课教师座谈会上强调："推动思想政治理论课改革创新，要不断增强思政课的思想性、理论性和亲和力、针对性。"这就要求思政课要不断地改革创新，创新教学方式和手段，使枯燥的理论变得鲜活和有趣，使课堂教学动起来、活起来；立足学生生活实际，打造适合学生实际的生活化课堂。

高中思想政治课要充分考虑学生生活中已有的知识基础、情感基础和身心发展规律，选取学生身边或者熟悉的人和事通过情景教学，打造符合学生实际的生活化课堂，让学生能够通过真实情景进行深入理解和体会，从而把所传授的理念和知识，纳入自己的认知结构，真正内化为自己的理念和知识，借助现代信息技术，创新教学手段，增强时代感和吸引力。

习近平总书记在全国高校思想政治工作会议上，明确指出思想政治理论课教学方法和手段改革的方向，特别重视现代社会新媒体、新技术在思想政治理论课教学乃至整个思想政治工作中的运用。因此，要运用现代新媒体、新技术，推动思政课堂同信息技术高度融合，增强时代感和吸引力，使思想政治课堂教学"动态化"。比如，采用多媒体教学，适当插入社会实际、微视频、电影片段、网络用语等，可以极大地增强课堂的活力和吸引力，也让学生感受到时代气息。研究学生学习特点和规律，创新学生学习方式和教师授课方式，打破传统课堂"满堂灌""一言堂"的教师授课方式，创新和改变以往学生单向接受知识的学习方式，掌握学生学习特点和规律，创新学生学习方式和教师授课方式，通过自主学习、合作学习、探究学习、"学生分组互教"等方式，进一步锻炼学生的逻辑思维能力、自主发展能力和创新实践能力，激发学生

的积极性和主动性，更好地参与课堂。

三、了解、理解学生需求，彰显学生主体地位

课堂教学的主体是学生，要真正关注、了解学生的需求，彰显学生的主体地位，以学生发展为根本，将高中思想政治课程的责任担当和政治认同、科学精神、法治意识和公共参与的核心素养，真正内化于学生心中，培养出能担当民族复兴大任的时代新人。

要改变传统课堂中老师教学生被动听从，教师是课堂的主体，学生纯粹是客体的局面。新课改特别强调"以人为本"的育人理念，要关注学生需求，充分调动学生的积极性、主动性，让学生做课堂的主人，通过各种手段和方式培养和提升学生的素养和能力，将新时代中国特色社会主义思想和社会主义核心价值观真正让学生内化于心外化于行，才能培养出能够担当民族复兴大任的时代新人。

四、引导学生关注时代和社会热点，进行时事政治教育

时代和社会日新月异，新人新事不断涌现，时政热点体现党和国家的路线方针政策，具有鲜明时代特征。思政课程本身就是一门时政性很强的课程，承担着培养担当民族复兴大任的时代新人责任，必须时刻站在时代的浪尖上，时时关注时代和社会热点，将"高大上"的理论讲得"接地气"，贴近时代贴近社会贴近生活，将"有深度"的知识讲得"有温度"，将"有意义"的事情讲得"有意思"，使习近平新时代中国特色社会主义思想和社会主义核心价值观，党和国家的路线方针政策真正内化到学生心中，并转化为实际行动。

比如，在学生开学的第一天正式上课时，我在课堂上就新冠疫情和抗疫战争，适时地引导学生对其进行反思，特别是中国与欧美国家面对疫情防控所取得的不同效果：反思中国抗疫经验：1.四院士挽救了中国。钟南山、李兰娟、王辰、张伯礼。2.以习近平同志为核心的党中央严密部署与安排。3.全国16省对口支援湖北，一省包一市。4.中西医结合治疗，弘扬中医优秀传统文化。5.跨界生产防疫物资。反思欧美等发达资本主义国家，防控效果不佳，患病人数不断上涨，死亡率居高不下。从而看到中国特色社会主义本质及其优越性。反思自己：你透过这场抗疫战争，看到了或者感受到了什么？你推崇什么样的人？你要做一个什么样的人？等等。从而引导学生树立什么样的价值观，做出什么样的价值判断和选择。

五、思政小课堂大课堂齐头并进，教学多元化

教学不仅仅靠课堂，特别是思想政治教育，更应该和学生生活实践紧密结合。思政课程的小课堂在学校，大课堂在家庭在社会，所以，思政教育要融合学校思政小课堂和家庭社会大课堂，充分发挥协同育人的力量。

1. 我让学生在家每天收看《新闻联播》，收看《全国道德模范颁奖典礼》和《70周年大阅兵》等，这些节目视频制作精良，选取的事例感人至深，能真正从内心引导并激发学生的爱国情怀，对国家发展和道德模范人物的道德品质认识反观自己并从中获得成长。

2. 电影由于内容丰富、形象逼真，融合多种艺术形式和时尚文化元素，具有极大的吸引力和震撼力。组织学生合理观影和写影评，也不失为一种有效的教育教学手段。国庆节期间，组织学生观看《我和我的祖国》影片，学生被片中人物的爱国情怀深深打动。让学生写影评，真正触动了内心，抒发心中的爱国情怀。

3. 参观与思想政治教育有关的学生综合实践活动基地。爱国主义教育基地、革命教育基地、科技馆、博物馆、图书馆等等，是学生增长知识、收获爱国情怀的重要基地，能更好地实现教育立德树人的根本任务。

4. 参加志愿者服务活动，带学生一起到敬老院慰问孤寡老人，到孤儿院看望孤儿，参与社区打扫卫生活动，等等。让精神文明深入到学生的实际行动中，让社会主义核心价值观得以真正践行和落实。可以传递爱心，传播文明，促进整个社会良好风尚的形成和助推社会文明进步，它有助于培养学生的公民责任意识，丰富学生的生活体验，加深对社会对生活的认知，不断地提升学生为社会为他人服务的能力和价值，同样不失为思想政治教育的一种有效手段。

不忘初心，方得始终；牢记使命，方显担当。今天面对新时代教育的新要求、新任务，要引导广大教师自觉树立"立德树人是第一责任"意识，以"四有"好老师的标准严格要求自己，以德立身，以德立学，以德施教，着力传播先进思想、塑造美好心灵、弘扬社会新风；充分发挥高中思想政治课落实立德树人主渠道作用。

立德树人

——如何增强思想政治课的信度

王　媛

摘要：政治课教学的信度直接关系到政治教育的效果。当前政治思想教育仍然存在信任危机，提高思想政治课的信度要求教师用彻底的理论说服人，用真人真事影响人，用真情实感感染，同时要改进教学方法，以达到良好的教学效果。

关键词：增强信度；真知灼见；真人真事；真情实感

思想政治教育的目的就是把社会对学生思想品德方面的要求转化为学生个人的需要，培养学生科学的世界观、人生观和价值观，树立崇高的理想和信念。一切理想、信念的形成都取决于信的程度，没有信度就没有教育。因此，要达到上述目的，关键在于思想政治课的教育要有信度，使学生对教育的内容深信不疑。

当前，在思想政治课教学中，仍然存在着"信誉"危机，许多学生对政治课的内容不感兴趣，学生厌学，老师厌教。造成这种现象的原因是多方面的。从教学内容上说，多年来，政治课内容的不确定性、非科学性和理论脱离实际，是造成政治课信誉危机的原因之一。从教育体制上说，这些年来，由于受应试教育的影响，或者对政治课的极端不重视，或者为了应付考试升学，学生和教师存在着严重的实用主义，把政治课当成考试的敲门砖，忽视或放弃了政治课的思想教育功能。从教学方法上说，教师枯燥无味的讲述和生硬肤浅的灌输，学生机械地理解和死记硬背，也是导致政治课信度降低的一个重要原因。

当前，社会道德已经由政治道德向文化道德转变。在青年学生的思想意识中，服从的观念淡化了，自由的意识增强了，批判的精神和叛逆的性格使他们很少迷信和崇拜，只有让他们相信的东西才被认为是可以接受的。缺少信度，不仅教育效果不会持久、牢固，而且还会使学生产生受骗的感觉，从而使他们走上与正面教育相反的认识道路。因此，增强政治课教学的信度，十分必要。

那么，如何增强思想政治课的信度呢？

一、真知灼见

真知灼见，是指正确而深刻的认识和高明的见解。高中学生的突出特点是追求理性思维，以理服人是思想政治教育的根本方法，也是增强思想政治教育信度的最有效手段。马克思说："理论只要说服人，就能掌握群众；而理论只要彻底，就能说服人。所谓彻底，就是抓住事物的根本。"

什么是事物根本呢？就是事物的本源、根基，指事物本身固有的，决定事物性质面貌的最重要的部分。例如，讲社会主义制度的优越性，以前我们常讲社会主义社会没有剥削压迫，人人平等，人民过上幸福生活，这足以让人们相信了一阵子。可是改革开放以后，打开国门一看，我们比发达国家差了很多，人们开始怀疑社会主义的优越性。上述事例说明，思想教育只见表象，没有抓住事物的根本，是肤浅的、不彻底的理论，而不彻底的理论是不能说服人的。

讲社会主义制度的优越性，必须抓住判断一种社会制度是否优越的根本标准，即看这种社会制度是否适合国情，能在多大程度上解放和发展生产力，在多大程度上推动社会的进步和发展，在多大程度上改善人民生活。中国走社会主义道路，适合中国的国情，我们在短短的60多年时间里，走完了资本主义国家用上百年才走完的路程，极大地缩短了同发达国家的差距，从一个积弱积贫的穷国一跃成为世界经济大国，综合国力显著增强，人民生活明显改善，社会进步有目共睹。这样讲，抓住了问题的根本，理论就会彻底，就具有很强的说服力，让学生感到真实、有理、可信，从而达到了很好的教育效果。

抓住事物的根本，既要反映事物的全面，更要反映本质和主流。事物本身是多方面的统一，认识首先要反映事物的全面。例如引导学生正确认识社会，如果我们害怕产生负面影响而一味地回避社会负面因素，就是一种片面性，片面的认识是不能令人信服的，正是这些负面的因素在阻碍着学生对社会正面的认识，负面不除，会动摇甚至抵消正面教育的成果。负面的东西并不可怕，关键在于如何认识和正确引导。思想政治教育要以正面教育为主，我们要引导学生看事物的本质，看主流和大方向，因为事物的性质是由矛盾的主要方面决定的。

抓住事物的根本，要引导学生探究事物的本源，正本清源，才能扎牢思想根基，使认识坚定不移。例如讲坚持中国共产党的领导，先从中国共产党执政地位的确立说起，引导学生回顾中国共产党领导人民推翻三座大山，建立新中国的 28 年革命历程，使学生认识到中国共产党的领导地位不是自封的，而是历史和人民的选择，确信"没有共产党就没有新中国"这样一个铁的事实。进而认识中国共产党的性质和宗旨以及党的执政方式，坚信中国特色社会主义必须坚持中国共产党领导的道理。

讲辩证唯物主义世界观，要先举生活实例，再进行概括和总结，推导出方法论要求，因为哲学是对具体科学的概括总结。讲社会发展规律，先从生产力说起，因为生产力是社会发展的根源和原动力，既找到了知识的根基，正本清源，又充分展示知识的来龙去脉，让学生了解知识形成的过程，学生不得不信。

二、真人真事

人们常说，真实可信，只有真实的东西，才能让人深信不疑。要想增强思想政治课教学的信度，就要用事实说话。

讲"人生的价值在于贡献"一课，如何让学生确信"人生的真正价值在于贡献"，并且树立正确的人生价值观，是这一节课的重点，也是难点。讲清楚这一问题，可能从此引导学生走上正确的人生道路。基于这样的认识，我在讲授这一课时，着实做了认真的准备。

首先，我从"价值"这一概念说起，因为它是这一课的关键。

我先从身边的生活说起，我随手拿起学生的一本书问学生：这本书对你有价值吗？学生说有。我问为什么，学生说，对他有用。我又问：这本书什么时候没有价值了？学生说，学完了没用了，就没有价值了。我又指着学生的课桌问学生：这个课桌对你有价值吗？学生说有，没有课桌就没法学习了。我又指着我问学生：老师对你来说有价值吗？学生说有，老师帮助他学习。我又举了几个生活实例，学生的感性认识丰富了，我适时进行启发引导：事物对你有用，有益，你就说它有价值，反之，就说它没有价值，谁能说一说价值是什么？学生们开始思考，有的学生在翻书，最后，大家认可了价值的概念：事物能满足人们需要的这种属性，即事物对主体的有用性。

在上述理论分析的基础上，我对人生的价值进行了点拨。我说，如果我们把人也看成是事物，一个人有没有价值，不是自己说了算，而是由别人和社会来评价。如果你对别人或社会有用，你给别人或社会带来好处，别人就会说你有价值，你带来的好处越多，别人就会说你的价值越大。反之，因为你的存在给别人或社会带来不幸和痛苦，别人就会说你没有价值。我问学生：是这样吗？学生点头称是。

上述分析，使理论建立在客观事实基础上，具有了彻底性和可信度。

为了增强理论的信度，我联系生活实际，启发学生认识人生价值。我问学生：有一个人在路边捡到一个空饮料瓶，你能评价他的价值吗？学生说，不好评价。我问为什么，学生说：我不知道他捡这个饮料瓶干什么。我继续设计我的问题：如果你发现这个人将饮料瓶投进了路边的垃圾桶，你如何评价？学生说：我会对他产生好感，因为他对保护环境有贡献。这就使学生的认识从生活经验上升到了理论的高度，初步树立起正确的价值观。

接下来我给学生讲个故事：在天津的大街小巷，人们经常能看到一位七八十岁的老人，每天起早贪黑蹬着三轮车拼命地挣钱，他曾在夏季烈日的炙烤下，从三轮车上昏倒过去；他曾在冬天大雪满地的路途中，摔到沟里；他曾因过度疲劳，蹬在车上睡着了；他曾多次感冒高烧，一边吞药，一边蹬车……如果你是路人，你如何评价这个老人？学生一脸茫然，有的说儿女不孝，有的说老人可怜。

我接着说：这位老人退休以后本来可以安享晚年，有一次他回河北老家，看见有那么多孩子因为贫困而失学，他从74岁起，又蹬起了三轮车，一蹬就是十年。三轮车蹬不动了，他又开了个小卖店，还给车站看过自行车，一干又是五年，他将一分一角攒下来的35万元钱全部捐给了希望工程，捐给了那些贫困的孩子们，他自己却过着极端清贫的生活，他叫白方礼。2008年3月13日，白方礼去世三年后，在"感动中国人物"评选中，他的事迹感动了全中国。你们现在还会觉得老人可怜吗？

学生被白方礼的事迹震撼了，他们的脸上浮现出凝重、庄严和敬仰的神情，大家都不说话。不用说出来，在他们的心里，已经用"伟大"替换"可怜"。

许多学生可能都听说过类似的事例，但是他们一般不会自觉地将事例与正确的人生价值观结合起来。建构主义理论认为学习的过程是以原有的知识和经验为基础，通过与外界的相互作用来建构新知识体系。教师的任务就是能唤醒学生的生活经验，并通过观察、对话、交流、感悟等学习体验，主动地将这些经验"学科化""意义化"，把零散的生活经验纳入学科意义的建构中来，从而完成知识的自主建构，形成科学的认识。

实践证明，教学贴近生活，贴近学生，贴近实际，你的课就具有真实性和可信度，因为它是真实的。如果教师所举事例失真或不具有典型性，你所传授的观点、思想就很难为学生所接受，学生甚至会产生怀疑和抵触情绪。失真必然导致失信，失信的教育是无效的。

三、真情实感

赞可夫指出："教学一旦触及学生情感和意志领域，触及学生的精神需要，这种教学法就能发挥高度有效的作用。"古人说，"感人心者，莫先乎情"。课堂上师生之间认识的共鸣，心灵的呼应，情操的陶冶，都离不开教师情感的投入。

如上所述，在给学生讲述白方礼的故事时，我动了感情，由衷的敬佩和真诚的情感溢于言表，热是可以传递的，因此也深深地感染了学生。

在讲中国共产党性质时，给学生讲了发生在红军长征路上"半条棉被"的故事。1934年11月6日，红军长征途经湖南汝城县沙洲村，这天夜晚，一场战斗，使三个红军女战士和她们的部队失去了联系，她们在战斗中扔掉了部分行装，随身只带了一条被子，就住在徐解秀夫妇的家里。那时，徐解秀家里一贫如洗，连一条多余的被子也拿不出来，晚上，她就和三个女战士挤在一张床上，共盖着一条被子，丈夫睡在堂屋的地上。

三天后的一大清早，三个女红军急着上路，出门的时候，她们决定把这唯一的被子送给徐解秀夫妇，但夫妇俩说啥也不肯要。三个女红军见说服不了徐解秀，就不由分说地把被子往床上一扔，抽身就往村外跑，徐解秀赶紧抱起被子，拼命地追了出去。她们在村口推来推去，争执不下。这时，一个女红军从背包中摸出一把剪刀，把一条被子剪成了两半。她们拉着徐解秀的手说："大姐，这下你可别推了，你就收下这半条吧，等革命胜利了，我们还会回来的，到时候我们会送一条新的被子来感谢你。"

徐解秀颤抖着双手接过这半条被子，一句话也说不出来，泪水哗哗地流了下来……徐解秀嘱托丈夫再送红军姐妹一程。谁知丈夫这一去，就随着三个女红军踏上了那条硝烟滚滚的征程。

从此，徐解秀满怀信心地等待着革命胜利的那一天。然而，革命胜利了，丈夫却没有音讯，三个姐妹也没有音讯。徐解秀经常一个人守候在村口，苦苦地张望。1986年，北京电视台"永恒瞬间"节目摄制组到沙洲村采访，摄制了专题片在北京电视台播放。看到专题片后，在邓颖超同志的关怀下，中国人民大学、北京大学将同学们签名的一条崭新的被子，辗转送到了沙洲村，送到了徐奶奶的手中。老人一遍一遍地抚摸着这条被子，像抚摸着自己的亲人一样。她泣不成声地呢喃着："回来了，可回来了，我等你50年了……"

1991年春节前，徐奶奶带着遗憾去世了，临终前还念念不忘三位女红军和丈夫。嘱咐儿孙们要永远记着红军，听共产党的话，她说："共产党就是有一条被子，也要剪下半条给我们老百姓的好人。"

故事真实感人，同学们被深深地感动了，对中国共产党的认识也更加深刻了。

列宁说过："没有人的情感，就从来没有也不可能有人对真理的追求。"情感的本质是人的思想倾向，它是建立在人们对真、善、美的体验和认识基础之上的。而人们对真、善、美的每一次深入体验和认识都是与真情实感的交流相伴而生的。一生中，能让人产生心灵震撼的事情不是很多。但是每一次震撼都是对心灵的一次洗礼和净化，都会成为人生路上的一个里程碑。这种情境的创造，这种情感的交流，是德育渗透的最高境界。

　　教师在平常的教学活动中要善于用生动的事例树立榜样，用真诚的情感渲染课堂，走进学生的情感世界，让学生有情感的体验，激活学生心底里最真诚、最善良、最纯洁的那份情感，用情感的交流来关注学生生命的成长。

　　真情实感还表现为教师认真的工作态度和执着的敬业精神。教师真诚认真的工作态度，一言一行发自内心的认识和感受，容不得半点虚假和违心的求实精神，都会给学生以信任感。特别是教师在教学活动中，引导学生积极思考，主动发问，大胆质疑，激烈争论，踊跃表达的民主课堂，不带任何个人偏见、个人情绪，超越本身利益的理性审视，你的教育和教学都会让学生深信不疑。

浅谈如何将社会主义核心价值观融入高中思政课的教学

陈　竞

摘要：社会主义核心价值观是社会主义核心价值体系的内核，承载着一个民族、一个国家的精神追求，体现着一个社会评判是非曲直的价值标准，一个国家的文化软实力，从根本上说，取决于其核心价值观的生命力、凝聚力、感召力。社会主义核心价值观凝结着全体人民共同的价值追求。在高中思想政治课教学中进行社会主义核心价值观教育是深化新课程改革，全面落实政治学科核心素养的题中应有之义，也是弘扬中华优秀传统文化，厚植文化自信的重要载体，有助于引导广大高中生树立正确的世界观、人生观、价值观。

关键词：社会主义核心价值观；高中思想政治课；教学

培育和践行社会主义核心价值观作为凝魂聚气、强基固本的基础工程，体现着国家和民族的精神高度。《普通高中思想政治课程标准》中明确提出，高中思想政治课以立德树人为根本任务，以培育社会主义核心价值观统领课程改革并以此为根本目的。青年学生处于人生的"拔节孕穗期"，需要进行正确的价值观的引导和教育。因此，如何在高中思想政治课这一重要阵地中融入社会主义核心价值观教育显得尤为重要。

一、用好统编教材，深入将社会主义核心价值观内涵与教材内容有效对接

高中思政课教材是对学生进行社会主义核心价值观教育的一个很好的载体，是教

师"教"和学生"学"的重要依托。教材中明确表述必须把社会主义核心价值观的培育融入国民教育、精神文明创造活动全过程，贯穿到社会生活方方面面，使核心价值观的影响像空气一样无所不在、无时不有，从根本上提高国家文化软实力。所以我想一定要立足教材，深入挖掘教材中的内容是如何展现社会主义核心价值观的应有之义。如在必修一《中国特色社会主义》中，中国共产党成立的艰辛过程以及新民主主义革命的胜利等内容，无形中就会让同学们感受到马克思主义为什么"行"，中国共产党为什么"能"，中国特色社会主义为什么"好"，我们伟大的祖国是如何从"站起来""富起来"到"强起来"的，极大地加强了政治认同，用新时代中国特色社会主义思想铸魂育人，厚植爱国主义情怀。必修二《经济与社会》中以人民为中心的新发展理念以及我国个人的收入分配等内容都涵盖了社会主义核心价值观国家层面的民主和社会层面的平等、公正等内容。必修三《政治与法治》通过对宪法和党章的引入，更加引导学生加强政治认同，遵法守法。人民代表大会和政协的相关知识也让同学们感受到他们是国家的主人及人民民主的真谛。必修四《哲学与文化》讲述了马克思主义哲学相关知识，感受中华文化与中华民族精神的力量，运用辩证唯物主义和历史唯物主义的立场观点分析问题，从哲学的高度引导学生做出科学的价值判断和价值选择以及弘扬中华民族精神与爱国主义情怀。这些内容都是社会主义核心价值观很好的诠释和表达，所以深入挖掘教材会发现教材内容与社会主义核心价值观在精神实质上是深度契合的，用好教材使社会主义核心价值观生动地出现于每节课之中，让学生潜移默化地感受熏陶，润物无声然后才能达到高度认同和自觉践行。

二、提高思政教师素质，润物无声地用社会主义核心价值观浸润学生心田

习近平总书记指出："思想政治理论课是落实立德树人根本任务的关键课程""办好思想政治理论课关键在教师"。要将社会主义核心价值观的精髓融入高中思政课当中，思政教师素质至关重要。习近平总书记还指出："思政课作用不可替代，思政课教师队伍责任重大"，"讲思想政治理论课，要让信仰坚定、学识渊博、理论功底深厚的教师来讲，让学生真心喜爱、终身受益"，思政课教师要提高自身的综合素质，政治要强、人格要正，正所谓"让有信仰的人讲信仰，亲其师才能信其道"。思政课教师要用自身行为践行社会主义核心价值观，用自己的所学、所思感染学生对真理的追求，点燃学生对真善美的向往，让核心价值观润物细无声地浸润学生们的心田，引导学生健康成长。思政课教师还要关注时代和生活，从社会现实中汲取养分，更新教学理念，用国际视野的广度、知识的深度和历史的维度将道理讲明白。好的理论要"及时讲"

并讲出特色，比如在疫情防控中，火神山和雷神山的建设彰显的中国速度，钟南山、李兰娟院士所支撑的中国科技，党员领导干部冲锋在前展现的中国风采等就应该第一时间进课堂，让学生感悟到政治课教学的共时性，加强同学们对中国特色社会主义的认同，对祖国的热爱，对榜样的尊重，给学生以激励和鼓舞的同时，也使社会主义核心价值观的时代性特征彰显得淋漓尽致，丰富教学内容，增强教育效果。这就要求我们思政教师在提高自身品德修养的同时，一定要多丰富自身的内涵，多关注社会变化，多倾听时代声音，多感受社会温度，这样才能给学生以温暖，给学生以力量，才能真正地将社会主义核心价值观浸润到学生的心田，让学生终身受益。诚如总书记所说："思政课教师，要给学生心灵埋下真善美的种子，引导学生扣好人生的第一粒扣子。"

三、关注学生思想动态，激发学生自觉践行社会主义核心价值观

"人无德不立，品德是为人之本。止于至善是中华民族始终不变的人格追求。我们要建设的社会主义现代化强国不仅要在物质上强，更要在精神上强。"而精神上，社会主义核心价值观是最持久、最深沉的精神力量。在思政课教学中，我们对学生进行了系统的理论教育与社会主义核心价值观的渗透，但只停留在理论层面显然是行不通的，而且也没有真正达到对学生教育的目的。而是使社会主义核心价值观与人们日常生活紧密联系起来，在落细、落小、落实上下功夫，使社会主义核心价值观内化为人们的精神追求，外化为人们的自觉行动。所以对学生进行社会主义核心价值观的教育必须让学生在实践中践行，教师要作规范性的指导与评价。

通过社会实践活动，让同学们着眼于真实生活和长远发展，使理论观点与生活经验有机结合，让学生在社会实践活动的历练中、在自主辨析的思考中感悟社会主义核心价值观的力量，自觉践行社会主义核心价值观。社会主义核心价值观它不是空中楼阁，不是遥不可及，而是与我们日常生活息息相关，应该成为日常的价值遵循，对于广大青年，要践行社会主义核心价值观，说到底就是要在"勤学、修德、明辨、笃实"上下功夫，这八个字虽简短却内涵丰富、寓意深刻，指明了社会主义核心价值观的实现路径。社会主义核心价值观是我们生而为中国人的独特精神世界，它的养成是一个过程，"凿井者，起于三寸之坎，以就万仞之深"，青少年要从现在做起，把社会主义核心价值观作为自己的基本遵循，在内心形成高度的认同和精神追求，在实践中表现为日常的自觉行动。青年学生处于人生的"拔节孕穗期"，只有将社会主义价值观真正的学习践行好，才能树立正确的世界观、人生观和价值观，才不会在人生的路途中走弯路，才会走得更长远。

可以说，将社会主义核心价值观教育很好地融入高中思想政治课，能更好地体现思政课程与课程思政的深度融合，彰显高中思政课的独特意义，进而坚定中学生的理

想信念、增强爱国主义硬核力量，也才能更好地凝魂聚气，强基固本，从根本上提高国家文化软实力。

参考文献：

［1］习近平．习近平总书记在 2021 年"两会"上的讲话［N］．人民日报，2021-03-11.

［2］习近平．用新时代中国特色社会主义思想铸魂育人　贯彻党的教育方针落实立德树人根本任务［N］．人民日报，2019-03-19.

［3］习近平．习近平总书记在纪念五四运动100周年大会上的讲话［N］．人民日报，2019-04-30.

［4］习近平．习近平总书记2019年3月18日在学校思想政治理论课教师座谈会上的讲话［N］．人民日报，2019-03-18.

［5］习近平．习近平总书记在全国高校思想政治工作会议上的讲话［N］．人民日报，2016-12-07.

新课改下高中政治教学如何落实立德树人

刘　娜

摘要：国无德不兴，人无德不立。立德树人是教育事业发展必须落实好的根本任务。党的十九大明确提出："要全面贯彻党的教育方针，落实立德树人根本任务，发展素质教育，推进教育公平，培养德智体美全面发展的社会主义建设者和接班人。"随着新课改全面持续推进，思政课作为高中阶段教育教学体系中的重要组成部分，在培育学生基础政治素养，树立正确的世界观、人生观、价值观过程中发挥着重要作用。思政课承载着党的教育方针和教育思想，是国家意志在教育领域的直接体现，在立德树人中发挥着关键作用，因此在思政课教学中落实和践行"立德树人"教学理念具有独特的价值。现就高中思政课中如何落实立德树人进行浅析。

关键词：立德树人；社会主义核心价值观；高中政治；新课标

一、立德树人的重要性

"才者，德之资也；德者，才之帅也。"在北京大学师生座谈会上的重要讲话中，习近平总书记通过这句古语专门阐述人才培养的辩证法。人无德不立，育人的根本在于立德。习总书记还多次通过"扣扣子"的比喻告诫学生价值观养成的重要性。这也从侧面反映了我国教育做好立德树人的重要性和紧迫性。要加强思想道德建设。立德树人，是发展中国特色社会主义教育事业的核心所在，是培养德智体美全面发展的社会主义事业建设者和接班人的本质要求。《思政课是落实立德树人根本任务的关键课程》中明确指出，思政课是落实立德树人根本任务的关键课程，思政课作用不可替代，要解决好培养什么人、怎样培养人、为谁培养人这个根本问题。高中生正处于人生过渡阶段，思想不够成熟，开展高中思想政治课，帮助学生树立正确的三观和社会主义核心价值观符合社会主义发展需求，所以说思想政治课在立德树人上有至关重要的教育价值，立德树人教学理念中蕴含着当代教育的独特价值追求，是新时代、新时期高中政治学科教学中的重要目标。

二、思政课如何落实好"立德树人"根本任务

（一）落实好"立德树人"关键在于教师

"思政课作用不可替代，思政课教师队伍责任重大。"习近平总书记这句话不断提醒我们努力成为一名合格的新时代思政课教师。今天新时代思政课教师承担着为国家培养社会主义合格建设者和可靠接班人的重任，所以，思政课教师至关重要，我们要遵循习总书记的指示：作为一名思政课教师政治要强、情怀要深、思维要新、视野要广、自律要严、人格要正。特别是人格要正，亲其师，才能信其道。要有堂堂正正的人格，用高尚的人格感染学生，用真理的力量感召学生。为学生做好表率作用，其身正，不令而行，其身不正，虽令不从。作为一名思政课老师，要多一份爱心和耐心，扛起立德树人的大旗，利用自己的课堂，在点滴之间燃起学生内心的火把，给学生心灵留下真善美的种子，引导学生扣好人生第一粒扣子，帮助学生强化民族认同、文化认同、制度认同等国家认同的构建，增强四个自信，做到两个维护，对党忠诚，进一步坚定理想信念。

（二）把社会主义核心价值观融入到思政课的教学中

《普通高中思想政治课程标准》中提出了课程设置的基本理念：不单单能使教学目标得以实现，同时通过再加工教学内容，让学生理解中国特色社会主义进入新时代的历史方位，了解新时代中国特色社会主义经济、政治、文化、社会、生态文明建设和党的建设进程，培育政治认同、科学精神、法治意识和公共参与等核心素养，逐步树立共产主义远大理想和中国特色社会主义共同理想，坚定中国特色社会主义道路自信、理论自信、制度自信、文化自信，形成正确的世界观、人生观、价值观。

开展高中思想政治课"议题式教学活动"能够有效提升高中思想政治课教学的质量，同时也能够有效培养学生的政治认同，有利于社会主义核心价值观的渗透，比如在人教版高中《中国特色社会主义》必修一第二课《社会主义制度在中国的确立》这节课的教学过程中，教师就可以组织学生从自身实际出发，教师先设定"只有社会主义才能救中国"这个主题，在这个议题式活动主题教学过程中，让学生感悟马克思主义为什么行，中国共产党为什么能，中国特色社会主义为什么好。对学生进行爱国社会主义核心价值观教育，增强学生的政治认同，树立四个自信。

教师要引导学生认知到"现代人的发展不是基于个体形成的，而是通过人与人之间的交往来实现的"，在这个认知的基础上，引导学生探究一下人与人如何能够建立长久、健康的人际关系，例如在人教版必修二《经济与社会》中的第二课，讲到市场在资源配置中起着决定性作用，但市场调节不是万能的，也存在着固有的弊端，有自发性、滞后性、盲目性，这是本课的重难点。除了教会学生这三点的区别与运用外，更应该立足于实际，对其进行社会主义核心价值观的渗透，提出议题："商家经营成功的因素？"作为企业家或商家以盈利为目的当然无可厚非，但不能为了眼前的利益不择手段，坑害消费者，不讲诚信，这样的商家不但违法而且也会失去消费者的信任，这样的商家的损失会更大。

进行关于"诚信""友善"等相关观念的渗透教育。在整个教学过程中，教师要一直引导学生去思考、去自主探究，结合学生自身实际进行教学，从而加深学生对"爱国、敬业、诚信、友善"的理解，提高社会主义核心价值观的渗透教育效果。

三、引导学生走出课堂，进行社会实践

（一）高中生社会实践的意义

依据《普通高中思想政治课程标准》，思政课必须主动适应时代需要，最终反映在高中生的素质发展上，因而，高中政治要强调课程实施的实践性和开放性。要引领学生在认识社会、适应社会、融入社会的实践中，感受经济、政治、文化等各个领域应用知识的价值和理性思考的意义，增强服务社会、承担社会责任的意识，有利于学生树立四个自信，有利于实现社会主义核心价值观，更加有利于立德树人。

（二）学生社会实践的途径

1.社会考察：包括参观考察、社区访问、问卷调查、听取讲座、专题采访等。例如，可以带学生参观盘山县的农村合作社，通过参观来了解我国的基本经济制度，来增强学生对我国的制度认同。

2.社会服务：包括志愿服务行动、政策法规宣传等。老师可以和《哲学与文化》里面的相关知识进行对接，让学生更加深有感触，增强服务社会的意识。

3.情景模拟：如模拟法庭、各种会议等，可以帮助学生树立法律意识。

4.搜集资料：通过网络、电影、电视、报纸、书刊等广泛搜集资料。可以通过对时政的了解，培养学生的爱国意识等。

四、结束语

总之，道不可坐论，德不能空谈，道德需要知行合一，既要内化为精神追求、更要外化为自觉行动。在新时期，我们要在习近平新时代中国特色社会主义思想的指导下，在党的坚强领导下，需要我们思政课教师立德明志，在中国特色社会主义文化的滋养下，肩负责任和使命，不忘初心，砥砺前行。

参考文献：

［1］杨秋实.高中政治教学与立德树人理念的融合实践［J］.才智，2018（3）.

［2］陈美兰.与时代对话：思政课教师的使命与担当［J］.中学政治教学参考，2020（3）.

思想政治课的责任与立德树人的关系

刘 鸿

摘要：习近平总书记强调学校思想政治理论课教师要贯彻党的教育方针，落实立德树人根本任务。思想政治课在落实立德树人根本任务的过程中必须居于主导地位，发挥主旋律的作用，即从本质上讲就是要依靠思想政治教育解决好"培养什么人，怎样培养人，为谁培养人"这一根本性问题。本论文着重分析了思想政治课的重要性，阐述了思想政治课的责任与立德树人的关系。

关键词：思想政治课；责任；立德树人；关系

国之大计，教育为本；教育大计，要在树人。培养人关乎民族未来、国运兴衰，历来被视为政事之本、兴国之基。解决好这一问题，意义重大而深远。邓小平曾指出，人才培养"是个战略问题，是决定我们命运的问题"。教育作为培养人的社会实践活动，必须首先明确培养什么人、怎样培养人、为谁培养人，只有培养大批社会主义建设者和接班人，才能保证我国长治久安和繁荣发展。习近平总书记着眼党和国家事业兴旺发达、后继有人，深刻指出，"我们党立志于中华民族千秋伟业，必须培养一代又一代拥护中国共产党领导和我国社会主义制度、立志为中国特色社会主义事业奋斗终身的有用人才"。树人之道，内容为王；立德之基，课程为要。思想政治理论课是铸魂育人、涵德化人的基础课程，集培塑信念、培育品德、开发智力、健全人格于一体，在立德树人中地位特殊、作用关键。

方向决定成败，道路决定命运。培养什么人、怎样培养人、为谁培养人，根本上取决于办学育人方向。教育作为社会上层建筑、意识形态领域重要阵地和精神生产重要手段，本质上是由一定社会政治和经济所决定的。我国是中国共产党领导的社会主义国家，必须毫不动摇地坚持社会主义育人方向。习近平总书记在全国教育大会上指出："坚持中国特色社会主义教育发展道路，培养德智体美劳全面发展的社会主义建设者和接班人。"青少年是祖国的未来、民族的希望，教给他们正确的思想，引导他们走正路至关重要。而上好思政课是德育工作的主渠道。提高学生思想觉悟，转变学生思想，是思想政治课教学的核心内容之一，是对学生进行思想品德和政治教育的主要渠道和基本环节，为学生树立科学的人生观、世界观和形成正确的政治思想态度奠定基础。党的十八大以来，以习近平总书记为核心的党中央，围绕办好人民满意的教育提出一系列重大战略思想，推出一系列重大方针政策，社会主义办学方向更加坚定，为解决人才培养问题提供了政治保证。实践表明，方向问题极为重要，只有毫不动摇坚持社会主义办学方向，人才培养目标才能真正得以实现。

加强思政课建设，要发挥教师主观能动性。讲思想政治理论课，要让信仰坚定、学识渊博、理论功底深厚的教师来讲，让学生真心喜爱、终身受益。学校干部队伍建设要把思政课教师作为重要来源，教育部门要拿出切实可行的指导性意见，增强教师的职业认同感、荣誉感、责任感，调动思政课教师的积极性、主动性、创造性。要以教学实效性为目标提升课程质量。思想政治理论课既有一般课程的共同特点，更有其自身的特殊性，既是知识体系，又是价值呈现，既是一门学科，又是意识形态。要增强针对性，因需而行地立德树人。坚持正确政治方向，明确育人目标，以学生需求为出发点，增强人才培养针对性，是思想政治理论课立德树人的第一要义。要体现时代性，因时而进地立德树人。关注学生全面发展、持续发展，重视解决新时代学生成长成才面临的问题与挑战，是思想政治理论课立德树人的内在要求。要遵循规律性，因事而化地立德树人。遵循思想政治工作规律、教书育人规律、人才成长规律，提高思想政治教育能力和水平，是思想政治理论课立德树人的关键所在。要富于创新性，因势而新地立德树人。从教育理念、教育媒介、教育方式等层面开拓创新，是思想政治理论课立德树人的重要举措。要立足学生认知心理特点，正确理解和把握思想政治理论课内容的"变"与"不变"，合理运用教学方法的"传统"与"现代"，科学使用教学手段的"旧"与"新"，选取贴近学生、贴近生活、贴近实际的案例，正确解答各种思想理论和社会问题，不断提升思想政治理论课的针对性和亲和力，增强吸引力、说服力、感染力，切实解决学生的思想认识和实际问题。

思政课应不断改进，从内容到方法进行创新，强化思政课与其他课程的协同能力，根据学生成长需要，结合不同学生理解能力，创新学术话语体系，满足其不同层次的需求。恩格斯也曾指出："许多人协作，许多力量结合为一个总的力量，用马克思的话来说，就造成新的力量，这种力量和它的一个个力量的总和有本质的差别。"就思政课程来说，不仅仅是对该学科发挥其思想引领力，更要带动相关学科形成协同效应，凝聚学科力量，动员教师力量，优化协同教学力量，形成教育合力，更好地推动中国特色立德树人根本任务。

参考文献：

［1］范宝舟，赵蔚.论思想政治教育与立德树人的辩证关系［J］.思想理论教育，2021（6）.

［2］陆军党的创新理论学习研究中心.把握思想政治理论课立德树人根本任务［N］.解放军报，2019-04-12.

［3］高国希.思想政治理论课与立德树人［J］.北京教育：德育，2014（1）.

浅谈社会主义核心价值观在高中思想政治课教学中的渗透

宋国辉

摘要：党的十八大以来，中央高度重视培育和践行社会主义核心价值观。习近平总书记多次作出重要论述，明确提出"我们围绕培养什么人、怎样培养人、为谁培养人这一根本问题，全面加强党对教育工作的领导，坚持立德树人"。《普通高中思想政治课程标准（2017年版）》指出，高中思想政治全面贯彻党的教育方针，落实立德树人根本任务，以社会主义核心价值观统领课程改革，以培育社会主义核心价值观为根本目的。思想政治课是建设社会主义核心价值体系的重要平台，高中政治课教学中如何有效渗透社会主义核心价值观教育，充分发挥思想政治课的德育功能及课堂教学的主渠道作用，本文从以下几个方面谈点个人看法。

关键词：社会主义核心价值观；高中思想政治；渗透

核心价值观，简言之，就是某一社会群体判断社会事物时依据的是非标准，遵循的行为准则。它是一个国家民族价值体系中最本质的部分，影响着一个国家民族全部的价值判断。社会主义核心价值观是社会主义核心价值体系的内核，是社会主义核心价值体系的高度凝练和集中表达。面对世界范围思想文化交流交融交锋形势下价值观较量的新态势，面对改革开放和发展社会主义市场经济条件下思想意识多元多样多变的新特点，积极培育和践行社会主义核心价值观，对于巩固马克思主义在意识形态领域的指导地位、巩固全党全国人民团结奋斗的共同思想基础，对于促进人的全面发展、引领社会全面进步，实现中华民族伟大复兴中国梦的强大正能量，具有重要的现实意义和深远的历史意义。

一、抓住学生的年龄优势进行核心价值观教育，强化政治课的学科导向作用

高中生涉世未深、可塑性强，同时也是世界观、人生观、价值观形成的重要时期，处于人生的"拔节孕穗期"，所以教师要牢牢把握住政治这门学科的课程性质，让政治课真正成为具有思想性导向培养的工具，紧紧围绕社会主义核心价值观的内容，针对学生的思想现状，积极进行知识的传授和能力的培养，让青少年立志为实现中国特色社会主义共同理想努力奋斗。通过政治课程知识的讲授，并结合核心价值观的教育，帮助学生明确方向，形成良好的道德品质，为自己终身发展奠定良好的思想基础。

二、结合生活主题，引导学生思考感悟升华核心价值观

教师在教学过程中，要深入地进行教材的挖掘，注意将教学内容与学生所正在经历的现实有机结合，将生活当中的思想政治以学生的生活作为切入点进行教学的引导，有助于升华学生的个人思想，提升学生的感悟能力和价值观念。比如在讲到统编教材必修三《政治与法治》第三课《中国共产党领导人民站起来、富起来、强起来》一课时，在学生认识中国共产党执政是历史和人民的选择的基础上，中国共产党制定了社会主义初级阶段的基本路线，促进了我国持续、健康、快速发展，尤其是改革开放让中国富起来。为了使学生真正认识到这一点，教学中通过视频列举大量的现实生活中的实例，如当前我国在经济建设、科学技术、国防建设的巨大成就及党领导全国各族人民抗击疫情取得的成果，不仅给学生强烈的视觉冲击，同时使他们在心灵上产生巨大的震撼。100年前我们是无法做到的，现在做到了，正是因为我们坚持了党的领导，坚持了对外开放的基本国策，使综合国力增强，国际影响力及人民群众的幸福感、获得感显著提高，显示了社会主义制度的巨大优越性。这些内容都是学生看到了并且感受到了的，再用理论的引导，使他们明白，社会主义祖国是真正富强起来了，极大地增强了学生的爱国情感。

三、创设和谐课堂，在师生交流中认同社会主义核心价值观

教师要打造良好的课堂教学气氛，创设构建和谐课堂，使学生在良好课堂氛围当中，提高自身的创造能力和思维意识。课堂是学生成长和发展的重要场所，教师将社会主义核心价值观渗透到教育教学当中，利用富有生命力的课堂教学形式和课堂教学方法来进行思想上的渗透、引导，强化学生的思维拓展，提升学生的探究能力和感悟能力。教师要使学生深刻地认识到当前社会主义核心价值观在发展过程当中的重要意

义。例如在《始终走在时代前列》的教学中，教师就可以通过多媒体向学生展示不同时期中国共产党人先锋模范作用的典型代表，如方志敏、杨靖宇、赵一曼、雷锋、王进喜、焦裕禄、孔繁森、杨善州、郭明义等人的先进事迹，弘扬中华民族精神与爱国主义情怀，提升价值观念和个人综合素养。

四、强化主体意识，明确课堂教学的价值取向

把教学的重心放在学生身上，让学生成为课堂的主人，充分发挥其主体作用。教师要适时引导学生在课堂中展示自己的观点，在价值冲突中识别观点，在比较甄别中确认观点，在探索活动中提炼观点，从而有效地提高学生判断、理解、确认正确价值标准的能力。所以，教师在教学中要灵活运用教学策略，把教师主导的"目标—策略—评价"的过程与学生的"活动—体验—表现"的过程结合起来。例如：在学习《人民民主专政的社会主义国家》一课时，教师围绕"民主与专政"让学生列举身边关于人民享有民主与对敌人实行专政的实例，并且讨论民主与专政的关系，从而加深学生对我国国家性质及人民民主最广泛、最真实、最管用特点的认识，进而得出结论"民主与专政具有统一性"，深化了学生对"民主"这一社会主义核心价值观具体内涵的理解。

五、鼓励探究，在合作探究中强化社会主义核心价值观的渗透与引导

高中政治教材所涉及的探究活动材料繁多，这就给了学生一个独立思考、合作探究的机会，所以，教师要结合课本相关内容，为学生提供充足的空间及时间，给学生探索交流的机会，使学生能从自身的特长及关注点出发，主动经历观察、思考、质疑、讨论、探究的过程，让学生通过问卷调查、走访、查阅资料、网上搜索等方式，提出可行性方案，发表自己的见解，培养学生的创新意识及创新精神，进而加强社会主义核心价值观的渗透与引导。比如在进行《文化的民族性与多样性》一课教学时，让学生通过多种方式查阅了解各个国家民族的节日文化，探讨哪种文化才是最具特色的，最后得出：只有保持世界文化的多样性世界才更加丰富多彩，充满生机与活力。学生通过交流、比较、鉴别，明确中国特色社会主义文化的先进性，增强对自身文化的自信。再如，在教学《坚持新发展理念》时，要求学生对我国在人口、资源、环境等方面存在的问题，结合当前社会所倡导的低碳生活、低碳经济等提出自己的看法。这些做法，是让学生通过主动参与的方式，获得探索研究的体验，从而培养起科学的态度和创新精神，增强了学生的社会责任感及使命感，树立社会主义核心价值观。

社会主义核心价值观是我国社会发展的核心指导思想，它对于高中生的思想价值

观念的形成具有极为重要的影响，在进行核心价值观的教授过程中需要教师事先把教材内容与社会主义核心价值观的基本内涵进行有效对接，确立明确的教学目标，找准融入的节点，采取正确的方法，从而使社会主义核心价值观潜移默化润物无声地影响学生，为以后的发展提供良好的思想基础。

总之，培育和践行社会主义核心价值观是一项系统工程，在高中思想品德课程中渗透社会主义核心价值观是课程本身的要求，也是时代赋予思政课教师的使命和责任。坚持把社会主义核心价值观教育与课堂教学紧密结合起来，充分发挥课堂主阵地、主渠道作用，有计划地从不同角度和不同方面贯穿和渗透社会主义核心价值观教育，让社会主义核心价值观入眼、入耳、入脑、入心，走进教材，走进课堂，使社会主义核心价值体系生动具体地融入到学生学习成长的全过程，营造有利于学生健康成长的和谐环境，引导学生在家庭、学校、社会、自然中学会正确处理人与人、人与社会、人与自然的关系，帮助学生解决成长过程中的困惑，用道德的力量启迪学生、感染学生，使学生牢固树立社会主义核心价值观，树立正确的信念，逐步树立为实现"中国梦"而努力的志向。

参考文献：

［1］孙晓春.高中政治课教学中社会主义核心价值观的渗透［J］.考试周刊，2020（10）.

［2］庄义静.高中政治课教学贯彻社会主义核心价值观的探索［J］.中国校外教育，2015（2）.

［3］刘海.高中政治教学渗透立德树人理念的实践探索［J］.现代中小学教育，2015（2）.

［4］雷敏华.探析高中政治教学中渗透立德树人理念的实践策略［J］.俪人：教师，2015（24）.

［5］任文旭.谈大学思想政治课教学中如何渗透社会主义核心价值观［J］.辽宁师专学报（社会科学版），2015（1）.

至诚至勤，以礼律行

——浅谈学生德育管理中如何立德树人

苏志浩

摘要：高中学生个性鲜明，喜怒形于色，情绪波动较大，很容易做出一些我们无法预料的荒唐事。德育教师基于立德树人视角，从管理环境、家校共育和工作机制等多方面入手，始终以学生为中心，帮助他们树立正确的价值观，养成良好的习惯。多年德育工作秉承至诚至勤、以礼律行原则，培养学生的道德品质和学识能力，把培育和践行社会主义核心价值观融入教书育人全过程。

关键词：因材施教；身正为范；家校共育；多措并举

教育兴则人才兴，教育强则国家强。习近平总书记对学校教育的发展和思想政治教育工作高度重视，并发表了一系列重要论述。学校德育工作关系着培养什么样的人、如何培养人以及为谁培养人这个根本问题。高中学生的德育教育对于立德树人根本任务的实现有着重大作用。在校高中生的健康发展是学校立德树人的基本目标，因此我校将培养学生的道德品质和学识能力作为工作重点，把培育和践行社会主义核心价值观融入教书育人全过程。

一、因人而异，因材施教

育才造士，为国之本。高中学生已经处于青春叛逆期，很多学生的个性和行为习惯已经形成，他们个性鲜明，喜怒形于色，情绪波动较大，很容易做出一些我们无法预料的荒唐事。我在德育工作中主要通过培养学生的"食无言，寝无语，行成排"的良好行为习惯和开展多种多样的文体活动，使学生消除抵触思想和逆反心理，帮助学生树立良好的人生观和价值观。

高中学生也因家庭条件、生活环境、生活经历的不同而存在着一定的差异，不同性格的学生所接受的批评教育的方式也不相同。因此，只有对不同的学生采用不同的教育方法，做到一把钥匙开一把锁，这样才能达到理想的教育效果。教师可以通过校园生活了解学生的个性心理特征。如：在班会、体育课和劳动课课堂及运动会等集体活动上，教师可以通过观察学生在小组合作中的表现来了解学生。有的学生反应很快，善于表达自己的观点，在小组内很活跃；有的学生学习能力强；有的学生学习很细心；有的学生喜欢帮助别人。教师还可以通过家访来了解学生的个性心理特点，学生的个性形成与原生家庭的关系最为密切，家访可以让老师了解学生的家庭环境。高中学生的德育管理只有结合学生的实际情况，优化分析，才能为社会培养出高素质、高质量的优秀人才。

二、为人师表，身正为范

教师是人类灵魂的工程师，承担着神圣使命。教师是学生德育实践的组织者和领导者，德育管理水平对学生的综合素质形成有直接影响。德育教育工作者要坚持立德树人，把培育和践行社会主义核心价值观融入教书育人全过程。教师的任务不仅在于教书，更为重要的是用自己的品格育人；不仅要通过语言去传授知识，而且应通过自己的人格去感化、教育学生。为人师表，以身作则，应着重注意以下几点：要严于律己，言行一致，表里如一，要坚持"身教重于言教"。作为一名老师，要用自己的实际行动诠释什么是德育教育，要将德育教育的要求落实在自己的实际行动中，才能真正受到家长和学生的尊敬，才会得到社会大众的赞扬和认可。

三、立德树人，家校共育

一个孩子的健康成长需要学校教育和家庭教育相互沟通配合、共同促进提高，高中德育管理工作更需要通过家校共育的形式完成。教师加强和家长的沟通交流，通过微信和电话等方式，及时向家长汇报学生在学校的学习和生活情况；或以家长会形式，让家长和学生真正感受家庭和学校德育管理的区别。在具体实践的过程中，教师需要做好以下几方面工作。

1.创建立体的网络沟通渠道。通过家校共育理念的德育管理工作，教师和家长需要建立亲密的关系，主动分析学生出现的问题，及时、准确找出对应策略。例如，教师建立班级群，每天将学生在学校的情况反馈给家长，主动询问家长学生在家庭中的表现。通过这样的方式，及时缓解学生的心理压力，从根本上提高德育管理的水平。

2. 做好家访工作。家访是联系家庭和学校的重要纽带，让学校与家庭教育形成合力。教师可以利用家访了解并分析高中生的成长环境，教师可以向家长讲授一些家庭教育的原则与方法，传授学生良好的学习与生活习惯培养等家庭教育知识。家长也可向教师反馈家庭教育中出现的问题，以获得有效的解决方案。

3. 举办家长会。针对学生在某段时间内的表现情况做详细分析。鼓励家长就学生的实际情况举手发言。家长也能相互交流经验，获取有用的信息，最终商讨出最有效的解决方案。

四、多措并举，提高德育水平

利用关键的时间节点组织召开各类主题班会，用贴近学生生活实际的实例来开展德育工作，培养学生的社会责任感。高中学生的价值观念还没有成熟，分辨是非的能力比较弱，做事情容易冲动。教师可通过"理论＋实践"的形式，优化德育管理环境，摆脱过去单一的教学方式，组织学生积极参与德育实践活动，让学生在实践中对德育知识产生新的认知。例如，我校开展了"男生女生""纪念先烈，勿忘国耻""节俭环保献爱心""慰问孤寡老人"等主题活动，在活动后，让每位学生写一篇关于此次活动的心得体会。这些活动以"立德树人"为宗旨，以课堂教学为基础，利用社会主义核心价值观来培养学生的行为意识，让他们懂得感恩、奉献、诚实、守信，并不断培养学生自身的担当意识和责任意识。

总之，所谓立德即树立德业，所谓树人即培养人才。高中德育教师基于立德树人视角，从管理环境、家校共育和工作机制等多方面入手，始终以学生为中心，帮助他们树立正确的价值观，养成良好的习惯。同时，德育教育也要结合学生的实际情况，组织趣味性极强的德育活动，鼓励学生主动参与，增强学生的体验感，使学生在实践中逐步认识到德育知识的现实意义。每个学生都有自己的优点和特长，每个孩子都有闪光点，即便是平时表现不好，也都有偶尔表现好的那一刻，犹如天上的星星，有它闪烁的那一瞬间，作为老师，要用乐观积极的心态，仔细观察，用心发现，及时捕捉，给予鼓励表扬和引导，让每一颗星星都更加闪耀。

参考文献：

[1] 陶维维. 巧用陶行知教育理论，发挥主题班会德育功能 [J]. 教学管理与教育研究，2019（23）.

［2］颜迪，潘洪策.基于"以生为本"视角下的高中德育工作管理分析［J］.黑龙江教育（理论与实践），2017（4）.

［3］关颖.立德树人——家庭教育的永恒主题［J］.中华家教，2013（9）.

以人为本，精细管理

——年部管理践行立德树人

宋显春

摘要： 在学校实施年部管理的前提下，通过培训、教研等多种手段加强教师队伍建设，提高教师的职业责任感和业务水平；通过一系列精细化的管理，培育有志、有德、有形、有为新时代好青年。以人为本，真正做到立德树人、五育并举，为社会主义建设培养建设者和接班人。

关键词： 以人为本；精细管理；年部管理；立德树人

高中阶段的学生生理和心理已近成熟，思维和行为具有高度的自主意识期盼，迫切希望从父母和老师的约束中解放出来，但他们的人生观、世界观、价值观还没有科学理性地建立，往往会出现自以为是或人云亦云的双向不良发展现象。如何在教育管理中立足以学生为主体本位，切实助力学生的身心发展成为学校教育的重要课题。

我校实施年部管理制度，年部责无旁贷地承担着学生发展的重任。本着立德树人、五育并举的原则，潜心育人，积极地开展年部管理。

一、加强队伍建设，提质增效

党的十八大对教育提出了新的要求，把立德树人作为教育的根本任务，在坚持教育优先发展的同时全面实施素质教育，着力提高教育质量，培养学生创新精神。高中新课程改革、新教材、新高考平稳落地。这一切都要求教师必须通过学习和实践实现自我提升，必须做到与时俱进，必须争做"有理想信念、有道德情操、有扎实学识、有仁爱之心"的四有好教师。

（一）积极组织年部全体教师参加省市新课改、新高考、新教材培训

培训前定计划，培训后谈体会；组织教师上"培训汇报课"，备课组研课、听课、评课；结合培训和年部实际开展校级小课题研究，做到人人立项，人人结题，年年立项，年年结题，在年部掀起科研兴教之风。

（二）年部定期开展面向全体教师的"高中生生涯规划指导"培训和讨论

以高度负责的态度探讨因材施教、学生发展，施行"责任到人、承包到户"制度，确保每位学生和教师结对子，实现每位教师都是生涯规划指导师，每位学生拥有生涯规划方案。

（三）扎实有效开展听"推门课"活动

由年部主导，邀请校级领导、中层领导、同组教师随时不打招呼走进课堂听课，课后上课教师说课，听课领导评课，客观指出优缺点，为教师的业务提高提供有力帮助。

（四）优化课堂标准

要求教师在完善授课环节的同时，将"社会主义核心价值观""学生生涯规划"以及"综合素质评价"融入课堂，让立德树人切实地渗透到各个学科的教学之中。

（五）提高集体备课质量

每周每学科"定时间、定地点、定主题、定发言人"开展集体备课，要求转变教育观念，优化教育方法，集思广益，重点解决能力培养、习惯培养、目标教育、思想教育等与学科教学的融合。

（六）建立"计划、检查、监督反馈"三大系统

学期初每位教师、班主任、备课组认真撰写"工作计划"，年部审核通过后予以实施，每天年部值班人员查课、查集体备课，每月召开"全体教师会""班主任会""备课组长会""考务会""成绩分析会"，对出现的问题进行总结反馈，教师对照问题进行整改。对于问题较大的教师，由年部主任进行谈话谈心，组织核心团队进行帮扶，确保每一位教师不掉队。

通过以上精细、精准的管理，全体教师职业素养不断提升，职业使命感不断增强，教育教学效果极大提高。教师已经形成"有梦想、乐钻研、勤工作、不服输"的工作作风，年部的管理也呈现了"精细化、精准化、科学化、民主化"的局面。

二、规范学生管理，培贤育才

早在 1980 年 5 月 26 日邓小平就提出：教育要培养"有理想、有道德、有文化、有纪律"的社会主义新人。

2018 年 5 月 2 日，在北京大学师生座谈会上习近平总书记提出：要把立德树人的成效作为检验学校一切工作的根本标准，真正做到以文化人、以德育人，不断提高学生思想水平、政治觉悟、道德品质、文化素养，做到明大德、守公德、严私德。

按照国家的教育方针和领导人的期盼，我们年部进行广泛的大讨论，制定了"内化规范于心，外化标准于行"的学生管理精细化方案。

（一）培养有志青年

高一新生入学开展为期一周的军训，其间进行《盘锦市第二高级中学学生管理条例》教育、"社会主义核心价值观"教育、"中国伟大复兴的中国梦"等主题教育，引导学生树立远大理想，做有志青年。每位学生定目标、列计划，开展"始于梦想、基于创新、成于实干"大讨论，让"成为德智体美全面发展的社会主义建设者和接班人"成为学生内化于心的理想。

日常教育教学过程中，通过参观党史展、观看《领航》《榜样》宣传片、征文、演讲等多种形式深化巩固学生的理想信念，坚定为实现中华民族伟大复兴而努力奋斗的信心。

（二）培养有德青年

通过班团会、文化墙、黑板报、升旗仪式和每周二的年部工作总结等形式对学生进行中华美德教育，开展"社会公德、职业道德、家庭美德、个人品德"大讨论。培养学生讲文明、懂礼貌；言文明之语，举文明之行；爱家、爱校、爱国；团结同学、尊重师长；知感恩、善报恩；遵规守纪、懂法守法。

（三）培养有形青年

高中学生乐于展示自己，最直接的方式就是在外表上下功夫，但因审美水平不高，往往将自己带入丑的泥潭。鉴于此，年部参考《中学生日常行为规范》组织班主任、学生代表、家长委员会代表探讨研究学生形象方案，在学生内部广泛开展"树立高中生良好形象"大讨论，制定适合年龄和身份的形象标准，并"说了算、定了干、一不做、二不休"，加大检查力度，进行量化考核。学生在着装仪表、言谈举止上得到高标准的约束，并逐渐养成了习惯，内化为品质。

（四）培养有为青年

年部创设竞争评比机制，细化量化考核细则，从教学效果、学生作业、测试考试、活动效果、特长生培养等诸多方面进行评价，营造积极向上、力争上游的气氛。学生"入楼即静，入室即学，入学即专"，目标明确、有条不紊，做到"时时有事做、事事有时做"。通过努力，所有学生都能在高中阶段实现自我、超越自我，完成高一入学的既定目标，带着责任和担当踏入大学的校园。

教育的发展永无止境，虽然通过以人为本精细化的年部管理，教师和学生面貌焕然一新，年部的发展蒸蒸日上，但前路漫漫，我们将以高度负责的态度在立德树人的教育之路上继续探究、实践，为实现中华民族伟大复兴贡献力量。

高中学生食堂管理中立德树人的实践探讨

王兴华

摘要： 德育教育是高中阶段一项非常重要的教育工作，在立德树人理念的指导下，应当在高中教育教学的全过程融入思想政治教育。对于高中食堂管理来说，可以结合餐饮文化立德树人，通过创设与新时代发展理念相符的管理方式，推动食堂参与文化建设，对学生进行与食物和吃饭相关的德育教育，可以更好提升立德树人的教育效果。高中学校食堂管理水平的高低直接影响到师生健康，对于学生道德品格也具有一定影响，通过在食堂上好开学第一课、加强食堂基础设施建设、加强制度管理保障安全、结合阳光操作立德树人、积极创设食堂餐饮文化等，以此更好发挥高中食堂管理中立德树人的作用，提高立德树人教育实效。

关键词： 高中教育；食堂管理；立德树人；制度保障；餐饮文化

2018年全国教育工作大会上，习总书记强调：教育教学应当注重增强师生综合素质，树立健康第一的教育理念。食品安全重于泰山，高中阶段的学生学习非常紧张，为学生提供安全、营养的饭菜是非常重要的。学校食堂管理水平的高低将直接影响学生的身体健康，受到学校师生、家长和社会各界的普遍关注，因此高中学校食堂管理中应当特别重视食品安全。素质教育背景下，首先是要增强学生的身体素质和提升学生的德育素质，高中学校实施立德树人的背景下，可以结合食堂管理进行推进，做好食堂管理不仅能够更好地保障学生的身体健康，而且还可以在学生就餐的时间与空间内开展德育教育，以此引领和促进学生形成正确的价值观念、良好的道德品行。

一、在食堂上好开学第一课

餐饮浪费行为非常常见，对制止餐饮浪费行为，2020 年 8 月习近平总书记作出重要指示，提倡"厉行节约、反对浪费"的社会风尚。高中教育教学中落实立德树人的理念，更好提升立德树人的效果，需要将立德树人融入到学校的所有空间中，实施全程育人的方式更好实现德育教育。高中学校食堂管理中进行立德树人，可以在食堂开展开学第一课。在新生入学之时，教师可以引导新生和家长在食堂吃一顿饭，感受高中食堂的整体伙食质量、饭菜口味，从"食"的方面感受高中生活，尽快让学生融入高中生活，也便于让家长了解孩子在校生活的情况，有利于以后开展家校合作进行德育教育。

例如，对于在食堂开设开学第一课，主要可以进行健康教育、节俭教育、环保教育、爱国主义教育等，通过借助电视屏幕、展示宣传画和老师宣讲等，让学生更好理解"一粥一饭，当思来之不易；半丝半缕，恒念物力维艰"。同时，通过展示一些浪费的现象，引导学生形成勤俭节约、保护环境的美德，让学生认识到自己爱惜粮食不仅能够节约生活开支和减轻家庭压力，而且是对国家环保的一种贡献，在潜移默化中渗透爱国主义教育。

二、加强食堂基础设施建设

民以食为天，食以安为先。高中学校给学生提供安全、营养、可口的饭菜，提供干净、方便、温馨的用餐环境，需要加大对食堂的财力、人力和物力的投入，加强食堂基础设施建设。在高中食堂管理中首先要做好的就是食品安全管理，同时也是在食堂管理中落实立德树人的重要基础保障。高中学校食堂的硬件和软件环境还有许多需要改进的地方，学校应当加大资金投入，聘请机构和专人对学校食堂的软硬件设施进行改造，更好地构建一个安全、卫生和温馨的食堂。

例如，学校食堂首先应当购入洗碗机和消毒柜等设施，这是保障餐具安全、节省人员开支的一项重要举措；对于饭卡也应当进行一些升级，可以增加运用手机 APP 充值的功能，补充挂失的功能，这是降低学生财产流失的重要手段，是需要及时解决的一个"痛点"；通过建立食品安全的监管平台和信息化服务平台，让学生家长、学生、教职工监管学校食堂，让食品安全看得见、摸得着，更好实现明厨亮灶。结合以上方面的建设，高中学校在德育教育中可以以食堂改造为例子，让学生认识到：食品安全大于天，自己应树立集体主义意识，积极主动参与到食堂卫生和食品安全的监督中，培养学生责任意识。

三、加强制度管理保障安全

高中食堂的开设原则是为师生提供一个能够安全、平价就餐的场所，在此基础上保障饭菜的营养和可口，做好食堂管理对于学生的身体健康极其重要。不同地区的不同学校食堂开设情况不一样，有的是由学校全面负责，有的是对外承包，但是学校都要做好统筹安排，确保食堂提供的饭菜安全与平价。所以为维护这方面的工作，就需要加强制度建设，更好地管理食堂与保障食品安全。

例如，对于高中食堂的制度建设，一般需要从以下若干方面进行制定：一是落实严格的物资管理制度，制定严格的验收制度，确保食品的购入来源安全，安全储存和使用新鲜的食材；二是运用科学配餐制度，根据食量、营养全面、气候变化等因素，科学合理搭配食物；三是加强对食堂技术人员与管理人员的培训，做好综合考评工作。结合这些重要的举措，可以让学生认识到制度建设的重要性，认识到当前建设法治国家的意义，以及对学生进行法律和法治方面的教育。

四、结合阳光操作立德树人

对于高中食堂管理而言，要更好地保障食品安全，以及为师生提供一个温馨的用餐环境，让师生吃得放心，还需要创设"阳光操作"的食堂管理方式。学校可以将食堂档口进行改造，尽可能采取全透明式的档口，将制作视频的场景直观展现在学生眼前。同时，学校还应当成立监督品控小组，不定期去食堂的各个窗口和后厨检查食品制作情况，将检查结果及时公布出来。

通过落实以上阳光操作的事项，可以更好地保障食品安全，让学生吃得放心、吃得安心。结合阳光操作也可以立德树人，指导学生做人做事要堂堂正正、正大光明、诚实守信和友善待人。在学习方面，应当做好"质量把控"，认真细心、一丝不苟，努力提升自己薄弱的地方，做好学习的规划，积极补足学习短板。

五、积极创设食堂餐饮文化

对于高中学校食堂，它不仅是师生就餐的主要场所，也是为师生提供精神食粮的重要地方，要更好地发挥食堂管理中的立德树人功能，需要营造良好的食堂环境，积极创设食堂餐饮文化。高中学校可以根据当前食堂的实际情况，从多个方面创设良好的食堂餐饮文化，使得学生在文明的环境中更好用餐。

例如，关于积极创设良好的食堂餐饮文化，一般需要从以下几个方面作出努力：

一是在餐厅的墙壁上张贴关于文明用餐、珍惜粮食、餐饮知识的宣传画，让学生在就餐的同时可以学习关于食品与健康、营养与健康、就餐礼仪等知识，积极引寻学生文明用餐，培养学生爱惜粮食、尊重劳动果实、勤俭节约和讲究公德心的良好品质，更好提升学生的食品安全意识；二是创设用餐的意见栏，定期对学生用餐满意度进行调查，将结果公示到意见栏上，及时解决学生提出的问题；三是设立公示栏，将食堂工作人员的照片、姓名和健康证公示出来等。

综上所述，关于高中学生食堂管理中立德树人的实践，需要根据高中学校食堂的当前建设情况，结合立德树人的要求，根据高中阶段德育教育实际需要，通过加大对食堂建设的资金投入，规范学校食堂的各方面管理，加强学校食堂的基础设施建设，以及借助食堂的资源和环境进行立德树人，进而更好发挥食堂管理的优势，提高高中阶段立德树人的效果。

参考文献：

[1]王荣利，王振宇，王振华，等.基于立德树人的食堂餐饮文化建设研究［J］.下一代，2018（11）.

[2]吕华.学生食堂食品卫生安全管理之我见［J］.文渊（高中版），2019（3）.

[3]丁作辉.关于加强和完善中小学校食堂管理的几点思考［J］.精品，2018（5）.

浅析班主任"立德树人"教学途径

李金生

摘要： 对于学校教育者而言，他们欣赏学习好的学生，但更欣赏有良好品德的学生。事实上每个人都喜欢和品德良好的人在一起，因为与他们在一起，不仅可以"近朱者赤"，人们的心中也会产生幸福感，因为这样的人总能传递正能量。高中班主任想得比家长多，比学生自己想得多，比普通老师想得多，会为学生创造一个适宜的学习氛围。此文将结合笔者18年班主任的经验探析"立德树人"教学途径，予教育同行以作参考。

关键词： 高中班主任；落实；立德树人；教育目标；策略

高中生正处于关键的发展时期，优化教育活动可以激发学生的质变。高中班主任在开展日常工作中，应从学生的实际需要出发，进行调整，不仅要使学生成为"好学生"，而且要使学生成为"合格公民""合格生活成员"。不但要求学生有学好知识的自信，而且要求学生有融入现实生活的意识、能力、勇气。为此，高中班主任应把立德树人教育目标作为日常工作的主题，从学校教育的优势入手，构建最优的群体环境，让学生建立起科学的"自我意识"，从"责任""权利"两个方面规范自己的言行，产生群体认同和社会责任感。高中生需要迅速转化为成熟的生命资源，这种内在的塑造显然比分数更重要。文章对此作了详细的分析。

一、在潜移默化中对学生产生影响

虽然"当头棒喝"能给学生带来极大的震撼，进而引起学生的转变，但这种方式很难产生"养育"效果，学生只能对某一问题有深刻的印象，对学生能力产生的影响很小。对此，笔者认为，可以把这种"震撼学生心灵"的教育方式与"潜移默化"的教育方式结合起来，调动更多的隐性教育元素，让学生"积极反省""慢慢养成"，进而滴水穿石。隐性教学就是指由外在条件逐渐向内部心理状态、个人行为表现层面发展的环节。举个例子，首先，我非常注重着装，上课时从不穿奇装异服；其次，生活中和同学们一起积极参加课外活动，在班级大扫除的时候也亲力亲为，帮助学生一起清理卫生死角，在校园里看见地上的纸屑等就地捡起扔进垃圾桶，以身作则，教育他们要讲卫生，爱劳动等等。同样，由于这一点，学生特别注意培养自己的卫生习惯，很少在学校乱扔垃圾，因为这一点，被学校领导特别表扬。

二、在参与实践探究的过程中进行教育

在实施德育教育目标的过程中，我们怎样才能做到"以人为本"？怎样才能让学生感觉到我们对他们充满了善意？怎样让学生产生生活的气息？这就要求我们积极开展实践探究活动，让学生用自己的眼睛去观察，积极行动，进而完成教学目标。品德教育的一种至关重要方式便是"实践性研究"。品德教育中，老师可与学生转化身份，根据学生的身心健康特性，正确引导学生。比如要善于发挥榜样的作用。榜样的力量是无穷的，由于学生有很强的模仿能力，学生可以通过榜样的力量逐步改掉自己的坏习惯。为更好地规范德育工作，还要着重落实各项规章制度，在教师墙上张贴相关规章制度的小卡片，让学生切实认识到班级德育工作的重要性，不让制度变成形式，经常举办德育班、小班会，加深学生对德育工作的认识，遵守各项规章制度，使学生时刻注意自己的行为规范。

三、让家庭教育与学校教育有机结合

高中班主任不仅要为学生创造一个适宜的学习环境，还要为自己创造一个最佳的学习空间。以我们的成功感、幸福感来影响学生，让学生在把我们当作"镜子"的过程中，获得更多的正能量，这时的学生和我们就必然"心连心"。我们同样经历了在2020年初新冠疫情暴发时的冲击。同时，我们也认识到，学校教育要想取得良好的教育效果，还需要学校之外的教育因素的支持。对此，笔者认为，无论从教师自身还是从学生的发展需求来看，我们都需要构建一个优化的环境，而让学校教育与家庭教育相结合才是构建环境的最佳途径。事实上，高中品德教育不单单限于学校，家庭教育对学生的品德教育也是有较大影响的。高中班主任应正确认识到教育的必要性，在学习实践活动中与高中家长紧密交流、讨论，正确引导家长参加德育教育，以鼓励学生培养健全的人格，建立优良的观念品格。班主任要鼓励高中家长践行合适的品德教育认知，教

给他们合适的教育方法，正确引导他们为学生创建优良的教育氛围，使学生逐渐建立自信。如笔者经常举办班会、玩小游戏等，模拟还原社会上的一些热点话题，让学生形成自己的判断，逐步引导他们增强辨别是非的能力。起初，学生们并不感兴趣，但在老师的教导下，他们渐渐认识到它的重要性。在当今社会，随着社会经济水平的不断发展，家长对学校教育的期望也越来越高，人们对学生教育的要求不仅停留在成绩上，更多的是追求新的东西，希望学生德智体美劳全面发展。

总之，在落实高中班主任工作目标的过程中，笔者认为要把立德树人教育活动作为根本，这样才能为社会输送合格的建设者，培养具有公民意识的新型人才，才能使学生不仅能考得好，而且能成为大众所喜爱的综合性人才。

参考文献：

［1］钟水浩.新课改背景下高中班主任德育工作理念及方法探究［J］.考试周刊，2013（54）.

［2］张毅颖.新课改背景下的高中班主任德育工作研究［J］.华章，2013（34）.

浅谈班主任工作中如何践行"立德树人"

宋 扬

摘要： 十八年的班主任工作经历时刻影响着我、激励着我，让我思考我的教育实践，思考我对教育的理解、感悟、创造。我在工作中思考，在思考中收获，并因此而不断进步着。一、激情加蛮干不等于成功；二、学习加思考才是成长；三、在追求中转变，在转变中收获；四、时刻不忘自我教育。爱心立德，奉献树人，将使我们教师拥有充实的人生。我相信，当我们离开这三尺讲台时，我们可以自豪地说："天空没有留下我的痕迹，但我已飞过。"

关键词： 班主任工作；立德树人；激情；思考；转变；自我教育

2003 年 7 月，刚大学毕业的我还没回过神来，一个月之后就成了高一新生的班主任，从此我的人生中又多了一个角色——班主任。并且我一直在这条路上探索着收获着，到今天已满十八年，并且还在继续着。别人都劝我该歇歇，但我自己却乐此不疲。十八年来，我的精神世界因为这份工作而增添了许多亮丽的色彩。也因为这份工作，我收获了学生的爱，家长的认可，别人的尊重，更获得了数不清的荣誉。无数次地获得校优秀班主任、校先进工作者、市优秀班主任、市优秀教师、盘锦市学科带头人等荣誉，班主任的生涯成就了我。漫漫长路，一路走来，虽有山重水复疑无路的困惑，但更多的时候是柳暗花明又一村的惊喜。十八载的辛勤耕耘，十八载的默默守望，使我深深地爱上了教师这一平凡而充实的职业。

但荣誉和成绩只能代表过去，随着时间的流逝必将渐渐淡去，而真正留在心灵深处并时刻影响着我、激励着我的，是这十八年工作积淀下来的思考。我的思考来源于我的教育实践，来源于我对教育的理解、感悟、创造。我在工作中思考，在思考中收获，并因此而不断进步着。

一、激情加蛮干不等于成功

在参加工作的最初一段时间，凭着年轻人的激情和干劲，我全身心地投入工作，心想：一定要做个好老师，一定要干好工作。

那段时间，我真的是充满激情地在"干"。我甚至为了管理学生而选择了住宿，而我家离学校不到两公里。在我的同学们享受工作以来的自由的时候，我却在拼命苦干。原以为这样的付出就会有收获，结果我的付出和收获并不成正比。于是我开始反思。反思自己以前的"干"，是在苦干、蛮干、不讲效率地干，看到一个问题，就急切地想找出一个立竿见影的解决办法，一旦这个办法行不通，又慌忙去想第二种办法、第三种办法……太急功近利，反而欲速则不达。最为痛心的是学生从我的"干"中得到的是"压力"而不是"动力"。明白了这些，我万分汗颜。

于是我开始思考一个问题：我只想着一定要做个好老师，一定要干好工作，但是怎样才能做一个好老师，怎样才能干好工作呢？

二、学习加思考才是成长

是名师的指引把我从焦头烂额中拯救出来。有幸听了魏书生老师的课，聆听了老师的教诲，如梦初醒；又拜读了著名教育家李镇西老师的很多著作，我的内心受到了强烈的震撼。原来教师这个职业也可以如此活色生香。最令我兴奋的是，我从中明白了一个道理：教师每天都会遇到各种各样的教育问题，也会遇到让人头疼的孩子，尝试着换一种眼光去看待这一切，把每一个"难教学生"、每一个教育困惑都当作一个研究对象，心态就平和了，教育也就从容了。

我还经常向经验丰富的优秀教师学习，实践证明这真的是一条行之有效的途径，但是学习必学其"神"而不能只学"形"。盲目照抄照搬，当然收不到效果。学习应该更注重领会教育思想和教育艺术，即学其"神"而非"形"——这才是学习的真谛。

我也常常和青年教师共同探讨问题，多问几个"如果你是我，你会怎么办"，他们的青春、活力、闯劲、率真时常感染着我。此外，向学生请教也是很重要的。上学或放学的路上碰到了学生，以聊天的方式，巧妙地进行调查研究，了解他们对班主任工作的评价，听听他们的建议，会让老师的心与学生贴得更近，工作的效率更高。

在不断学习的同时，我尝试着用科研的眼光审视自己的工作。班级日常管理工作很琐碎，反思以往，自己每天从早到晚陪着学生自习，守着学生做操，盯着学生扫除，像个保姆一样任劳任怨，然而学生并不喜欢；像个勤杂工一样什么都干，却并没有教给学生终身学习的本领和做人的道理。在不断学习、领悟中，我开始尝试用科研的态度对待每一项工作，把班级当作教育科研基地，思考怎样让自己从繁琐的班级事务中解脱出来，以便有更充裕的时间找学生谈心，深入学生心灵，研究学生思想，探索教育改革，进行教育实验，实现"自我解放"，把自己从体力型的勤杂工还原成"人类灵魂的工程师"。这种工作方式让我摆脱了以往的困惑与迷惘，并使我得以享受工作中无尽的乐趣。

三、在追求中转变，在转变中收获

渐渐地，我开始从监督型的管理者向服务型的教育者转变，提醒自己以服务者的身份面对学生。于是，不再简单地把工作低效或无效的责任归咎于学生，更多地从学生角度思考解决棘手问题的方法。这种思想观念的转变带来了管理方法的转变，我在班上施行了一系列更为人性化的管理措施。

1.班干部轮换制度：每半学期大家一起来抓阄，抓到什么就当什么，可以自行调换，担任班干部不再是少数学生的专利。上岗要有就职宣言，没抓到阄的学生组成考评组，每个考评组根据履行就职宣言的情况负责对一名干部的工作进行考评。在潜移默化中，学生感受着"公开、公平、公正"的用人原则和管理与监督并举的干部任免责任制，与此同时，自主意识、民主意识不断增强。

2.值日班长负责制：每天由一名学生担任值日班长，和班主任一起开展日常工作，进行角色换位体验。通过角色互换，孩子们各有收获。孩子收获的是对教师的理解；收获的是尽责后的成就感。

3.组长负责制：班级一共六排，每排一组，由组员推选自己的组长，组长要对组员的作业负责检查、对组员不懂的习题进行答疑、关注组员的思想动态等等，遇到解决不了的问题求助老师。

在实践中，我和孩子们一起思考、完善，使得制度建设的过程变成了最大限度地实现师生双方满足与愉悦的过程。

四、时刻不忘自我教育

作为一名班主任，必须要修品练功，树立良好的教师形象。教师是学生瞩目的焦点和榜样，必须努力学习，提高自我修养，成为学生心中的偶像和楷模。教师要重视修品练功，以自己的人格魅力、学术魅力和工作魅力感召和吸引学生，起到良好的示范作用。教师要进德修业，为人师表，获得学生的爱戴敬重，从而亲其师，信其道。

模范老师们对教学的改革告诉我们：教师除了要修品，还要练功。要勇于改革和实践，探索和创新。在知识经济迅猛发展的今天，教师任重道远。因此，我们要更新观念，变教育者、传授者为指导者、促进者、设计者、沟通者，以生为本，以情为主，尊重学生爱学习、爱自由、爱快乐的天性，相信每个学生都想学好，能学好。善于运用新的教学方法：唤醒、激励、评价、追问、点拨、启发，追求不教而教、授人以鱼不如授人以渔的教学目标。教师只有做到以身立教，才能以自己的人格魅力感染学生学会做人，以自己渊博的学识去引导学生学会发展，才会有学校教育的高质量。

有人说，立德树人的最高境界，是见微知著的教育，是润物细无声的教育，也就是我们常说的潜移默化的教育。我们就是要将"真、善、美"的内涵，如春风一般、如清泉一般、如阳光一般，洒进孩子们的心中，生根发芽，让桃李更加芬芳！

桃花开了又谢，燕子去了又来，学生来了又走，我依然坚守在这儿，守着我们的乐土，守着我们的精神家园。山还是那座山，河还是那条河，日子就这样过着，平凡却不平淡。一切都好像没有变，唯一变化的是我日渐衰老的容颜，与之沉淀的，是我依旧年轻不变的情怀！

爱心立德，奉献树人，将使我们教师拥有充实的人生，我相信，当我们离开这三尺讲台时，我们可以自豪地说："天空没有留下我的痕迹，但我已飞过。"

新课标下高中班主任
立德树人工作开展的思考

孙 玲

摘要： 随着课改的不断深入，新课标为进一步推动立德树人工作奠定了基础。本文围绕高中班主任如何有效开展立德树人的教育理念提出几点建议，以供参考。

关键词： 立德树人；班主任工作

一、落实立德树人教育的重要意义

党的十九大报告落实立德树人为教育的根本任务，这是对教育的根本任务提出的最新要求。早在 2014 年教育部在《关于全面深化课程改革落实立德树人根本任务的意见》中也提出了全面深化课程改革、落实立德树人根本任务的重要性和紧迫性，立德树人是发展中国特色社会主义教育事业的核心所在，是培养德智体美全面发展的社会主义建设者和接班人的本质要求。

立德树人是党的教育方针在新时期的重大发展，是提高国民素质、建设人力资源强国的战略行动，是适应教育内涵发展、基本实现教育现代化的必然要求，对于全面提高育人水平，让每个学生都能成为有用之才具有重要意义。

二、高中班主任开展立德树人德育工作的有效途径

高中是价值观、人生观形成的最重要的阶段，学生思想意识更加自主，价值追求更加多样，个性特点更加鲜明。立德树人的教育理念赋予高中班主任新的历史使命，

这就要求班主任开展有效的教育途径来更好地培养学生良好的品德。

（一）以身作则，言传身教

在高中班主任的德育工作中，身教要远远重于言传。古云："其身正，不令而行；其身不正，虽令不从。"只有在日常生活中教师以身作则，用自身行为来示范、教导学生，博得学生的尊敬，学生才愿意听从老师的教诲并向老师学习。但如果老师只说不做或者言行不一则会在学生面前失去威信，学生自然不愿服从教导。所以说，教师首先要做到以德服人才能称得上为人师表，才能受到学生的敬仰和爱戴，才能使学生听从教诲，从而实现有效的高中生思想品德教育。

因此，一方面要求班主任要规范自己的言行，教导学生遵纪、懂礼、仁爱、守信，提高学生的道德修养；另一方面也要求班主任要不断提高思想政治素养和自身文化素养。古语说得好："育人先育德，德容天下；言信首言诚，诚走人生。"只有班主任拥有正确的世界观、人生观和价值观，才能正确引导、教育和帮助高中生树立正确的世界观、人生观和价值观，培养胸怀大志、报效祖国、服务人民的建设者和接班人。

（二）全员参与班级管理

班集体是培养学生成长的摇篮，在班集体管理中，班主任要把学生从受教育者变成自我教育者，让学生在"自主管理"过程中成长，创建文明守纪、团结友爱、勤奋好学的班集体。因此班主任在班级管理上需要学生发挥主人翁意识，培养"我为人人，人人为我"的服务意识，鼓励学生提出倡议，同时要尊重学生的意见，善于倾听他们的想法。比如在班级管理制度的制订上，先广泛地听取学生的意见，在分析他们意见是否可行后，制订班规、班训。在管理的细节上，给学生自由，比如在卫生劳动安排上，班主任可以结合学生自己的意愿和实际情况来作调整。通过发挥学生主动参与，给予学生一定的自我空间，满足学生自己做决定的心理需求。学生在得到充分的尊重和信任之后，感受到老师对其发自内心的关爱，这不仅仅能形成良好的师生关系，更是遵循教育规律和学生成长规律，把培育和践行社会主义核心价值观融入到日常的班级管理中。

（三）积极开展班级活动

在高中的德育工作中，开展丰富多彩的课外活动。一方面可以调节学生的学习生活，从而使学生以更饱满的精神状态投入到下一阶段的学习中；另一方面，可以通过集体劳动、文娱等活动提高学生的综合素质和思想境界，从而培养学生健康的人格以及树立学生积极向上的人生观和价值观。比如学校每周安排的班、团会关于"立德树人"的主题，班主任可以通过引导、启发学生，在相互交流中让其思想得以升华。同时积极组织开展品德素质教育活动，比如创办各种文娱活动，像读书分享会、歌唱祖国、劳动节、演讲比赛等让学生领会中华优秀传统文化和价值观，对提高学生的思想水平和综合素质具有积极的作用。

（四）注重学生的个性发展

每一名学生都是一个独立的个体，他们的兴趣、习惯、学习方式各有不同，班主任应当从学生的性格特点和心理特点出发，注意和学生的沟通，关注学生的个性发展和综合素质的培养，通过有效的教育手段帮助学生提高个人道德素质，促使学生全面发展，从而真正实现德育对学生人生发展的积极意义。因此班主任应该在教学及日常班级活动中注意观察学生所呈现出的独特潜能或天赋，尊重他们的兴趣爱好和情感认知，并掌握学生思考问题的方式。班主任需要抓住契机确定学生的个性发展观，有意识有针对性地因材施教。比如对于性格比较内向的孩子应该注意为其预留出一些集体活动的参与机会，并对其在集体性活动中的表现进行鼓励，进而培养这部分学生的自信心，使其形成积极向上的心理品质。推动学生个性发展，促使其形成优秀的个性品质、坚强的意志和敏捷的思维，最终成长为对祖国建设作出突出贡献的栋梁之材。

立德树人是教育事业的根本目标，班主任工作在落实"立德树人"的方面具有重要的作用。通过班主任有效的德育工作的展开可以提高学生的思想道德素养，规范学生的行为习惯，促进学生个性的发展。

参考文献：

［1］李光星.新课改背景下高中班主任德育教育工作研究［J］.青春岁月，2020（5）.

［2］李淑贤.实施生活德育践行立德树人［J］.辽宁教育，2016（4）.

［3］何春强.新时期高中班主任如何开展班级管理工作［J］.亚太教育，2019（5）.

班级管理中如何践行立德树人

宋明桥

摘要：践行立德树人是班级管理的重要内容。本文从着力培养学生健康人格、着力构建和谐班级氛围、着力激发学生学习兴趣三方面入手，论述如何提高班级管理德育工作。

关键词：健康人格；和谐氛围；激发兴趣

党的十八大明确提出"把立德树人作为教育的根本任务，培养德智体美全面发展的社会主义建设者和接班人"，"全面实施素质教育，深化教育领域综合改革，着力提高教育质量，培养学生创新精神"，对新时期的教育工作提出了新的更高要求，也赋予了中小学班主任新的历史使命。"千教万教教人学真，千学万学学做真人"这句名言一直是我做一个班主任老师的信仰。班主任不仅仅要管理好一个班级，更要引导学生培养正确的道德思想。因此，当好一个班主任要时时刻刻提醒自己，要教育好学生，前提是自己要先立德，德树起来了，才能为树人找到正确的方向和道路。班主任是班级工作的组织者、班集体建设的指导者、中小学生健康成长的引领者，是中小学思想道德教育的骨干，是沟通家长和学校的桥梁，也是实施素质教育的重要力量。可以这样说，没有班主任，学校的教育教学工作就很难顺利开展。那么，在日常教学管理工作中，班主任应该如何履行这一重大历史使命呢？

一、抓好思想品德教育，着力培养学生健康人格

学生是祖国未来的建设者，是中国特色社会主义事业的接班人。他们的思想道德状况直接关系到中华民族的整体素质，关系到国家前途和民族命运。育人为本，德育

为先。我们要培养德智体美全面发展的社会主义建设者和接班人，首先就要抓好思想品德教育工作。而学生形成良好思想品德需要老师的培养，学生健康成长需要老师的呵护和导航。班主任与学生接触最多，在加强和改进青少年思想道德建设的过程中，承担着至关重要的责任。一个称职的班主任，就要切实担负起德育工作的重任，从增强学生爱国情感做起，弘扬和培育以爱国主义为核心的伟大民族精神；从确立学生远大志向做起，树立和培育正确的理想信念；从规范学生行为习惯做起，培养良好的道德品质和文明行为；从提高学生基本素质做起，促进全面成长、健康成长。同时，作为班主任，要为人师表、言传身教，坚守高尚情操，知荣明耻，严于律己，以身作则，在各个方面率先垂范，做学生的榜样，以自己的人格魅力和学识魅力教育影响学生。

二、树立精神关怀理念，着力构建和谐班级氛围

亲其师，信其道。没有爱，就没有教育。被关心、理解、尊重、信任是学生内心的需要，是学生进步的内在动力。作为班主任，要努力做到能像一个真正的朋友一样，欣赏学生，学会倾听学生意见，接纳他们的感受，包容他们的缺点，分享他们的喜悦。那么，如何与学生加强心灵沟通，对学生进行精神上的关怀呢？这需要我们在不断地学习教育理论、反思自己和他人的教育实践中，慢慢地去意会、去领悟。一个优秀的班主任，必须关心爱护全体学生，尊重学生人格，平等公正对待学生，对学生严慈相济，做学生的良师益友。对优秀学生，多鼓励，引导其找差距，看不足，上层次。对于一般学生，多沟通，根据其不同特点，分阶段提出适当要求，促其不断进步，不企求一蹴而成。对于后进生，不搞批评一贯制，而是帮助其寻找闪光点，满腔热忱地鼓励他们进步。

三、加强班级建设管理，着力激发学生学习兴趣

家长最关注的是学生的学习成绩和学习能力的提升。作为班主任，要围绕教学质量的提高，切实加强班级建设管理，全面提升学生的创新能力和各方面综合素质，才能营造良好的社会舆论氛围，才能让家长满意，让社会认可，才能树立自己良好的社会形象。首先要建设一个和谐、向上、充满活力的班集体。加强班级干部建设，选那些在同学心目中有威望与凝聚力的学生担任班干部，让他们放手去管理班级，班主任则给予支持指导，这既能增加学生锻炼的机会，又能减轻班主任工作的强度。对于班级中的一些优秀的人或事及时表扬，树立积极向上的班级舆论导向，使全班人心向上、向善。其次要加强对学生的学法指导。每周对学生的学习状况进行调查总结，有针对

性地指出学生学习中存在的问题，提出学习策略。最后建立和完善班级制度。良好学习习惯的养成也需要用规则来培养，建立学习制度，采取课前检查等形式，要求学生严格按时按要求完成作业；建立帮扶制度，采取结对子等形式，让优秀学生辅助后进生解决学习疑难问题；建立奖惩制度，对优秀学生奖励小红花，培养学生们的竞争意识。

在这几十年的班主任工作中，我遇到了许许多多各种不同的问题，有过失误，犯过错误；失败过，痛心过……慢慢地我懂得了"孩子是没有错的，错的是我的思想，是我的态度和方法"；慢慢地我学会了提醒自己，无论在处理什么样的问题的时候，首先自己要保持理智、客观、公正的思想道德观念，再去处理和解决学生的问题。要把学生们当成自己的孩子，让他们得到非常渴望的那一份关爱，给予孩子们无微不至的关心和照顾，生病时的关心，换季时的叮嘱，休息时的闲聊，困难时的鼓励，懒散时的提醒，犯错时的交流。给予学生爱的同时，一定要将心比心，换位思考，注意自己的方式。

参考文献：

［1］陶维维．巧用陶行知教育理论，发挥主题班会德育功能［J］.教学管理与教育研究，2019（23）.

［2］徐峥．立德树人修君子品行——高中班主任班级管理德育渗透有效措施探究［J］.文化创新比较研究，2018（14）.

［3］霍国强．从班级管理到立德树人——班主任专业化的时代跨越［J］.教育科学论坛，2016（12）.

浅谈立德树人背景下班主任的育人方式

闫楠楠

摘要：立德树人是发展中国特色社会主义教育事业的核心所在，是培养德智体美全面发展的社会主义建设者和接班人的本质要求。班主任作为一个班级的责任人，在这个班级的德育教学中有着绝对不可忽视的作用，这就需要班主任教师采用各种方法，不断提高教学效率，更好地培养学生良好品德。

关键词：立德树人；育人方式；班主任工作

所谓"立德树人"即将德育教学放在学生教育首位的一种理念，是与终身教育相辅相成的一种理念。在现代这个信息爆炸的时代，创新德育教学方法不仅是"立德树人"理念的要求，也是现实的需要。高中阶段正是人生观和价值观形成的关键期，这一时期能否培养优秀的品德对学生的一生都有着重要的影响。

一、既然是信息爆炸的时代，我们当然要好好利用网络这把利器

（一）我们可以正确地运用网络手段，以丰富的资源培养学生的兴趣

兴趣对学生的学习效率有着巨大的影响，故无论是在学科知识的教学中，还是在德育的教学中，如何"激趣"都是一个需要注意的问题。在传统的德育教学中，教师多采用传统的教学手段如讲授法进行教学，表现张力不够，自然无法与新时代披着各种新颖"外衣"的负面影响相抗衡。新的时代有着新的教学方法，而在信息时代，教师在德育教学中也需要充分利用多媒体技术，以多种形式展现德育教学的内容，通过丰富的感官刺激提高其表现力，激发学生对德育教学内容的兴趣。

（二）利用网络资源，不断更新知识的新鲜度

在新的时代，教师不仅要在教学手段上采取新的方法，在教学内容上也要有所创新。一方面，因为传统的素材由于间隔时间较长，学生代入感不强，其对于学生的吸引力也不够；另一方面，因为道德品质属于意识层面的问题，它是由所属时代物质条件决定的，有着其历史局限性。即在过去和现在，学生在良好品德培养方面遇到的问题也不同，过去的素材未必是现在学生的"对症良药"。现代是网络时代，信息交流迅速，而面对当下的德育教学形式，教师也需要合理利用网络资源，根据学生的需要选择合适的素材，提高德育教学的针对性。

二、创建教室文化，让学生不仅"耳濡"同时也要"目染"

在高中的教学中，教室是学生最直接接触的环境，教室环境对学生的良好道德培养有着重要的作用。故在高中的德育教学中，教师需要从"硬件""软件"两个方面创建良好的班级环境，以辅助德育教学的顺利进行。

三、以身作则，为学生树立良好榜样

以身作则，教师才能为学生树立良好的榜样，以提高德育教学的效率。在日常的教学和生活中，教师也应当表现出谦让、宽容等特性，让自己成为学生在身边的榜样。也可以通过历史故事的讲述和自身行为的展现，让教师成功地为学生树立榜样，这对于学生良好品德的培养有着巨大的推动作用。

四、重视实践，开展德育活动

实践是教学的目的，也是获取知识的直接途径。而在传统的德育教学中，经常发生这样的情形：在"说"上，学生对于良好品德夸夸其谈，然而落实到"做"，学生却始终迈不出那一步。"思想上的巨人，行动上的矮子"一向是学生良好品德培养上的一大问题。而这就是教师不注重德育活动，使得学生无法将思想转化为行为导致的。良好品德不是一种知识，而应该是展现在日常生活中的一种素养，故教师需要重视实践活动的开展，让理论教学与实践活动相互促进，以有效地培养学生良好品德。

五、与家长密切联系，落实家校德育互动

在中小学的教学中，家庭教育发挥着巨大的作用。相比普通的学科教学，学生良

好品德的培养不仅需要积累，更应该重视课下的教学。学生也很容易受到家长的影响，故在高中的德育教学中，教师需要与家长密切联系，落实家校德育互动，将德育教学的场所从学校拓展到学生家中，将学校教育与家庭教育结合起来培养学生的品德。

学生就好像一块未经雕琢的美玉，当你细心凿磨他时，他就会绽放出美丽的光芒。让我们做一个雕琢美玉的人吧。

参考文献：

［1］周希.浅谈打造良好的班级文化建设的策略［J］.广东职业技术教育与研究，2019（6）.

［2］毛著祥.新课改下的班主任工作［J］.课程教育研究，2019（50）.

立德树人，做合格的班主任

金作男

摘要： 教师，是一份伟大的职业，而班主任，更是如此。班主任需要做到对一整个班级负责。在班级教育中，班主任要做的不仅是对学生进行知识的传授，还需要对学生的良好道德进行引导，这是尤为重要的。在学校，对于学生们来说不仅仅是来学知识的，也是来学习如何成为一个正直的人的。因此，作为班主任，我们需要做好德育工作。帮助学生形成良好的学习习惯，提高道德修养和思想素质，为他们以后的生活打下坚实的基础。

关键词： 学生；班主任；德育工作；道德修养

引　言

在教师队伍中有一群特殊的人，那就是班主任。班主任是一个班级的领导者和组织者，是与学生直接接触和交往最多、最频繁的管理者与教育者。在学生这个比较特殊的群体里，班主任面对一群年龄小、纪律观念不强、难教难管的学生，应该怎么去引导与帮助这些学生？这个问题，无疑值得我们去思考。通过笔者的长期教学经验分析，得出能够管理好这些学生的第一步是加强德育工作，德育是学生做好各方面事情的基础。师德教育是德育工作的主要方式。德育能够帮助学生树立正确的思想观念。德育是学生教育的重要组成部分，它可以帮助学生形成良好的学习习惯，提高学生道德修养和思想素质，这都有利于他们今后的学习和生活。

一、班主任有效开展德育工作的意义

我们的高质量教育的一个重要目标就是要求学生树立高尚的道德情操，使他们具有正确的人生观、价值观和爱国主义思想。德育是教育的重要组成部分。有效的德育对于学生健康成长至关重要。它符合时代发展的要求，是社会主义精神文明建设的基础。

德育是教育学生的基本教育活动。这种教育对于学生的未来发展具有十分重要的作用。班主任在学生的美好道德品质形成过程中扮演着不可替代的角色。因此，教育过程中的班主任帮助学生走上美好生活的第一步就是加强德育工作。

二、班主任在德育工作中的现状

（一）班主任德育工作的实用性不强

在当前的教育中，很多教师由于自身素质存在不足而无法深刻地理解德育的重要性，也无法理解德育的重点和教学目标。因此，德育一般都是理论性的，缺乏实用性。许多班主任把德育作为教育的一项模范任务。在做德育时，只注重理论知识，忽视学生的主体地位。这样的教育思想和教学方法不仅难以提高学生的思想道德素质，也容易给学生带来反抗和不满，有的教师在刚开始担任班主任的时候，对德育教育不够重视，认为小孩子教育应该慢慢来，顺其自然就好，将德育教育只当作理论束之高阁，很少应用到实践中去。导致德育工作难以取得真正的成效。

（二）学生思想道德意识薄弱

学生处于身心发展的初级阶段，存在以自我为中心、情绪单一的倾向，很难进行自我约束。其次，学生接触德育教育的时间较短，他们的生活经历很少。所以，他们的心理和思想还不够成熟，思想道德意识薄弱。例如，我带的学生中，他们最主要的问题是将老师说的话当作耳边风，喜欢与老师对着干，在他们做错了事情的时候，对于家长的劝告感到十分反感，甚至会与家长吵架，对待这样的学生惩罚其实是下下策，只是让他怕了，他并不明白为什么不能这么干，这个时候德育教育却能很好地解决这些问题，让学生明白忠言逆耳利于行，老师与家长所说的每一句话都是为了他们好，是为了帮助他们更好地成长，这样他们就能够逐渐明白老师与家长的良苦用心，从而端正自己的言行。

三、班主任开展德育工作的策略

（一）建立良好的师生关系，做到尊重与包容

有的学生存在自卑心理，所以他们崇尚尊重和认可。因此，班主任需要平等对待每个学生，建立良好的师生关系。学生只有感受到了教师的关怀，才能够接受教师发自肺腑的教导，从而使德育工作顺利进行。

例如，由于成绩不佳，学生可能会感到不满，可能会难过。教师利用课堂上的时间，在一个安静的地方与他交流，问他为什么会难过，鼓励他们勇敢地面对失败，调整自己的态度并逐渐建立自信。

（二）掌握科学的德育工作方法

班主任不仅要注重教授德育理论，还应当注重实践。在这方面，教师需要改变传统的德育方式，深入开展教学实践。在教师的带领下，学生应该有意识地自觉养成良好的习惯。要采用学生乐于接受的方式来开展德育工作，始终秉承着认真负责的态度将德育工作进行到底。

"其身正，不令而行；其身不正，虽令不从。"教师是学生最好的榜样，很多学生对教师的一言一行都是持续关注的，如果教师无法从自身做起，不加强对自身的约束，那么就很难为学生做出榜样。教师需要不断加深自身的思想道德认识，不断学习德育教育，加强自身的道德素质，从而有效地对学生进行教育，成为照亮学生的一盏明灯。比如对于功利的正确看待。班主任不应该将功利看得太重，每一次考试出来的成绩排行榜，我一直都不建议张贴出来，而是学生自己来询问。有的老师觉得这样张贴出来会促进成绩不好的学生奋发图强，但以笔者的了解，这样做并没有什么效果，反而会打击他们的自信心，让他们觉得很丢脸，能够知耻而后勇的学生毕竟是极少的。同时，对于考得好的学生不要太过于夸奖，对于考得差的学生也不要太过于批评，这会让考得好的学生沾沾自喜，让考得差的学生失去信心。此外，对于班级之间的比较，我也认为不要看得太重，尽自己最大的努力去教育管理学生，学生也尽自己最大的努力去学习，这样就足够了，至于结果不要太在意。班主任太过于功利，学生也会看在眼里，会不自觉受到影响，不利于人格的养成。

（三）开展实践活动内化德育教育

进行道德教育时，班主任不应该只是口头教授，更重要的是让学生真正体验到道德教育的好处。教师要积极推进德育工作的优化和更新，开展生动有趣的德育活动。通过这些活动能够进一步拉近班主任与学生之间的距离，可以组织学生到社区开展有意义的活动，如收集废旧电池，拾取垃圾，在郊区种植树木以及带领学生去敬老院开

展慰问活动。

为了让学生更好地接受德育的影响，教师应该以不同的实践活动为学生创造良好的内外环境。比如，教师要积极组织丰富多彩的社会实践活动，在活动中对学生进行潜移默化的道德教育。通过德育活动，学生不仅可以将积累的德育理念运用到实践中，还可以通过实践活动获得更加丰富的德育内涵。因此，在日常教学中，教师应密切关注内外部环境的建设，促进学生道德修养的提高。

为了营造良好的课堂氛围，可以采用说服教育与道德评价相结合的方法。首先，通过陈述事实和详细的分析，让学生认识到创造良好课堂氛围的重要性。其次，可以根据学生的日常表现给予适当的表扬或批评。为了创造良好的外部环境，可以由各个老师一起参与进来，经常组织学生参加各种德育活动，使学生不仅了解德育的目的，而且增强对德育的认识，这是对学生进行德育教育的重要途径。

四、班主任工作应该做到有艺术

（一）俯下身子，做一个真诚的朋友

先交朋友，后当班主任。对学生，不能以俯视的角度，更不能用歧视的眼光，这是我当班主任的基本信条。不高高在上，而是以普通朋友的身份，真诚与学生沟通、交流，走进学生的内心世界。

在各项活动之中，班主任不仅是一名指挥者，同时也是一名组织者、参与者。每天班级活动时间，主动和这些学生们一起说、读、听、唱；每次办黑板报时，要主动地与学生们一起设计，一起抄写；学校开展各项活动，要主动与学生们一起参与，争夺第一；生活中，也要积极与学生打成一片，平时主动找学生谈心，多方面了解每一个学生的兴趣爱好及家庭情况。这些方法看似平常，却能在短时间内，让班主任赢得学生们的信任，成为他们不折不扣的知心人。

（二）伸出双手，做一位有爱心的师长

对于一个班级来说，学生就好像是一盘沙，班主任则是一团泥，不管是粗沙还是细沙，班主任应巧妙地将他们黏合在一起，形成一个有机的整体。这样的班级才能团结向上，并充满生机与活力。班主任的一举一动、一言一行都要为学生做出表率，在学生面前亮相，要注重自己的形象，如发型、着装、表情，充分展示自己的亲和力；在学生面前讲话，要有文采，有条理，有幽默感，千万不要婆婆妈妈；给学生布置和检查任务，要及时，要合理，更要亲力亲为；让学生成为班级的管理者，真正产生"家"一样的归属感，学生民主选举班干部，并给班干部颁发聘书，佩戴徽章标牌，使学生有仪式感、自豪感。笔者还从魏书生先生"人人有事做，事事有人做"的教育思想理

论中获得了深深的启发，在班级内部精心划分每一位学生的职责，实行分级管理制度。一级管理：由班长和副班长负责全班的纪律与考勤，对班级成员的整体情况进行监督。二级管理：由多名组长分别对于各组的学习、卫生、寝室表现和生活进行管理。三级管理：由各科课代表负责不同学科的学习情况，辅助任课老师完成教学任务。四级管理：班内各项小范围工作中设立职责长，如"灯长""门长""窗长"等，这样班级中各种琐碎的工作都能够有专人负责，这样不仅能够锻炼学生的管理能力，还可以让每位学生都认识到自己是班级中的小主人，这样他们就会更加积极主动地参与到班级活动之中，从而增强整个班级的团结力与凝聚力。

（三）用心经营，当一名快乐的向导

学生正处于成长期，合理的引导必不可少。现在的学生都很爱面子，在教育时一定要注意方法。有的学生课余喜欢上网，作为班主任，一定要和他好好谈心，给他布置学习任务，让他没有时间去想网络游戏；有的学生父母长期在外，节假日也不知回哪去，班主任可以接纳这些学生；有的孩子病了，来请假的时候，班主任可以轻轻地抚摸学生一下，让学生感受到温暖。

结　语

班主任作为学生思想教育、行为教育与知识教育的承担者，是在学生的日常生活得学习中与学生接触最多的一个人，因此学生各方面是否发展良好与班主任的工作做好与坏是密切相关的。因为班主任对于学生的影响是极大的，所以作为班主任，我们要充分发挥自己的主观能动性，为孩子们创造一个温馨的环境，通过言传身教为同学们的美好品德养成贡献出自己的一份力量。

参考文献：

［1］李进森.浅谈班主任工作［N］.发展导报，2018-12-04.

［2］刘媛媛，薛广家."立德树人"背景下高中班主任德育教学策略探究［J］.考试周刊，2020（37）.

［3］汤胤胤.浅谈立德树人视角下的高中班主任德育能力提升［J］.高考，2020(31).

奋斗青春

——在班主任工作中践行立德树人

李洪光

摘要：教师的道德素质比教师的文化素质更为重要，良好的师风是教师人格魅力的体现。教师的理想追求、思想情感、言行举止、职业道德等，都对学生具有熏陶和潜移默化的影响，立德树人虽然表现得润物细无声，却对学生有着极其深远和巨大的影响。

关键词：青春；立德树人；师德；修养

教育家叶圣陶先生曾说过："教育工作者的全部工作是为人师表。都是必须具有高尚的道德品质和崇高的精神境界。"作为人民教师，我们肩负着培养人和塑造人的神圣使命。时代的进步和发展带给我们一种崭新的教育观念和教学方式。在全面实施素质教育的过程中，提高教师的素质，重视师德修养具有深远的意义。十几年的教学工作不但体现了自己的价值，也收获了满满的成就感。让我品尝到了"精神之甘，信仰之甜"。在立德树人的教育事业中无悔已奋斗过的青春。

不知不觉已在三尺讲台上度过了十二个春秋！尤其是作为一名高中班主任，我更是与朝阳为友，同星月做伴。时而为离别相拥而泣，时而在聚首时举杯畅饮，时而因喜悦而欢呼雀跃，时而由悲痛而辗转反侧。经历过苦难、无奈、孤独、寂寞、哀伤、幸福、恬淡、快乐，万千表情在百庞轮番上演，而唯一不变的是眼中前行飞翔的憧憬，追求信念的执着。

踏上三尺讲台，也就意味着踏上了艰巨而漫长的育人之旅。学高为师，备好课，上好课，育好人是作为一个好教师的基本操守。作为一名高中班主任，我更深知具备奉献精神和敬业精神的重要性。我把自己的教育工作融入于我自己的爱好中，每一节精心准备的物理课，都是一种爱的传递。作为学生成长路上的引路人，我珍惜他们课堂上的每一个眼神，课下交谈的每一句话语，试卷上的每一次进步，生活中的每一个细节。积极调动学生的主动性和研究热情成为教学中的重点。建立"以学生为中心"的思想才会成为学生心中的好老师。

孟子曾经说过："教者必以正。"教师素养的厚度，决定了学生发展的高度。教师作为一盏指路明灯，为的就是指引学生走向正确的人生之路。我深知要照亮别人，首先自己身上要有光明，要点燃别人，首先心中要有火种。每天我都以最佳状态面对学生，脸上的微笑，眼中的光芒都是点燃每一天的火种。我也深知一个好教师不仅要有学术上的影响力，而且更重要的是人格的感召力。记得刚刚担任班主任的时候，新集体对于每一个人来说都是如此的陌生，50多张陌生的笑容给了我信心，50多双可爱的眼睛让我坚强。刚成立的集体还没等大家彼此间完全的熟悉，错误却连续不断：大课间跑操不认真，乱喊口号；要么南行回头，北行说话；要么张三睡觉，李四踹门……这些错误就像是一层层海浪打下来，一盆盆凉水浇下来。当初的热情和激情也慢慢褪去。在我茫然的时刻，想起了苏霍姆林斯基的话："教师的话是感化受教育者心灵的工具，它是任何东西不能取代的。教育的艺术首先是说话的艺术，对待人的心灵艺术。"当时机成熟的时候，我召开了新班级的一次班会。我想坐下来平心静气，好好地和他们谈谈心。在这次班会上，我想把认识他们以来的种种感受，班集体出现的问题，更重要的是我对他们和这个集体的希望，统统的全部的没有保留地告诉他们。发自内心充满爱的话语刚刚落下，只听"哗"的一声，全班同学在班长的带动下都站了起来，一张张孩子的脸上亮晶晶的，一朵朵泪花在眼中绽放，那些曾经为班级抹黑的同学更是惭愧。那一刻，我知道我们有多爱着彼此，多爱着这个班级。第二天，我收到了全班签名的一本保证书。看着那一个个名字，一分感动油然而生。我对这个集体的信心又一次重新燃起。一群曾经迷失方向的飞鸟又一次积聚力量，重新起飞。在后来的一次次考试中，我们不断地前进，直到期末考试。我们真的做到了，我们成功了。经过一学期的努力，在期末考试中，我们排名已经上升到年组第一，在一年一次的校运动会大课间操比赛中，多次获得了年部的第一名，每次校运动会上更是在全校师生面前进行表演，博得全校师生的一致好评。班级的成长和进步见证了孩子们的成长和进步，同时也见证了我的成长和进步。每一次的错误，都会带来一次进步；每一次失败，都会等待下一次的喝彩。也许我们离成功和完美还有差距，但是，我们一直在努力，努力向前，努力飞翔。那些青春轻狂的梦想，那些激情四射的口号，那些兄弟姐妹的温暖，将我们紧紧地连接在一起，永不分离。

我曾经羡慕《小王子》中的小王子，他拥有这世上独一无二的玫瑰花——娇艳芬芳。时至今日，我猛然发现，我比小王子幸福得多，他只拥有一枝玫瑰花，而我却已拥有整座花园。坐在教室里正在阳光雨露滋润下茁壮成长的各位学生就是我的玫瑰，我的花。明亮的窗子映射着我们的勤劳与整洁，雪白的墙壁记录着我们的奋斗与荣誉，规整的桌椅承载着我们的喜怒与成长。这间看似平凡普通的教室里，有和谐美丽的回忆，有温暖细致的关怀，有青春激昂的誓言，有谆谆耐心的教诲。它是一片天空，我们在那里迎风飞翔。

立德树人，奋斗青春。十几年的班主任工作让我深深懂得教师的含义，深深理解为人师表的重要。我爱教师这个职业，我爱身边这些天使。十几年的教学生涯，让我渐渐明白：我们是同行者，一路上你帮我助；我们是同路人，注定要彼此珍惜；我们是同盟者，为一个梦想努力；我们是同心者，班级就是我们共同的乐土。在培育学生成长的过程中，我们也享受着教育给我们带来的生命力焕发，生命价值实现的欢乐。教育是爱的共鸣，是心和心的呼应。我们的每一句关心，每一次宽容，每一分尊重都鼓励学生的自尊和自信。每一个学生都是一个家庭的希望，无论什么时候我们都要把学生放在第一位，多去发现他们身上的闪光点，让每一个天使都快乐地成长。

有人说，哪里有爱，哪里就有感动，哪里有付出，哪里就有收获。我愿将自己无悔的青春奋斗在新时代的教育事业。在教学科研的第一线发挥自己的光和热。为加快社会主义现代化建设，实现中华民族伟大复兴作出新的更大贡献。

参考文献：

［1］叶圣陶．叶圣陶教育名篇［M］．北京：教育科学出版社，2007．

［2］［苏联］苏霍姆林斯基．给教师的一百个建议［M］．长沙：湖南人民出版社，2001．

与学生共成长，践行立德树人

摘要：第一次做班主任过程中德育工作的体会与尝试，践行立德树人过程中自己的收获与不足，感知到培养孩子习惯和心态对德育教育的重要性。

关键词：德育工作；培养习惯；心态；提升自己

作为一名教师，每天都离不开教育教学工作，刚参加工作时，没有想过什么是教育教学这个问题。在担任班主任工作的这段时间才开始了一点点思考。以前认为教育教学就是教授学生一些学科知识及思维方式，能让学生考一个理想大学，就完成工作了，可是教学前面还有教育二字，上学时常听说培养学生"德智体美劳"全面发展，德字放在首位，可见德育工作的重要性。其实这个问题不难，正如学校对学生的培养目标是："做好人，学好习，考好大学"。下面我谈一谈工作中的一些经历和见闻，我觉得学生的习惯和心态对德育工作的影响很大。我在学习改变自己的过程中也在影响学生。

一、做梦咸鱼——自信、自尊、自律（习惯）

我们学校是一所普通高中，在我市最后阶段录取学生，学生大部分成绩不好，学习习惯更差，还有一部分是在初中时不学习的学生，上课溜号、睡觉他们都习以为常了，甚至还有吸烟，上课玩手机，顶撞老师的现象。我也刚到这所学校一年多，没有经验，同事们的好心提醒不一定适用于自己心理，因而有些忐忑，感觉自己是在摸着石头过河。开学的头一个月，班级各方面的表现比别的班级都要差，例如上课时总有几个同学趴桌子睡觉，班级里的卫生也不好，参加学校组织的活动也是乱七八糟，经常挨年部批评。问题出在刚开始时，我选择相信学生，认为大家可以做好，凡事都和学生一起商量，所以很多事情都没有过多的去要求大家。当然也有一小部分同学做得还行。也有一部分散漫惯的人钻了空子，更加肆无忌惮。于是我暗下决心一定要改变现在的局面。我想让学生们能发自内心去想做好事情，把自己当回事，更不能不知道好坏。想要改变一个人很难，于是我从自己的实际行动做起，尽量以身作则，我做到的事，我再要求学生，所以他们也无话可说，从班级值日到学校劳动，我都会身先士卒，拔草、扫篮球场、除操场积雪等，提前给学生分工，后来班级值日和学校劳动偷懒的人少了，都能很快地完成。之前学校集会，学生们总是拖拖拉拉，站个排也很慢，总有一些同学在底下闲聊，组织纪律性很差，我从大课间着手，强调做事就要认真去做，无论做操还是回班的摆臂走，我都要求大家最大限度地做好，即使后来年部不怎么要求了，我们也要做好，要的就是一个做事认真的态度，等到了下学期后，我班的大课间做得还算可以，大家都尽了力，即使有时我故意不去，他们也能做得很好，当然这也得益于我班的一些学生，觉得自己是班级的一名成员就应该这样做，后来一直到了高三也是如此。当然做这件事是为了让他们不要散漫，慢慢地组织活动也变得"井然有序"了。在学习上鼓励学生们，要相信自己，以前没有认真学习，不能破罐子破摔，明知不对还继续去做，这样才让人瞧不起，我以自己为例子给他们讲自己初中高中是什么样的，自己怎么重新开始的。一定要相信自己，认为对的事坚持去做，每天都有收获，和自己比一天比一天强就够了，将来也不后悔，身为学生就应该把学习放在首位。一次家长会后，和一个家长聊天，他谈到了孩子的变化，以前家长觉得自己的孩子能考上一个专科就不错了，他在和孩子说的时候，孩子不高兴了，认为家长瞧不起她，自己为啥不能考个本科的大学，看到孩子的变化我也觉得很高兴。我们应该去鼓励学生，培养他们的自信心，可能会看到不一样的结果，给予孩子关爱，培养孩子的自尊心，什么时候都能把自己当回事，凡事都想去做好，别让人瞧不起。我想让孩子自己发自内心想让自己变好，不能做什么事都需要有人监督，于是班级管理初步有点形态后，我开始尝试"放手"，让班级的每个人都参与到班级的管理中，一个人的能力有限，班级的所有人都出力那会比我一个人的力量大得多，班级的纪律、劳动，都让学生去组织参与，学生参与其中，当然班级也变成了自己的"家"，当然会去爱护，班级扣分了大多数学生还是很在乎的，这是在之前不敢想的，虽说不是很成功，但是我觉得比之前强很多，还是有变化的，当然我在这个过程中也有很多收获和成长。

发自内心的学习欲望是最好的学习动力，我们都听过《论语》中"三十而立，四十不惑，五十知天命，六十而耳顺，七十而从心所欲不逾矩"，大家把第一句给漏掉了，那就是"吾十有五而志于学"，十五岁才是研习学问的时候呢。因此培养孩子的习惯才是最重要的。好习惯可以帮助孩子认真做好事情，建立自信心。好习惯又可以帮助孩子提升自尊心，自尊心又可以提升自律性，如果再加上一颗善良的心就够了，因此这与德育培养是密不可分的，因此我们要"德智体美劳"全面发展。各方面相辅相成，互相影响。

二、路漫漫其修远兮——选择，接受，宽容（心态）

听董卿说过一段话我觉得说得很好，内容是："猫爱吃鱼，却不能下水；鱼爱吃虫，却不能上岸；人生就是一边拥有，一边失去；一边选择，一边放弃，不可能事事如意，学会为生活做减法，为心态做加法。"我觉得主要是心态的问题。这个问题每个人都可能处理不好。在很多时候，我们可能会遇到一些事情觉得不公平，我学会了静下心来去思考，先让自己在内心中真正放下，班级遇到类似的情况我会和学生们讲其中的道理，开导他们。比如年部的评比，我班总是在最后，有时学生会觉得有不公平的地方，当然这都是正常的现象，我的内心觉得是好事，对我们要求得越严格越好，评比的目的是为了使班级更好，不是为了荣誉，时间长了学生们也都不再抱怨，大多数人的心里还是很在意的，都想让班级变得更好。有时间会带着学生去劳动，学校本没有安排劳动，但是我带着学生去干，学生说："咱们应该找学校给班级加分，要不白干了。"我说："本就不是为了加分去干的，何必呢，我们是为了锻炼身体和锻炼吃苦耐劳的精神，以后咱班只有学习认真的同学才会被安排劳动的机会，做事不认真的同学没门。"之后学生明白了我的意思再没听到过怨言。到了高二的后期我不再像之前那样要求学生，个别一些同学还在犯之前的老毛病，既然自己选择了，将来不要后悔，也不要去埋怨。心态就是心大一点，并不是稀里糊涂，得过且过不思进取，是要揣着明白装糊涂。当作是一个游戏，太认真和不认真都会输。要拿得起放得下，不成功也没关系，只要这个过程努力了，也许自己真的就不适合，得到这个结论，也是一种收获。

我在调整自己的同时对学生也有一定的影响，当然有好的，也有不好的。包括之前在调整班级的过程中，有些时候我是沉着冷静的，有些时候也略显急躁，方式方法有时可能会不是很恰当，无形中也对学生有些影响。有一次，我班与邻班举行一场篮球友谊赛，开始前我和领班的班主任对学生一再强调，主要是让大家娱乐，注意安全，不要发生冲突，可是比赛时同学们都很尽力，动作有些过大，有两个学生发生点口角。事后，我班的同学去找邻班的同学，并且动手打了人家，当时被打同学忍住没有还手，而且当时周围都是邻班的学生，被打的学生竟然拦住了其他人没打我班的学生，事后打人的学生后悔不已，被打的同学也都让我们刮目相看，为了不让事件扩大，自己能承受委屈，确实让人敬佩，被打的孩子看似吃亏了，但是他却得到了更多人的认可。有一个后调进班级的学生，始终没有融入班级，元旦活动后，感觉和大家是一家人了，没过两天，因为一件小事和同学发生了冲突，自己情绪控制不住了，一个男生号啕大哭，甚至两天没来上学，主要问题在他自身，怎样对待别人，别人也会同样对待你，反过来就受不了了，调整不过来始终解决不了这个问题。有很多问题是解决不了的，原因更多是出在了家里。俗话说："有其父必有其子，有其母必有其女。"除了先天的遗传外，更多的是后天教育对孩子的影响，其一言一行，孩子都会看在眼里，记在心里，父母对于孩子的教育太重要，家庭教育具有不可替代的重要作用，尤其是对其习惯和心态的培养，好的习惯和心态可以更好地树立品德修养。

一个人的言行举止反映一个人的心态，每个人的成长过程都会直接影响一个人的心态，看待每件事的观点就有了好坏，坏事看成好事，也许会从中吸取教训，使自己变得更好；好事看成是坏事，也许会让人走入迷途，产生心结，纠缠其中，不能自拔，因此对待每件事都心大一点，也许就会少了很多烦恼，一个人的眼中看到的都是好事，心情总是很乐观，状态都会不一样，可能就会变得积极上进。遇到什么困难都能从容面对，可能就会一帆风顺。

三、理想是自由——改善自己，影响学生

孩子的心灵是一块神奇的土地，播上思想的种子，就会获得行为的收获；播上行为的种子，就会获得习惯的收获；播上习惯的种子，就会获得品德的收获，播上品德的种子，就会获得命运的收获。看一个人的素养高低，不看衣着，而要看他如何对待公共利益。没有原则，不问是非，见利忘义，轻视公共利益，到哪都不能吃亏，素质一定不高。在一个集体里老实人总是吃亏，那么问题一定出在领导，是管理和制度出了大的问题，或者看到别人占了便宜就觉得自己吃亏了。更有甚者，一边慷慨激昂指责别人，一边偷占公共利益，心量是非常的狭小，既无原则也无宽容的雅量。现在的社会人口数量巨大，只要有人多占了，就会有人少享有一点。以前家长教育孩子，要老实厚道，凡是让人一步，有一种淡然的心态。而现在的家长教育孩子时，生怕他在外面吃亏，甚至让孩子要多占便宜，并且经常为了一点蝇头小利用实际行动来示范。谁不愿意与阳光、大气、爽快的人交朋友呢！吃亏就是会与人分享，当一个人不认为自己吃亏，并善于把不利的事情做有利的转化，反而会获得意外的收获，如果身边都是这样的人，那么我们的世界会是什么样。所以说：吃亏是福，赠人玫瑰，手留余香。

参考文献：

［1］韩昇.良训传家［M］.北京：生活·读书·新知三联书店，2017.

春风化桃李　初心永不改

——立德树人在班主任工作中的应用

赵淑凤

摘要：本文通过讲述立德树人之悉心交流、勇担责任、真诚关怀、无悔付出四个方面在班主任工作中的应用，阐明了作为教师，必须秉持立德树人的教育理念，尽心尽力地为学生服务，定能赢得学生的信赖、家长的认可。实践证明，在立德树人的教育教学工作中，成绩的取得没什么捷径，凭的是一颗对学生无私奉献的爱心和对教育事业坚定的信念。

关键词：立德树人；悉心交流；勇担责任

罗曼·罗兰说过："要散布阳光到别人心里，先得自己心里有阳光。"老师心中的阳光就是一颗热爱学生的心，爱使我们有了赞扬，有了微笑，有了鼓励，有了理解，有了宽容。

一、立德树人之悉心交流

俄罗斯有句谚语：漂亮的孩子人人喜欢，而"难看"的孩子更需要爱。我们学校"难看的孩子"相对较多，知识基础较差，但他们身上也有许多闪光点，只要我们以身作则去引导他们，帮助他们培养优良的品德、树立积极的人生观，满腔热情、执着地去爱他们，精诚所至，金石一定为开。

回想起高一新生入校的第一个月，面对着五十五张陌生的面孔，我心里承受着很大的压力。这些学生基础知识较差，学习上缺乏信心，个别学生因父母离异缺乏引导和关爱，身上有很多不良习气。加上刚上高中，知识容量大及学科难度提升，部分学生心理浮躁，缺乏学习自主性，要想带好这样的班级，真的很难。记得当时我读了"牧童和牛"的故事，感悟很深，刚放牧时，牧童和牛经常发生冲突，结果两败俱伤。牧童开始细心观察牛的秉性和需求，尝试着去关心、照顾牛。牛很快接受了主人，顺从地和牧童相处，他们的生活变得和谐。我决心用这种"和谐"的方式来和我的五十五个朋友相处。

我班张海同学，是全校有名的学差生，上课说话、旷课，经常和老师顶撞，对自己的学习失去了信心，有破罐破摔之意，上网吧，屡教屡犯……父母对他束手无策。对于这样一名棘手的学生，我也曾犹豫过，但心中决不轻易放弃任何一名学生的信念，激励着我一次又一次地走近他，多次找他谈心。我们的一次谈话是这样的："老师真的很感谢你，长跑中克服那么多困难，为班级争光，我相信你在学习上也会做得更好……"他的眼睛湿润了：'老师，你是第一个相信我，对我说感谢的人，我不会令你失望，我一定努力……"他的心扉向我敞开，我们建立了朋友般的互助关系，我给他购买了教辅材料，利用业余时间给他辅导，他给我提供班级的管理建议。他在渐渐地转变，变得通情达理，变得温和了。尽管他反复过，但都在我预料之中，毕竟他在成长，在进步。学生犯错误了，我们应该做的，绝不仅是扣分和批评，我们应学会倾听学生，深入了解学生的内心世界，与学生有较深入的沟通和交流。学生们就会感受到老师对他们的尊重和关怀。他们就愿意把自己的想法、愿望、要求、困惑告诉你，求得老师的关怀和尊重，求得老师的宽容和理解，求得老师的帮助和解释。这个时候所进行的交流，就是心与心的交流。

二、立德树人之勇担责任

每当站在讲台上，看着一双双求知的眼睛，每当聆听学生的困惑，感受着真诚的求助，觉得自己肩上的担子好重。很可能我的一言一行会影响学生的一生。作为班主任的我，有责任为学生树立好的榜样，扶持他们走完高中这段艰难而曲折的路。

在普通高中的班级管理中，控辍是最令人头痛的事。李蕙同学突然不来上学了，经了解是因为家庭的经济问题，该生父亲病故，母亲无业，靠哥嫂支撑上学。她思想压力很大，觉得自己是个包袱，上课注意力不集中，对学习失去了兴趣，最后想放弃学习去打工。我了解该生情况后，和她家里人进行了沟通，并到该生打工的老祖书店探望，一番谈话后，我意识到她还有求学的欲望，只是顾虑到家里的经济情况。望着她单薄的身材、含泪的眼睛，我被深深地感动了。我把她领回了学校，帮她购买了一些教辅材料，资助她部分费用，并在课下多次找她谈话，我感受到小蕙变得开朗了，学习的兴趣也渐渐浓了，成绩也有了很大的进步。

只要人人都献出一点爱，世界会变成美好的人间。关爱学生，努力成为学生的良师益友是我们教师的责任。

三、立德树人之真诚关怀

我们经常听到"差生"二字，我觉得学生不应该完全用好与坏、先进和后进来划分。所谓"差生"，就是他的优点我们还未发现，花不美不能怪花，应该怪养花的人。只要我们多一分关怀，少一分抱怨，花会变得更加娇艳。

我班的李壮同学父母离异，他打架斗殴，身上有许多不良的社会习气。和母亲发生争执离家出走，深夜他的妈妈打电话向我求助，声音中带着哽咽和无助。我打电话给常和他交往的同学，费了很大周折得知他在一家网吧。我和爱人顶着寒风把他接到我家。交谈中我感觉到该生虽然外表强硬，其实内心也很脆弱。从他身上我感觉到了单亲孩子的孤独。我觉得自己应该多给他亲人般的关怀。看到该生有乐于助人、组织能力较强的优点，我给机会让他做我们班的值日班长。他真诚地对我说："老师，只要您瞧得起我，信任我，我就不会令您失望。"于是，他带着重新开始、帮助班主任治理班级的心理接受了这项工作，将班级的管理工作做得井井有条。现在他已入伍，成为一名优秀的军人。

作为班主任老师，树立服务学生、关怀学生的意识很重要。对学生真诚关爱，融注于学生生活的每一个空间。住宿学生最怕生病，一生病吃不下饭，睡不着觉，孤独无助使他们想家，每当住宿生生病了，我总是尽快及时到学生床前……作为教师，用真诚的爱去温暖学生，用无私的关怀去感动学生，是学生前进的坚实阶梯。

四、立德树人之无悔付出

节假日，当人们在享受着家人团聚的温馨或在游山玩水时，我们在和学生谈话，在家访的路上；夜晚，当人们甜甜入梦时，我们依然在凝神思考，奋笔疾书。在班主任的岗位上，我们踏实地做着平凡的工作。每天六点四十分准时到校，提前二十分钟陪学生上早课，家里的宝贝总是埋怨我们："妈妈不喜欢我，她只爱她的学生。"女儿的话令我哽咽，作为妈妈，我们给予女儿的太少……

学生给予我的回报是沉甸甸的。生日那天，五十五名学生为我点燃了灿烂的烛火。除夕夜，学生真诚的问候感动着我。学校的各项活动中，学生们齐心协力换来的辉煌震撼着我。

孔子说过，"其身正，不令而行"。作为教师，只要秉持立德树人的教育理念，尽心尽力地为学生服务，一定能赢得学生的信赖、家长的认可。实践证明，在立德树人的教育教学工作中，成绩的取得没什么捷径，凭的是一颗对学生无私奉献的爱心和对教育事业坚定的信念——春风化桃李，初心永不改。

参考文献：

［1］孔子及其弟子.论语［M］.广州：广州出版社，2001.

［2］［法］罗曼·罗兰.约翰·克利斯朵夫［M］.天津：天津人民出版社，2017.

浅谈教师的育人理念和方法

高俊双

摘要：教师不仅要教书，更要育人。要认识到育人的长期性，加强自身修养，并根据自己学科特点用科学、民主的方法达到育人的目的。

关键词：要教书；更要育人；根据数学学科特点

随着社会的发展和进步，教育大环境的变化，我们的教育对象学生无论从心理或行为都已发生了很大变化。教育家苏霍姆林斯基曾经说过：教育者应当深刻了解正在成长的人的心灵……只有在自己整个教育生涯中不断地研究学生的心理发展过程，不断加深自己心理学等多方面知识，才能够成为教育工作的真正的能手。所以教师必须调整自己的育人理念，运用教育教学的科学性、民主性、使学生树立正确的幸福观、人生观，以适应社会的发展和学生的需要。

陶行知先生也曾经说过："先生不应该专教书，他的责任是教人做人；学生不应该专读书，他的责任是学习人生之道。"我们经常说教书育人，但我认为育人教书更重要，这里并不仅仅是一个顺序颠倒的问题，而是反映了一个教育理念。魏书生老师说："把学生的思想教育工作搞上去了，教学这点事好办。"说明育人工作比教书更重要，多年来的教育教学实践我也充分感受到了这一点。下面我就谈一谈自己教育教学的想法和做法。

首先，要认识到育人的长期性。古人说：十年树木，百年树人。这说明教育是一个漫长的系统工程，不能一蹴而就。尤其现在，学生大多数都是独生子女，自我意识比较强，抗挫折能力比较弱，心理成熟比较晚。这就要求我们的教育要有一个长期的目标，要多为学生今后健康发展着想，多为学生今后健康发展服务。我校高中生天性活泼好动，不可能不犯错误，如果有一点小毛病就严厉批评，训斥有加，杀一儆百，短期的目的是达到了，纪律好了，但学生没有明白不应该这样做的道理，并由此对教师的教育产生抵触情绪，也可能由此就厌倦了学习生活，今后的发展又从何谈起，教育的目的又何在呢？学困生的教育更是如此，以我教过的班级为例，有几名男生是打工者子女，家长无暇教育，基本上是放任自流，行为习惯非常不好，并且不接受教育，刚入学时经常打架，是这个年级的"头"。教育不好容易出"问题"，操之过急更容易产生师生对立，起不到教育的目的。于是，我先慢慢地从师生感情的建立入手，生活上关心他们，人格上感染他们，思想上教育他们。经过两年的教育，他们的行为习惯发生了明显的转变，经常为班级打扫卫生，维持班级纪律，也不主动打架了，师生的感情更融洽了。其中一个学生跟家长唠嗑时说：我们老师对我太好了，我要报答我们老师，我们老师有鼻炎，我要买药给我们老师。听完家长在电话里的叙述，一股暖流涌遍全身，我为教育的成功感到高兴。

其次，教师要不断加强自身修养，丰富自己的内涵。德高为师，学高为范，为学生做出表率。爱因斯坦曾经说过：使学生对教师尊敬的唯一源泉在于教师的德和才。一位考上重点大学的学生在她写给我的贺年卡中写道："您是我数学启蒙老师，您使我知道了数学是一门有趣的能够解决很多问题的学科。我欣赏您雷厉风行的作风，丰富的知识，公正的做事风格，您幽默的谈吐和一个个小笑话伴我度过了高中三年的学习生活，谢谢您老师。"我一直保存着这张贺年卡，这个学生并不在我所任班主任的班级，我也没有想到我的教育对她影响那么大，细细想来，有什么比教育的成功更令人骄傲的呢。所以，现在的学生的教育单靠训斥，教育效果只能是一时的，而教师人格魅力的影响则会使学生受益终身。

第三，每个教师在教学中要根据自己学科的特点，不失时机地对学生进行人性教育、感恩教育（爱父母、老师、同学……），中华民族传统美德教育（温、良、恭、俭、让……），社会主义道德教育（爱党、爱国、爱集体……）。如果这些教育贯穿在学生学习生活的始终，就会起到春泥护花润物无声的作用。

第四，公民意识的教育。现在社会的现代教育应该是追求充满人性的德育，应该站在民主管理、民主治理班级的角度，工作中追求民主的本质，即尊重每一个学生。教师应该尊重每一个学生，包括学习成绩不是很理想的学生和行为习惯不是很良好的学生，唤醒他们内心的善良。多年的教学实践让我认识到，天使与恶魔也就是学生心中的善与恶，只在一念之间，只有教师教育得当，勤于细心观察，抓住学生心中瞬间善良的火花，才能取得教育的成功。李镇西校长告诉我们，在我们的教育理念中，应该有公民意识的教育，使学生懂得每个人都是社会的一员，都有着对社会的责任和义务，懂得感恩和尊重别人。

第五，宽容的心态。人们常说，比海洋宽阔的是天空，比天空更宽阔的是人的胸怀。宽容不仅仅是个人修养问题，更重要的是体现对学生的教育问题。学生作为被教育的个体，在其成长的过程中必然有这样或那样的缺点和毛病，这是在其成长过程中必然经历和难免的，只要我们教育得法，因势利导，随着年龄的增长，知识的增多，有些缺点自然而然就改掉了。即使学生由于认知能力、自我约束能力不强而犯了严重的错误，也不必大惊小怪。黑格尔曾说过，存在就有其合理的一面。当学生犯错误时，最需要老师的理解和帮助，教师要通过学生犯错误这个现象，找到其错误的根源，从而对症下药找到教育的途径和方法，而不是一棒子打死。有位同事给我讲了这样一个故事，他在上课时发现一个男生给一个女生传字条，字条刚到女生手里，就被他发现，他于是把字条要了下来，同学们也都看着了，但当时他并没有声张，下课时他想把这个女生叫到办公室，但他发现这个女生一直深深地低着头，他也就没深究。多年以后，他突然接到这个女生从一所院校寄来的一封信，开头第一句话就是：老师，谢谢您……宽容是教师博大胸怀和崇高人格的体现，对学生的人格也将产生深远的影响，但是，宽容不等于纵容，不是无原则的体谅，教师要把握好尺度，力求达到最佳的教育效果。

第六，乐观向上的精神。肖川教授在《教师的幸福人生》的报告中，以一个大学教授的眼光站在高层次高视角的层面上来看中小学教育和中小学教师。给我感受最深的还是一种理念的东西，一个教师要心中有爱，有职业的幸福感、优越感，在教学中用爱的激情去关心、关爱每一个学生，用乐观向上的心态去工作，教育学生对学习、对生活充满希望。教育家马卡连柯也曾经说过：培养人就是培养他对前途的希望。我教过一个成绩不算太好的学生在日记中写道：尽管学习是一个艰苦的过程，但那却是我们青春永恒的记忆。在这里，学生用一种乐观向上的心态对待学习、对待生活。同样，教育学生是我们终身从事的事业，我们也要用乐观向上的态度对待它，多发现学生的优点，懂得去欣赏学生。首先，不要用自己的尺度过高地要求学生，尤其是行为习惯不算太好的学生。我教过这样一个学生，一个胖胖的小男孩，他母亲在幼儿园工作，小时候太娇惯了，养成了一身毛病，行为习惯非常不好，我曾经开玩笑地说：中学生该有的毛病他都有了。但他有一个非常突出的优点，就是心地善良，乐于助人。于是我就以此为突破口，没有歧视这个学生，而是常表扬他的优点，真心地欣赏他的优点。这个学生也开始愿意和老师接近，帮着老师为班级做这做那，毛病也慢慢地改掉了很多，最后，考上了大学。在对这个学生的教育中，教师没有采取训斥对立的教育方法，而是用乐观向上的心态对待学生，在教育的过程中也得到了快乐。其次，要用爱自己孩子的心态去爱学生。有这样一个故事，动物园开联欢会，狗熊负责把奖品发给表现最好最可爱的动物，狗熊看了半天，还是觉得小狗熊最可爱，最后把奖品发给了小狗熊。有些老师总是抱怨学生这样不好那样不好，工作热情也不高，这绝不是我们工作、生活的目的之所在，如果我们用爱自己孩子的心态去爱每一个学生，工作中就会充满快乐，也能把工作做得很好。

总之，教师的育人理念和方法，直接影响着教育的过程和结果，正确地对待自己、正确地对待学生，我们的生活就会充满欢乐，我们的事业就会充满阳光。

最后，我把四句话献给教育同仁：虚怀有节绝奢华，处处桃园是我家，莫道书中无甲子，一支粉笔写生涯。

参考文献：

［1］魏书生.班主任工作漫谈［M］.南京：译林出版社，2013.

立德树人　行为世范

——花季年纪　花样管理

耿菲飞

摘要：德育从狭义来讲，就是学校对学生思想品德的教育。有效的思想品德教育对学生的身心健康、道德修养、思想境界的提升，具有十分重要的意义。所以，在高中生的教育工作中，除了智育之外，班主任一定要担负起德育的重任，以身作则，立德树人，促进学生全面发展，提高学生的综合素质，从而实现德育对学生人生发展的积极意义。

关键词：高中；德育；立德树人；班主任管理

我出生在一个教师世家，可能是这个原因，从小就被"没有学不会的学生，只有不会教的老师"这样的说法熏着。还记得当我第一天走进学校，外婆就告诉我："做老师是与人打交道的，而且是几十人，甚至是几百人，与人打交道和与计算机及其他物品打交道相比，是最难的一项工作。"嘱咐我"要有耐心，有恒心，有学习之心，更重要的做老师要对得起自己的良心"。就这样我走进了教师这个职业，并且投入了班主任工作。

作为高中班主任，真的很辛苦。网络上有段话："我走娃未醒，我归娃已睡，为师已无憾，为母心有愧。"这句话成为我生活的写照，陪伴学生们的时间远远地超过陪自己的女儿们，但当看着他们拿到录取通知书时，我觉得这一切都是值得的。

想想自己，十三年前不也是这样走过的？我们高中同学的感情很深厚，班级的凝聚力很强，毕业五年、十年时聚会都热泪盈眶，当我成为班主任后才明白，这都是班干部管理能力更胜一筹，所以我从做班主任那天起，我的目标就很明确：一定要打造凝聚力强的班级。这就要求我有伯乐般的眼光，去发掘一群好帮手——优秀的班干部。

然而这并不容易，我的学校是一所普通高中，孩子们在初中有很多不良习惯，然而我一直相信，每个学生都是璞玉，他们需要被雕琢、被开发，所以我细心观察、精心揣摩每个孩子的优缺点并适合干的工作，选出最佳人选，让班干部在班级中树立起威信，让其他同学信服。班主任不在，班干部就是这个班级的负责人。所以不仅选好了班长、团支书、组织委员、生活委员，还用心选出了副班、电长、水长、男女宿舍负责人等，这样学习、生活、纪律等各项工作都有人干了，他们在锻炼中成长，我也可以把更多的精力放在育人育才上面。

我认为班主任教育学生要讲究艺术，要用心灵去跟他们沟通，还要善于用心去挖掘他们的优点。记得她是我的第二届学生，有很多不好的习惯，是那种当今社会典型的"不务正业"的女生：坐姿不端正，行为散漫，经常接话。记得有一次因为坐姿仪容仪表我狠狠地批评了她，但就在当天下午我们两个在操场上相见时，她依旧如故地向我行了大礼并且说了句"老师好！"我当时很是惊讶，这样的孩子心胸多么宽广啊，觉得这个孩子是个可塑之才，所以当我给她批改作业时，我写出"你的眼睛里绽放着光芒，你是我见过最有灵气的女孩，我愿你改变过去，从下一堂化学课开始，我相信你可以做到，愿你的成绩与你的美一同绽放"这样的话。令我意外的是，她真的改变了，居然给班级带来了正能量。毕业后她告诉我，是我的批语改变了她，因为她未曾得到过这样高的赞美与期望。后来她以495分考入沈阳师范大学，现在我们依旧是好师生好姐妹。这件事增加了我做好班主任工作的信心和勇气。我发现赞美声、鼓励声比刺激压倒的方法更管用，所以在以后的工作生活中，我要把赞美送给每一位学生，哪怕他是班级里最差的。我们要探究他们的性格，搜集他们的特长，针对他们的特点，无限放大他们的优点，因为鼓励胜过批评，这样一来，他们想不优秀都难。

我觉得作为老师要纠正孩子们的错误，创造他们的格局是最首要的任务，这就需要我们肯花时间，无论有多忙，都应该挤出时间与学生多相处，多交流，了解他们的想法，鼓励他们，做到与学生零距离接触。教师的天职是育人育才，我觉得对他们进行思想教育时，不能空谈口号，不能生搬硬套，要懂得适时适地因材施教才能取得应有的效果。在教学过程中也在无时无刻地引导学生做人，如我在讲授元素周期表时，就会引导学生要做一个像门捷列夫那样的人，在学生时代就要勇于探索、探求、探究。要做诚实的孩子，如考试不许作弊，不说谎话等。我们普通班学生之前的习惯很是不好，身上有很多不良习气，如谈恋爱，上课睡觉，迟到，佩戴首饰，连家长都毫无办法，只能望而兴叹，但是我不放弃他们，用良好的师德感染学生。都说自己班级的学生像班主任，透过学生的言行举止就可以猜测是哪个班级的，所以我认为师德非常重要。老师是学生的榜样，一言一行都在不知不觉中影响着他们，走上社会时一个人的德行最为重要。我很好地利用了教室里的黑板，教室前面的黑板是用来每天传授知识的，后面的黑板督促学生思想、灵魂以及行动上的进步，我把它分为两块，一块为"心灵鸡汤"，一块为"学习天地"。当学生走进教室时，会不经意间看到它，就会受到触动，青少年励志名言，每天晨读都要先读一遍。

我喜欢用心感动，用爱凝聚，以和谐的氛围凝聚学生，在学校举行篮球赛、排球赛、接力赛时，我常对学生们说的是胜负不重要，重要是团结，班级是一个大集体，更是我们的家庭，一定要把这里当成自己的家，所以每次比赛的时候他们都会发挥集体优势，团结一心，这样在学校举行的各项比赛中，我们的成绩总是名列前茅，就连班服我都要印上"We are family"字样，告诉同学们像爱护自己家一样爱护我们的班级，经营好这个家。

关于批评学生，以前在这个问题上也吃了不少的亏，记得有一次气得双手一直颤抖，手脚发凉进了医院，然而即便这样，问题还是没有解决好，那个学生依旧错误照犯。通过这件事我吸取了经验教训，也查看了很多资料，现在我处理学生问题时，会心平气和，不冲动，尽量不当众批评学生，并且采用"退二进一"的方法，先表扬两个优点再批评一个缺点，在肯定其点滴进步的基础上批评，而且批评时不总算旧账，不连串式批评。

现在互联网已经很普及，利用这一点加强家校共建，通过微信群加强与家长的沟通，用心了解每位学生在家的状态。我在假期时，会做到与每一位家长通一次电话，将学校的关心送到每一个家庭。我的班级里有一位家长每次看见我都哭泣，这是我以前未曾遇见过的，开始时不知如何面对，但渐渐地我学会与她交心。这位家长觉得孩子还是处于一个叛逆期，担心会染上不良的社会风气，不知道如何才能拯救她的孩子，我就利用了一个假期的时间去家访，去与这名学生在校外沟通，了解他的内心世界，从弱点入手，去沟通交流，后来这个孩子变得特别懂事，还会心疼家长，我感到非常欣慰。我觉得在与家长沟通时也要研究方法，我认为平时就要多交流，多沟通，在问题中加强理解，不要非等到学生学习或思想方面出现问题才想起与家长联系，这时候联系家长，学生会认为是班主任向家长告状，家长也会心情不好，极容易出现打骂学生的行为，这样不利于解决问题。

"生活像镜子，你对它笑，它就对你笑。"反过来你板着阶级斗争的面孔面对生活，那就天天都有值得生气的事情。

我相信，在平平淡淡、酸酸甜甜、琐琐碎碎的班主任工作中，只要我们点点滴滴地辛勤付出，一定能得到学生和家长的认可，我们一定能收获美好的结局。现在的我是这样的，明天的我依然会坚持，因为我面对的不只是几十个孩子的未来，更是几十个家庭的希望。学生就像一本书，只要读懂它，我的班主任生活就会轻松愉快。

育人为本　德育为先

孙尚丹

摘要：国无德不兴，人无德不立。育人的根本在于立德，教育工作者必须认真做好德育工作，坚持立德树人，不断培养德智体美全面发展的社会主义建设者和接班人，才能推进伟大事业、实现伟大梦想。

关键词：立德树人；德育教育

"坚持教育为社会主义现代化建设服务，为人民服务，把立德树人作为教育的根本任务，全面实施素质教育，培养德智体美全面发展的社会主义建设者和接班人"。我国新时代的教育方针明确提出学校教育的根本任务是"立德树人"，这就要求学校必须把德育工作放在极其重要的位置上切实抓紧抓好，要求每位教育工作者必须认真做好德育工作，真正担负起"人类灵魂工程师"的神圣职责。

一、爱国主义教育是学校德育的核心

学校教育必须高扬爱国主义旗帜。我多年做班主任工作，我体会到，作为学校的一个组成部分，一个班级，必须是爱国主义教育的主阵地。

认真组织全班同学参加学校的各类爱国主义思想教育活动，如周一升国旗仪式、党的生日、国庆等各类主题教育活动，革命烈士祭奠活动、革命传统教育活动、社会公益活动、集体劳动、助贫济困活动、送温暖活动等。每次活动前，我都要对全班同学提出具体要求，培养学生爱祖国、爱人民、爱劳动的思想感情。

营造深厚爱国主义气氛的班级环境。把教室的宣传板做成爱国主义教育专栏，包括国旗、国徽、国歌图案、祖国地图，介绍祖国自然地理风貌、祖国建设成就、重大科技成果等，激发学生的爱国情感。

充分利用主题班会进行爱国主义教育。如"七一"中国共产党诞生日，召开"唱党歌、学党史"主题班会；九一八事变纪念日召开"勿忘国耻、爱我中华"主题班会；中秋节召开"情系中秋、共庆团圆"主题班会；"十一"国庆节召开"爱祖国、爱家乡"主题班会；12 月 13 日"国家公祭日"召开"铭记历史、振兴中华"主题班会。同学们积极发言，班会气氛热烈。

二、课堂教学是学校德育的主阵地

利用历史学科教学的有利条件进行爱国主义教育。讲古代史上我国的四大发明、李时珍的《本草纲目》、徐光启的《农政全书》、宋应星的《天工开物》，说明中华民族在历史上的科技贡献，激发学生的自豪感和爱国热情。讲近代史上的鸦片战争、中日甲午战争、八国联军侵华的历史，教育学生落后就要挨打的道理，激发学生的强国激情。讲商鞅变法、王安石变法、张居正改革的内容和影响，说明改革、变法、创新是人类社会发展动力的道理。讲现代史上中国共产党创党建国的历史，则是最现实、最直接的爱国主义思想教育。

三、养成教育是学校德育的有效途径

培根说过，"习惯是人生的主宰"。叶圣陶说过，"教育就是培养习惯"。养成教育就是从一言一行、一举一动做起，培养学生良好的行为习惯，通过环境熏陶、认知启蒙、行为示范、纪律约束等方法，一点一滴的慢功夫、真功夫、硬功夫，使学生修养更高尚，行为更规范，成为一个有教养的文明人。

培养良好的遵规守纪习惯。每当新生入学，我在班级的第一个班会就是贯彻学校各项规章制度，贯彻班级行为准则。每学年末都进行全面总结，平时则时时处处以规则约束学生，令他们生活在规章制度之中。

培养良好的卫生习惯。我把全班学生分成五个卫生小组，每天一组，负责教室的环境卫生清洁和整理。每个小组又有更细致的分工，扫地的，擦桌椅的，擦黑板的，关灯、关门窗的，各负其责，天天如此。

培养良好的学习习惯。要求学生"入室则静，落座则学"，坐姿端正，认真听讲，举手提问，出语和颜悦色。

培养良好的生活习惯。要求学生"食不言、寝不语，行成排、途中礼让"。养成学勤、身正的品质和行为习惯。

班级的一位赵姓学生染上了吸烟的不良习惯，并且有早恋倾向，导致厌学。我从吸烟的危害入手，劝导他戒烟，把有关烟草的知识从网上下载后供他学习，向他介绍成功戒烟后身体恢复健康的案例。该同学有一定的组织能力，我便发挥他的特长，安排他在班级负些责任，调动了他的学习积极性和戒烟的主动性。后来他不但戒了烟，还终止早恋，毕业后考入鞍山师范学院。

养成教育细致入微，坚持不懈。我所带多个班级同学通过三年的锤炼，都基本养成了良好的行为习惯，几十名同学多日在外地写生，均未发生任何违纪违规事件。

四、情感教育是学校德育的最佳方式

情感教育是素质教育的核心，通过情感培育手段，使学生形成健全的个性和人格，进而形成健康的人生观、世界观和道德观。中学阶段是学生人格、个性形成的关键时期，需要对学生进行各方面的情感培养和锻炼，健全其各种情感和必备要素，丰富其人格素养，实现学生身心的健康发展。

我做班主任工作多年，我的学生一般都十七八岁，处于人格、个性的形成时期。情感教育施于他们恰逢其时，我体会主要有三个方法。

一是尊重。尊重学生的自尊心和人格尊严，体察学生对事情的看法，尊重学生的意见。小刘同学课上睡觉，不爱学习。老师讲课时他说话或中间插话，学习成绩不好。我找他谈话时并不是上来就批评，而是帮他查找原因，询问他对老师讲课有什么意见和要求，分析那些做法对老师、对同学、对班级及他自己的危害。我与他谈心10多次以后，他才说自己学习基础薄弱，听不懂老师讲的内容，已经丧失高考信心。我帮助他分析他的学习状况，为他加油鼓劲，并和他一起制定各科学习计划，协商相关学科老师为他补课。刘同学有了信心，有了学习劲头，没有了那些毛病，一年后他考上辽宁师范大学。

二是关爱。这是教育的温馨和"人格化""人性化"所在，是学生享受到的来自血缘关系以外的第一缕亲情。用心去交流、去倾听，让学生谈他的苦恼、他的想法、他面临的困难，用心去开导他。小徐同学脾气不好，常与老师、同学争吵，家长也束手无策。我与该同学及家长反复分析脾气不好的原因，从性格谈到日常言行举止，谈到人的修养，分析人际关系对个人学习、生活直到人生的重大影响，分析人际关系好坏的利弊得失。一个学期，150多次与家长和他谈心，该同学终于醒悟，是真诚说服了他，也是我对他坚持不懈的关心、关爱感动了他。他转变后尊敬老师、团结同学、努力学习，毕业后考入哈尔滨理工大学。王同学家庭困难，有自卑情绪，不爱与他人交往。我了解情况后，多次找他谈心，增强他的信心，分析他的学习情况，帮助他提升弱科成绩，并为他申请国家助学金。祖国的温暖、老师的关爱令他信心大增，最后考入吉林动画学院。

三是做学生的严师益友。我体会，情感教育就是老师与学生心的交流、心的响应，达到心的交融，它可以实现老师的教育目的，实现德育工作的升华，还可以实现师生之间心灵的融通。在沈阳航空航天大学学习的李同学每次放假归来都专程来校看望我。她说：在市二高中的学习经历，我已经刻骨铭心，终生难忘。

一次放学后，我走进教室，全班同学忽然全体起立，齐声喊"祝孙老师生日快乐"。教室里布置了热闹的生日祝福场面，全班同学在同个日记本上写下祝老师生日快乐的祝福语言。看来，作为一个教育工作者，要做学生的严师，同时也要做学生的益友。老师的情感教育是一种人性化、人格化的教育，在中学阶段，这是德育工作的最佳方式。

五、立德树人　成果丰硕

一分耕耘，一分收获。2020 年，我所带艺术班同学 100% 通过省美术联考本科分数线，文化课本科上线率创本校美术生本科进线率历史新高。我的学生分别考入鲁迅美术学院、辽宁师范大学、沈阳师范大学、沈阳航空航天大学、鞍山师范大学、天津理工大学、辽宁工程技术大学等高校。学生低分进，高分出，圆了学生的大学梦。另外，我所教班级两次被市教育局评为盘锦市三好班级，多次被学校授予校优秀升旗班、优秀班、优秀雷锋班等荣誉称号。

国无德不兴，人无德不立。育人的根本在于立德，只有坚持立德树人，不断培养德智体美全面发展的社会主义建设者和接班人，才能让党和国家事业兴旺发达、后继有人，才能推进伟大事业、实现伟大梦想。

浅谈高中新学期班主任工作的难点

——教学相长 立德树人

张 谦

摘要： 班级教学管理是一项复杂、长期、艰巨的教学工作，作为一名班主任，只有充分掌握这项工作艺术，才能真正营造培育出一个良好的、和谐的学生班级管理学习生活氛围，才能更好、更快地有效督促班级学生在各个方面的健康和谐发展，立德树人便是其中的重点和难点。随着时代的不断发展，国与国之间的政治竞争愈加激烈，国家间不仅仅存在着来自军事、政治等诸多方面的激烈竞争，教育、人才等方面"软实力"的比拼也越发突出。我们首先要清醒地深刻意识到，文化精神是一个伟大民族始终立足于跻身世界之林的重要根基，始终要把"科教兴国"作为我国发展的一项重要战略。

因此，本文就高中时期班主任的班级管理工作，特别是体现立德树人主旨的一些主要难点和小问题，谈几点工作心得体会。

关键词： 高中；班主任；管理工作；工作难点

一、高中新学期班主任工作的难点

（一）部分学生的学习积极性不高

进入高中之后，随着年龄的增长，学生的自主意识增强，在接受正能量引导的同时，学生也会受到社会上各种负能量带来的冲击，对正确的学习理念产生动摇。尤其是成绩相对较差的学生，在学习过程中形成比较悲观的心态，产生"毕业就失业，学习没有用"等消极观念，表现在课堂上，就是不认真听讲，状态差；表现在课后，就是作业不按时完成。

（二）学生的心理问题突出

高考已经是我们人生非常关键的一个转折点，与之并肩相伴的必然是当年令许多人一生难以承受的沉重升学压力和令人无休止的备考练习。高中班主任作为教学管理者，所要面对的是高考的指挥棒。由此原因导致的直接后果就是一些班主任在学生管理工作中只是围绕考生学习成绩做文章，而忽略了学生的心理压力，给班级管理带来隐患。

（三）对成绩过度关注

唯成绩论的评价制度，不能对学生实施全面的评价，不能引导学生形成正确的学习观、价值观，忽视了团结协作等良好精神意识的培养。

（四）教学方法单一

在传统的应试教育与教育理念的不良影响下，教师在教学工作中，一直处于主体地位，而学生呢，一直处于被动的参与地位，学生对教师传授的知识，仅仅是一味地、全盘地接受，这种"满堂灌"的填鸭式教学方法，其实严重地制约了学生积极性、主动性的良好发挥。

二、高中新学期班主任工作的难点应对措施

在课外的日常学习或者生活中，班主任不会经常严格要求一个班的学生，仅仅只是一味地想着要求学生服从于他的行动指挥就行了。如若一名学生与一个班主任的观点或具体性的看法相互之间发生冲突了，班主任就直接使用自身的领导权威，彻底否定或彻底毁掉一个学生的观点或具体性的看法，这种行为，不单单是严重地打击一个学生的自尊心与自信心，更是在完全彻底地抹杀一个学生的日常生活。所以说，在推进我国特色学校教育管理科学发展观念的正确引导下，班主任教师必须要牢固确立始终为教育促进在校学生健康成长发展服务的正确学校教育教学理念，始终确定坚持以教育促进在校学生健康成长发展为学校教育教学中心的明确学校教育教学目标。

所以说，班主任要做到以下四点。

（一）班主任要通过经常性的提纲换位多维思考

要时刻注意站在每个学生的同一立场上，体会一下学生的各种内心不同感受；班主任要平等对待每一个陌生人，要在充分理解每个学生、尊重每个学生的根本基础上，处理好班级生活中的一切学生事务；班主任要时刻学习贯彻学生服务的基本意识，正如魏书生所言，把促进学生成长视为家的主人，为促进学生成长创造一个良好的和谐的学校生活文化环境、学习工作环境。

（二）加强人文上的关怀

面临着高考的巨大学习压力的中国高中生们，需要得到我们家长、老师、同学的高度赞许与充分认可。所以，在整个班级的日常管理之中，班主任不仅要充分使用自身那敏锐的管理洞察力，充分地自我认识和看到班级上的每个学生的进步空间与发展优势，有意识地把精力放在整个班级的管理之中，引进各种各样的管理激励机制，比如：通过班级设立各种奖项的激励方式，来充分满足每个学生被家长认可、被社会关注的心理需求，从而切实地做到帮助每个学生充分认清自身的优点和发展优势，建立帮助学生自己走向成功的自信心。

身为一名优秀教育工作者，高中的班主任更需要公平且真诚地对待自己的每一位学生，除了给予这些学生格外的真心关爱外，在对待困难的学生时，更需要给予他们充足的耐心鼓励、信任与真心关爱，帮助他们建立起学习的信心、兴趣。当然，因为教师认知能力水平与学生认知分析能力之间存在着很大局限性，学生犯错误，不可避免，但要及时沟通，勇于改正。

师生关系的和谐健康发展非常重要。有利于学校教育教学工作的顺利开展与有效进行。此外，班主任也应该充分深刻地认识和看到：一个学生的基本思想观念，如果仍然能够及时得到充分的自我理解，学生的人格美和个性，能够及时得到充分的尊重，学生的重大过失，能够给予充分的心理宽容，在无形之中，就一定会营造出一个良好、和谐的班级人文教育氛围。

（三）改善互动交流谈话沟通技巧方法

当老师在跟学生交流的时候，应该把每个学生当作是好朋友一样，进行平等的交流谈话，千万不要用居高临下的方式与他们进行谈话。一定首先要做到善于及时发现这些学生的一个优点，即便这只是学生的一个小小的闪光点，并用令人欣赏的态度对一个学生的优点进行充分的肯定，让一个学生的各种心理需求得到充分的满足，进而使其产生积极向上的一种学习动力。班主任千万不要吝啬对一个学生的赞美，在该得到夸奖的时候就一定要夸奖，在该得到表扬的时候就一定要表扬。班主任老师在和每个学生进行谈话的第一时间，还应该做到善于充分理解每个学生。因为，人与人之间如果没有相互理解，就绝对不会出现有效沟通，尤其是当一个学生受了委屈，受到老师家长们的训斥，受到来自各个方面的不公正待遇时，班主任或者老师哪怕仅只是一句温暖的话，一句贴心的话，都会让学生的心情"多云转晴"。

（四）注重班干部的选拔与培养

作为一名优秀班主任以及班级组织管理者，班干部在整个教学班级中一直以来起着举足轻重的重要领导班子作用。班干部同时也应该通过引导其他学生积极参与来实现整个班级自我管理，因此，班主任更加需要重视班干部的培养与严格选拔，班干部队伍应当具有良好的引导示范作用，是一支有着良好管理工作作风的优秀队伍，去通过引导学生调动、影响其他学生积极参与来实现整个班级的自我管理。

立德树人理念的输出，特别是班级的基层组织工作管理，是一个极为复杂动态化的管理工作过程，这样就非常需要各班主任在从事班级管理工作的整个过程中，不断地对其进行组织完善与不断的修正，以便从中找出一条切实可循的班级管理工作规律，从而更好更轻松地有效组织好和管理好一个班级。

参考文献：

[1]张标华.班主任换位思维能力及其培养与运用[J].中学生优秀作文（教学），2010（10）.

[2]卜宗尧.浅谈高中班主任如何作好班级管理工作[J].学周刊，2011（20）.

[3]张艳利.当好高中班主任的四个秘诀[J].河南教育（基教版），2010（4）.

[4]鲍素芳.班级管理工作之我见[J].学苑教育，2011（15）.

[5]李强.做到"爱""勤""细"，当好班主任[J].才智，2010（12）.

[6]叶澜.教育概论[M].北京：人民教育出版社，1996.

[7]王晓春.今天怎样做班主任[M].北京：教育科学出版社，2010.

[8]张万祥.给年轻班主任的建议[M].上海：华东师范大学出版社，2006.

[9][苏联]凯洛夫.教育学[M].沈颖，南致善，等，译.北京：人民教育出版社，1950.

语文教学中进行德育渗透浅议

林 宁

摘要：如何落实贯彻《中国教育改革和发展纲要》和《普通高中语文课程标准》中强调的"教师应当把德育贯穿和渗透到教育教学的全过程中"这一要求，广大教师在实践中做了大量积极的探索。本文立足课堂教学实践，从"结合文本，在阅读分析中进行爱国主义情感渗透；立足课内，在拓展探寻中进行正确人生观情感渗透；重视写评，在作文训练中进行道德品格渗透；关注课外，在多种活动中进行精神熏陶"四个方面，给出高中语文德育渗透切实可行的方法。

关键词：高中语文；课堂教学；德育渗透

《中国教育改革和发展纲要》强调："教师应当把德育贯穿和渗透到教育教学的全过程中。"《普通高中语文课程标准》指出："普通高中语文课程，必须以习近平新时代中国特色社会主义思想为指导，坚持立德树人，弘扬民族精神，融入社会主义核心价值观教育，培养热爱中华文明、热爱祖国、热爱人民、热爱中国共产党的深厚感情，以及热爱美好生活和奋发向上的人生态度，使学生逐步形成自己的思想、行为准则，增强为中华民族伟大复兴而努力的历史使命感和社会责任感。"德国教育家第斯多惠说：任何真正的教学不仅是提供知识，更是予学生以教育。我国著名语文教育家叶圣陶先生给我们留下至理名言："学语文，就是学做人。"作为一名语文教师，我们应该如何在教学中对学生进行德育教育呢？

一、结合文本，在阅读分析中进行爱国主义情感渗透

学科教学体现德育教育，课堂是主要阵地。语文教学在授课时应熔知识传授、能

力培养、智力发展和思想情操陶冶于一炉，发挥多功能作用。语文教师应该充分发挥语文教材中的立德树人优势，在教学过程中加强对学生进行爱国主义情感的培养，厚植爱国主义情怀，使爱国主义情感浸润学生的心灵。

在学习《沁园春·长沙》这首词时，我重点引导学生体会伟人的革命乐观主义精神和改天换地的豪迈气概。首先，由全班同学一起背诵毛泽东的《沁园春·雪》切入，请学生说出自己对毛泽东的认识和对这首词的体会。接着，在大屏幕上播放关于毛泽东的生平和《沁园春·长沙》写作背景的有关资料，让学生渐入情境，走进文本。之后学生诵读词作，教师提出问题请同学思考：本词上阕呈现的是怎样的自然风光？下阕是怎样表现毛泽东的革命情怀的？上下阕是如何勾连在一起的？然后小组讨论发言：上阕写景，伟人远观近眺，仰观俯察，静有远山绿水，碧天红叶，动有百舸千帆，飞鹰游鱼；下阕抒情，有对包括诗人在内的一切革命者的激励和鼓舞，更抒发了词人永做革命的中流砥柱，担当起领导革命重任的壮志豪情。学生按照由远及近、从静到动的顺序描述这幅生机勃勃的秋景图，景中含情，由景生情。面对如此壮丽的河山，在当时的时代背景下，伟人怎能不发出"问苍茫大地，谁主沉浮"的慨叹？学生的情感由此被激发出来，深刻体会了伟人奋发向上、开创未来、再造乾坤的豪情壮志。同时也理解了由景到情、借景抒情的写法。

"师也者，教之以事而喻诸德也。"在教学中，利用文本精心营造氛围，激发学生情感共鸣，强化时代责任感和历史使命感教育，引导学生树立鸿鹄之志，将个人幸福与国家富强、民族复兴结合在一起，爱国主义情感就会在学生心底生根发芽、茁壮成长，爱国主义情感教育便水到渠成。

二、立足课内，在拓展探寻中进行正确人生观情感渗透

《普通高中语文课程标准》要求："促进学生对中华优秀传统文化、革命文化、社会主义先进文化的深入学习和思考，形成正确的世界观、人生观和价值观。"现在的高中生接触面广，眼界较开阔，思想比较成熟，开始有了自己的认知，对一些事情也有自己的看法。因此，高中阅读教学就不能只停留在划分层次、弄清思路、把握主旨等层面上，应该放手让学生自己搜集信息，展开思想的碰撞，把握文本丰富的内涵和精髓。

在学习《永遇乐·京口北固亭怀古》这首词时，"四十三年，望中犹记，烽火扬州路"这句学生不太理解。我让学生自己查阅资料寻找答案，原来辛弃疾23岁那年投奔南宋朝廷，到写作这首词时已经66岁，所以才说43年。可是学生接下来发出疑问：43年都得不到重用，为何还不回去呢？听到这样的疑问，我没有马上否认，而是追问大家：

如果是你，你会不会选择用一辈子来坚守一个不可能实现的理想目标呢？大家表示不能坚持这么久，肯定另寻出路。那辛弃疾为什么能坚持呢？学生继续探寻辛弃疾的一生，最终明白了：每个时代，都会有辛弃疾这样的人，当时去看，他们是飞蛾扑火，毫无意义；但历经岁月，人们发现，其实他们是一盏盏点亮黑夜的灯。辛弃疾一生以恢复为志，一直处于忧国忧民的心态中，始终守有抗击侵略者的决心；他坚守的是抗金救国、收复中原的热切愿望和爱国豪情。

在教学中，与文本多重对话，激发学生探寻，学生定能体会出文中寓含的思想高度、深度、广度，进而明确人生的方向，树立正确的世界观、人生观、价值观。

三、重视写评，在作文训练中进行道德品格渗透

鲁迅说过，"美术家固然须有精熟的技工，但尤须有进步的思想与高尚的人格"。写作也是如此。作文是学生语文知识和能力的综合体现，显示学生的语文根基和智能水平，更反映学生的思想认识水平。作文教学中，教师不仅要做遣词造句、篇章结构的指导，更要有意识地进行德育渗透。

在选材中，准确把握德育契机。引导学生关注国计民生、关注优秀传统、关注革命文化、关注区域发展。在立意中，明确确定德育导向。引导学生思考集体的利益、思考社会的进步和国家的进步、思考生命的重要意义，感受奋斗的快乐；引导学生用批判精神与悲悯情怀自觉对自身灵魂进行参省，对自己的真诚、责任感、高雅情趣与同情心进行反思；引导学生客观地看待身边的人与事，正确分辨社会上的各种现象、是非对错。在写作中，引导学生表达对国家、民族的忧患意识，抒发对社会、学校、家庭的感恩之情，抒发对祖国美丽河山的赞美之情。在评语中，重视强化德育效果。评语过滤掉了师生当面交流的一些弊端，以一种无声的教学方式与学生进行思想交流，并传递思想教育。教师要善于察微见幽，及时加以分析引导。教师一句鼓励的评语，将如指路明灯般激励学生进步；一句恰切的点拨，会像盲人拐杖般让学生不再迷茫。教师中肯的评语，将把学生带入一个五彩斑斓的新世界，促使学生养成良好的道德品格和文明行为，真正做到"文如其人"。

四、关注课外，在多种活动中进行精神熏陶

课外是课内的延伸，是一个非常广阔的世界。学科德育既要落实在课内，也要延伸到课外。语文教师要结合学科特点，在立足课内的同时，更要关注课外活动对学生的教育影响。

首先，引导学生多读书。书是人类进步的阶梯，是全世界的营养品，是人们的精神食粮。阅读一本好书就是与一个高尚的人进行交谈。推荐美文好作品、定期组织读书会、交流读书心得等活动，不仅能促进学生爱读书、多读书、读好书，而且能够提高学生辨识能力，引导学生走向成熟、走向自强。其次，引导学生多观察。让学生多看、多听、多接触大自然、多接触社会。元旦晚会、演讲比赛、辩论赛、参观、访问、游览、佳作欣赏、诗文朗诵等丰富多彩的活动，既能丰富学生的课外生活，又会滋养学生思想，使学生身心获得健康发展。再次，引导学生多练笔。教育改革家魏书生要求学生每天写日记，进行道德长跑，使学生在练笔中思考，在思考中成长，把教书和育人巧妙地结合起来。

课外延伸为学生创设走进生活的机会，完成感性认知到思想认知的升华，强调了大语文教学观，促进了学生道德修养和综合素质的全面发展，于"润物细无声"中让学生获得正能量的精神熏陶。

叶圣陶告诫后辈：作为一个教师，只把功课教好还不够，最重要的是关心学生健康成长。《论语·学而》言："君子务本，本立而道生。"教育的根本，就在于立德树人。立德树人是新时代中国特色社会主义教育发展的根本任务。育人之妙，存乎一心。作为一名高中语文教师，应该时时刻刻把教书育人铭记在心上，把教语文和教做人结合起来，以高中语文课堂为轴心，全方位提高高中生的道德修养，真真正正担负起新时代赋予的立德树人的伟大使命。

参考文献：

[1] 普通高中语文课程标准（2017年版）[S].北京：人民教育出版社,2018.

[2] 安昊.在高中语文教学中渗透立德树人的思想 [J].青海教育，2015（Z2）.

[3] 张波.立德树人何以实现 [N].光明日报,2019-07-31.

借助有效提问，激发情感火花

林　宁

摘要：有效提问是诱发学生思维的发动机，是开启学生思维大门的钥匙，是高效课堂的助推剂，是激发学生情感智慧的火花。语文教师如何精心设计提问，提高课堂提问的有效性呢？本文从有效提问的要求、有效提问的目的、有效提问的技巧等几方面，立足高中语文课堂教学实践，进行了积极探索。

关键词：高中语文；课堂教学；有效提问；激发学生学习兴趣

巴尔扎克说过：打开一切科学殿堂的钥匙毫无疑问的是问号。教学是一门艺术，有效提问是诱发学生思维的发动机，是开启学生思维大门的钥匙，是高效课堂的助推剂，是激发学生情感智慧的火花。语文教师要精心设计提问，提高课堂提问的有效性。

一、有效提问的要求

有效提问要求教师设计问题要服从总的教学任务。提问是课堂教学的一个重要环节，设计问题要紧随所学关键内容，紧扣课堂主题，要以推进教学进程、帮助学生理解课堂内容为目的。

有效提问要求教师设计问题力求精当。所谓"精"指的是精炼扼要、言简意赅，所谓"当"指的是准确、得当。提问既要紧扣教材，还要富于启发，有一定的思考价值，起到帮助学生理解词句丰富而深刻的含义、培养学生具有高尚审美情趣的作用。

有效提问要求教师设计问题要巧妙合理，构思巧妙的问题能够激活学生的思维，使学生的思维始终处于积极的状态，启发学生去探索、去发现，从而获得知识。反之，则成为教学的绊脚石。

二、有效提问的目的

1.激发学生学习兴趣。苏霍姆林斯基指出："如果教师不想方设法使学生产生情绪高昂和智力振奋的内心状态，就急于传授知识，那么这种知识只能使人产生冷漠的态度，而不动感情的脑力劳动就会带来疲倦。"这就是说，学生只有在强烈的学习动机驱使下，才会对学习表现出浓厚的兴趣。而精心设计的巧妙提问，可以创设悬念情境，紧扣住学生心弦，造成学生渴望、追求的心理状态，激励学生积极思考，从而提高教学效率。

2.提高学生思维能力。精心设计的问题，从学生的实际出发，使学生在努力探求问题的正确答案中，充分调动和运用自己的聪明才智，激发学生自己的创造潜能，获得对问题的深刻认识和理解，发现和体会到成功的喜悦。这样，不仅使学生的自尊心得到了满足，也极大地促进了学生思维能力的提高。

3.培养学生高尚审美情趣。提问是否有效，直接关系到课堂教学的优劣与成败。提问是否精当，决定着课堂教学效率的高低。精心设计课堂提问，紧扣本堂教学内容重难点，能够突出重点，利于突破难点，使教学中的细枝末节迎刃而解。既能够帮助学生提升思维品质，积累丰厚的文化底蕴，教学效果也将事半功倍。

三、有效提问的技巧

1.抓住情感的波澜点提问

教师的提问，要讲究感情色彩，努力创造出一种新鲜的能激发学生求知欲望的境界，打动学生的内心，进而使学生快速进入课堂状态。我校一名教师在《小说阅读之环境描写的作用》课堂教学中是这样设计提问导入新课的。

伴随着低沉的音乐，她用悲伤的语调吟诵她自己写的一首小令（ppt 出示）《天净沙·送寒衣》：新坟野径足音，冷风凄雨湿襟。厚土灰天雁引。秋风传信，送衣人正伤心。

然后她提问：这首小令中的词眼是什么？作者是怎样营造伤心的情感的？景物描写在诗词中是作者抒发感情的媒介，那么小说中的景物描写又有哪些作用？环境描写的解题思路和技巧是什么？今天我们就解决这些问题。

这样设计的提问方式一下子抓住了学生的情感点，激起学生情感的波澜，一步一步诱导学生进入了求知的课堂。

2.抓住求知的兴趣点提问

教育心理学告诉我们，兴趣是学习的动力，好奇是兴趣的开始。所谓的兴趣点，就是能够激发学生学习兴趣，集中学生注意力，促进学生理解的知识点。抓住学生兴趣点的提问犹如"一石激起千层浪"，激发起学生的求知欲，让他们沉浸在思考的涟漪中，成为自觉的求知和好知者。一位教师讲授《鸿门宴》一文时，首先用多媒体在屏幕上展示项羽和刘邦的诗歌：

力拔山兮气盖世，时不利兮骓不逝。骓不逝兮可奈何，虞兮虞兮奈若何！

——项羽《垓下歌》

大风起兮云飞扬，威加海内兮归故乡，安得猛士兮守四方。

——刘邦《大风歌》

学生默读理解后全班齐读。她作了这样的对比提问：项羽的《垓下歌》暗示着过去的荣耀、现在的困境和未来的毁灭，刘邦的《大风歌》暗示着荣归故里时的沾沾自喜以及对国防的忧心。楚汉争霸为什么会出现这样的结果呢？《鸿门宴》可以让我们窥一斑而知全貌。

看似简单的诗词导入，却创造了一种朦胧未知的意境，集中了学生的注意力，激起了学生强烈的阅读欲望，学生很快就融入了老师设置的情境中。引起学生的兴趣和求知欲，这对一堂课的成功至关重要。

3. 抓住学习的疑问点提问

知识的疑问点也是教学的重难点，抓住疑问点提问，就会帮助学生抓住重点，突破难点。同时，教师应对疑问点予以点拨，再引导学生自学，而对学生模糊而又提不出疑问的地方，教师应旁敲侧击地引导学生再读重点段，启发学生发现自己没有发现或提不出的问题。例如，讲《烛之武退秦师》时，我们经过集体备课，设计了这样的问题情境：烛之武给我们的最大启示是什么？教师在学生阅读文本可能出现诸多困惑时，这个问题情境就犹如投石落水，激起波澜。孔子说"不愤不启，不悱不发"。这一问题情境就选择在学生"愤""悱"之时，这样，就开启了学生思维，使学生从文本入手，从每一段中找到重点，学会整体感知全文，也得到了答案：国难当头，不计个人嫌怨；顾全大局，勇赴国难；有勇有谋，智勇双全。这样的问题设计和提出，使学生产生"山重水复疑无路，柳暗花明又一村"的愉悦情感，感受到思考的乐趣，是课堂教学高效的敲门砖。

4. 抓住思维的发散点提问

苏联著名教育家苏霍姆林斯基说过："学生来到学校，不仅是为了取得一份知识的行囊，更主要的是为了变得更聪明。"根据学生的思维特点，课堂提问要由易到难、由简到繁，由浅入深、层层递进。重点应放在启迪、开发学生思维，增强教学效果方面。

教学《孔雀东南飞》时，教师这样设计问题：刘兰芝和焦仲卿是否真心相爱？从课文中哪些句子可以看出？如果两人真心相爱，焦仲卿为何不敢违抗母意而遣刘兰芝回娘家？如果没有"太守求亲、兄长逼婚"等事件，刘兰芝和焦仲卿还会破镜重圆吗？这三个问题由易到难、由浅到深。提问的坡度性，减缓了学生思维的难度。不仅分别适合了不同层次的学生，调动了学生的主观能动性，还进行了个性化欣赏；既顾及了全面，也发展了求异思维，大大提高了学生的学习兴趣和课堂教学效率。

5. 抓住理解的差异点提问

同样教学《孔雀东南飞》后提问：如果刘兰芝没有"举身赴清池"，焦仲卿没有"自挂东南枝"，那么他们还可能有什么样的结局？这样，就激发了学生的想象，有的想"他们会私奔"，有的想"他们会起来反抗"，当学生通过比较思考，得出二人非死不可、别无选择的结论时，对封建礼教的吃人本质就有了深刻的认识。通过不同设想的提问和诱导，培养了学生的想象力和发现力，发挥了学生学习的主体作用，使教学效率大大提高。

6. 抓住知识的聚合点提问

聚合点是知识网络上的焦点或纲，纲举目张，围绕聚合点提问，更能突出重点，是学生厘清线索，系统掌握知识的捷径。我在分析《项脊轩志》的写法时，设计了三道题：(1)本文在题材的选择上突出的特点是什么？(2)本文最让你感动的事情是什么？为什么？(3)生活中最细小的事往往也是最感人的，在家庭生活中有你感受最深的小事吗？一石激起千层浪。那些平常被自己忽视的、不以为意的，或是认为理所当然的事一经说出，就不再是小事了，学生的思想受到了强烈的震撼。在语文教学中，抓住纲目合理设计问题进行点拨，能激活学生的思维，能带活一堂课。

7. 抓住课文的关键点提问

语文教学内容复杂，情感丰富，善于把握课文的关键点并设计成合理问题，将吸引学生的注意力，帮助学生理解课文内容。教学《祝福》鉴赏人物形象是关键，若直接提问"祥林嫂是一个怎样的人物形象"，学生将无从下手，难以概括。如果抓住祥林嫂的四个典型动作提问：祥林嫂的一逃（逃婆婆逼嫁）、一撞（不愿改嫁）、一捐（怕死后两夫争执）、一问（有无灵魂地狱），说明她对封建礼教具有什么态度？这样提问既抓住了问题的关键，也启发了学生的思维，使课堂不再平淡，学生充满了求知的主动性，情感教育渗透无声。

总之，有效提问牵一发而动全身，课堂提问只有调动起学生的思维积极性，真正发挥出学生主体的作用，激起学生探索未知的愿望。课堂效率才会大大提高。作为一名语文教师，应当立足于语文课堂教学，积极探索，充分发挥语文学科的育人功能，挖掘语文教材的德育因素，在教学中认真、积极地进行德育渗透，将更多的学生培养成品学兼优的、具有健康人格的社会小公民。

语文知识教学践行立德树人教育思想

葛洪飚

摘要：新时代中国特色社会主义教育的根本任务是立德树人。立德树人给后代做榜样培养人才。立德是坚持德言为先，通过正面教育来引导人、感化人、激励人；树人是坚持以人为本，通过合适的教育来塑造人、改变人、发展人。

关键词：立德树人；语文；知识教学；引领；感化；激励

语文知识教学践行立德树人教育思想，就是运用语文知识教学引导学生树立正确的人生目标，感化学生陶冶高尚道德情操，激励学生培养品德意识。

一、用名作的魅力引领

《拿来主义》是鲁迅的一篇著名杂文，他用炉火纯青、登峰造极的语言给我们人生目标以深刻的引领。

"譬如罢，我们之中的一个穷青年，因为祖上的阴功（姑且让我这么说说罢），得了一所大宅子……那么，怎么办呢？我想，首先是不管三七二十一，'拿来'！但是，如果反对这宅子的旧主人，怕给他的东西染污了，徘徊不敢走进门，是孱头；勃然大怒，放一把火烧光，算是保存自己的清白，则是昏蛋。不过因为原是羡慕这宅子的旧主人的，而这回接受一切，欣欣然的蹩进卧室，大吸剩下的鸦片，那当然更是废物。'拿来主义'者是全不这样的。

"他占有，挑选。看见鱼翅，并不就抛在路上以显其'平民化'，只要有养料，也和朋友们像萝卜白菜一样的吃掉，只不用它来宴大宾；看见鸦片，也不当众摔在茅厕里，以见其彻底革命，只送到药房里去，以供治病之用，却不弄'出售存膏，售完即止'的玄虚。只有烟枪和烟灯，虽然形式和印度，波斯，阿剌伯的烟具都不同，确可以算是一种国粹，倘使背着周游世界，一定会有人看，但我想，除了送一点进博物馆之外，其余的是大可以毁掉的了。还有一群姨太太，也大可以请她们各自走散为是……"

当前，我国正全面深化改革，贯彻新发展理念，就必须不断创新。树立正确的人生目标就是用发展的观点和联系的观点去辩证地否定。既不是简单地肯定一切，也不是简单否定一切，而是既肯定又否定，既克服又保留，其实质是扬弃。即批判地继承，从而得到正确的选择。《拿来主义》形象地诠释了这一重要原理：反对放火烧宅子，说明不能全盘否定。反对"接受一切，欣欣然的蹩进卧室，大吸剩下的鸦片"，强调不能全盘肯定。对宅子，不管三七二十一，"拿来"；对鱼翅，像萝卜白菜一样的吃掉；对鸦片强调药用；对姨太太主张走散；对烟枪和烟灯，认为送一点进博物馆，其余可以毁掉。告诉我们：对旧事物中合理的因素要吸收，过时的消极的内容要抛弃，旧事物是具有两面性的，要取其益而弃其害，做到取其精华去其糟粕。这正是辩证否定的实质。他也告诉我们：新旧事物是互相联系的，新事物产生于旧事物，总是吸收、保留和改造旧事物中积极的因素作为自己存在和发展的基础。以此引导学生创新意识，树立正确人生价值观，做好人生规划。

二、用诗词的情感感化

通过优秀诗词赏析，可以很好地激发学生兴趣，诱发其灵感，促进其政治认同，以情感感化学生，陶冶其道德情操。

如唐代诗人杜荀鹤的诗：

小松
唐　杜荀鹤

自小刺头深草里，
而今渐觉出蓬蒿。
时人不识凌云木，
直待凌云始道高。

该诗以量变与质变的关系原理，启发我们要坚持发展的观点。小松从淹没深草里到逐渐超出蓬蒿再到长成凌云木，这个过程是量变、质变、新的量变……循环往复，不断前进的过程，体现了量变质变大统一。

诗中小松就是新事物的化身，曾被深草埋没，蓬蒿掩盖，但它不失凌云志，克服重重困难，努力生长，将蒿草踩在脚下，最终让世人惊呼。这正体现出它有强大的生命力和远大前途。也启发我们不要当埋没和掩盖小松的蒿草，也不要做麻木的"时人"，看不到小松的成长过程，而要做雨露、阳光，做与时俱进的时代新人，促进小松成长，热情支持和悉心保护小松，让一棵棵小松长成参天大树，成为栋梁之材。

赏析李白诗，《闻王昌龄左迁龙标遥有此寄》以具体的语言情境进行审美鉴赏与创造。

闻王昌龄左迁龙标遥有此寄
唐　李白

杨花落尽子规啼，
闻道龙标过五溪。
我寄愁心与明月，
随风直到夜郎西。

诗人第一句写"杨花""子规"这两种意象，由杨花的飘落、子规的啼叫勾画出一幅悲凉的画面，渲染了忧伤的气氛，为全诗奠定了忧愁、悲伤的感情基调。一个"尽"字融情于景，更显环境的荒凉。

第三句"我寄愁心与明月"，诗人直抒胸臆，此"愁"有对被贬友人路途遥远危险难测的担忧，也暗含自己无人赏识的同病相怜的愁绪。此"愁"更蕴含着诗人对所处时代许多"千里马"不能遇"伯乐"的社会现象的担忧。"明月"是思念的象征，诗人将愁心寄托在明月上，足见其对友人思念的真挚。

最后一句"随风直到夜郎西"中的"随风"一作"随君"，"我"的思念随着风儿紧跟友人直到被贬之地。该句运用拟人的修辞，将思念动态化，更生动形象地表现出作者对友人深重的思念之情。

这样引导学生由意象、意境、手法、情感、语言、知人论世的过程，深化了学生对文化的理解和认识，从而实现多项素养的发展。以此感化学生，陶冶其道德情操。

三、用对联的价值激励

对联是我国的一种独特的文学艺术形式，格式灵活，修辞新奇，语句精炼，寓意深广，特别是与雄强遒劲的书法结合，就能收到文情并茂、形神兼备之效，给人思想和艺术上的美的享受。适当地将对联引入课堂，品评其意境，赏睹其哲理，往往能激励学生的品德意识。

先说说十字令对联。把一至十的数字依次镶入对联中，写景表情，托物言志，可使对联特色鲜明、形象生动。

如：

一叶孤帆，

坐着二三个墨客，启用四桨五帆，经历六滩七湾，

受尽八颠九簸，可叹十分来迟。

十年寒窗，

进过九八家书院，抛却七情六欲，苦读五经四书，

应考三番两次，今年一定要中。

此联分上下，上联从数字一写到十，下联从十写到一，采用珍珠倒卷帘结构，对仗工整，读来有回环之美。他写尽了古代读书人的艰辛、奋斗、期盼。由于十字令的运用，把艰难的过程写得调皮而活泼，幽默而有趣，显得并不那么沉重，而且还给人一种喷薄欲出的力量。可用于学习事物发展的趋势、事物发展的道路等知识。联中主人公进过诸多书院，心无旁骛，饱读诗书，且有考试经验，为应考付出了巨大努力，进行雄厚的积累，自信一定能高中，说明前途是光明的；同时苦心攻读、受尽颠簸、历经磨难，说明读书不是一帆风顺的，其道路是曲折的。这就有力地阐释了"事物的发展是前进性与曲折性的统一"原理。另外，此联谈学习、谈奋斗、谈成功，与高中生的学习生活有许多共同点，容易引起学生的共鸣，可引导学生理解价值的创造与实现；在劳动和奉献中创造价值，在砥砺自我中走向成功。

除十字令对联外，还有许多对联具有独特的教育教学价值。

从实际出发，按政策办事。

该联说明：物质决定意识，意识对物质有能动的反作用，正确的意识起促进作用。

贯彻群众路线，发扬民主作风。

为人民服务，做群众公仆。

这两联告诉我们：人民群众是实践的主体，需要树立群众观点，坚持群众路线。

检验真理靠实践，制定政策想人民。

这一联则表明：实践是认识的基础，是检验真理性的唯一标准。人民群众是实践的主体，是历史的创造者，要把人民的利益作为最高的价值标准。

给国家建设出力，为人民幸福献身。

启发我们：要在劳动和奉献中创造价值，在个人与社会的统一中实现价值。

锐意改革，开拓进取。

则要求我们：树立创新意识，有辩证法的革命批判精神。

时雨点红桃千树，春风吹绿柳万枝。

知昔日始可喻今者，观已事所以察未然。

前一联突出了雨、桃、风、柳的横向联系，后一联强调了昨天、今天、明天的纵向联系。事物是普遍联系的，要用联系的观点看问题。

冬去春来暖阳照，冰雪消融草木生。

告诉我们：事物不是一成不变的，而是运动、变化、发展的。

书到用时方恨少，事非经过不知难。

与有肝胆人共事，从无字句处读书。

久病始知求药误，衰年方悔读书迟。

知多世事胸襟阔，阅尽人情眼界宽。

欲知世味须尝胆，不识人情且看花。

此五联都强调实践第一，实践出真知，实践是认识的唯一源泉。

无情岁月增中减，有味诗书苦后甜。

事到盛时须警醒，境当逆处要从容。

两联中增与减、有与无、苦与甜、盛与衰、逆与顺，都是既对立又统一的关系，矛盾就是对立统一，矛盾双方在一定条件下相互转化。因此，要珍惜岁月，先苦后甜，遇盛防衰，处逆而争。

酒能成事酒能败事，水可载舟水可覆舟。

矛盾具有两面性，要把握矛盾的主要方面，发挥积极作用。

小品制桌椅，大材作栋梁。

这则对联表明：物质决定意识，要求一切从实际出发，矛盾具有特殊性，要做到具体问题具体分析。

综上，语文知识教学践行立德树人教育思想，可以让学生脑洞大开，获得知识的同时，更好地思考自然、理解社会、感悟和规划人生，从而使学生人生目标得以引领，道德品质得以陶冶，品德意识得以培养。以此达到塑造学生、改变学生、发展学生的教育目的。

在《红楼梦》人物教学中践行立德树人理念

杜　冰

摘要：随着新课改的逐渐推进，我们看到课文中"立德树人"的理念渗透得越来越深入，这更明显地体现在"整本书阅读"上，《红楼梦》这一著作的选取就说明了"立德树人"理念通过教育引导、感化、激励人这一重要意义。

关键词：立德树人；人物形象；教育

现如今的教育离不开立德树人，那么，何为立德树人呢？简而言之，立德树人就是指给后代做榜样，培养人才。立德是坚持德育为先，通过正面教育来引导人、感化人、激励人。树人是坚持以人为本，通过合适的教育来塑造人、改变人、发展人。

而且，教育的根本任务是立德树人和塑造美好人格，新时代的教育要着力培养有大爱大德大情怀的人，努力培养人格完善、精神崇高、自强不息、素质全面的堪当民族复兴大任的年轻一代。所以，在现在的教育教学中，"德育"教育的重要性日益凸显。

从 2019 年起，国家对部分省市的中小学教材进行了课改，语文教材的内容变动可以说是非常大的。除了一些必要的文学性文本，还贯穿了革命文化和社会主义先进文化。我觉得，这是非常有必要的。尤其是文学类文本的改动，也提高了对老师和学生的要求。比如，以前的语文教材，只选取了《红楼梦》中"林黛玉进贾府"这一片段，主要是培养学生鉴赏人物的能力，可是如今的新课改，把《红楼梦》当整本书阅读，足见，在"大语文"时代，文学类文本的重要性。所以说，现在教师不能仅仅让学生知道《红楼梦》里的几个人物，更要让学生对整本书有足够深刻的认识。

在对《红楼梦》整本书阅读的教学中，我发现，小说中一些人物的性格特点，与他们受到的教育不无关系，尤其是结合如今国家倡导的"立德树人"理念来分析小说中的人物形象，更像是打开了一扇新的大门一样！所以，接下来，我打算结合立德树人的理念，谈谈通过对《红楼梦》里"宝玉、黛玉、宝钗"的分析，我们可以汲取哪些新鲜的营养。

提到《红楼梦》里的主要人物，贾宝玉的地位是毋庸置疑的，他衔玉而生，在他的母亲嘴里，是一个"孽根祸胎""混世魔王"，这让我们觉得，这个平素喜欢扎在女孩堆里的粉面少年一定顽劣不堪，可事实上，他只是对功名利禄完全不感冒，宝钗和湘云偶尔劝他读读"仕途经济"的书，又遭到他的讽刺和批判。在贾宝玉和袭人的一段对话中，贾宝玉对统治者的认识是这样的："那朝廷是受命于天，他不圣不仁，那天地断不把这万几重任与他了。"倘或有了明君，再有了贤臣，这样的国家难道不会让人为之鞠躬尽瘁吗？所以，贾宝玉平时读什么书呢——《庄子》《诗经》。贾宝玉对主流的叛逆，其实也是看到许多"读圣贤书"的人并没有变得善良，反而入仕途为官后成为奸恶之徒。从立德树人的角度来看，他读到的书，教给了他美好的品格，贾宝玉也希望能从他受到的教育中感受到人性的真、善、美，而不是每天生活在假、恶、丑中……

与贾宝玉有着一样的爱情观、读书观的还有林黛玉，她和宝玉一样，是当时封建社会人们眼中的异类，可是在当时"重男轻女""女子无才便是德"的年代，黛玉接受到了比较正统的教育，我们都知道，黛玉的父亲林如海请贾雨村做她的老师，在这一年的学习时光中，她学习了四书，而四书的主要内容是帮助人懂得如何修齐治平，退可修身齐家，进可治国平天下，可见，黛玉的父亲为女儿的教育也是煞费苦心的。同时，黛玉也受到了父亲和母亲颇为规矩的教育，黛玉后期虽然寄居在贾府，却没有仗着和贾母的亲密关系作威作福，她的母亲教育她"不可多说一句话，不可多行一步路"，黛玉对待贾母、王夫人等长辈时，她是极符合封建家庭的要求的，我们结合立德树人的理念来看，通过受到的传统教育，黛玉既"腹有诗书气自华"，又具备美好纯洁的品格。尤其是她愿意主动教香菱作诗，她给香菱推荐合适的诗集，耐心地给香菱分析讲解，无不说明她是一个合格的老师。过去教育界有个流行的说法："教师要有一桶水，才能教给学生一碗水。"而林黛玉就是那个学识渊博、讲究教学方法的好老师！

与贾宝玉和林黛玉有着相反读书观和人生观的是薛宝钗，薛宝钗尚不足 20 岁，却学识渊博，是诸人中读书最多之人，她自小读书识字，杂学旁收，对文、艺、礼、史、医学，还有诸子百家、佛学经典都有涉猎。她和宝玉一样深谙世俗，看透了世道与人性，但是宝钗更明白即使再黑暗不堪，人也别无选择，不得不活在这样的世界。黛玉在一次宴会上误说了两句《牡丹亭》里的戏文后，宝钗专门来找黛玉谈心，她不是居高临下地批评，而是苦口婆心地规劝。她认为，读书并不是每个人分内之事，而男人读书目的是为了明理，明理后，方能辅国治民，但是今天很多读了书的人，反而变得更坏了，他们入仕做官误国害民，不如在家耕田的好，读书不明理，不如不读书，何况你我；

女人本该做些针织之事，可偏又读了书认了字，去看正经的书也罢，最怕看了那些杂书，移了性情。古时圣贤作书，是为了修身、治国、安民、做个好人，而今的读书人却是升官发财欺压弱者，不是书害了人，而是人毁了书。薛宝钗也读过《牡丹亭》《西厢记》这样的戏剧，但为何她没有因此移了性情，就是因为她也精通"圣贤之书"，与其他姊妹的不同之处是，薛宝钗能够学以致用，形成自律。倘若一个人树立了正确的价值观，能够通晓万物之理，那么即使见到世间百态，也很难被改变而"移了性情"。在当时的封建社会，一个大门不出二门不迈的富家小姐——薛宝钗能有如此高层次的人生观和价值观，是非常不容易的，就是放到如今立德树人的社会，也是很有榜样作用的。

综上所述，《红楼梦》这部作品以及它所处的时代虽然距离我们很是久远，可是作品中人物的人生观、人物的形象特征、该人物存在的价值对于我们来说却仍然有指导意义。

"育才造士，为国之本。"教育是功在当代、利在千秋的德政工程，对提高人民综合素质、促进人的全面发展、增强中华民族创新创造活力、实现中华民族伟大复兴具有决定性意义。进入新时代，坚持中国特色社会主义教育发展道路，坚持社会主义办学方向，以凝聚人心、完善人格、开发人力、培育人才、造福人民为工作目标，培养德智体美全面发展的社会主义建设者和接班人，是教育工作的根本任务，也是教育现代化的方向目标。让学生德智体美全面发展，归根到底，就是立德树人，这是教育事业发展必须始终牢牢抓住的灵魂。

国无德不兴，人无德不立。育人之本，在于立德铸魂。

于润物无声中践行立德树人理念

——浅析如何在高中语文课堂中落实立德树人

王 波

摘要：教育的主阵地在学校，育人的主场所在课堂。因此在语文课堂教学中应该以润物无声的手段达到立德树人的目的。具体路径有以下六个方面：通过课前演讲，创设育人氛围；通过深挖教材，提取育人因素；通过研读试题，抓住育人契机；通过写作实践，植入育人理念；通过点评时事，渗透育人导向；通过言传身教，强化育人机制。

关键词：高中语文；润物无声；立德树人

教育有多重要？习主席在讲话中以"国之大计、党之大计"来定位。教育的主阵地在学校，育人的主场所在课堂。德国教育家赫尔巴特曾说过："教学如果没有进行品德教育，只是没有目的的手段；品德教育如果离开了教学，就是失去了手段的目的。"那么高中语文课堂如何落实立德树人呢？

首先要强调一个语文课堂立德树人的前提，那就是我们不能把语文课上成单纯的说教课。不能脱离教学的具体情境，空洞地对学生进行思想品德教育。这样不仅削弱了知识的系统性，影响学生对学科知识的理解，而且会引起学生的反感。因此在语文课堂教学中应该以润物无声的手段达到立德树人的目的。那么具体的路径有哪些呢？

一、通过课前演讲，创设育人氛围

课前三分钟演讲是语文课堂教学的常规内容，要求同学们自主选择感兴趣的话题与大家分享。在这个过程中，同学们增长了见识，开阔了视野，其中不乏立德树人的题材。例如同学们分享的疫情期间感人肺腑的故事，当读到钟南山、李兰娟、张伯礼等人的感人事迹时，同学们为之动容。还有同学分享华沙之跪的故事，勃兰特在华沙犹太隔离区起义纪念碑前进献花圈时，突然主动下跪，为在纳粹德国侵略期间被杀害的死难者默哀。同学们从中感受到一个领导人的风范、责任和担当。此时教师无需多言，这种潜移默化的教育更能深入学生的心灵。

二、通过深挖教材，提取育人因素

在浩如烟海的文学作品中，高中语文教材选取的多是经典之作。名家名篇荟萃，是不可多得的育人素材。例如高中语文必修上册第二单元的第四课《喜看稻菽千重浪》，讲述的是科学家袁隆平的故事。在教学中我提到袁隆平的两大心愿：一是要把超级杂交水稻培育成功，这样，21世纪谁来养活中国人的问题就解决了；再一个是把杂交水稻推向世界，造福全人类。同学们十分钦佩袁隆平对待科学的一丝不苟的精神，以及对中国人民乃至世界人民的大爱情怀。高中语文选择性必修中册第三单元《苏武传》，讲述的是苏武代表汉朝出使匈奴，被匈奴扣留十九年之久，其间不断有人想劝降苏武，但是苏武矢志不渝，对于匈奴的威逼利诱始终不为所动，体现了伟大的爱国主义精神。又如高中语文选择性必修下册第三单元第9课《陈情表》，我就与学生先探讨李密对祖母的孝，把他陈述的苦情、孝情挖掘出来，即报养育之恩，尽万分孝情。在这样的情境教学中，科学精神、爱国情怀、感恩之情自然渗入学生的心田。

三、通过研读试题，抓住育人契机

语文试卷中的阅读素材可谓品类齐全，其间不乏文质兼美的佳作。以此作为育人的素材，可以起到事半功倍的效果。例如试卷中的阅读题《马兰花》讲述的是发生在马兰花和麻婶两家之间的小故事，读来温馨动人。其中马兰花的善良、淳朴，麻婶女儿的知恩图报都值得同学们学习。阅读题《打湿的人生》一文犹如心灵鸡汤，小小的故事中蕴含着人生的大道理，启人心智。告诉同学们人生在世，不如意者十之八九，有人活得潇洒，有人过得沉重；世事纷杂，轻重难辨，往往迷失其中。但要时刻提醒自己：勿以善小而不为，勿以恶小而为之。阅读题《高不可攀的寂寞》这篇抒情散文告诉同学们成功需要耐得住寂寞。寂寞是一种智慧，寂寞比喧哗更能丰富人的情感，比快乐更能充实人的灵魂。寂寞拒绝庸俗，寂寞会使人淡定自己，解放自己，超越自己。在完成答题的基础上，同学们的心灵得到净化和滋养，这比有意为之的说教更能打动学生的灵魂。

四、通过写作实践，植入育人理念

　　写作是打开学生心门的重要途径，很多材料型作文素材都适合作为立德树人的养料。例如 2020 年高考全国 I 卷的作文素材涉及春秋时期齐国公子小白与管仲和鲍叔牙之间的故事。当时指导学生写作时主要从三个角度切入：其一，从齐桓公的角度可以挖掘不计前嫌、宽大为怀、任人唯贤、善纳谏言等品质；其二，从鲍叔牙的角度可以挖掘知人者智、自知者明、举贤让能、为国为家甘居人下、谦让胸怀等品质；其三，从管仲的角度可以挖掘在其位谋其事的忠诚精神等品质。又如"嫦娥四号"首次成功登陆月球背面的作文素材，在写作中引导学生们认识到我国航天事业的伟大创举。航天梦是历史的、现实的，也是未来的，更是青年一代的。少年强则国强。鼓励学生要做有理想、有本领、有担当的好青年，中华民族伟大复兴的"中国梦"终将在一代代青年的接力奋斗中实现。纵观历年的高考作文题，立德树人的宗旨一以贯之，在指导学生写作实践中将这一宗旨自然渗透给学生，最终达到润物细无声的效果。

五、通过点评时事，渗透育人导向

　　点评热点时事是语文课堂教学的一道风景。新时代的学生应该做到"风声雨声读书声声声入耳，家事国事天下事事事关心"。不能死磕书本，做"掉书袋"。在语文课堂上我经常拿出热点时事，与同学们共同讨论，分享收获。例如热点时事：2019 年 5 月，张富清老人入选中国好人榜。6 月 17 日，中宣部授予张富清"时代楷模"称号。6 月 27 日，中共中央决定授予张富清同志"全国优秀共产党员"称号。面对这则新闻，我与同学们分享的内容是：张富清的血性与忠诚，书写在家国的历史长河中。战争年代，他有血与火交织的忠诚；和平时期，他在平凡中映照出伟大，无愧初心，无愧使命。他没有躺在功劳簿上，无论顺境逆境，他都不改本色。又如热点时事：香港因反修例事件近两个月发生多次冲突甚至暴力事件，引发国际社会关注。面对这则新闻，我与同学们探讨交流，一致认为：香港是中国的特别行政区，香港事务纯属中国内政，任何国家、组织和个人都无权干涉。中国维护国家主权、安全和发展利益的决心坚定不移，坚决反对外部势力干预的态度坚定不移！语文课堂上的点评时事，正是将立德树人的理念贯穿其间。

六、通过言传身教，强化育人机制

　　子曰："其身正，不令而行；其身不正，虽令不从。"这正是提醒我们在工作和生活中一言一行都会潜移默化地影响到学生的思想和言行。假如教师在课堂上散布消极悲观言论，又怎么能让学生拥有积极向上的精神？假如教师在升旗时与人闲聊，又怎么能让学生保持肃静？假如教师在自习课上不停地刷手机，又怎么能让学生安心学习？因此，教师要具有弘扬社会正气的行为，所作所为符合道德准则，自觉践行立德树人理念。我国著名教育家陶行知先生也曾指出："要将德育置于生活之中，以生活教育学生。"鉴于此，作为教师我们更应该在日常生活中注意自己的言行，不断提高自身修养，为学生起到表率作用。

作为教师，在新的形势下，我们不仅要教好书，更要育好人。我们应该意识到，中华民族素质的提高与每位教师休戚相关。为了学生的未来，为了国家与民族的未来，我们必须在教学活动中进行立德树人教育，并努力提高自身的教育水平，切实地将立德树人理念于润物无声中渗入学生的灵魂。

参考文献：

［1］王乾元.在语文教学中坚持立德树人的几个有效策略［J］.剑南文学（经典教苑），2013（9）.

［2］唐晓玲.论高中语文教学中如何实现"立德树人"［J］.新教育时代(教师版)，2019（10）.

十年树木　百年树人

雷雪莲

摘要：人们常常说文以载道。对于语文教学来说，学科的育人性是非常强的，无论是对于学生文学素养的提高，还是身心发展都非常有益。这就需要教师在高中语文教学中不断地凸显学科价值，真正地做到十年树木，百年树人。

关键词：高中语文；十年树木　百年树人；策略解析

前言：新课标倡导，在现阶段，教师在教学开展的过程当中一定要不断地挖掘学科的内涵，让学生可以获取到良好的发展与成长。因此，在这样的背景下，高中教师在语文教学开展的过程当中就应该展现学科的价值和效用，让学生可以更好地成长与发展。

一、加大德育渗透，展现育人价值

在高中阶段语文教材当中，任何一篇文章都经过了创编者的精挑细选，具有经典性，是我国民族传统美德、高尚情操的凝聚。所以，在教学中，教师首先就应该挖掘学科内涵，加大德育渗透，推动课程教学效果的展现。

例如，在讲解《纪念刘和珍君》的过程当中，教师应该让学生感受到封建军阀、帝国主义以及御用文人的卑劣和凶残，这将有助于培养学生的爱国精神。

二、做到言传身教，展现育人价值

在语文教学开展的过程当中，教师对于学生的影响是非常大的。这就需要教师在教学开展的过程当中一定要注重自身的言行。这样才能够起到一个榜样示范的作用，更加有助于学科育人价值的展现。

例如，身为教师，首先应该树立起良好的育人观念，应该在教育当中全身心地进行投入，展现自己的专业态度，更好地进行知识传授。此外，也应该善用自己的品德修养和文化素质，让学生对自己产生热爱、尊敬、敬佩和信任，以此成为学生语文学习的持续动力，有助于学生性格的养成。

三、推动身心发展，展现育人价值

除了以上两点之外，教师在教学开展的过程当中也应该做到以人为本，加大学生身心健康及性格塑造的推动，让学科价值得到凸显。

例如，在日常教学开展的过程当中，教师可以借助教学内容当中的一些人物形象带给学生更加深刻的启迪。比如，《荷花淀》当中的人物水生嫂、《项链》当中的人物玛蒂尔德以及《岳阳楼记》所表达出来的人生态度等等，都可以对学生人生观、价值观、世界观的构建起到推动的作用，真正地达到育人效果。

结论：

在高中阶段语文教学开展的过程当中，教师有效地挖掘学科价值，更好地展现育人效用是非常重要的。这样可以将语文学科的内涵真正地凸显出来。在此过程当中，教师可以从加大德育渗透、做到言传身教、推动身心发展入手，让学科的育人性得到更好的展现。

参考文献：

［1］鲍广梅."红色文化"在高中语文教学中的践行策略［J］.学语文，2021（2）.

［2］王磊山.自主学习策略在高中语文写作教学中的应用［J］.名师在线，2021（8）.

［3］蒋永政.核心素养引领下高中语文教与学方式的转变［J］.文学教育（下），2021（3）.

高中语文教学中立德树人的策略研究

赵凤云

摘要：师者教书重在育人，而语文教学一直都承担着立德树人的任务。在素质教育的背景下，在新课程改革的形势下，高中语文教学迎来新的机遇与挑战，语文教师应与时俱进，跟上时代的潮流，把握好立德树人的教育方向，担负起立德树人的重要责任，进一步做好育人工作。

关键词：高中语文；教学；立德树人

"立德树人"是党的十八大新确立的教育方针之一，而其实从古至今师者一直都承担着"立德树人"这一根本任务。孔子说"见贤思齐焉，见不贤而内自省也"，说"十年之计，莫如树木；终身之计，莫如树人"，《礼记》中说"师也者，教之以事而喻诸德者也"……可见立德树人，一直都是师者育人的根本，而语文教学可以更好地承担这一教学任务。宋·周敦颐在《通书·文辞》中谈到"文以载道"，文字承载着思想，师者要利用好教材文本传道授业的同时，更重立德树人。所以高中语文教学在立德树人方面自然是应该勇挑重担的，教材改革使用统编教材后，教学篇目更加科学、合理，我们语文教师要让学生在学习优秀传统文化、语文知识的同时，进行良好的品德熏陶，从而塑造品学兼优的高中生。下面我就高中语文教学中立德树人的策略作以浅谈。

一、教师是学生的镜子，学生是教师的影子

美国布鲁纳曾说过："教师不仅是知识的传播者，而且是模范。"这句话充分表明："教师是学生的镜子，学生是教师的影子。"古语云"学高为师，身正为范"，教师除了要具备丰富的教学知识外，更应提高自身的品行修养，这样才能为人师表，

在教学实践中用自己的言行感染学生。社会赋予教师以"人类灵魂的工程师"这一至高的称谓，也足以表明教育工作者要加强自身修养，为人诚实正直，处事言行一致，堪为表率，用语文明，注重仪表，对待学生态度和蔼亲切，即"学高""德正"。时代在前进，社会在进步，知识在不断更新，教师要做到与时俱进，就要不断勤奋钻研，刻苦学习，同时时刻不忘加强自身修养，时刻严格要求自己，从文化知识到品德修养，从一言一行到心灵深处，都要配得上"人类灵魂的工程师"这一称谓。

现实教学中总有一些教师，他们学识渊博，教学成绩高突出，但是不注意自身的言行，不能以自身人格魅力感染学生，所以他们只能称为是传道者，而不是育人者。这也是社会上总会出现的一种反常现象，就是很多高智商、高学历的高材生，却做出没道德、没底线的事情。追究根源，与教师重知识传授轻品德教育和熏陶有一定的关系。如2010年西安音乐学院的"药家鑫案"，2013年的复旦投毒案，2016年的"江歌被害案"等等，从这一件件一桩桩高等人才的犯罪案件中，我们会惊叹：高智商犯罪更可怕。常言道："腹有诗书气自华。"为什么这么多才华横溢的高才生会有如此恶劣的行径呢？究其根源是学校和家庭都一味地追求学习成绩而轻视道德修养和人格教育。所以身为师者要时刻铭记"教师是学生的镜子，学生是教师的影子"，让我们为祖国培育的都是德才兼备的栋梁，而不是血淋淋的"食人花"。

二、语文教学要做到"文道统一"

语文学科是工具性与人文性的统一，如果语文教学仅仅是传授学科知识、做大量习题，来应对高考，那么语文教学便是没有灵魂的，不健全的。长此以往必将是教育的悲哀，学生的悲哀，社会的悲哀，国家的悲哀。因为它缺失了语文学科的"人文性"。语文教学重在"知诗书、习礼仪、达事理"，正因为如此，高中语文教学中教师一定要以教材为依托，重视文本，渗透人文性教育，同时拓展整本书阅读，如《乡土中国》《红楼梦》等，丰富学生的知识面，拓宽学生的视野，让我们的学生既能感受到祖国语言文字的美妙动人，又能体会到这语言文字背后的人生哲理、处世哲学等。让学生们在学习文化知识的同时，也更加清晰地明确自己应该树立什么样的人生观、价值观和世界观，真正做到语文教学的"文道合一"。

例如在教学《沁园春·长沙》这一课时，我们要让学生充分感受到伟大革命领袖的"乐观主义"精神，就可以让学生充分诵读诗歌，各种形式的读，如师者的范读，学生的比读和齐读等，通过品读文本，可以充分领悟人物的精神面貌。学生们有了基本的感受，教师得再恰当地加以引导，如此壮丽的河山，怎能不发出"问苍茫大地，谁主沉浮"的感叹呢？那么学生们对祖国大好河山的热爱之情便会自然而然地生发出来，而如此美好的家国又岂容他人随意践踏、蹂躏，捍卫祖国大好河山、让人民过上和平生活的情感也就油然而生了。这样教师就做到教书和育人的统一，正所谓"教之以文本而喻之于品德"。

三、在课堂教学活动中进行立德树人教育

课堂依然是教学的主阵地，在课堂教学活动中要重视立德树人教育。主要做到以下几点。

（一）备课充分

一节成功的语文课，绝不是教师准确无误地传授课本知识，而应是让学生在获得知识的同时，更学到了做人的道理。所以教师要精心设计自己的每一节课，博采众家之长为己用，用最有限的课堂教学时间，教给学生最无限的知识和道理。可见同样是教师，认真备课和不认真备课，其教学效果是绝对不同的。我们为人师者承担着教书育人的神圣职责，就必须认真对待自己的教学主阵地，绝不马虎任何一节课，那就得从认真备好每一节课开始。

（二）文本拓展

教材内容是我们教学的依据和重点，我们在带领学生分析文本内容，厘清作者情感、思路，掌握作品主题，把握文章艺术手法的同时，更要了解作者是在什么特定情况下，以什么样的心境来写的这篇文章，做到知人论事，才能以己度人，更好地体会作者的情感、观点和写作目的。这就需要我们对文本进行拓展，把相关常识、知识或是相同主题的文章、人物事迹糅合进来，丰富课堂容量，做到举一反三。例如在教授《故都的秋》一文时，作者郁达夫在文中说喜欢故都的秋，因为它"特别地来得清，来得静，来得悲凉"。而在教授毛泽东《沁园春·长沙》时同样是秋景，毛泽东笔下令人喜爱的却是"万山红遍，层林尽染；漫江碧透，百舸争流。鹰击长空，鱼翔浅底，万类霜天竞自由"。为什么两人对秋的喜爱会有这么大不同，这就需要师者对文本进行拓展，在课堂上丰富相关的背景知识，让学生充分做到知人论事，更好地走近作者，走入文本，从而和作者和文本达到情感的共鸣。

（三）主题升华

语文教学离不开文本，而主题则是文章的灵魂。同一篇文章，不同的人会读出不同的理解，教师要调动学生丰富的想象力和情感体验，做到对文章尽可能全面的理解和对主题的升华。

每一篇文章，教师都能从不同的角度带领学生去理解，会让学生收获不同的感受，这样的拓展延伸，会让学生的理解能力、发散思维能力、阅读能力、鉴赏能力等都得

到提高，更能体现语文教学的人文性。

四、在作文教学中落实立德树人的根本任务

老舍先生说："文字的力量来自我们的思想和感情，不是从字典词源里找来的字汇和词汇。"作为一名高中语文教师，在作文教学中更应当落实"立德树人"的根本任务。高中作文主要写作文体是议论文，而议论文最能体现学生的价值观、人生观和世界观。尤其 2015 年以来的任务驱动式作文和时评类的作文，更能体现一个学生认识世界的角度和思想情感的倾向，教师要引导学生们写出的文章要富含正能量，要让学生的思想意识走上正确的轨道。

例如：一次作文课上有这样一则材料

材料：在郑州街头，两个年轻人暴揍环卫工，一群路人看不过去了，上去狂揍这两个人，两人跪地求饶。（2016 年 4 月 13 日《郑州晚报》上的一则新闻）

对此，有人觉得该出手时就出手！也有人觉得以暴制暴，不提倡。你怎么看？请结合生活实际加以阐述。

学生看完材料后 90% 的人认为"该出手时就出手，打得好"，这时教师就要引导学生"以暴制暴"可不可取，让他们思考是不是有更好的办法解决问题。从而让他们明白，社会是在进步的，再不是原始社会野蛮人靠拳头来解决问题的时代了，所以遇事、处事都要理性对待，通过法律的途径来解决问题。

综上，高中语文教学在立德树人方面要勇挑重担，把我们中华优秀传统传授给学生的同时，让他们的品德受到熏陶，从而塑造品学兼优的高中生。

参考文献：

［1］马桂莲．让立德树人浸润语文课堂［J］．课程教育研究，2017（3）．

［2］安昊．在高中语文教学中渗透立德树人的思想［J］．青海教育，2015（Z2）．

［3］廖斗伟．立德树人，高中语文需要怎样的回归［J］．考试周刊，2014（61）．

非德无以治学

——浅谈语文教学中的德育

田春玲

摘要：道德是一定社会阶级形成的人们共同生活及其行为的准则和规范。从古至今，德育在教书育人方面发挥着重要作用。语文具有人文性和工具性统一的特点，尤其强调人文性。语文教学会以大量的文学作品作为介质，通过赏析一篇好的文学作品来传授学科知识，而经典的文学作品则涵盖了丰富的人文知识，蕴藏着深刻的德育因素。因此，在语文教学过程中，还渗透着德育教育。那么，怎样才能更好地开展德育工作呢？本文从"培养良好的师生关系，夯实德育的感情基础；在教学中用行之有效的方法来渗透德育；在教学以外开展丰富的活动实施德育教育"三方面进行了具体阐述。

关键词：高中语文；德育教育；语文教育

学校教育是学生获取丰富知识、增长人生阅历、培养良好品质的重要途径。治学固然重要，但非德无以治学。德育应该贯穿学校教育的始终。而在学校德育工作中，语文教学工作者更是担当着不可推卸的责任。那么，在教学工作中，如何才能将德育教育与语文教学完美结合，使学生全面发展？笔者就这个问题，谈一谈粗浅的看法。

从古至今，德育在教书育人方面发挥着重要作用。

道德是一定社会阶级形成的人们共同生活及其行为的准则和规范。对抗罪恶的最初防线便是道德感。《论语》："君子务本，本立而道生。"这里的"本"就是做人的根本，"务本"就是要学会如何做人。孔子强调，人应具有仁爱之心，孝顺父母，尊敬兄长，能为众生谋利益，便是"务本"。孔子的德育思想传承至今，影响深远，成为了人们做事做人的道德标准。随着时代的发展，现代教育强调思想道德素质对人的发展方向的引领作用。因此，培养高素质的合格公民，教育工作者责无旁贷。从个人长远发展来看，一个人在幼年时形成的良好品质，对其生存质量和未来的事业都有着至关重要的积极影响。教育工作者应该认识到，塑造、完善高品质人格是德育的根本任务。

那么，为什么说语文教学担当着德育的重任呢？

语文教学大多是通过对文学作品的赏析来进行教学的，而一篇好的文学作品则涵盖了丰富的人文知识，蕴藏着深刻的德育因素。语文教材中的课文都是精品，大多包含了中华民族传统文化和思想美德，蕴藏着真挚的情感，彰显了古今中外仁者志士的高尚情操。而优秀作者在其文学作品中，往往会通过特定时期的事件、个性鲜明的形象去反映社会生活，表达其情感及思想态度。学生在阅读、品味课文的过程中，会受到潜移默化的影响，可谓东风渐染，润物无声。

语文具有人文性和工具性统一的特点，尤其强调人文性。在日常教学过程中，教师将语文的系统知识结构进行梳理，帮助学生掌握一套观察问题、思考问题、解决问题的有效方法。学生在不断汲取人文知识的同时，培养了对美好事物的理解、鉴赏能力，逐渐成为一个内心丰富、能辨别是非、具有美好品德的人。

既然如此，那么，教师在语文教学过程中怎样才能更好地开展德育工作呢？

首先，培养良好的师生关系，夯实德育的感情基础。

"亲其师，信其道"，和谐的师生关系是做好教学工作的前提。教师想要在学生中树立良好的形象，必须要具备令人信服的德行及丰富的学识。同时教师在教学过程中要采用适当的方法多关注学生的情况，利用一切可能的时机与学生真诚沟通交流，用自己独特的人格魅力吸引学生。当教者能够与学生保持和谐融洽的师生关系时，学生才能更容易接受教者"传道、授业、解惑"，进而教者便做到了既能言传又能身教。学高为师，身正为范，语文教师自身的道德素养的高低，决定了教学效果的好坏。而教者必须夯实德育的感情基础，才能更好地实施德育教育。

其次，在教学中用行之有效的方法来渗透德育。

德育工作的开展离不开良好的教学方法。德育是一个"润物细无声"的过程，语文教学也是。教师要想在教学工作中达到事半功倍的效果，就必须注重教学过程中德育渗透的方法。教者在教授学生学科知识的同时，适时融进德育教育内容，正确引导学生自主学习，挖掘学科知识中精髓部分，深入领悟文章蕴含的情感真谛。例如学习古代名篇时，教师可以结合课文所具有的时代背景，适时对学生进行优秀传统道德的教育。在学习宋词时，播放有关宋朝的纪录片，让学生感受宋朝的文化氛围，进而体会华夏民族深厚的文化精髓；在学习《将进酒》这篇课文时，可以让学生体会李白那种洒脱傲岸、不畏强权的人格尊严；在学习《登高》时，可以让学生感受杜甫在字里行间流露出来的人生感悟和强烈的爱国情怀。总之，教者要用行之有效的方法激发出学生真挚的内心情感，使学生产生出高尚的道德情操，懂得用自己的审美能力去追求美、鉴赏美，从而形成高尚的人生观、价值观。

其三，在教学以外开展丰富的活动实施德育教育。

德育教育工作实施单纯靠教学过程中的渗透还是不够的，教者还应该在完成教学工作的同时，结合多种活动方式来激发学生内心美好情怀，培养学生高尚情操。例如：在语文教学过程中，开展多主题作文竞赛活动。教师可以要求学生通过各种渠道，搜集国内外重大事件，如"三牛"精神、"脱贫攻坚"、建党一百周年等相关信息。这样，在了解信息过程中可以增强学生们的社会使命感。同时教师可以举办演讲比赛、朗诵比赛，引导学生表达对祖国、家乡的热爱，对科学、自然的敬畏，尽情表达自尊、自信、自强的人生态度。这些活动可以培养学生善良诚实、质朴谦逊的思想品质，充分体现了语文教学在德育教育方面的作用。

总之，语文教学与德育教育的融合意义非凡，势在必行。教师在"传道、授业、解惑"的同时，还肩负着培养新时代开拓者的重担，任重而道远。非德无以治学，只有自昭明德，德行天下，才算真正完成教书育人的教师使命。

参考文献：

［1］王艳.浅谈高中语文教学中的德育教育［J］.学周刊，2012（7）.

［2］杨惠麟.高中语文教学中的德育教育［J］.湘潮：理论版，2009（1）.

浅谈高中古诗文教学中的德育渗透

王超祥

摘要：中国自古以来就是礼仪之邦，注重文化中的德育教育，从孔子开始就认识到《诗经》的教化作用。此后的几千年无数的文人墨客，无不把道德融入到自己的作品中，有的表达报国的理想，有的抒发坚贞的情操，有的感伤人民的疾苦。这些都是很好的德育素材，在教学中可以做到如春风化雨般融入学生的内心，很好地达到我们的德育目的。

关键词：德育；高中古诗文；道、德、礼、法

高中新课改以来，古诗文的内容大量增加，其目的是加强传统文化教育，而德育正是传统文化教育中最重要的一个方面。中国自古以来就有"文以载道"的观念，对于道德的崇尚，人文精神的关怀是我们传统文化最闪光的一面。高中阶段通过古诗文中的道德思想来影响人生观、世界观正在形成中的高中生，对于德育教育无疑是有非常重要的意义的。

中国传统文化对于人的道德修养层次可从"道、德、礼、法"四个层面进行分析判定。

首先是"法"。法是最低的道德标准，低于法的道德不为社会所容，故采取强制措施进行惩罚。就大多数人来说都可以达到"法"的道德水平，法是形成条文施行于全社会，带有强制性的最低道德标准。

对于一个生活在社会中的人来说，仅仅达到法的标准是不够的，还不足以让他在这个社会很好地生存下去。人毕竟是社会动物，人与人之间的交往是必不可少的，这个时候道德标准就需要再提升一个层次进入"礼"的范畴。注意我们所说的礼不是局限于礼貌、礼节、礼仪等内容，而是指维持整个社会运转的行为规范。"礼"的要求不同于法，它不再需要强制性，但它带有功利性。因为"礼"的最大功能是为了维持

人与人之间的交往、社会的稳定，这就带有一种功利目的。孔子生于礼崩乐坏的春秋时期，社会的不稳定，战争的频发，社会阶层的剧烈变动，自然而然地让他注重"礼"的恢复。"礼"既有形式上的要求，又有道德的内涵要求，它是人走向更高层次"德"这一层面的必经之路。就大多数人而言，能达到"礼"的要求已经很不容易。就形式上来说"礼"的内容繁杂，小到接人待物，大到国与国之间的往来，基本涵盖在"礼"的范畴。就内容来说"礼"含有道德精神内核，这种道德保证"礼"的形式上的正确性。如我们扶助老人过马路，形式上有了，精神上也同时存在。我们从善的角度给予帮助，这样做就保证"扶助"行为的正确。如果老人不想过马路，我们却做出"扶助"行为，无疑成了笑话或者恶意。所以说道德在"礼"中有重要的作用，它是礼的精神内核。

"礼"中的道德和礼一样带有部分功利性，但我们如果仅仅满足于此显然是不够的，我们的精神境界还需要进一步的提升，进入"德"的层次。"德"这一层次的道德不再具有功利性，具有这一精神层次的人，把道德变成了一种自身的天然行为。他所有的道德行为和思想已经不再有任何功利性，道德成了自身的一种属性，他也不觉得自己有什么道德。正如老子所说："上德不德，是以有德。"意思是说上德之人已经把德融入他们的思维以及行为模式中去了，所以他们的内心与举止协调统一，非常自然，但是他们自己却不认为自己是有德的，所以这样的人是真有德。例如，汶川大地震后，一位贫穷的收废品的老人，捐献了自己仅有的几百块钱。但他不觉得这是需要大书特书的高尚道德行为，他觉得这是自然而然的，作为人必然的行为。他做这些不是为了得到赞扬或者别人的帮助，甚至同情等功利性目的，而是自己精神层次的一种必然属性。我们说这种道德行为和它的精神，达到了"德"的层次。

"德"这一精神层次无疑对人们提出了更高的要求，但是"德"毕竟还局限于人类社会，我们的精神境界还能到达更高的层次吗？还是有的，这就是"道"的层次。"道"本身有道路的意思，中国的古人把它抽象化为宇宙的终极真理和世界本原。借用冯友兰先生的人生四重境界说，所谓"道"的精神层次，就是天地境界。一个人可能了解到超乎社会整体之上，还有一个更大的整体，即宇宙。他不仅是社会的一员，同时还是宇宙的一员。他是社会组织的公民，同时还是孟子所说的"天民"。有这种觉解，他就为宇宙的利益而做各种事。他了解他所做的事的意义，自觉做他所做的事。这种觉解为他构成了最高的人生境界。"道"的精神层次由"德"这一精神层次升华而来，它已经不再局限于道德本身，处于这个阶段的人把自己的起心动念与众生和世界联系了起来，对世界有了一种责任感和使命感，把自己融入了一切生命和世界，并且找到了掣制的枢纽：改变世界是从改变自己开始的。这就不仅越过了怨天尤人和愤世嫉俗，而且越过了同情和怜悯。

我们分析讨论了以上四层精神境界，就可以考虑我们在教学中如何渗透德育教育。

很明显，就多数的高中生来说，达到"礼"的层次是最基本的，也是最现实的。高中古诗文中恰好为我们提供了大量的容易为学生所接受的相关素材。

首先，高中语文教材选择的《论语》十二章，就提供了很好的个人道德修养内容。《为政》篇谈到了人生的修养。孔子把孝的问题、礼节的问题、忠信的问题、义勇的问题看得很重。认为一个人不具备这些品格，就谈不上有道德，也就无法立足于社会，更无法治理国家。另外孔子对许多日常言行举止提出了自己的看法：如"知之为知之，不知为不知，是知也"。孔子向我们强调了做人要实事求是，别不懂装懂。"先行其言而后从之。"则教会了我们要有重视实际的求实精神。"视其所以，观其所由，察其所安。人焉廋哉"表露出孔子轻言重行的倾向。曾子曰："士不可以不弘毅，任重而道远。仁以为己任，不亦重乎？死而后已，不亦远乎？"更是体现了传统文化在道德精神层次上的更高追求。高中语文教师在平时的备课中要结合学生实际，充分挖掘这些经典古诗文教材中丰富的德育元素，寻找二者的最佳契合点，找准着力点，让文本中人物的高尚品德来感染学生，高尚的情操陶冶学生，促进高中生树立正确的世界观、人生观和价值观，这样就丰富了德育的内容，真正发挥了德育的育人功能，德育不再是空洞的说教和理论。

其次，以民为本的"仁爱"思想，在《新课标》高中文言文的教学篇目中也有所体现。如，在晚唐杜牧政论文《阿房宫赋》中，作者发出感叹："嗟夫！……秦人不暇自哀，而后人哀之；后人哀之而不鉴之，亦使后人而复哀后人也。"警告当时的统治者应当以秦史为鉴，爱惜民力物力，以仁心治天下，才能不至沦为"后人之哀"，仁政爱民思想体现得鲜明而透彻。

在纷繁复杂的现代社会，仁爱思想更是社会主义核心价值观的重要组成部分。"仁爱"集中反映了社会主义道德的本质特征。仁爱精神是建立平等、团结、友爱互助的社会主义新型社会关系的基础，集中体现了社会主义道德的本质特征。青少年学生应该牢固树立仁爱观念，弘扬仁爱精神在日常的生活和学习实践中多存一份仁爱之心，提高自身的道德情操。

再次，现代社会诚信已经成为非常重要的道德标准，甚至于影响了个人的生活和生存。比如征信体制逐渐建立，言而无信导致的后果非常严重，不能乘坐公共交通，不能进行贷款、消费等等。"言而有信"的观点出自《论语》"与朋友交，言而有信"，意为与朋友交往要言而有信，对朋友说话要说到做到，有信用。要守信用、重承诺。不能说话不算话。在今天，诚信观念是社会主义道德观所大力提倡的。它是社会主义荣辱观的重要组成部分，"以诚实守信为荣、以见利忘义为耻"。不论是在古代还是当代，诚实守信而兴，背信忘义而受损的例子比比皆是。国家如此，团体如此，个人也是如此。

高中古诗文中展现的道德思想远不止上面我们提到的几点，这些只是冰山一角，更为丰富的内容，限于文章篇幅我们就不一一列举了。三年高中培养学生对传统道德的认识，必须通过潜移默化的方式来影响、渗透，从而促进学生形成正确的人生观、价值观。下面我们来简要介绍一些具体的实践。

在教学中我们切记不要采取灌输式的道德教育，高高在上的不切合生活实际的道德教育只能是让人反感，特别是对于高中阶段的学生来说更是如此。我们应该采取润物细无声的形式和方法，让道德教育如春风化雨般融入学生的精神世界。

我在道德教育中非常注意情境的创设。良好的德育渗透情境创设，需要语文教师与学生的共同努力。教师要努力发挥自己的主导作用，在课堂教学和课外辅导中有意渗透中国传统的伦理道德文化。学生则要认真研读课本，联系学过的相关文章，多思多想，联系生活实际，做到古为今用，举一反三。比如在教《鸿门宴》一课时，我们采用排课本剧的形式进行教学。使文言文课文的教学内容变得更容易为学生所接受，使学生可以在一种自由而富有传统文化气息的课堂氛围中更为主动地学习和接受语文教材中的文言文篇目的思想内涵和道德教化因素。

除了情境的创设，我们还可采用古文知识比赛的形式。高考有古文理解性默写的考查形式，我们在平时就可以通过比赛来进行练习，同时也在道德思想上进行渗透。这些活动都可以让学生在比赛过程中更好地领略文言文的独特魅力，陶冶情操，提升境界。学生通过辩论屈原之死是他不明白"留得青山在，不怕没柴烧"的愚昧，还是"宁为玉碎，不为瓦全"的高贵；通过朗诵《琵琶行》，感受文章中琵琶女的情感起伏。在高中语文古诗文教学中渗透德育，具有深刻的意义。教师要善于挖掘文言文中隐含的德育因子，让学生在一种"润物细无声"的状态中提升思想道德素质。

最后，高中古诗文的道德渗透不能仅仅局限于课文本身。这些优秀的古诗文背后都隐含着作者的理想追求或人生阅历，浓缩了他们的生活态度，有着不容小觑的德育价值。把这些发掘出来不仅能增强我们的教学效果，在德育方面也有着非常重要的价值。通过讲述古诗文及其背后的故事，可以以作者的人生阅历感染学生，使他们潜移默化地受到作者人文魅力的影响，有意识地"见贤思齐"，提升自身素质。比如讲授《归去来兮辞》的时候，我们必然要提到陶渊明是我国最早的田园诗人，他厌倦了黑暗的官场，选择回归田园，不为五斗米折腰，他的洒脱之心令人叹服，使学生从中获得人生意义的启发。在讲解《过秦论》《兰亭集序》时，适当穿插贾谊、王羲之小故事，让学生感受古代知识分子高洁的品质；讲解《梦游天姥吟留别》时，适当穿插李白让"高力士脱靴"等小故事，让学生感受李白傲视权贵的高尚品格。

上面我们仅仅介绍了教学实践中的几点，为的是抛砖引玉，我们相信在高中古诗文教学中渗透德育还有很多方法可以挖掘。对于广大高中语文教师来说，古诗文中渗透德育这个题目，留给我们的天地是广阔的，值得我们研究和探索。

参考文献：

［1］祁利莹．浅析高中古诗文教学与德育的关系［J］.基础教育论坛（数字刊），2018（1）.

［2］刘磊．青少年德育在高中古诗文中的融入［J］.安庆师范学院学报（社会科学版），2011（7）.

［3］王春菊．高中语文文言文教学中德育的渗透［J］.学苑教育，2016（5）.

让学生成为德育的主体

邢艳光

摘要： 德育工作应秉承"以学生发展为本"的思想，树立学生的主体意识，发挥学生的主体作用，逐渐形成主体的现代道德素质。

关键词： 德育；学生；主体

随着教育改革和发展的不断深入，立体性教育思想已逐步被教育工作者接受，并应用于德育领域。主体发展性德育的核心就是要求教育者牢固树立"以学生发展为本"的教育思想；以现代社会所需要的道德素质为培养目标；尊重学生的主体地位，挖掘学生的主体潜能，发挥学生的主体作用，有目的、有计划地引导学生参与道德认识和道德实践活动，使他们通过独立思考、自主选择和积极实践来培养自主德育意识、掌握自主德育方法、养成自主德育习惯、提高自主德育能力，逐步形成主体的现代道德素质。

一、内化德育目标，变"外求、他塑"为"内求、自塑"

外因是变化的条件，内因是变化的根据，外因通过内因才能起作用，学生的发展，归根到底也是一个内因建构、生成的过程。思想道德素质的形成，只有通过主体对外界教育信息能动的认知、吸收与内化才有可能实现。实施主体发展性德育就是遵循学生的心理发展规律，将德育的内容具体化、人格化、形象化，让德育变成学生的一种需要，是德育目标转化成学生的内动力，这是一个德育价值取向上的转变。要达到上述要求，应当做好以下几项工作。

一是用贴切的目标激励学生。学校要把德育的总体目标与学生成长规律紧密结合，针对不同年级学生的生理、心理、品德水平的差异和特点，确定适合学生自我教育的分层德育目标；要把"人格要靠学生自我塑造"的道理正面明确地讲给学生；要把每学年、每学期的德育目标明确告诉学生，唤起学生自省、自强、自我塑造的积极性和主动性，使他们行动起来，在认真反思的基础上寻找个人近期和远期的奋斗目标。

二是用身边的榜样引导学生。学校要积极发掘学生中的教育潜能，树立各种类型的先进学生典型，为他们提供可以直接学习的楷模，提供具体的"自我塑造"的榜样。要逐步改革传统的评比制度，把单一的"三好学生"评比制度发展为多种形式相结合的评价制度，使每一名学生都能在某些方面得到肯定，变只有少数人可以体验成功的教育为人人都可以体验成功的教育。教师应善于发现、培养和表彰各方面的优秀学生，并运用多种形式宣传他们的事迹，使学生的自我塑造有榜样、有激情、有动力。

三是用名人的事迹感染学生。学校要经常聘请社会成功人士来校作报告，经常介绍本校历届校友中事业有成人物的事迹，介绍他们的成长历程，用学校自己培养的人才的业绩和发展历程激励引导学生，为学生的自我发展提供现实的人生向导。各科教学都要重视学科杰出人物介绍，引导学生树立建功立业的专业志向和积极的生活目标。

二、尊重主体地位，变"生硬说教"为"情理交融"

"晓之以理，动之以情"是思想道德教育的基本途径。"晓之以理"就是在德育工作中通过充分说理，启迪学生"明是非、知荣辱、辨美丑"，建立清晰的道德认识体系。"动之以情"就是在晓之以理的同时，充分运用情感因素，激发学生的心理感应，引起心灵深处的共振，唤起情感共鸣，以驱动学生道德行为和品质的形成。因此，主体发展性德育必须实行情理激发的方式，让学生在情与理的交融中，汲取对自己成长进步有价值的营养。在具体操作中，要注意三个方面。

一是主体性。教师只有尊重学生的主体地位，把学生当成平等的人来看待才有可能建立一种民主、平等、和谐的新型师生关系，才能有利于学生主动、生动、活泼的发展。

二是情感性。在教育活动中，不但要重视理论的深入浅出，通俗易懂，更要重视情感的激发，使学生动心、动情，使学生的心灵和行为沿着我们的德育指向顺畅发展。即使是课堂教学和个别的说服教育，教师也要满怀真情，情理交融，使学生理达、情动、气顺，不仅折服于理性的逻辑，而且诚服于情感的力量。

三是真实性。最有效的教育是事实，在教育活动中利用一切可以调动的条件，为学生创设真实的教育现场，引导学生接触真人真事和真实的情境，使学生神感、心受、情动，从而培养学生讲真话、做真人、干真事的品德。

三、突出主动参与，变"教师包办"为"亲身体验"

道德素质不是教出来的，而是学生在参与实际生活的过程中，在与他人的合作和交往中，通过自身经历和体验发展来的。传统德育往往把"灌输""禁止""防堵"作为工作的立足点，忽视学生主体的道德生活需要，甚至无视学生的主体地位和主体性发展，使学生长期处于被动从属的地位，学生丧失自我，养成了顺从听话的习性，缺少个性和创造性。因此，要提高学生的思想道德素质，不但要使他们置身于德育的特定环境，使之接触客观德育因素，更重要的是要调动其主体精神，能动地参与德育实践。

一个人只有在他肩负责任的时候，他的责任心、自觉、自律、自制的品质才能发展；只有在实践的过程中，才能提高其解决问题的能力。主动参与是学生自主性发展的重要途径，它追求的不仅仅是管理自身的功能，更重要的是追求学生的学习与发展。以学生为主体的德育，就要引导学生主动参与研究和选择德育的内容，设计和主持德育全过程，全程参与德育活动，使德育成为一种在教师指导、帮助下，以特定德育环境为外因的学生心灵展示、道德评判和内心建构的自我教育与发展的实践过程，学生在主动参与中自我教育、自我管理、自我调节、自我约束，最终达到自我完善的境地。在推进主体发展性德育的过程中，教师要力求唤起学生的自主性、主动性和创造性，力求激发学生的主人翁责任感，充分发挥学生组织的作用。无论是班会、团会，还是年级、校级的大型活动，从具体内容的确定，活动方式的设计，到活动过程的主持，都应先由学生研究拟订方案，再经有关老师或领导与学生共同审查修订，交由学生组织实施。班级管理中，实行班干部轮换制，每个学生都有做班干部的机会。一日生活检查评比等都由学生干部完成，这样既增强了他们的主体意识，又为他们提供了锻炼的机会。学生自己设计和采取的他们喜闻乐见的德育形式，有利于打动学生的心灵，易于为学生所吸收、内化并产生良好的教育效果，真正实现自我管理、自我服务、自我教育的目的。

四、营造育人氛围，变"单方面管理"为"多情境育德"

人的思想观念和道德品质的形成，是社会环境影响并通过人的主观能动作用的结果。所以，学校的德育工作必须致力于创设足以感染和陶冶学生思想情操的良好氛围，通过多渠道、多情境、多媒体的综合教育力量，对学生进行教化和引导，使学生在学校精心设计的教育活动情境中，实现精神境界的升华和价值观的认同。

一是营造课堂教学主渠道的育人氛围。充分发挥课堂教学的主渠道育人作用，对思想品德课和各学科教学中渗透的德育进行改革，倡导学生参与整个教学过程，探索"自主、合作、探究"的学习方式，力求达到"目的明、知识新、信息多、密度大、节奏快、设计精、结构巧、气氛和、方法活、效果佳"。通过自主、主动、创造性地参与，引导学生学会分析，学会选择，学会创造性思维，培养学生的道德批判力和道德理解力，体现主体性德育的要求，达到入情入心的教育效果。

二是营造丰富多彩的课外活动育人氛围。构建以学生为主体的教育活动系列，如主题活动系列、社团活动系列、成长活动系列、节日活动系列、特长活动系列等。设计教育活动要力求新一点，活一点，实一点，精一点。"新一点"就是强调教育活动要时时创新，力求做到有深度，有新意，有特点。"活一点"就是教育形式要灵活，教育方法要多样，思想上重诱导，行动上重指导，管理上重疏导，让大道理融化在具体的一个人、一项活动、一件事之中，使教育主题与学生思想产生共鸣。"实一点"就是要从实际出发，从小处入手，从学生身边的事情做起，针对学生现实的思想问题，进行入情入理的教育；力求选实例、讲实话、求实效，一个时期突出一个重点，一个阶段解决一个问题，通过"近目标，小计划"的落实，促进总体教育目标的实现。"精一点"就是精心选择，精心思考，精心准备，精心组织，防止活动泛滥，轰轰烈烈，流于形式。

三是创设具有浓郁德育氛围的校园环境。整洁、优美又具有浓郁德育氛围的校园环境，对学生优良品质的形成起着耳濡目染的熏陶作用，这种作用往往是其他教育方式所不能代替的。因此学校和班级都应注重德育的渗透、熏陶、引导功能，将培育优良的校风、班风作为加强和改进学校德育工作的重要途径，将爱国主义、集体主义、社会主义教育和科学的世界观、人生观和价值观教育作为主旋律，将开展养成教育，形成良好行为规范作为基本要求。通过丰富多彩的校园文化活动，陶冶学生的道德情操，通过"校风要正、校园要净、校训要诵"的宣传活动，培养学生的爱校意识和良好的行为习惯，从而形成一种文明、进步、蓬勃、健康的校园氛围和积极向上的校园精神，达到"桃李不言，下自成蹊"的教育效果。

五、拓展活动空间，变"寓于斗室"为"投身社会"

生活即教育，只有让学生根植于火热的生活，以培养创新精神和实践能力为重点的素质教育才有可能实现，全面发展才有可能转化为现实。学生的潜能具有可塑性，把学生放在多大的空间，学生就会发挥出多大的能量。如果我们压缩学生施展才华的天地，结果必然是压抑学生的生命活力。教师作为学生成长的引导者，学生发展的引路人，要为学生提供广阔的实践舞台，带领学生走出校园，投身社会，让学生在实践中学会体验，学会选择。

一是拓展"现实社会空间"。通过开展参观、访问、调查等活动，让学生亲身体验改革开放以来，家乡建设和人民生活发生的巨大变化，拓宽学生的视野，丰富学生的社会阅历，增强学生的社会责任感，激发学生的民族自尊心、自信心和自豪感。通过开展军训、劳动、社区服务等活动，培养学生的劳动习惯和自理能力，磨炼学生的意志品质，增强学生的吃苦耐劳精神和集体荣誉感。通过开展研究性学习活动，培养学生发现问题的能力，收集、处理和利用信息的能力，运用科学的方法解决问题的能力。让学生学会在研究中学习，在学习中研究；学会了解自然、了解社会；学会关心国家和社会的进步；学会关注人类与环境的和谐发展，形成积极的人生态度。

二是拓展"虚拟社会空间"。随着信息技术的普及和网络的发展，网络德育已经成为当前中小学关注的热点。中小学生网上学习、网上搜索资料、网上游戏、网上聊天的人数越来越多，时间越来越长，因此，关注"虚拟社会空间"，加强中小学生网络道德教育研究已经迫在眉睫。学校要积极引导、鼓励学生学习以网络为核心的信息技术，开发网络上的有益资源为学生的学习服务，不能因为网络存在有害信息而处处隔绝和禁止。学校要积极向学生"注射疫苗"，增强学生的"免疫力"，让学生明白网络上的行为哪些是不道德的，预防网络伤害。学生上网前，要做到四个明确：明确目的，是学习，还是娱乐；明确时间，是冲一会儿浪就下来，还是沉溺其中；明确内容，哪些是该浏览的，哪些是不该浏览的；心中有数，严格自律。明确地点，社会上的一些非法网吧为了牟利不择手段，所以我们应擦亮眼睛，慎重选择。

参考文献：

［1］檀传宝 . 信仰教育与道德教育［M］. 北京：教育科学出版社，1999.

［2］朱小蔓 . 情感德育论［M］. 北京：人民教育出版社，2005.

浅议如何在高中语文教学中落实立德树人根本任务

王志波

摘要：教育是国之大计、党之大计，教育兴则国家兴，教育强则国家强。党的十八大以来，党中央为教育事业确立了"立德树人"的根本任务，也为新时代中小学教育指明了根本方向，即培养担当民族复兴大任的时代新人。这就要求教育工作者紧扣立德树人根本任务，深刻理解其内涵及目标要求，积极探索其在中小学教育教学中的实践路径和举措。笔者在本文尝试阐述立德树人是教育的根本任务，分析新时代教育立德树人的目标要求，探索高中语文教学中践行立德树人根本任务的路径和举措。

关键词：立德树人；目标要求；语文教学；路径和举措

习近平总书记高度重视教育工作。他在教育改革发展方面发表的系列重要讲话中多次论及立德树人问题，并系统阐明了新时代"培养什么样的人、如何培养人以及为谁培养人"的根本问题，进一步明确了立德树人是教育的根本任务。推进新时代立德树人工作，是每一位教育工作者的责任和使命。教育工作者必须坚守"为党育人，为国育才"的使命，努力培养一代又一代拥护中国共产党领导和我国社会主义制度、立志为中国特色社会主义事业奋斗终身的建设者和接班人。

一、明确立德树人在教育发展中的重要意义

党的十八大报告提出："要坚持教育优先发展，全面贯彻党的教育方针，坚持教育为社会主义现代化建设服务、为人民服务，把立德树人作为教育的根本任务，培养

德智体美全面发展的社会主义建设者和接班人。"党的十八大以后，习近平总书记多次阐述立德树人这一教育的根本任务，如2017年，他在党的十九大报告中强调："建设教育强国是中华民族伟大复兴的基础工程，必须把教育事业放在优先位置，深化教育改革，加快教育现代化，办好人民满意的教育。要全面贯彻党的教育方针，落实立德树人根本任务，发展素质教育，推进教育公平，培养德智体美全面发展的社会主义建设者和接班人。"在2018年9月举行的全国教育大会上，习近平总书记阐述了"九个坚持"的新理念新思想新观点，其中第二个坚持就是"坚持把立德树人作为根本任务"，足见立德树人在教育事业发展中的重要地位。由此可见，立德树人既是教育的根本任务，也是教育的初心和使命，在教育发展中具有极其重要的意义。

二、深刻理解新时代教育立德树人目标要求

立德树人是教育的根本任务，更是教育"为党育人，为国育才"的关键所在，那么，新时代教育立德树人的目标要求有哪些呢？

一是教育学生"明大德、守公德、严私德"，积极践行社会主义核心价值观。中国自古以来就重视德治教化，有着开展德治教化的悠久历史和优良传统。如古人追求立德、立功、立言的"三不朽"境界，就是把立德放在第一位的。习近平总书记也十分重视立德的问题。2014年5月4日，习近平总书记在同北京大学师生座谈时明确要求广大青年要修德，加强道德修养，注重道德实践。他指出："我们的用人标准为什么是德才兼备、以德为先，因为德是首要、是方向，一个人只有明大德、守公德、严私德，其才方能用得其所。"他勉励广大青年学子："修德，既要立意高远，又要立足平实。要立志报效祖国、服务人民，这是大德，养大德者方可成大业。同时，还得从做好小事、管好小节开始起步，'见善则迁，有过则改'，踏踏实实修好公德、私德，学会劳动、学会勤俭，学会感恩、学会助人，学会谦让、学会宽容，学会自省、学会自律。"他还指出："核心价值观，其实就是一种德，既是个人的德，也是一种大德，就是国家的德、社会的德。"可见，在新时代立德树人就是要教育学生"明大德、守公德、严私德"，积极践行社会主义核心价值观。

二是培养担当民族复兴大任的时代新人。党的十九大报告提出要"培养担当民族复兴大任的时代新人"。2018年8月，习近平总书记在全国宣传思想工作会议上提出做好新形势下宣传思想工作，必须自觉承担起"举旗帜、聚民心、育新人、兴文化、展形象"的使命任务。他强调，"育新人"就是要坚持立德树人、以文化人，建设社会主义精神文明、培育和践行社会主义核心价值观，提高人民思想觉悟、道德水准、文明素养，培养能够担当民族复兴大任的时代新人。培养能够担当民族复兴大任的时

代新人，就要教育学生不断增强中国特色社会主义道路自信、理论自信、制度自信、文化自信，牢固确立中国特色社会主义的共同理想，自觉做共产主义远大理想和中国特色社会主义共同理想的坚定信仰者、忠实实践者。

三是扎实推进立德树人六项重点任务。习近平总书记在全国教育大会上提出了教育落实立德树人任务的"六个下功夫"：要在坚定理想信念上下功夫，要在厚植爱国主义情怀上下功夫，要在加强品德修养上下功夫，要在增长知识见识上下功夫，要在培养奋斗精神上下功夫，要在增强综合素质上下功夫。这"六个下功夫"涉及理想信念、家国情怀、品德修养、知识本领、精神风范、综合素质等，具有鲜明的现实针对性，是新时代立德树人的现实需要和重点任务，为"新时代立德树人该从何处着力，从哪里下手，在哪里下功夫"指明了方向。

三、在高中语文教学中践行立德树人的路径和举措

明确了立德树人在教育发展中的重要意义及具体要求，那么，在高中语文教学中，应通过哪些路径与举措落实立德树人根本任务、教育引导学生"明大德、守公德、严私德"，使其成长为能够担当民族复兴大任的时代新人呢？

（一）紧扣课程标准，深挖立德树人教育资源

《普通高中语文课程标准（2017年版）》指出："语文课程应引导学生在真实的语言运用情境中，通过自主的语言实践活动，积累言语经验，把握祖国语言文字的特点和运用规律，加深对祖国语言文字的理解与热爱，培养运用祖国语言文字的能力；同时，发展思辨能力，提升思维品质，培育社会主义核心价值观，培养高尚的审美情趣，积累丰厚的文化底蕴，理解文化多样性。""普通高中语文课程，必须以习近平新时代中国特色社会主义思想为指导，坚持立德树人，弘扬民族精神，融入社会主义核心价值观教育，培养热爱中华文明、热爱祖国、热爱人民、热爱中国共产党的深厚感情，以及热爱美好生活和奋发向上的人生态度，使学生逐步形成自己的思想、行为准则，增强为中华民族伟大复兴而努力的历史使命感和社会责任感。坚持加强语文课程内容与学生成长的联系，引导学生积极参与实践活动，学习认识自然、认识社会、认识自我、规划人生，在促进人的全面发展方面发挥应有的功能。"

紧扣以上课程标准与要求，教师要深入挖掘高中语文教材饱含理想信念、家国情怀、品德修养等内容的篇章，从中提炼出适合培养学生的爱国主义精神和增强民族责任感、使命感要素并将其融入语文课堂教学中，引导学生去理解其蕴含着的深挚而强烈的爱国激情，激发他们珍爱今天的幸福生活，进而培养学生报效祖国、服务人民的情怀，使其逐步成长为能够担当民族复兴大任的时代新人。

（二）利用课堂教学，落实立德树人根本任务

语文教学与德育渗透、立德树人教育相辅相成，共同构成一个有机的整体。那么，如何在语文课堂教学中实现立德树人的目标呢？

1.在诵读中有效渗透立德树人教育

俗话说："读书百遍，其义自见。"在教学中，引导学生朗诵声情并茂、文质兼美的文章和韵律优美的诗歌，有利于他们体验祖国文学的音韵美，加深对课文内容、思想感情的品味，并培养美好的心灵和高尚的情操。如：指导学生诵读毛泽东的《沁园春·长沙》、闻一多的《红烛》等篇章，让学生在反复诵读中领悟作者对国家命运前途的关注，激发青春的热情，树立伟大的革命抱负，进而敞开心扉、追寻理想、拥抱未来。在诵读曹操的《短歌行》、陆游的《书愤》、辛弃疾的《永遇乐·京口北固亭怀古》时，教育引导学生感受古典诗词的魅力，体味古人丰富的情感、深邃的思想、多样的人生，激发学生对中华优秀传统文化的热爱，提升审美情趣和审美品位，增强文化自信。还可以选取屈原、后游、辛弃疾、鲁迅、毛泽东、闻一多等人的诗词，指导学生在诵读中领悟中华民族从古至今一脉相承的爱国主义情怀，培养学生热爱中华文明、热爱祖国、热爱人民、热爱中国共产党的深厚感情。

2.在鉴赏中深入实施立德树人教育

语文课程丰富的人文内涵对学生精神世界的影响是广泛而深刻的，我们要在教学中充分发挥其在潜移默化中对学生思想情感所起的熏陶感染作用，培养学生的爱国情怀。如：在《沁园春·长沙》的教学中，可以让学生在诗歌鉴赏中体会伟人的革命乐观主义精神和改天换地的豪迈气概，引导学生领悟伟人捍卫河山、开创未来的豪情壮志，进而激发学生的爱国热情。又如：在《苏武传》的学习中，结合苏武的形象着重培养学生的爱国主义情感，让爱国情不扎根于心；在《中国人民站起来了》等文章的品鉴中，引导学生体会革命志士的革命精神和伟大人格，感受无私无畏的革命精神，继承和弘扬革命文化，获得崇高的体验和革命传统的浸润，坚定中华民族伟大复兴的信心。

3.在写作中不断强化立德树人教育

在写作教学中不断强化立德树人教育主要有以下两个途径。一是指导学生用心拟写读后感。在语文课堂教学中指导学生针对富含理想信念、家国情怀、品德修养及社会主义核心价值观内容的文章用心去写读后感，使其在学会反思的过程中不断提升辨析事物的能力，从而树立正确的人生观、价值观和世界观。二是在作文教学中渗透融入立德树人要素。如：当今世界正经历百年未有之大变局，在国内外形势错综复杂的情况下，我们党带领人民取得新的重大成就，十三五圆满收官，全面建成小康社会取得伟大历史成就，在抗击疫情斗争、脱贫攻坚中涌现出大量感人事迹。在作文教学中要充分挖掘其中的丰富资源，合理利用这些鲜活素材。这样，在作文教学中因势利导

地对学生进行教育，无形中增强了他们的信心及为中华民族伟大复兴而努力的历史使命感和社会责任感。

（三）拓宽活动载体，在实践中培育时代新人

开展丰富多彩的语文活动，是对学生进行思想教育践行立德树人根本任务的有效途径。高中语文教师要精心设计课内课外的语文活动，在培养学生语文核心素养的同时，促使学生逐步树立正确的思想观念和高尚的道德情操，健康成长为共产主义远大理想和中国特色社会主义共同理想的坚定信仰者、忠实实践者。

1. 开展读书活动

读书活动作为课堂教学的延伸，是落实立德树人根本任务的有效补充。教师要根据高中生的年龄特征，推荐适合他们读的名著经典、报纸杂志，加强对学生的理想信念、思想品德、时代精神和"中国梦"教育，让学生在阅读中受到优秀文化的熏陶感染，丰富精神世界，养成良好品德，践行"爱国、敬业、诚信、友善"，培养正确的世界观、人生观和价值观。

2. 组织演讲比赛

在举行语文演讲活动的时候，可以进行道德素质理论的演讲，这样极大地促进了学生对于道德观念的认识，积极有效地起到了道德宣传的目的和加深学生对道德观念的意识。

3. 组织社会实践活动

清明节组织学生去烈士陵园献花、扫墓活动，让学生体会到今天的幸福生活是由无数革命先烈用鲜血和生命换来的，教育要热爱国家，努力学习早日成为能够担当民族复兴大任的时代新人。还可以组织学生到革命圣地或爱国主义教育基地游学，参加学雷锋志愿活动，等等，使学生能够融入社会、感悟生活，进而使社会主义核心价值观内化为精神追求，外化为自觉行为。

综上所述，在高中语文课堂教学中深入落实立德树人根本任务至关重要。在今后的语文教学中，我们要以课堂为主阵地，以教学文本为主要载体，有机地融入社会主义核心价值观、中华优秀传统文化、革命文化、社会主义先进文化及民族团结、国家安全教育等要素，精心设计教学活动，使学生在学习和运用语言文字的过程中潜移默化地受到熏陶感染，不断增强民族自尊心、爱国情感和文化自信，逐步树立正确的思想观念和高尚的道德情操，早日成长为能够担当民族复兴大任的时代新人。

参考文献：

［1］胡锦涛.坚定不移沿着中国特色社会主义道路前进 为全面建成小康社会而

奋斗——在中国共产党第十八次全国代表大会上的报告［N］人民日报，2012-11-18.

　　［2］习近平.决胜全面建成小康社会 夺取新时代中国特色社会主义伟大胜利——在中国共产党第十九次全国代表大会上的报告［N］.人民日报，2017-10-28.

　　［3］习近平在全国教育大会上强调：坚持中国特色社会主义教育发展道路 培养德智体美劳全面发展的社会主义建设者和接班人［N］.光明日报，2018-09-11.

　　［4］习近平谈治国理政［M］.北京：外文出版社，2014.

　　［5］习近平在全国宣传思想工作会议上强调：举旗帜聚民心育新人兴文化展形象 更好完成新形势下宣传思想工作使命任务［N］.人民日报，2018-08-23.

　　［6］普通高中语文课程标准（2017年版）［S］.北京：人民教育出版社，2018.

略谈如何打造高中语文高效课堂

李琼琼

摘要：高效课堂，是比完成教学任务更高的教学要求。打造高效课堂应该成为每一名教师策略性研究课题，我们应该而且必须解决好这个问题，切实提高自己的课堂教学效果。仅提几点建议：一、重视教学目标的设计。二、重视教学过程中的方法选择。三、重视教学过程中学生的全员主动参与。供大家参考。

关键词：教学目标的设计；教学过程中的方法选择；全员主动参与

提高课堂教学效果，是学校对教师课堂教学的最基本的要求，也是教师课堂教学的追求。那么，什么是教学效果呢？所谓教学效果，就是教师在把知识、技能传授给学生的过程中，在内外因相互作用下，在恰当教学方法作用下所产生的结果。这种结果体现在学生对知识的识记、理解、运用和基本技能、创新能力的生成和发展上。具体表现在练习能否顺利完成，作业能否按时完成，测试能否较好地完成答题任务上。所以，打造高效课堂已经迫在眉睫。所谓高效课堂，从狭义的定义出发，就是说学生在原有的知识和技能的基础上，有了新的进步和发展。从广义的定义出发，则是指学生主动参与教学过程，自主学习，大胆探索，积极创新，学得生动活泼，学得轻松愉快，享受到了成功的快乐。

高效课堂，是比完成教学任务更高的教学要求。因为完成教学任务强调的是教师传授知识，高效课堂强调的是学生对知识的识记、理解和运用，是基本技能和创造能力的生成和发展。前者是以教师传授知识为主，后者是以学生主动参与为主，具有明显的互动性和共创性。

怎样才能打造高效课堂呢？这不仅是个理论问题，更是个实践问题。对于这个问题的研究，对教师和学生都有最直接、最现实的意义。一个教师，如果不能提高教学效果，他的教学肯定不受学生的欢迎，他自身的价值也无从体现。所以，打造高效课堂应该成为每一名教师策略性研究课题，我们应该而且必须解决好这个问题，切实提高自己的课堂教学效果。

下边，谈谈自己的几点做法和体会。

一、重视教学目标的设计

教学是师生双方有目的有意义的互动过程。正如人类从事任何活动都是有目的有意义的一样。盲目无意义的教学活动是不会有好效果的。所以，设计明确的合理的教学目的，是我们必须高度重视的问题。这里有两层含义。明确目标是让学生明确一节课学习的目的和意义，这是教师必须关注的问题，一个指挥员指挥他的士兵去打仗，不让士兵明确打仗的目的和意义，士兵能有内在的动力和积极性吗？让学生成为学习的主人，首先就应该明确学习的目的和意义。合理的学习目的是指学习目标具有可即性，即学生经过主观努力达成学习的目的，享受到成功的快乐。这既要面向大众，关注学生的共同基础，又要关注学生的不同基础。也就是说，教学目标要具有合理的梯度性，满足不同层次学生的需要。教师是为学生学习服务的，不能满足学生学习的需要算什么服务呢？

总之，设计明确合理的教学目标关系到教学效果，对于它的设计，必须是把教材与学生有机结合起来，反复酿造的过程。我们必须克服教学目标设计过程中的盲目性和随意性。这样会使教学目标更符合学生的实际，更能满足学生的需求。

二、重视教学过程中的方法选择

提高课堂效果，是在教学过程中师生互动所创造出来的最佳教学效应。在这个过程中，师生的动机都是好的，是不是有了好的动机就一定有好的效果呢？回答是否定的。每个教师至少都有过一次或几次事与愿违的教学案例。我也不止一次地为这事苦恼过。

积十五年教学之经验，我悟出的一个道理是：必须重视教学过程中的方法选择。严格地说，课堂教学不单纯是教师传道、授业、解惑的过程，更是个别学生在教师指导下自主学习、大胆探索、积极创新的过程，是学会学习的过程。实践证明：只有善教的教师，才能教出会学的学生。所谓善教，就是教师所选择的教学方法恰当、灵活，适合学生。人们常说"名师出高徒"。名师的高明之处就是他的教学方法对头，能教会学生学习。从一定意义上说，能否选择在教学过程中恰当、灵活、适合学生的教学方法，不仅关系到一个教师能否提高课堂教学效果，也能证明一位老师是否是一个合格的教师。教师不会教学生，就像农民不会种地一样，是不会收获到金色的秋天的。所以，要提高课堂教学效果，就必须重视教学过程中方法的选择。教学改革，体现在教师课堂教学上，就是教学方法的改革与创新。

教学过程中教学方法的选择，要坚持从实际出发的原则，即从自己的教学个性实际出发，从学生的学习心理与学习现状的实际出发，从教材和《新课程标准》的要求实际出发。要坚持借鉴与吸纳相结合的原则。教学具有教师与教师之间的方法互补性、共生性和成果共享性。师生自用、固步自封的想法和做法是错误的。事实上，我们今天还在用孔子教育思想与教学方法中科学、合理的部分。

我始终这样认为，在教学上我即是我，我又非我。前者是指我在教学方法的选择上走自己的路，张扬自己的教学个性。后者是说我在教学方法的选择上博采众家之长。既学"南拳"（如于漪的情境教学），又学"北腿"（如魏书生的三段六步教学法）。我的体会是，教师最好在教学方法的选择上成为散文家。

没有好的过程就没有好的效果。没有好的方法就没有好的效果。让我们共同探索教学过程中适合学生的方法吧。

三、重视教学过程中学生的全员主动参与

如前所述，课堂教学不是教师单纯地完成传授知识任务的过程，而是教师教会学生学习，使他们自主学习，大胆探索，积极创新的过程。在这个过程中，学生才是学习的主人。所以，没有学生主动参与的课堂教学决不是成功的课堂教学，也决不可能提高教学效果。《新课程标准》在教育理念上就强调了学生是学习的主人，突出了学生的主体地位。对课堂教学提出了明确的要求：面向大众，关注共同基础，为学生终身发展奠定基础。怎样才能面向大众，关注共同基础？就是让学生全员主动参与教学过程。首先，我们要信任和尊重每一个学生。要相信"在教学过程中，每个学生都可以成为出色的活动家。"要保护学生的积极性和自尊心。我历来反对教师在课堂教学中只关注心目中的好学生冷落所谓的差生。这首先是不公平、不公正的。我们是为全体学生和家长服务的，不是为一部分学生和家长服务的。所以，我们必须重视学生的全员主动参与。对所说的"差生"，我们也一定想尽办法，以极大的耐心和爱心，让他们主动参与教学过程。让所有的学生都享受到成功的快乐，成为学习的乐之者和会学者，这才是真正提高了课堂教学效果。

提高课堂教学效果，打造高效课堂，是个多层面的课题，涉及到教学过程中的多元要素，是教学过程中多元要素相互作用的结果。以上所谈，只是个人的宏观感悟，在今后的日子里，我将潜心于微观的探究。和广大同仁探索出提高教学效果的可行之法，

是我的愿望。我将上下而求索。

参考文献：

［1］蔡跃期.浅谈如何提高高效课堂教育效率［J］.教育教学论坛，2014（5）.

新高考形势下语文教学的守正与创新

刘　硕

摘要： 新高考改革为语文课程改革提供了一些机遇，作为高中语文教师，必须清醒地意识到此次改革对高中语文学科的影响，对自己的课程理解、课堂教学素养和考试评价能力提出的更高的要求，进而努力寻求适应和调整教学策略和措施。这就更需要我们守正与创新相结合，帮助学生摆脱考奴的身份与困境；引导学生从语言文字的表层走向文本的深处，使学生在理解知识、思想、文化的同时，真正地获得知识、思想、文化的启迪；助推学生文化生命体的长远发展，培养和发展学生的综合能力和素养。

关键词： 教学根基；语言文字；动态视角；教学手段

随着新高考方案的逐步落实，语文学科工具性特征愈发鲜明。新高考改革更加注重学生全面发展，明确综合素质评价是重要的升学参考依据，其内容主要包括思想品德发展状况、中华优秀传统文化素养、修习课程及其学业成绩、身心健康信息、创新精神和实践能力、兴趣爱好与个人特长等。作为高中语文教师，必须清醒地意识到此次改革对高中语文学科的影响，对自己的课程理解、课堂教学素养和考试评价能力提出的更高的要求，进而努力寻求适应和调整教学策略和措施。为了更好地应对各种挑战，完善语文教学，我想从以下几个方面来阐述我的想法。

一、语文教学的根基仍然是语言文字

语言文字是人类最重要的交际工具和信息载体，是文化的基础要素和鲜明标志，是促进历史发展和社会进步的重要力量。《新课程标准》明确提出的语文学科核心素养之一就是：语言建构与运用。这一方向规定了语言文字的学习是"根"，就是强调语文课虽也学习文章和文学作品的思想内容，但更主要侧重于语言形式的学习。上语文课就是要紧紧抓住"语言文字"这个抓手，学习语言文字的成品——实用文章和文学作品，通过分析文章、鉴赏文学作品的言语活动，学会理解和运用语言文字，提高书面表达和口语交际水平，并且学习文化和传播文化。

语言文字是民族文化的地质层，积淀着民族文化的精粹。语言和思想、感情是同时发生的，它不仅仅是载体，实质上它就是意识、思维、心灵、人格的组成部分。我们教学生学习语文，也就是同时在用中华民族的精神文明，用中华优秀文化的乳汁哺育着学生的成长，提高他们对自然、对社会、对人生的认识。

具体教学中我们可以从各种渠道加强语文实际应用，引导学生积累语言。语文课堂教学是学生积累语言的主要渠道之一。在课堂上，教师应注意发现、挖掘教材中能给学生语文实际应用的机会，让学生在学习语文实际应用中，积累语言。新编教材阅读量虽然增加了三分之一左右，但毕竟有限。教材无非是个例子，教师更应通过这个例子让学生获得读书的方法，但决不能让学生的目光只停留在教材上。教师应采取多种形式激励学生运用在课堂上学到的读书方法，广泛地阅读各种题材、各种体裁的课外读物，充分感受祖国语言文字的魅力，学习丰富多彩的表达方式。生活处处皆语文。我们的语文教学要鼓励学生投入到社会中去，做生活的有心人。要让学生在日常生活中，多留意周围的谚语、对联、歇后语及精妙的广告语、精练的标语和一些趣味无穷、意味深长、幽默诙谐的群众语言。引导学生自觉地把已有的语言材料进行选择、重组，用活化的语言记录下生活的镜头，描绘出生活的情趣。

二、采用动态的视角来审视语言本体及其语言学习的过程

在新课改背景下，语文教师要获得专业上的成长，必须带着研究的态度和创造的精神去教学。

（一）教学氛围与环境要真实和谐

语文教师不断涵养文人气象，要将语文教学视作一种艺术创造活动，追求信、达、雅、美、博，从而让学生得以在一个充满诗情画意、生机盎然的文化场中感受祖国语言文字的魅力和中华文化的博大精深。或者说，语文教师要全力以赴以自己的生命活力、生命体验来点亮学生的心灵，激发起他们掌握祖国语言文字和学习中华文化的强烈渴望。

（二）教学手段要融入现代技术

在高中课本中，有许多文质兼美的经典传世之作，如唐诗宋词言简而意丰，凝练的语言却包含了很多意境。对这些诗词文赋要进行咀嚼鉴赏，品味其中的美，美的氛

围和背景是不可少的，但传统的教学费时费劲，收效甚微，利用多媒体链接，创设一种惬意的、赏心悦目的教学境界，一种教学艺术化和教学科学化完美结合的体验。例如，教学《滕王阁序》，学生预习全文后，会感觉文字很生疏，不能感受其美，这时播放著名表演艺术家孙道临在滕王阁录制的现场配乐朗诵，再通过多媒体让学生看到滕王阁的壮丽景色，从视觉、听觉上引起审美的兴奋，获得审美的愉悦，学生会产生很大的兴趣去背诵体悟，也加深了对诗词的理解和掌握。

（三）辅以丰富多彩的语文活动

《语文课程标准》中提出："语文综合性学习有利于学生在感兴趣的自主活动中全面提高语文素养，是培养学生主动探究、团结合作、勇于创新精神的重要途径，应该积极提倡。"教者更应依据教材、立足课堂、抓住课余开展语文综合性学习，有意识地打通学生的生活世界和书本世界的联系，把学生生活世界的信息整合进教学的书本世界之中，激发学生学习语文的内驱力。

新高考改革为语文课程改革提供了一些机遇，也对语文教师提出了诸多的挑战。尤其是面对整个高中合格考、等级考和高考等多场考试，学生难免会有较之以往更多急功近利的思想，他们在追求分数的时候往往挤压的是对语文的学习时间，弱化的是对语文学科的投入。这就更需要我们守正与创新相结合，帮助学生摆脱考奴的身份与困境；引导学生从语言文字的表层走向文本的深处，使学生在理解知识、思想、文化的同时，真正地获得知识、思想、文化的启迪；助推学生文化生命体的长远发展，培养和发展学生的综合能力和素养。

参考文献：

［1］中华人民共和国教育部.普通高中语文课程标准（实验）［S］.北京：人民教育出版社，2017.

［2］程少堂.从语文味到文人语文［J］.语文教学与研究，2013（4）.

高中阶段语文教学中的德育渗透

袁树芬

摘要：德育教育是教育工作的重点，教师在课堂教学中除了传授学生知识外，还要培养学生的各种能力，加强德育教育，提升学生的素养，为学生将来成为德才兼备的人才打好基础。教师应让自己的言行成为学生学习的榜样，还要大力挖掘语文教材中的德育资源，发挥出语文学科的人文性。本文结合我的教学实际，介绍了我在教学中实施德育教育的几点做法。

关键词：德育教育；高中语文；教学渗透方法

高中阶段是学生价值观、人生观形成的关键时期。作为教师我们应该在日常的学习生活中结合自己的学科特点加强对学生价值观、人生观的引导，帮助他们树立起正确的价值观、人生观。而作为一名语文教师，我们更应主动承担起对学生进行德育教育的重大责任。因为一篇好的文章不仅能带给人美的享受，更能净化人的心灵。所以在语文教学中我们不仅要教给学生语文知识，培养学生的人文素养，而且要对学生进行必要的思想道德教育，培养他们的道德情操。

一、高中语文教学中渗透德育教育的积极意义

高中语文新课标指出："要培养学生高尚的道德情操和审美情趣，将德育教育的内容贯穿到整个语文教学的过程中。"高中语文教学中渗透德育教育对学生个人发展、教师职业成长以及社会发展都有着十分积极的意义：从学生个人层面来讲，高中学生正处于人生发展的重要阶段，其思想意识和道德水平正处于成形的关键时期，在高中语文教学中渗透德育教育，有利于帮助学生树立起明辨是非善恶的正确思想意识。从

语文教师层面来讲，高中语文教学中渗透德育教育，是现代教育教学改革的方向，可以有效地将语文教师的视线从单纯的语文学科知识层面转移到培养学生的综合素质层面，而且语文教师在探索德育教育教学方法的同时，也是语文教师自我德育反思和深入思考的过程，这对于教师的职业成长和发展也是大有裨益。从社会发展层面来讲，在包括语文学科的各个学科中渗透德育教育，一方面迎合了当前社会主义市场经济环境下对综合型人才的需求，另一方面培养出兼具丰富知识与良好道德的现代化人才，有利于提高社会的整体道德水平，有利于社会的发展进步。

二、当前高中语文教学中渗透德育教育的对策分析

语文教学是一门综合性较强的艺术，语文教师不仅要传授知识技能，同时还要将德育教学贯穿语文教学的始终。下面结合本人的实际教学经验，就当前高中语文教学中如何渗透德育教育进行分析。

（一）通过教材内容渗透德育教育

现行人教版全日制普通高级中学教科书（必修）语文中蕴含了很多的优秀文章，这些文章既具有文学价值，又具有极大的教育意义。如果我们在教学中有意识地加以挖掘，向学生进行德育渗透，这对培养他们热爱生活、崇尚美好品德、端正人生走向，树立正确的价值观、人生观无疑会起到潜移默化的作用。

高中语文教材中，有的蕴含着浓浓的爱国情感，有的表达了无私忘我的高尚情操，有的为读者提供了客观科学的思想观点，有的表达了自己对故乡的眷恋，等等。我们要充分利用好德育相关课文内容，以此为契机，真正将德育教育渗透进日常授课中。比如，屈原的《离骚》就是很好的德育教育素材，为了让学生更好地理解屈原的高风亮节，我还特意为学生播放了电影《屈原》，让学生直观地感受屈原那种忠于祖国、忧国忧民的高贵品质。如此，屈原的爱国形象在学生心中树立了起来，培养了学生的爱国情怀。

结合课文教学及相关内容，对学生渗透德育教育。当代中学生思想解放，思维活跃，接受能力强，这是他们的优点。但有相当一部分中学生，以自我为中心，自私自利，眼中只有自己没有他人，把父母为他们所做的一切视为理所当然，不了解父母的艰辛。针对这种情况，我们在学习史铁生的《合欢树》时，可以有意识地引导学生用心体会作者那种"子欲孝，而亲不在"的痛苦。当母亲活着的时候"我"处处让母亲操心，而当她去世以后"我"才发现那份爱对"我"来说是多么的重要。但一切都已经来不及了，留给作者的只有无边的悔恨。这篇文章可以让学生们体会到亲情的可贵，让他们学会珍视亲情。在学习《陈情表》时，通过李密为了侍奉祖母使其终老而一而再、

再而三地舍弃功名利禄，让学生懂得乌鸟反哺之情，学会孝顺父母。

再比如在学习《劝学》时，我们可以引导学生深入体会"积土成山风雨兴焉，积水成渊蛟龙生焉""骐骥一跃，不能十步。驽马十驾，功在不舍"等名句。让他们认识到积累和坚持的重要性，从而改一改眼高手低的坏习气，养成务实求真的好品格。在语文课本中这样的文章还有很多，我们在教学过程中应根据不同的文章，切合学生自身的情况，进行合理的德育教育，但切不可将语文教学变为纯粹的德育教育课。

（二）通过作文教学渗透德育教育

作文是高中语文教学中的重要板块，学生的写作水平也在一定程度上能够反映出学生的认知能力、品德情感、心理活动等。所以，高中语文教师一定要高度重视作文教学，透过文章了解学生的思想动态，对于思想有问题的学生需要及时找到学生本人进行思想道德教育。比如，针对当前很多高中学生相互攀比的不良现象，我以"同学之间可以攀比吗"为话题，让学生写一篇作文。学生们在写作的过程中，深刻地思考了这一问题，有的学生通过摆事实、讲道理，得出了"同学之间不可以互相攀比"的结论，还有的学生经过深入思考之后，认识到了"同学之间可以比学习，不要比吃穿"。在作文讲评课上，我不仅在写作技法上给予指导，而且坚持正面引导为主，对很多学生中表达出的积极健康的情感和意识给予肯定。诸如此类的作文教学不仅能够提高学生明辨是非的能力，而且对于引导学生追求真善美具有不可替代的意义。

在作文教学中引导学生明辨是非，提升思想道德修养。作文教学作为语文教学的重点内容之一，在对学生进行思想品德教育方面有着得天独厚的优势。高中阶段，正是学生分辨是非、真假、美丑、善恶能力的关键时期，因此，在高中作文教学中渗透德育思想，也是语文教师义不容辞的责任。在现行高中语文教材中，作文训练更贴近学生实际，这对在作文教学中进行德育渗透提供了更加广阔的天地。

比如我们在指导学生进行素材积累、运用时，可以有意识地对他们进行德育教育。在四川发生5·12大地震后，很多学生在写作文时会用到这则材料。这时我们可以指导学生对这则材料进行全面的搜集工作，然后大家一起坐下来挖掘，从这个事件中我们可以看到什么？通过分析学生们普遍认为：经历这样大的灾难，而我们震后救灾工作却做得那样好，这充分显示出了我国的抗灾能力，也显示出了我们一方有难八方支援的团结精神。这样既让学生产生一种民族自豪感，更加热爱自己的祖国，也让他们意识到团结的力量。所以如果我们把握好素材积累运用这个环节，不仅能使学生有一个丰富的素材，在写作时能够得心应手信手拈来，还可以使学生拥有一个巨大的德育教育库。为学生树立正确的人生观、价值观打下坚实的基础。

（三）通过课外实践活动渗透德育教育

增强德育教育的最终落脚点还要体现在具体的社会实践中，因此，我经常通过开展多样的课外实践活动来渗透德育教育，让健康高尚的道德意识内化为学生的自然情感，增强学生的道德素质。当然，作为老师，我们不能说一套做一套，加强德育教育教学，首先要不断提高我们教师自己的道德素质，不断完善自我，成为学生学习的榜样。比如，为了培养学生乐于助人的良好品质，我会要求自己和学生每个星期至少做一次好事，在班会课上做汇报，说出自己做好事的全部过程，以及当时和过后的情绪情感，久而久之，助人为乐就成为每一名学生的内在品质。

还可以通过语文第二课堂活动来实施德育渗透。中学生精力充沛，喜欢从事各方面的活动，容易在活动中接受感染和影响，这种感染和影响的深度和广度甚至超过课堂之外，往往在学生的心灵上留下深刻的印象，有的甚至终生难忘。语文第二课堂活动是整个语文教育体系中的一个有机组成部分，因此，在第二课堂活动中融入德育内容，深化素质教育，是语文这门学科进行德育渗透的重要且行之有效的延伸。在教学鲁迅小说《药》时，为了使学生深入领会上世纪初中国国民的不觉悟以及当时中国社会的黑暗现实，同时也感悟一下鲁迅先生那为国为民而不断思索的拳拳爱国之心，学习先生的爱国主义精神，我不失时机地布置了第二课堂活动：请同学们把《药》改编排练成话剧，为全县中学生艺术节准备节目。之后，我一直关注着同学们这一活动的发展动向，不时地指导他们如何把握华老栓愚昧麻木的内心世界、刽子手杀害革命者的凶残、革命者夏瑜没有充分发动民众的悲哀，要求他们要充分理解鲁迅先生对这种革命悲剧的痛心思考，告诉他们只有深刻把握这些内容，才能成功改编和排练。为了让学生更形象地理解人物和作品主旨，还运用多媒体教室下载了电影《药》让学生观看。这样，学生在语文第二课堂活动中潜移默化地接受了革命历史主义和爱国主义教育，他们的排练实践会更加巩固这种革命历史主义和爱国主义思想，使其终身受益。

当然，第二课堂活动要以学生活动为主要形式，教师只需准确把握时机，巧启发、妙诱导，在开发学生智力、掌握语文基本知识的同时，有机地渗透德育内容。

现阶段我国正在建设社会主义和谐社会，尤其需要公民的思想道德水平不断提高。青少年学生是祖国的未来和希望，而高中阶段又是他们步入社会的准备期，作为教育工作者，特别是语文教育工作者，更应发挥语言文字的功能，在高中语文课堂中，对高中生进行一些恰如其分的德育渗透，对于提高他们的道德水平和完善他们的人格，以便将来更好地参加社会主义和谐社会的建设，必将产生重要而深远的影响。

三、结束语

教书育人是每一名教育工作者不可推卸的神圣责任。作为高中语文教师，我们不仅要"教书"，更要突出"育人"的目的，这就要求我们要高度重视德育教育问题，明确高中语文教学中渗透德育教育对学生、对教师、对社会的积极意义，并从实际出发，多方面提出有效性对策，真正提高每一名高中学生的德育水平。

总而言之，语文教师在教学中实施德育教育的渗透，不仅提高了其教学质量和教学水平，而且还培养了学生思想道德品质。高中语文教学中渗透德育教育，是实施学生综合素质的重要表现。关于德育教育在语文课堂教学中的应用，就需要教育工作者不断地深入教材、深入生活以及结合学生的特点来制定针对性的教学计划，从而使学生在学习语文的过程中逐渐受到潜移默化的影响和熏陶。通过这种教学方式，有利于高中生树立正确的人生观、价值观。

参考文献：

［1］王英.高中语文新课标教学中的德育渗透［J］.内江师范学院学报，2002（20）.

［2］陈琴.从新课标透析高中课程改革走向［J］.教师之友，2001（2）.

［3］高秀杰.高中课程标准下语文双基的人文性探析［J］.现代语文，2009（19）.

高中语文教学中的"立德树人"

段春娥

摘要：立德树人是党的十八大对教育提出的一项根本任务。教师要教好书，更要培养具有社会主义觉悟、有理想、有修养的社会主义接班人。语文学科在德育方面有着得天独厚的优势，要在课堂教学与课外活动中，层层渗透立德树人的基本宗旨。在高中语文教学中立德树人，要营造语文课堂内外立德树人的良好环境，培养学生健全人格和道德情操，引导学生树立正确三观。

关键词：立德树人；语文教学；健全人格；正确三观

学校是教育的主要场所，学校教育以学生为本、以德育为先。立德树人是党的十八大对教育提出的一项根本任务。教师对学生的教育、知识的传授固然重要，对学生的道德培养具有更现实的意义。教师不但要教好书，更要育好人，培养具有社会主义觉悟、有理想、有修养的社会主义接班人。所以，学校应把文化教育与道德教育结合起来，把学生培养成为具有崇高道德修养的人。而语文学科在德育方面有着得天独厚的优势，这就要求语文学科教育在课堂教学与课外活动中，要层层渗透立德树人的基本宗旨。

《语文课程标准》指出："语文课程应重视提高学生的品德修养和审美情趣，使他们逐步形成良好的个性和健全的人格，促进德智体美的和谐发展。"《语文课程标准》还指出："语文课程是学生学习运用祖国语言文字的课程"，"知识运用"是语文教学的基本特征、基本原则、基本内容，"立德树人"才是语文教育的重中之重。守住了"德"，也就守住了语文教育的正道。学生在道德文化的"运用"环境中，吸收古今中外优秀文化，提高思想文化修养，净化学生心灵，促进其自身精神成长。这是工具性与人文性的高度统一，更是语文教育的生命本质体现。在高中语文教学中立德树人，营造语文课堂内外立德树人的良好环境，培养学生健全人格和道德情操，引导学生树立正确三观，落实立德树人的根本任务。

一、在语文教学中渗透德育，培养学生健全人格和道德情操，实现立德树人目标

1.在语文教学中依据不同文体渗透德育教育，培养学生健全人格，立德树人。《语文课程标准》要求语文课程重视提高学生的品德修养，形成良好的个性和健全的人格，促进德智体美和谐发展。语文教学中的人格教育，就是在培养学生的语文能力的同时，重视培养学生的情操和情趣，发展学生健康的个性心理，培养健全的人格。语文教材里的每一篇文章从形式到内容、从语言到思想都蕴含着人格教育的内涵。学生健全人格的塑造离不开情境的熏陶和场景的渲染，语文教育恰就包含了这样的特点。教师根据不同文体的文章内容，可创设不同的情境，以激发学生读好书、做好人的强烈上进心。也可采用情感激励的方法，充分发挥语文教师的榜样作用，用无私的爱心感化学生，用高尚的人格影响学生，以此来塑造学生健全人格。

2.在语文教学中与多学科融合渗透德育教育，培养学生高尚的道德情操，立德树人。高中阶段学生心理尚未成熟，对未来缺乏人生规划，缺乏志存高远、搏击万里的信念和意志。而高中语文教材正好给予学生引导，选文大都贯穿古今，千姿百态。拥有很多文化内涵的同时，更展现了中华上下五千年积极乐观、健康向上的情感态度和价值观。从注重培养学生高尚的道德情操角度讲，语文教学可与历史政治等学科知识融合起来，以感染熏陶学生。比如，学习陆游的《书愤》一诗，联系南宋历史知识，体会在朝廷主和派把持朝政的背景下，诗人陆游的爱国情感、壮志难酬、内心愤懑多么撼动人心！学习庄子《逍遥游》一课，联系政治辩证法思想，明白"万物皆有所待"的道理，也明白不同事物的个体差异。感受鲲鹏形象，它有从北冥至南冥天池的远大目标，有"水击三千里，抟扶摇直上九万里"的雄浑气魄。与大鹏鸟对照的是见识浅薄、平庸享乐的学鸠鸟。鲜明的个体对照，强烈的褒贬意识，对学生正确人生观的塑造起到良好的推动作用。

3.在平时的语文教学和习题练习中，依据《考试大纲》有意识地对学生渗透德育教育，最终实现立德树人目标。教师注重集体备课，精选具有前瞻性、引导性的题目，对学生进行指导。学生不但在学习上获得自信，而且在思想上得到洗礼，增强社会意识和责任感。关注时政热点，阅读新闻报刊，观看热点时评，特别关注家国情怀、民族信仰、底线意识以及以礼正匡等主题，让学生开阔视野，增长见识，既聆听来自外界的声音，又勇于展现自己的观点，通过思想的碰撞，不断修炼人生境界。

二、在语文教学中渗透德育，培养学生健全人格和道德情操，实现立德树人过程

1. 开展经典诵读、演讲、课本剧、歌咏比赛等活动引导学生树立正确三观，立德树人。学校在端午节、五四青年节、建党节以及国庆节等重大节日举行诵读比赛、演讲、歌咏比赛等多种活动，弘扬祖国优秀传统文化，促进学生的精神发育，让学生汲取传统文化中的精华，形成民族文化认同感，借此滋养精神，陶冶情操，培养正确的价值观。比如2019年10月1日建国七十周年，全校师生唱响校园，共庆祖国七十华诞，师生群情高昂，油然而生爱国热情。

2. 开展征文、读书周、经典名著阅读交流会等活动引导学生树立正确三观，立德树人。学校定期开展读书周、名著阅读交流会等活动，也在母亲节、父亲节、教师节等节日中举办征文比赛，弘扬中华民族优秀传统品德，培养学生感恩意识。2020年5月10日母亲节，年部举办了感恩父母的征文活动，2020年9月10日全校举办了"感恩教师"的征文活动。感恩父母、老师是传承中华传统美德的重要课题，对激发学生的感恩情怀，培养学生怎样做人都有极大作用。

三、文学经典阅读是实现立德树人教育目标的重要手段和途径

高中语文教材中选有很多文学经典，高中语文教师要深入挖掘高中文化经典作品中的优秀的传统文化、宝贵的民族精神、优良的美育功能等等，力求以文化经典作品为抓手，在高中生世界观、人生观、价值观等"三观"形成和定型的关键阶段发挥积极的作用，并借此落实"立德树人"的根本任务。

1. 感悟文学经典，净化心灵世界

古今中外的文学经典塑造了一批又一批个性鲜明的人物形象。一谈到文学审美，大部分教师就会联想到语文教材中的正面人物。《烛之武退秦师》中的主人公烛之武虽然长期没有得到重用，但仍然愿意受命于危难之际，义无反顾出使秦师，面对秦晋联盟机智善辩为郑国赢得生存空间。自古就有"读《出师表》不哭者不忠，读《陈情表》不哭者不孝"的说法。诸葛亮用"鞠躬尽瘁，死而后已"的行动诠释了何谓忠诚；李密宁愿放弃高官厚禄也要坚持侍奉祖母刘氏也诠释了中华文化中的孝道。除此之外，忧国忧民的杜甫、先天下之忧的范仲淹、铁骨铮铮的魏徵等人都用自身的言行启迪了一代又一代的华夏子孙。这些经典作品的正面人物能够荡涤学生的灵魂，净化学生的心灵。

当然，在经典作品中也不能忽略反面人物的存在。经典作品中的反面人物所代表

的是生活中的假、恶、丑——巴尔扎克笔下的守财奴葛朗台、鲁迅笔下人性丑陋的阿Q、契诃夫《变色龙》中的奥楚蔑洛夫。如果忽略了对教材中反面人物的解读，也就忽略了教导学生抵制假、恶、丑的方法。

作为语文教师，只有既挖掘正面人物的精神内涵，也发掘反面人物的教育意义才能实现学生的立体发展。尤其是要对反面人物进行深刻地剖析，唯有将他们内心深处的假、恶、丑彻底揭示在学生面前，才能让他们分辨美与丑，明辨是与非。

2.挖掘文学经典，坚定文化自信

"文化兴国运兴，文化强民族强。"我们国家的文学经典代表的是中华民族优秀的传统文化。作为语文教师，在教学过程中坚持这一核心理念，并以此为出发点，以文学经典为抓手，以学生认识为导向，积极引导学生通过日常阅读、朗诵比赛等载体充分认识和感受中华传统文化之美。借由中华民族优秀的传统文化打开学生的视野，了解中华文化的瑰宝，将中华优秀文化注入当代青年的血液以期实现文化的延续和传承。

例如，四大名著之一的《红楼梦》，其中蕴含的文化知识十分广泛：诗词文化、传统文化、建筑文化、医药文化、饮食文化等等。值得一提的是，其中也涉及贾宝玉和林黛玉的爱情。对于正处于青春期的学生而言，他们正处于爱情的懵懂期，很多教师对于爱情这一人类永恒的感情主题也始终采取"能不谈就不谈"的态度，殊不知"谈爱色变"实际上是讳疾忌医。相反，通过宝黛的故事将"真正的爱情是建立在拥有共同理想、共同情趣和共同追求的基础之上"这一理念传递给学生，不但有利于引导青春期的学生了解和认识爱情的真谛，同时也有利于增进学生对中华优秀传统文化的思考和传承。

文学经典中蕴含着无限宝贵的精神财富，作为语文教师既要认真解读其中的优秀思想，又要与时俱进结合时代发展挖掘文学经典中的"新内容"，因此文学经典是实现立德树人教育目标的重要手段和途径。唯有通过不懈地学习和挖掘，才能做好传统文化的传承者，才能引导学生通过文学经典树立正确的"三观"，才能真正将立德树人的教育目标落到实处。

总之，高中语文的教育任务是利用课堂内外多种形式渗透立德树人教育，培养学生正确的人生观、价值观和世界观，形成良好的道德品质，促进学生德智体美全面发展，为学生适应社会、高等教育和职业发展做好充分的准备，为学生的终身发展奠定坚实的基础。

参考文献：

[1] 安昊. 在高中语文教学中渗透立德树人的思想 [J]. 青海教育，2015（7）.

[2] 李品晶. 浅析在高中语文教学中渗透立德树人的思想 [J]. 课堂内外（高中教研），2021（8）.

[3] 王媛. 高中语文教学中立德树人教育策略研究 [J]. 文学教育（中旬版），2020（4）.

[4] 杨娟. 高中语文教学中渗透"立德树人"思想的微探 [J]. 中学生作文指导，2019（9）.

立德树人　以身立教

——谈立德树人指导下的语文课堂教学

王玉珠

摘要：语文教学要进行思想教育。思想教育要依据语文学科的特点，在语文训练中进行。要着重于思想感情的陶冶、道德品质的培养，使学生提高社会主义觉悟，初步具有辨别是非、善恶、美丑的能力。熏陶渐染，潜移默化，循环往复，逐步加深。从这里可以知道语文教学一定要渗透思想品德教育，方能达到"教书育人"的目的。

关键词：立德树人；语文课堂教学

党的十八大提出了教育的根本任务——立德树人。那么何为立德，何为树人？立德，就是坚持德育为先，通过正面教育来引导人、感化人、激励人；树人，就是坚持以人为本，通过合适的教育来塑造人、改变人、发展人。

党的十九大报告指出"要培养担当民族复兴大任的时代新人"这一重要论断，又深刻回答了培养什么人，如何培养的根本问题。而学校是青少年学生培养的重要阵地，在语文课堂中语文教师则可以直接有力地对学生进行德育教育，于是笔者就自己的教学经历谈一些在语文课堂中对学生进行的道德教育的几点建议。

一、语文课前三分钟，学生进行激情演讲

语文教师的课堂讲授固然重要，而学生的积极参与更是必不可少，学生参与语文课堂的一个重要表现就是进行课前演讲。笔者通常会在课后对学生进行一对一的任务布置，给出学生明确的话题，辅助学生准备相关的资料，并做好演讲的指导，每周三节语文课前开展三分钟演讲活动。演讲话题通常是与对学生的德育培养有关的内容，

比如："功勋科学家"的话题，引导学生既要学习他们的钻研业务的精神，又要学习他们的爱国奉献精神；"勤俭节约""热爱劳动"的话题，引导学生能继承、发扬我们中华民族的美德；"你的样子"的话题，引导学生要向疫情期间奋战在一线的医护人员学习，学习他们的高尚品德和强烈的社会责任担当的精神等等。

二、语文课堂三十分钟，品德教育与知识学习有机结合

语文教材是由一篇篇文质兼美的文章组成的，其中蕴含着丰富的德育内容。教师应深入教材，挖掘其中的爱国教育、品德教育、理想教育等内容，将教学内容与德育教育有机结合，使学生在获取知识的同时，受到启迪和感染。

比如，我在教学毛泽东的《沁园春·长沙》这篇课文时，会这样设置问题：思考词人为什么"怅"？联系时代背景，想一想"问苍茫大地，谁主沉浮"的含义是什么？表达了词人怎样的感情？而问题的答案就是诗歌的内容，也是对学生最好的德育教育。因为，在诗歌中词人面对生机勃勃的大自然和广阔的宇宙，面对着在自然和宇宙中竞自由的万物，他想到了作为这些自然万物的主宰者人类，想到了祖国的命运和革命的未来，于是思绪万千，百感交集而生"怅"。而接下来词人所说的到"中流击水"的弄潮儿就是主宰国家命运，掌握民族前途的"同学少年"，词人抒发了对国家命运的关切和以天下为己任的博大胸怀、豪情壮志。每每讲到此时，同学们也总是情绪激昂，满怀激情的，我也会结合现在的时代特点，引导学生积极践行社会主义核心价值观，做一个富有爱国情怀的人。

三、语文课后灵活布置任务，开展背诵、朗诵、演讲等各种形式的活动配合学校对学生的德育教育

课堂教育固然重要，课后任务的延伸能更好地强化课堂的教育引导，包括德育教育。我们语文老师要把语文教学做活，在教学中，结合课本学习，并拓展延伸到时政领域，引导学生每天看新闻，引导学生热爱领袖习近平，热爱党和人民，努力学习，回报祖国。我在语文课堂上进行德育教育的同时，要求学生在课后多写作，把心中的爱党爱国爱人民的情怀写出来，写成诗歌也好，写成日记也好。语文教学中渗透德育教育的方法很多，只要教师能切实深入教材，把教书与育人有机结合，就能真正将素质教育落到实处。

语文是落实立德树人根本任务的一门非常好的学科。在语文课堂教学中，教师要充分利用教材中的德育素材，找准德育切入点，坚持正面启发，引导学生联系自己的生活实际，在领悟课文内容的基础上，倾吐自己内心的感受，相互启发，在潜移默化

中受到课文思想感情的熏陶和感染。语文教师要成为真正地能够培养学生继承和发扬中华优秀文化传统和革命传统，在社会主义核心价值体系的引领下，树立中国特色社会主义共同理想，热爱祖国，树立社会主义荣辱观，具有良好思想道德风尚的人。

参考文献：

［1］张力.纵论立德树人——教育的根本任务［J］.人民教育，2013（1）.

［2］张文丽，李艳平."立德树人"理念下的高中语文写作教学策略［J］.试题与研究，2019（13）.

高中历史教学中家国情怀的培养

张冬平

摘要：高中历史学科，是国家统编三科教材之一。新编历史教材被称为"铸魂工程"！历史学科要为实现立德树人的根本目标服务，体现社会主义核心价值理念，弘扬中华优秀传统文化，培养历史学科核心素养，培养学生树立正确的人生观、世界观和价值观。家国情怀是中国优秀传统文化的基本内涵之一。家国情怀是中华民族最为深厚的历史情感，爱国精神是中华文明延绵至今的强大动力。弘扬爱国主义精神，必须尊重和传承中华民族历史和文化。对祖国悠久历史、深厚文化的理解和接受，是人们爱国主义情感培育和发展的重要条件。高中历史教学中，应立足课堂，培养学生的家国情怀。

关键词：高中历史；立德树人；家国情怀；教育教学

高中历史学科，是国家统编三科教材之一，可想而知历史学科的重要性。专家们更是把我们的新编历史教材称之为"铸魂工程"。编写中学历史教材和编写德育、语文教材一样，是国家事权，体现国家意志，事关国家对教育工作的领导，事关中国特色社会主义事业的兴旺发达，事关党和国家长治久安，对实现中华民族伟大复兴的中国梦具有深刻的历史意义和战略意义。历史学是在一定历史观指导下叙述和阐释人类历史进程及其规律的学科，探寻历史真相，总结历史经验，认识历史规律，顺应历史发展趋势，是历史学的重要社会功能。历史学科要为实现立德树人的根本目标服务，体现社会主义核心价值理念，弘扬中华优秀传统文化，培养历史学科核心素养，包括唯物史观、时空观念、史料实证、历史解释、家国情怀五项内容。引导学生树立正确的世界观、人生观、历史观，切实落实立德树人的根本任务。

家是国的基础，国是家的延伸。习近平总书记曾说："要有信仰、有情怀、有担当，树立高远的理想追求和深沉的家国情怀。"家国情怀是中国优秀传统文化的基本内涵之一。是作为个体的人在中国传统文化影响下，对价值共同体持有的一种高度认同，并促使认知共同体朝着积极、正面、良性的方向发展的一种思想和理念。是一个人对自己国家和人民所表现出来的深情大爱，是对国家富强、人民幸福所展现出来的理想追求，是对自己国家一种高度认同感和归属感、责任感和使命感。爱国，是人世间最深层、最持久的情感，是一个人立德之源、立功之本。孙中山先生说，做人最大的事情，"就是要知道怎么样爱国"。

家国情怀是中华民族最为深厚的历史情感，爱国精神是中华文明延绵至今的强大动力。周恩来总理从小就立下誓言："为中华之崛起而读书。"爱国诗人闻一多曾说："我爱中国固因他是我的祖国，而尤因他是有那种可敬爱的文化的国家。"在中华文明五千多年传承中，经典和模范总能激发起人们对民族共同体最深沉的情感。《孟子》有云："天下之本在国，国之本在家，家之本在身。"宋代儒者张载提倡"为天地立心，为生民立命，为往圣继绝学，为万世开太平"；顾炎武"天下兴亡，匹夫有责"的忧患意识；……这些都是家国情怀在不同时代的经典阐释。

弘扬爱国主义精神，必须尊重和传承中华民族历史和文化。对祖国悠久历史、深厚文化的理解和接受，是人们爱国主义情感培育和发展的重要条件。高中历史教学中，应立足课堂，培养学生的家国情怀。

一、深挖教材，培养学生的爱国主义情怀

1. 全面把握新教材的编写体例，加强爱国情怀的培养。新编高中历史教科书共有《中外历史纲要》上册、下册，选择性必修一、二、三，共 5 本书。每册书的体例结构大体相同，每课正文设置三四个子目，同时设置若干辅助栏目，如：导入图片和导入图片的讲解、学习聚焦、史料阅读、历史纵横、思考点、学思之窗、探究与拓展等等。教师灵活把握正文与辅助栏目的架构安排，引导学生对历史知识的理解，同时，加强爱国情怀的培养。如：充分利用"史料阅读""历史纵横"中相关历史知识的补充。《中外历史纲要》上册有关宗法制的"历史纵横"。学生阅读后，教师进一步引导中华民族历来重视家庭。正所谓"天下之本在家"。尊老爱幼、妻贤夫安，母慈子孝、兄友弟恭、耕读传家、勤俭持家，知书达礼、遵纪守法，家和万事兴等中华民族传统家庭美德，铭记在中国人的心灵中，融入中国人的血脉中，是支撑中华民族生生不息、薪火相传的重要精神力量，是家庭文明建设的宝贵精神财富。再如：选择性必修一"史料阅读"有关北宋的社会救助的内容，突出了范仲淹的义举。通过家族内部的救助，扩展到乡里周边；个人的捐助影响族人以及社会上更多的人。那句"先天下之忧而忧，

后天下之乐而乐"是他优秀品质的真实写照。

2. 立足新教材的特点和精神内涵，加强爱国情怀的培养。高中新编历史教材注重革命传统的教育，中国近代史是我们的昨天，中国现代史是我们的今天。《中外历史纲要》上册对中国近现代史讲得更详细一些是必要的，从鸦片战争开始的中国近代史是中国人民的屈辱史，也是中国人民的奋斗史、抗争史，是中国近代历史由沉沦走向谷底，再走向上升的历史。中国现代史是中国人民从站起来到富起来，再到强起来的历史，高中学生懂得、了解这些历史，结合对中国古代史的学习，就会理解中华民族复兴的基本含义，就会懂得中国共产党不忘初心的用意，就会理解近代中国人为什么选择了马克思主义，选择了共产党，选择了社会主义。新教材还突出了关于国家主权海洋权益等方面的爱国主义教育，对新中国成立后实施独立自主的外交政策作了阐述，引导学生认识国家主权的重要性，注重历史上民族关系的发展，加强民族团结意识，正确处理宗教问题，注意中外法治历史演变的表述。新教材的编排在内容上不仅突出了思想性、科学性、民族性、时代性和系统性，更是深入开展爱国主义、集体主义、社会主义教育。新教材注重体现和弘扬中华民族的优秀传统文化，使学生树立传承中华民族优秀传统文化的信念，引导学生理解和尊重世界各国、各民族的文化传统，培养学生具有世界意识。引导学生理解中国特色社会主义道路自信、理论自信、制度自信和文化自信，理解和尊重世界各国各民族的文化传统，树立正确的文化观。

二、教学过程中培养学生爱国主义情怀，践行立德树人

1. 引导学生读文识图，领悟文字画面里凝聚着的中华民族精神。中华民族精神是中华民族在漫长的社会历史发展过程中逐步形成的，它是中华各族人民社会生活的反映，是中华文化最本质、最集中的体现。中华儿女始终以国家民族大义为己任、敢为天下先、善为天下先、屹立潮头、自强不息。这种精神就像泰山、长城一般壮丽于世界东方。民族精神与时俱进，在我国革命、建设和改革的每一个重要历史关头，都会孕育出新的民族精神。爱国是中华民族精神的主要特征，是因为近代以来中华民族饱受外来民族的欺凌、压迫和剥削，爱国主义不断凝聚人心，顽强奋斗最终赢得民族解放。不同时期形成的精神，如：井冈山精神、长征精神、延安精神、大庆精神、雷锋精神、抗击疫情精神等。《中外历史纲要》上册，各朝疆域或形势图如秦、汉、唐、宋金元、明清，引导学生认识到：我国自古以来就是一个多民族共存、共同发展的国家。各民族交往交流交融，相互依存，互相影响，形成了中华民族多元一体的格局。疆域辽阔，国力强盛，各民族共同生活、生产，维护国家统一安定，共同创造了辉煌灿烂的文化。关于中国共产党一大召开的地点，两幅图片——《上海望志路106号》《浙江嘉兴南

湖红船》，引导学生认识到：中国共产党的成立是一个开天辟地的大事件，给灾难深重的中国人民带来了光明和希望，中国革命有了坚强的领导、正确的前进方向、光明的发展前景，中国革命面貌焕然一新。《红军长征路线示意图》及"问题探究"讨论：长征精神。伟大的长征精神，是中国共产党及其领导的人民军队革命风范的生动反映，是中华民族自强不息的民族品格的集中展示，是以爱国主义为核心的民族精神的最高体现。《中外历史纲要》下册，《汉朝与罗马帝国交往的主要路线示意图》和"探究与拓展"，从世界历史发展的角度，展现了我国2000多年前的国力强盛和世界地位，民族自豪感油然而生。古代越南、日本、朝鲜等国在发展中模仿中国的政治制度、经济制度及学习儒家文化，这都展示了中国先进文化强大的吸引力，是东亚文化圈的中心。

2. 组织学生小组讨论，感悟典型人物的优秀爱国品质。中国历史上涌现出众多富有家国情怀的仁人志士，他们的身上闪烁着时代光辉的民族精神。为振兴中华上下求索、矢志不渝，高扬鲜明的爱国精神。"先天下之忧而忧""苟利国家生死以""天下兴亡，匹夫有责"，都是爱国情怀的体现。社会主义革命与建设时期的王进喜、焦裕禄、雷锋、钱学森等，是全心全意为人民服务的光辉典范。他们身上的敬业守信、敢于创新、艰苦朴素、乐于奉献，形成了具有特定内涵的时代精神。新时代的青年学生，要大力弘扬爱国精神，立志报国，筑牢理想信念。习近平总书记勉励青年人说：人生的扣子从一开始就要扣好。扣好人生第一粒扣子，就是端正志向，树立正确的世界观人生观价值观。

3. 播放多媒体影像，历史情景中升华爱国情怀。《我的1919》《建国大业》《建党伟业》《十八勇士》《我和我的祖国》弘扬爱国精神，树立远大理想信念。理想信念是人生的定盘星，也是奋斗的原动力。爱国，不能停留在口号上，而要把自己的理想前途同祖国的前途、把自己的人生同民族的命运紧密联系起来。面对新的时代，青年更要发奋读书，要有更加强烈的家国情怀和更加忠诚的政治品格。

4. 习题讲解中，渗透爱国主义情怀。利用新教材课后的"探究与拓展"，如："四海之内皆兄弟"、土尔扈特部回归、郑成功收复台湾、习近平讲话等，巩固历史知识的同时，引导学生胸怀祖国，面向世界，筑牢民族共同体意识、人类命运共同体意识。"北斗卫星导航系统"，中国自行研制的北斗卫星导航系统是一种全球卫星导航系统，反映了中国在当代尖端科技领域取得的巨大成就，与现代科技进步相吻合，有利于提升学生的民族自尊心、自信心和自豪感。弘扬爱国精神，付诸实践，以个人梦助推中国梦，为实现中华民族伟大复兴贡献自身力量。

5. 组织历史活动课，深化爱国主义情怀。《中外历史纲要》下册活动课以"放眼世界，推动构建人类命运共同体"为主题，通过学生各小组讨论，加深对当今世界形势的了解，认识到世界各国相互联系依存，和平与发展是主流，但同时，世界局势的不稳定性、不确定性凸显，人类面临许多共同的挑战。"推动构建人类命运共同体"这一重要思想，是新时代坚持和发展中国特色社会主义的一条基本方略，回答的是"中国追求建设什么样的世界"这一重大问题。这既是对新时代中国外交作出的顶层设计，又是中国为应对全球共同挑战和建设美好世界而提出的中国方案。"化干戈为玉帛"、礼仪之邦、积极参与联合国的维和行动。作为中国特色社会主义新时代的高中生，要有正确、宽广的世界视野，要对人类的发展愿景充满信心，就需要对推动构建人类命运共同体有全面、深入的理解，将我们现在的学习与国家的发展和世界的发展联系起来，立志为中华民族的伟大复兴和人类进步事业奉献智慧和力量。

6. 党史融入课堂，激发爱国主义精神。2021 年是中国共产党成立 100 周年华诞。带领学生重温历史，一大的召开、国民大革命、南昌起义、井冈山的斗争、长征、遵义会议、开国大典、抗美援朝等；赓续革命精神，红船精神、井冈山精神、长征精神、抗美援朝精神等，感悟党的艰辛奋斗历程，波澜壮阔，初心弥坚。中国共产党的历史是一部丰富生动的教科书。用党的伟大成就激励学生，用党的优良传统教育学生，用党的成功经验启迪学生。中国共产党人带领中国人民披荆斩棘、浴血奋战 28 年，终于迎来新中国。中国人民从此站起来了，成为国家的主人。历史选择了中国共产党，中国人民选择了中国共产党，中国共产党肩负起了实现中华民族伟大复兴的重任。历史充分证明：没有中国共产党，就没有新中国。只有共产党才能救中国！100 年来，我们党领导人民取得了举世瞩目的辉煌成就，书写了波澜壮阔的历史画卷，征途漫漫，惟有奋斗！14 亿中国人民将永远跟党走，赓续革命精神，在习近平中国特色社会主义伟大旗帜指引下，满怀信心走向中华民族伟大复兴，实现中国梦。

习总书记说：历史就是历史，是一个民族安身立命的基础，无论发生过什么波折和曲折，不论出现过什么苦难和困难，中华民族五千多年的文明史，都是人民书写的历史。我们伟大的民族是一个不屈不挠、历经磨难而自强不息的民族。今天，爱祖国、报效祖国，把祖国建设得繁荣富强，实现中华民族的伟大复兴，是每个中国人的崇高理想。中华民族的历史就是一部爱国主义的历史、一部民族自强不息的历史，伟大的中华民族精神永远伴随着我们远行。历史总是向前发展的，我们总结和吸取历史教训，以史为鉴，更好前进。我们已经迎来中国共产党 100 周年华诞，让我们携手并进，砥砺前行，为中华民族伟大复兴而奋斗！

参考文献：

［1］张海鹏，徐蓝．中外历史纲要（上下册）［M］.北京：人民教育出版社，

2019.

　　[2]刘平.高中历史运用史料立德树人的教育思考[J].历史教学研究,2019(12).

　　[3]戴瑞文.高中历史运用史料立德树人[J].历史教学研究,2020(8).

高中历史教学中如何实现立德树人

洪 梅

摘要：根据国家教育部安排和部署，从 2019 年秋季学期起，全国各省（区、市）高中将分步实施新课程、使用新教材，到 2022 年秋季开学，全国全部启动实施新课程、新教材。新的高中历史课程标准关于学科核心素养目标的提出，体现了党和国家对基础教育育人目标的新要求和新高度，是高中历史教育落实党的立德树人根本任务的具体体现。它将有效地实现从学科本位、知识本位到育人本位、学生核心素养发展为本的根本转型。随着社会的不断进步发展，对文明越来越重视。教育是以人为本的，通过教育培养人们的文明道德。对高中生的历史教学，不仅是让学生认识过往的历史，了解波澜壮阔的历史长卷，最为重要的一点是汲取历史的知识立德树人。

关键词：高中历史；立德树人；史料；教育思考

自党的十八大以来，"立德树人"逐渐成为教改的根本任务，在新课程标准中得到了全面的落实。新的高中历史课程标准关于学科核心素养目标的提出，体现了党和国家对基础教育育人目标的新要求和新高度，是高中历史教育落实党的立德树人根本任务的具体体现。它将有效地实现从学科本位、知识本位到育人本位、学生核心素养发展为本的根本转型。

历史学科对于实现"立德树人"的目标具有得天独厚的优势。在高中的历史教学中，教师也逐渐地将学生历史素质的培养重视起来，依据历史教学的特点，对学生进行德育教育，促进学生个人品性的发展。本文从以下方面分析高中历史教学中如何实现立德树人。

一、挖掘教材，在课堂教学中渗透立德树人教育

（一）以近代中国革命史的学习，教育学生如何在逆境中学会生存

21世纪极具震撼力的教育口号是"学会生存"，作为教师，教学生"学会生存"是理所当然应尽的义务。新课程标准明确提出历史教学要"以学生的发展为本"。发展是什么？是生存！中国共产党领导人民取得革命胜利的过程，可谓是"好事多磨"。自从1921年中国共产党的成立，中国革命的面貌就焕然一新，但在国民大革命时期，由于国民党右派叛变革命，革命遭受重大损失，面对反动派的血雨腥风，革命队伍中有人提出，红旗到底能打多久？以毛泽东为首的优秀共产党人并没有被反动派的屠杀所吓倒，抱着对革命必胜的信念，克服各种艰难险阻，开创了一条由农村包围城市、武装夺取政权的正确道路，领导革命取得了最后的胜利。面对不利的形势，共产党人能够做到不气馁，除了要有坚定的信念之外，还要有冷静的头脑。我们许多学生在学习上遇到困难，或在生活中遇到困难的时候，头脑不够冷静，不是丧失了信心就是主动放弃了努力。历史教学就可以通过学习中国共产党人在革命困难的时候，面对逆境，百折不挠的精神来教育学生如何应对不利的环境，如何在逆境中学会生存。

（二）通过一些历史史实的学习，培养学生的社会责任感和使命感

在历史教学过程中，教师应加强历史教学与社会现实相联系，以过程和方法为载体，以创新为导向，培养学生独立思考能力。历史教学应担负起时代教学的任务，培养学生对国家、民族的责任感、使命感。例如，在分析鸦片战争爆发的原因时，讲到英国经过工业革命之后成为最强大的资本主义国家，需要向外扩大商品市场和寻找原料产地，我就提问：他们为什么要选择中国为目标呢？原因就是中国落后。当时的中国，不管是政治制度、经济实力，还是科学技术和军事方面，都远远落后于西方列强，由此学生明白了一个道理："落后就要挨打。"再如，1914—1918年的第一次世界大战是人类历史上一次空前的浩劫，留下的是满目疮痍和无尽的痛苦。无数经受战争折磨的人们无时无刻不在祈祷战争尽快结束，企盼和平早日来临。第一次世界大战留给我们的思考没有结束，由此我启发学生思考：那怎样才能摆脱这种状况呢？只有国家强盛了，综合国力增强了，才不被外国欺负。中国近代史上一次又一次的侵华战争，一个又一个不平等条约的签订，让旧中国一步步地走向了半殖民地半封建社会的历史史实，这些都是培养学生具有社会责任感和使命感的最好教材。通过分析历史上一些重大战争史实给人类带来的灾难，造成国破家亡，妻离子散，由此启发学生思考：要"不忘战争伤痛，好好珍惜生命"，让学生明白国家和个人的关系，所谓国家必须是先有国才有家，有家才有我们自己，所以我们中学生没有理由不好好珍惜自己，珍爱生命。

生命只有一次，生命是短暂的，生命是宝贵的，生命不仅仅属于自己，个人的生命和国家民族的命运紧紧联系在一起。这样的学习过程就进一步强化了学生的责任感和使命感意识，锻炼了他们生存的能力，从而使学生将来能够更好地适应社会，适应未来。

二、运用史料实现高中历史立德树人

史料实证、历史解释、唯物史观、时空观念和家国情怀这五部分构成了学生的历史核心素质，其中史料实证是教师进行历史教学研究的基础，也是学生历史核心素养培养的重要内容，在高中历史的考试中占有重要的比例，对于学生学好历史具有重要的意义。在新课标的要求下，教师对历史的教学不再只是进行知识教学，更要认清史料实证对于认识、解释历史的作用，重视对史料的搜集整理和辨析，引导学生通过对史料的考证形成正确的史观，更好地实现历史立德树人的作用。

（一）借助史料辩证肯定历史情形

历史并不是完美的，其中存在着很多的瑕疵，在平时的历史学习中，学生对于历史事件的认识，主要是依据个人认知对事件进行评价，学生的情感主观性较强。如果学生在对历史事件进行评价时，对事件中的事物不满意就进行批判否定，是不能实现历史立德树人的作用的。因此，教师就需要借助史料实证引导学生客观地看待历史情形，从不同角度对其进行全面的评价，帮助学生形成正确的史观。

例如，在教学《秦汉统一多民族封建国家的建立和巩固》这节课的历史知识时，在为学生讲解秦始皇开创秦国的知识时，我先讲了《孟姜女哭长城》这个民间传说作为导入，然后让学生阅读教材，对秦始皇做一个简单的评价。但是，教师在为学生讲解知识时先以孟姜女的故事代入为主，恰恰这个故事的关注点不在于修长城的作用，而是突出了秦始皇的暴政，导致学生对秦始皇作评价时，多以批判为主，不能客观地对其进行评价。

因此，高中的历史教师在教学时，一定要使用真实的史料对学生进行教学，引导学生辩证地肯定历史情形，避免一些不实的信息影响到学生对历史人物、事件的正确评价。

（二）运用史料创设德育教学情境

作为历史教师，除了为学生讲授知识外，还要承担起对学生进行德育的责任，在历史教学内容和史料中挖掘有价值的德育内容，引导学生在对历史知识的学习和思考中逐渐地建构思想道德体系。

因此，高中的历史教师就要依据学生的学习水平，结合学生的情感需求，创设出符合教学内容的德育教学情境，使学生在情境的体验中获得精神上的熏陶。

例如，在近代史的教学中，教师在教学《两次鸦片战争》这节课的历史知识时，教师可以借助鸦片战争的屈辱史实来增强学生的爱国意识。教师为学生讲解知识前先播放鸦片战争的历史影像，通过对视频资料的观看和思考，唤起学生的情感共鸣，然后教师在此基础上为学生讲解鸦片给当时人们带来的危害和影响，教育学生远离毒品，增强自我约束力。

（三）运用史料立德树人需要思考学生诉求

运用史料立德树人，在进行历史教学的时候要关注学生的精神诉求，为了能对历史史料融会贯通，教师应该在历史史料自身上进行深层次的研究探索，从而使学生得到启发。教师要关注学生存在的认识误区，尤其是当代科技发展迅猛，移动通信发达。这其中有不少的青少年受外来思想影响，性格偏执，思想激进。在他们眼中，这就是前卫、先进。对西方的社会环境向往，对我国的社会民主产生质疑。因此，在历史教学中，教师要学会运用史料引发学生的思考，使学生能够有正确的价值判断，可以把我国社会主义的先进制度与西方国家的政治制度作比较，使学生了解到我国的社会精神文明物质文明建设，实行多党合作，政治协商制度的优越性，使学生可以真切地感受到社会主义制度的优势。对于学生学习历史产生的误区，教师需要加以引导，使学生有正确的全球史观、文明史观。

总之，教书育人是自古以来秉持的教育理念，随着教育的改革和发展，人们也越来越重视学生核心素质的养成。因此，在高中的历史教学中，教师就要重视学生的立德树人教育，挖掘教材、改进教法，合理地运用史料实证，引导学生正确地分析历史、理解历史、感悟历史，在历史知识的熏陶中形成正确的史观和道德观，增强学生明辨是非的能力，进而实现历史立德树人的价值，促进学生得到更好的发展。

参考文献：

［1］尹海胜．"立德树人"：历史教学中的"真善美"［J］.中学历史教学研究，2014（Z1）.

［2］刘昌平，刘心力.利用历史学科优势助推"立德树人"教育［J］.新课程（中），2014（1）.

［3］吴波．立德树人：历史学科德育渗透的几点思考［J］.中学历史教学参考，2016（5）.

浅谈历史教学如何立德树人

王冬梅

摘要：未来社会需要的人才，不仅要有健康的体魄、扎实的科学文化知识，而且要有高尚品德和健全的人格。历史学科是对学生进行思想品德教育和人格教育的良好载体。我在历史教学中从以下三方面注重渗透学生的品德和人格教育，即在课堂教学中渗透立德树人教育，在学习方式上渗透立德树人教育，在课外活动中渗透立德树人教育。我相信，教师在历史教学过程中，潜心研究，充分利用大量的德育教育素材，采取恰当的教学方法，开展多种教育教学活动，对学生施加人格影响，是可以提高对学生的思想品德教育效果的，从而有效地帮助学生构建起优良人格。

关键词：历史教学；立德树人；课堂教学；学习方式；课外活动

爱因斯坦说过："优秀的品德和钢铁般的意志比智慧和博学更重要，智力上的成就在很大程度上依赖于人格的伟大。"未来社会需要的人才，不仅要有健康的体魄、扎实的科学文化知识，而且要有高尚品德和健全的人格。历史学科是对学生进行思想品德教育和人格教育的良好载体。我在历史教学中从以下三方面注重渗透学生的品德和人格教育。

一、在课堂教学中渗透立德树人教育

在教学过程中要充分利用历史教材中所蕴含的人格教育素材来感染学生，不断对学生进行思想品德与人格熏陶和激励，用历史净化学生的灵魂，陶冶学生的情操，树立明确的是非标准，正确的人生观、价值观和世界观，使学生受到潜移默化的影响，达到"润物细无声"的目的，推动学生建塑和完善品格。例如，在讲述西安事变内容时，指出西安事变的主角——身为国民党高级将领的张学良和杨虎城，置个人安危于不顾，以民族大业为重，毅然发动西安事变，顺应抗日形势的发展，使西安事变成为中国历史发展方向转换的枢纽，体现了他们强烈的民族情感和无畏精神，从而对学生进行正确的爱憎观、道德观、英雄观的教育。再如介绍司马迁被处酷刑，却忍辱负重，以极大的毅力写成《史记》。鉴真为弘扬佛法，五次东渡日本均没有成功。这些事述，有助于学生高尚品德和顽强意志的培养。介绍居里夫人，让学生了解这位伟大的女科学家是怎样以自己的勤奋，在物理学和化学领域做出了杰出的贡献，从而学习居里夫人那种为追求科学真理而勇于献身的求知态度。在教学中，还可以通过引导学生加强历史事件的纵横向联系和比较，准确理解和把握历史材料和人物言论的深层含义，拓宽思维的广度，加深思维的深度。

二、在学习方式上渗透立德树人教育

历史学习方式应变接受性学习为自主的学习方式，学生自己发现问题、解决问题。使他们在自我发现、自我创造中感受到成功的喜悦，树立起解决问题的信心，这样就培养了学生的自信勇敢、勇于挑战和辨识真善美的品格特征。如笔者在"春秋五霸与战国七雄"的教学中，让学生以自主性学习方式，思考"齐桓公为什么得以首先称霸"的几个理由，让学生课前自学，收集资料，对信息进行整理、分析和判断，完成对思考问题的初步分析，提出自己解决不了的疑难问题。在自主性思考、小组交流的基础上，每个学生都能充分展示并交流自己的研究结果，畅谈自己对问题的认识，深入解析问题的理由。这样，学生在自主学习中增添了独立解决问题的勇气和信心。

在历史教学中，教师要根据学生的认知结构、年龄层次、心理特点，改进教学方法。加强对学生的品德和人格建塑。教师必须引导学生积极、主动参与课堂教学，充分发挥学生学习的主动性和主体作用。强烈的独立生活、学习和工作意识是当今中学生普遍存在的心理倾向。在历史教学中，教师要注意引导学生阅读教材及有关的历史资料。逐步培养他们独立捕捉观点和信息、提出问题、思考问题并解决问题的能力。此外，教师还应适当让学生对历史事件和人物进行评价，对有关人物活动、历史题材的艺术作品进行专题评述。学生自己设计图表、整理知识、构筑知识框架，有利于促进他们形成努力探究科学知识的高尚品德和独立人格。

三、在课外活动中渗透立德树人教育

历史课外活动的形式是多种多样的，如写历史小论文、参观展览、阅读课外书籍等等。比如，在学习中国古代的四大发明后，有些学生对"为什么中国虽是发明火药并率先使用火器的国家，到了近代，火器的发展却落后于西方国家"的问题产生了兴趣。笔者提议不妨把它作为一个课外兴趣题进行思考。有些学生通过查阅军事书籍、上网查找资料，最终得出了结论，同时，也意识到了自己肩上担负着进一步增强我国国防科技实力的历史使命。历史教学通过课外活动还可以营造竞争气氛，培养学生勇为人先的优良品格。竞争意识是克服人格缺陷的一剂良药，是推动个体战胜自我、超越他人的精神动力。

总之，在历史教学过程中，只要教师潜心研究，充分利用大量的德育教育素材，采取恰当的教学方法，开展多种教育教学活动，对学生施加人格影响，是可以提高思想品德教育效果的，从而有效地帮助学生构建起优良人格。

参考文献：

［1］孙阳.试析高职院校生命教育与德育的融合［J］.天津中德应用技术大学学报，2021（1）.

［2］李建华.论大数据时代高校德育之立德树人［J］.学校党建与思想教育，2021（3）.

［3］廖廷文."新课改下高中历史教学中传统文化德育渗透的路径分析"［J］.文化产业，2021（2）.

倡导尊师重教　践行立德树人

鲁国红

摘要：中华民族历来有尊师重教的优良传统，孔子提出"有教无类""诲人不倦"的教育理念，千百年来受到教育者的推崇，孔子被奉为"万世师表"。马克思主义是新时代中国特色社会主义建设的最大理论底气。作为历史教师，要帮助学生树立远大理想，把自己的小我融入祖国的大我、人民的大我之中，更好实现人生价值、升华人生境界。帮助学生树立时代意识、担负时代使命，在担当中历练，在尽责中成长，

关键词：尊师重教；立德树人

一个人遇到好老师是人生的幸运，一个学校拥有好老师是学校的光荣，一个民族源源不断涌现出一批又一批好老师则是民族的希望。党的十八大以来，习近平总书记站在党和国家事业发展薪火相传、后继有人的战略高度，为新时代教师队伍建设指明前进方向，对教师工作提出明确要求。

教育可以教导人们对国家和社会应尽的责任和义务，学生是国家的希望，而要让希望茁壮成长，教师是关键。一个好老师可以在教导学生知识时，用自己的言行做出榜样，以高尚的情操铸就学生的灵魂，从而帮助学生树立正确的价值观。就像《荀子·大略》中所说："国将兴，必贵师而重傅；贵师而重傅，则法度存。"国家想要振兴，必须尊重老师，因此努力提高教师整体素质和教育教学水平，加强师资队伍和师德师风建设至关重要。

尊师重教，是中华民族的优良传统，也是教育事业最美的旋律。无论是乡村教师，还是都市名师，无论是幼儿教师还是大学博导，都是中华民族"梦之队"的筑梦者。教师是塑造灵魂的工程师，是人类文明的传承者。实现"两个一百年"奋斗目标、实现中华民族伟大复兴中国梦，归根到底靠人才、靠教育。

马克思主义是新时代中国特色社会主义建设的最大理论底气。作为历史教师，要帮助学生树立远大理想，把自己的小我融入祖国的大我、人民的大我之中，更好实现人生价值、升华人生境界。帮助学生树立时代意识、担负时代使命，在担当中历练，在尽责中成长，让青春在新时代改革开放的广阔天地中绽放，让人生在实现中国梦的奋进追逐中展现出勇敢奔跑的英姿，努力成为德智体美劳全面发展的社会主义建设者和接班人。帮助学生练就过硬本领，增强学习紧迫感，努力学习马克思主义立场观点方法，掌握科学文化知识和专业技能。帮助学生锤炼品德修为，自觉树立和践行社会主义核心价值观，善于从中华民族传统美德中汲取道德滋养，从英雄人物和时代楷模的身上感受道德风范，从自身内省中提升道德修为，追求更有高度、更有境界、更有品位的人生。

作为一名人民教师，必须努力提高自身的道德素养、提高自身的文化素养、提高自己的研究和创新能力、提高自己的思想政治素养，真正为学生引路。教育的根本任务是立德树人，广大教师要不断提高自己的职业道德、社会公德、个人品德以及法治意识，以德立身、以德立学、以德施教。文化素养是教师实现教书育人的本体保障，教师要不断提升自己的人文素养、科学素养、信息素养和专业素养，不断丰富本学科知识和跨学科知识，为学生学习知识提供正确的指引和有效的帮助。当前教育形态、教学内容、教学方法都面临新的变革，需要教师持续深入地开展教学研究和学术探究，能够在教育教学过程中不断发现问题，深入分析问题，综合解决问题。教师只有强化政治意识，坚定政治信仰，才能在教育教学过程中精神有寄托，言语有航标，行动有指南，教育有自信，把培育和践行社会主义核心价值观贯穿于教育教学的全过程，培养好社会主义的建设者和接班人。

坚持把立德树人作为根本任务，着力培养新时代社会主义事业的建设者和接班人，培养担当民族复兴大任的时代新人。为此，在教育实践中工作，使学生提高政治素养，坚定民族信仰。在立德树人的工作中全面贯彻党的新时代的教育方针，在德智体美劳各个方面，对学生进行全面的培养和塑造。

以德为本教育学生

王玉琴

摘要：通过中华传统文化学习，培养学生历史知识的兴趣；使学生从点滴做起注重道德修养；培养高尚的道德情操；利用历史知识对学生进行爱国主义教育；落实立德树人根本任务。

关键词：历史知识；普世价值；培养师德；渗透德育教育

时间过得好快，踏上讲台身为人师已经有三十多年了，一路走来，有泪水，也有欢笑；有迷茫，也有收获。教师是"人类灵魂的工程师"，肩负着为祖国的建设与发展培养人才的历史使命。师德师风的建设对于一个学校是十分重要的组成部分，只有师德师风良好的环境学生才能健康茁壮成长；老师才能取得更好的教学成果。

我知道，当一个好教师，应有强烈的事业心和责任感。这样才能热爱自己的教育对象——学生。在学生身上，我们要倾注全部的爱，去发现他们学习上的每一点滴的进步，去寻找他们生活中、品德上每一个闪光点，然后应用激励机制，加以充分的肯定和激励，学生会感到温暖，增强自信心，从而缩小师生心灵上的距离，使他们产生"向师性"。这样，才会在他们成长与发展的道路上有一个质的飞跃，有了事业心和责任感，才能乐教勤教，才能善待学生。否则就会对学生敷衍塞责。关爱每一个学生是师德建设的核心内容，我们要平等地对待每一个学生，让每个学生都能享受良好的教育。

一、爱岗敬业、献身教育是师德的基本要求

教师不仅是在奉献、在燃烧，同样是在汲取、在更新、在升华。教师要付出艰辛的劳动，但是苦中有乐，乐在其中。教师最大的乐趣是照亮别人，充实自己。正是这

种成就感、幸福感，激励着千千万万的教师不辞辛劳地为教育事业献身。

二、以身作则，为人师表是师德的人格力量

在教育中，一切师德要求都基于教师的人格，因为师德的魅力主要从人格特征中显示出来，教师是教人怎样做人的人，首先自己要知道怎样做人。从思想到行为，要求学生做到的老师首先做到，高标准严要求自己，做到仁义礼智信，恭宽信敏惠。教师以身作则，才能起到人格感召的作用，总之，为人师表是教师的美德。

三、终身学习，不断进取是师德的升华

如果不常常处于学习状态，我们的知识结构会跟不上社会的要求，因为在当今社会下，科学和技术的发展速度如此之快，因此知识和技术更新的速度也越来越快。所以，时代要求教师必须转变学习观念，确立"边学边干，边干边学，终身学习"的观念，紧跟当代知识技术的发展步伐。

四、培养师德，应加强自己的修养

按照教师的思想品行，道德规范和职业操行的有关要求，规范、自律自己的言行、为人处世的方式。教师应自觉地加强自己的修养，做一个合格的教师。首先，要培养良好的职业精神。要热爱教师这个职业，把它作为向国家和社会的奉献，实现自己人生价值的平台。其次要加强自律，这是培养良好师德的最好办法。同时，要有一颗进取的心，时代在进步，科技在发展，知识在更新，昨天可能是一位好老师，今天可能是一位普通教师，明天可能被教师队伍淘汰。好教师的标准应该是动态的，是不断提高的。教师要有一颗进取心，不断学习，放眼世界，弥补不足，提高素养。教师应走近学生，了解学生们的思想、情感、个性需要，切实地关心和爱护学生，使学生健康成长。

总之，作为一名教育工作者，不断学习，时时处处为之，高标准，严格要求自己，堂堂正正做人，坦坦荡荡做事。真诚、善良、宽容、忍耐，时刻记住中华民族的传统美德。通过我的勤奋努力唤醒学生们的纯真和善念，传承中华民族自强不息、保持气节、勤劳勇敢和文明善良的民族精神。勤奋工作，积极进取，进一步加强师德师风建设，不断提高自己的业务能力和水平，以饱满的热情和和蔼的工作态度对待每一个学生，时刻关注学生的健康成长和安全问题。

参考文献：

［1］张振海.普通高中教师教学用书［M］.北京：人民教育出版社，2019.

高中地理学科立德树人途径的探究

司丹丹

摘要：本文从高中地理教学出发，以培养学生的地理核心素养为基本目标，多途径、多角度探究如何在学科教学中落实"立德树人"这一根本任务。

关键词：地理；立德树人；教学

《高中地理课程标准》中指出，高中地理课程的基本理念是培养现代公民必备地理的核心素养，构建以地理核心素养为主导的地理课程，创新培育地理核心素养的学习方式，建立基于地理核心素养发展的学习评价体系，总目标是通过地理核心素养的培养，从地理教育的角度落实"立德树人"根本任务。因此在高中地理教学中如何落实这一根本任务，如何达成这一目标至关重要。

一、地理核心素养与立德树人

地理核心素养包括人地协调观、综合思维、区域认知和综合思维。人地协调观是地理学和地理教育的核心观念，学生建立人地协调观，就能够正确认识地理环境对人类活动的影响，能够结合现实中出现的人地矛盾的实例，分析原因，提出改进建议。综合思维是地理学基本的思维方法，学生运用综合思维方法，就能够从多个维度对地理事物和现象进行分析，认识各要素之间相互作用、相互影响、相互制约的关系，从而较全面地观察、分析和认识不同地方或区域的地理环境特点，并且能够辩证地看待现实生活中的地理问题。区域认知是地理学基本的认知方法，学生掌握区域认知方法，就能够形成从区域的视角认识地理现象的意识与习惯，运用区域综合分析、区域比较等方式，来认识区域特征和区域人地关系问题，形成因地制宜进行区域开发的观念。

地理实践力是指人们在地理户外考察、社会调查、模拟实验等地理实践活动中所具备的行动能力和品质。学生具备地理实践力，就能够运用适当的地理工具完成既定的实践活动，对地理探究活动充满兴趣与激情，并会用地理眼光认识和欣赏地理环境。地理核心素养的落实不能一蹴而就，需要在长期教学和实践中逐步渗透逐渐培养形成，"学习对生活有用的地理"也是新课程改革中最核心的理念，因此作为一线地理教师，应树立立德树人思想，结合学科自身特点，在教学中积极探索立德树人教育的途径和方法。

二、课堂教学的多种途径探究

1. 充分利用新教材中的"情景导入"，多方面渗透立德树人思想。高中地理新教材与时俱进，每一节的"情景导入"都与现实生活紧密相连，如果在课堂导入环节能充分利用，既能引起学生对新课学习的极大兴趣，也能将德育教育渗透其中，一举两得。如在选择性必修二第二章《资源、环境与区域发展》第二节《生态脆弱区的综合治理》的教学中，"情景设计"以我国内蒙古东部浑善达克沙地的今昔对比导入新课，我补充了我国西北地区土地荒漠化的图片资料，引导学生思考浑善达克沙地为什么草场退化严重，现在的沙地如何变成了生态绿洲，我国西北地区土地荒漠化的原因有哪些，等等。学生在系统新课学习之前并不能准确作答，但这些问题和情景引起了学生极大的共鸣，联系自己生活中的行为习惯，对生态环境保护问题充分关注。再引导学生放眼全球性环境问题，荒漠化的全球化蔓延，气候变暖已成为全球危机，从可持续发展的角度让同学们认识到生态环境问题关乎每个人的切身利益，从教材中的具体区域出发，以小见大，学生通过回答每一个问题都会认真思考，放眼国家，在追求本国利益时兼顾他国合理关切，在谋求本国发展中促进各国共同发展。人类只有一个地球，各国共处一个世界，要倡导"人类命运共同体"意识。可是这样的概念如果直接讲授，学生很难理解，也很难感同身受，只有在具体的情境中，将学生逐步引导其中，学生才能切实有体会有感悟，有感而发才能达到教学效果，才能使学生逐步树立人地协调的可持续发展观。

2. 利用新教材的案例和活动，在日常教学中践行地理核心素养的落实。以选择性必修二为例，对第三章《城市、产业与区域发展》第二节《地区产业结构变化》的活动"分析贵阳市产业结构的变化"的处理中，我不仅通过活动问题引导学生分析贵阳市建设数据中心基地的有利条件，讨论贵阳市产业结构可能产生的变化，还补充了一些我国西南地区的各类今昔对比图片，如交通布局、城镇分布等，学生通过直观感受体会随着我国的经济发展，国家政策的引导，西南地区的发展变化，到现在贵阳的产业结构已经转变为以第三产业为主的现代化发展模式。这背后的原因足以引发学生的思考，民族自豪感会自然形成，对祖国的热爱之情也在一个个鲜活的案例中越发强烈。比起用教材的概念和原理讲授，让学生用自己的眼睛去看，自己用心去领悟，才能形成学生自己的综合思维。这样的案例不胜枚举，教师在授课过程中要精心筛选后选取最佳的例子运用到课堂教学中，在落实课标要求的同时，更能够落实立德树人的根本任务，培养学生的可持续发展观、民族精神、家国情怀的大局观。

3. 在课外活动中加强乡土地理教育，唤起学生热爱家乡的情感，落实地理实践力的核心素养。本地有很多地理教学资源，可以通过师生实践活动或布置课后作业的形式让学生融入乡土地理的学习中。如学习必修一第三章《地球上的水》第一节《水循环》一课，为了让学生更好地掌握水循环的环节及其影响，我以校园为例引导学生分析存在哪些水循环的环节，布局的合理性和不足之处，如有不足之处怎样改进，学生的主人翁意识极强，对自己每天学习的环境又极其熟悉，因此有很多想法和意见想表达，又如学校附近的湿地公园、红海滩等，都是家乡的乡土资源，如果在教学中可以合理利用，教学效果显著的同时，学生的热爱之情会随着知识的积累越来越深，并且在实践活动中潜移默化地培养地理实践力，真正用自己所学为家乡建设献计献策，贡献力量。

立德树人是一个长远目标，是要在长期的工作中落实深化的任务，因此在教学中要以核心素养为目标，以人地关系为主线，强化对学生的德育培养，用正确的社会价值观对学生进行引导，进而发挥"立德树人"的更大价值。

参考文献：

［1］中华人民共和国教育部.普通高中地理课程标准（2017年版）［S］.北京：人民教育出版社，2017.

立德树人在高中地理教学中的渗透

王伦祥

摘要：立德树人是教育的根本任务，高中地理教学要结合地理学科特点，充分挖掘地理学科的育人功能，将立德树人任务落实细化为爱国主义教育、国际大爱美德教育、人地协调社会公德教育、爱护环境建设环境个人品德教育，为培养社会主义建设者和接班人做出地理学科的贡献。

关键词：立德树人；育德；渗透

党的十八大提出要把立德树人作为教育的根本任务，培养德智体美全面发展的社会主义建设者和接班人。在高中地理课堂教学中，只有坚持立德树人的根本任务，在教学中坚持教育部提出的"德育为先、能力为重"的原则，才能真正提高学生的地理科学素养，将所学的地理知识和形成的能力自觉地应用于生活和生产实践。我认为，高中地理教学在落实立德树人根本任务中，应在以下几方面进行重点渗透。

一、地理教学中要进行爱国主义教育渗透

爱国主义教育是永恒的主题。新版本高中地理教材蕴藏着极为丰富、得天独厚的爱国主义内容，素材十分广泛。在地理教学中进行爱国主义教育，既要颂扬祖国的壮丽山河、秀美风光，歌颂伟大祖国社会主义建设的辉煌成就以及改革开放的巨大变化，也要让学生了解我国的现状，认清面临的种种问题，唤起学生的忧患意识，激发学生热爱祖国的崇高感情和建设祖国的强烈使命感，进而树爱国之心，立爱国之志，践爱国之行。用自己的实际行动实现中华民族的伟大复兴。当然，学生的爱国之情不会自然而生，需要教师的激发和引导。教师可从以下两方面入手。

（一）讲述祖国的秀丽山川以激发爱国之情

对高中学生而言，他们的世界观、人生观、价值观还处于形成期，尚不成熟。因此，高中地理教师在日常地理课堂教学中应明确告诉学生：热爱祖国不是没有依托的纯精神意识，它首先应该表现对祖国山山水水的深深热爱。例如在讲中国地理时，可以从纬度位置和海陆位置阐述祖国位置的优越性；讲祖国范围之广时，当祖国最北端黑龙江正值千里冰封、万里雪飘之际，最南端曾母暗沙已是烈日炎炎、酷暑难熬的盛夏。当祖国最东端乌苏里江渔民迎着朝阳撒网捕鱼之时，最西端帕米尔高原牧民正在深夜中酣睡；讲祖国的地形地貌时，绘声绘色地描述祖国巍巍的群山、壮丽的高原、巨大的盆地、辽阔的平原、起伏的丘陵；讲人口民族时，祖国拥有占世界五分之一人口的14亿勤劳中国人民，目前正在享受发展的人口红利期。祖国拥有56个民族组成的和睦大家庭，由于优越的民族政策，没有出现其他多民族国家尖锐的民族矛盾和国家分裂；讲祖国的行政区划时，强调正是祖国的强大，才有香港澳门的顺利回归。祖国的强大也是台湾统一的根本保证。我们在向学生讲述这一部分内容时要饱含对祖国的热爱之情，要以自己对祖国的高度热爱之情来感染学生。要充分发挥学生对祖国壮丽山河的想象，使他们不知不觉中产生对祖国山河的向往和崇敬之情。同时，我国拥有世界最高的山峰、最长的人工运河、标志我国古代建筑工程技术水平的万里长城和都江堰等。通过对祖国地理状况的描述，让学生知道：我们的祖国是一个山川秀美的伟大国家，不仅有辉煌的历史，也有强大的现在，必将有美好的未来，是一个值得每一个中华儿女热爱的国家。

（二）通过介绍祖国建设新成就激发学生的爱国之情

新中国成立以来，特别是党的十一届三中全会以后，我国在各个领域的建设都取得了重大成就，综合国力和国际地位普遍提高。结合高中地理农业、工业知识，教师可以介绍：新中国成立以来，对大江大河进行治理，改变了淮河"大雨大灾、小雨小灾、无雨旱灾"的局面，改变了黄河"三年两决口"状况。讲述长江时，向学生介绍世界最大的三峡水利枢纽工程宏伟概况。也可以以家乡辽河为例，以前盘锦是"辽河下梢，十年九涝"，现在是"旱涝保收"。以前走在双台区辽河大堤上看到闻到河水发霉发臭，现在通过治理，水清见底，两岸湿地公园美丽如画。在讲述高中地理必修一"宇宙中的地球"时，可补充中国在神舟系列飞船上天、嫦娥号登月等高科技成果。以此激发学生对祖国的热爱和作为一名中华儿女的民族自豪感。

二、国际视野大爱美德教育渗透

国际视野的大爱美德是指对异域文化的态度，可以分成理解、欣赏、借鉴三个层次。

理解是对异域文化的尊重和包容，每一种文化都是人类文明的组成部分，都有其存在的价值；欣赏是对异域文化的喜欢和羡慕；借鉴是把异域文化中对自己有益的部分吸收进来，促进本民族文化的发展。无论是对异域文化的理解、欣赏还是借鉴都是建立在对异域文化的了解基础上的。只有了解了众多地区文化的特点、成因、分布及其差异，才能建立起具有国际视野的大爱美德。地理学习的主要任务就是描述和解释地理现象的分布特点和分布差异。中学地理教学中有着丰富的关于世界各地人口、民族、聚落、工业、农业等文化方面的内容。这些异地文化和学生所在地的差异很大，是对学生进行国际视野大爱美德教育的重要资源。例如，高中地理必修一"地球上的水"中，以色列人发明了滴灌技术，把水和肥料通过密布田间的管道网，由滴管直接送到植物根部附近，并用计算中心调控水量、给水时间、养料配比，实行最佳自动灌溉，极大提高了水肥利用率，创造了沙漠中的奇迹。我们在尊重他们聪明才智的同时，可引导学生将其借鉴到我国干旱地区的农业发展上来。

三、地理教学中人地协调的社会公德教育

人与自然的关系思想史可以划分为四个阶段，即"天人合一——崇拜自然""人弱天强——改造自然""人强天弱——征服自然""尊重规律——人地和谐"。这里的天和地都是指自然。"崇拜自然"思想是人类早期的采集渔猎时期，即原始文明时代。当时生产力水平很低，大自然是横在人类面前高高在上、不可逾越的山，人们改造自然能力太低下，只能被动地适应环境，人与自然融为一体，处于原始的平衡关系。"改造自然"思想出现在农业文明时代，人类开始开发并利用土地、水等资源，使粮食供应有一定发展，人类开始对抗自然，改造自然，但仍以靠天吃饭、以迁移方式逃避自然灾害的惩罚的现象为主流。"征服自然"思想出现在工业文明时代，人类科学技术突飞猛进，改造自然的能力极大提高，出现了"征服自然"口号。但自然也开始报复人类，资源短缺日益严重、环境污染从城市扩展到农村、生态破坏从局部扩展至全球，开始威胁到人类的生存。人们认识到工业文明产生的环境问题，如果单纯依靠科学技术去修复，是根本解决不了的，人类必须调控自己的行为，努力去谋求"人地和谐"的关系。例如通过《地球上大气》内容的学习，学生知道了大气中的二氧化碳能吸收地面的长波辐射，把大部分热量留在了大气圈，大气又以逆辐射形式把热量还给地面。以此保证了地面和近地面大气有一定的温度。大气中二氧化碳含量的变化，与近地面大气的温度有密切的关系，二氧化碳是全球变暖的罪魁祸首。全球变暖导致海平面上升从而淹没沿海低地、极端天气频发、自然灾害增多等一系列问题，对人类的生产、生活影响很大。大气中二氧化碳增多主要原因是人类大量燃烧化石性燃料（煤炭、石

油等）和森林破坏。这部分内容的学习，我们应强调人们日常生活中二氧化碳排放有关的私家车使用、生活用煤、植树造林，这样就把人们的个人行为，提高到与自然的关系上来。

四、地理教学中要渗透爱护环境、建设环境高度责任感的个人品德教育

地球是我们人类的唯一家园，我们每一个人都有爱惜家园、保护家园、建设家园的权利和义务。因此，拥有爱护环境、建设美好环境的责任感是公民个人品德的重要内容。对环境的责任感包括两个方面：其一是对环境保护、环境建设认真负责；其二是对已经出现的环境问题敢于承担责任。例如，高中地理环境问题的案例，既有人类不合理行为导致环境破坏的教训，也有人类遵循规律建设环境的成功经验，这些都是培养学生环境保护意识、环境保护责任感的重要资源，保护环境就是保护我们的生命。

立德树人是教育的根本，地理课堂教学立德树人根本任务的落实要紧紧结合地理智育、地理美育来完成。地理课堂教学中要把"育德""育智""育美"融为一体，充分发挥学科的特点，为使学生成为爱祖国、爱世界，具有和谐思想和社会责任感的社会主义合格公民做出应有的贡献。

参考文献：

［1］［美］杜威.杜威五大演讲［M］.张恒，编.北京：金城出版社，2010.
［2］赵才欣.从地理科学文化贡献看地理学科育人功能［J］.地理教学，2011（15）.
［3］陈树生.中国地理教学与爱国主义教育［J］.天津师范大学学报，1982（2）.

地理教学中的思想政治教育

佟玉忱

摘要：新课标强调促进学生的全面发展，高中阶段是学生步入成年阶段的过渡期，尤为重要，不仅要重视学生的成绩，还要关注学生的品质发展。地理学科与人们所在的地理环境、生活环境以及未来的发展情况密切相关，因而地理学科在培养学生爱国主义，科学的人地观和发展观，辩证唯物主义教育方面发挥着重要作用。案例教学作为一种教学手段，在各个学科得到了广泛应用，也是各学科进行德育教育的重要手段。结合地理案例，可以对学生进行德育教育，促进学生形成良好品质和正确的价值观。

关键词：爱国主义；科学的人地观和发展观；辩证唯物主义教育；国际形势教育

国无德不兴，人无德不立。习近平总书记一贯高度重视培养社会主义建设者和接班人，把立德树人作为教育的中心环节。思想政治教育是学校教育的重要内容，体现在学校教育的每个环节里。地理教学中要根据教学内容的安排，做好思想政治教育。地理教学中的思政教育主要体现在以下几个方面。

一、爱国主义教育

地理教学有着极其丰富的爱国主义教育内容，它是爱国主义思想教育最为强烈的学科之一。不管是自然地理还是经济地理，都含有极其浓烈的爱国主义教育因素，对学生进行热爱祖国、建设祖国、保卫祖国的爱国主义教育都有极大的作用。在地理课教学中的爱国主义教育主要有以下内容：（1）通过中国地理的教学，使学生全面地了解中国的疆域，中国的自然地理环境，中国的经济发展与成就，激发学生对国家的认同、忠诚与热爱。通过乡土地理教学和国情教育既有利于学生掌握一定的地理知识，又有利于培养学生爱乡土、爱祖国的思想感情，热爱祖国的大好河山，对家乡，对祖国的优越条件、建设成就有自豪感。（2）培养学生发展建设祖国的责任感、义务感、使命感。通过学习水资源、森林资源等章节的内容，了解这些资源的重要性以及我国近些年来资源的破坏对国民经济的影响，使学生从思想上、行为上尊重自然、保护环境，养成良好的行为习惯，形成正确的环境观。（3）培养学生树立自尊心和民族自信心。展示我国粮食生产的伟大成就——在人均耕地不足的情况下，中国占世界9%的耕地，养活了世界18%的人口。帮助学生树立和提高民族自尊心、自信心和自强感。（4）使学生关心国家的利益、前途和命运，树立保卫祖国，建设祖国，为振兴中华而奋斗的志向。使学生树立正确的思想观念，明辨是非，使学生了解民族团结、政治稳定经济才能稳步发展、人民生活水平才能不断提高。再如，通过地理学习拓展学生视野，从全球的角度来思考国家的发展，学会分析地理环境对一个国家的影响，结合历史事件深入分析其中原因，树立为国家的生存和发展贡献自己的知识与力量而不断奋斗的思想。

二、科学的人地观和发展观

包括正确的资源观、人口观和环境观，必须使人地关系和谐发展。科学说明自然环境在社会发展中的作用，正确阐明人与自然的相互关系，要符合自然规律，因地制宜地利用自然。不要滥用自然，破坏自然的生态平衡。在认识自然资源特征的基础上，通过阐述人与自然资源的关系，通过对矿产资源枯竭问题、能源问题、水资源问题、生物资源与土地资源利用中的问题、资源承载量等知识的学习，从而使学生逐步树立正确的资源观。通过人口问题的学习，使学生认识人口数量和结构的变化、影响及不同国家的应对策略，理解我国的人口国策。通过学习人类面临的主要环境问题，通过学习可持续发展观，使学生树立科学的环境观，尊重与善待自然。在地理教学中让学生懂得必须协调人地关系，协调好社会经济发展与生态平衡的关系，不能以掠夺自然资源、破坏生态环境为代价，去取得短期的经济效益而损害子孙后代，不能走"先污染后治理"的老路，人与自然必须相互支撑，转变传统的发展模式和生活方式走可持续发展之路。人与自然具有统一性和同构性。人与自然是一个生态系统，是一个生命共同体。党的十九大报告提出，坚持人与自然和谐共生。环境权利既不能游离于人体之外，又不能脱离自然而独立存在，必须依托于人与自然共同存在。保护环境权利必须坚持"人与自然是生命共同体"的理念，既要防止"人类中心主义"的极端，还要避免"生态中心主义"的极端。

习总书记提出以绿色为导向的生态发展观，包括绿色发展观、绿色政绩观、绿色生产方式、绿色生活方式等内涵。他指出，发展是经济社会的全面发展，"不仅要看经济增长指标，还要看社会发展指标，特别是人文指标、资源指标、环境指标"，要做到"生产、生活、生态良性互动"。他提出了"绿色GDP"概念以及"绿水青山就是金山银山""破坏生态环境就是破坏生产力，保护生态环境就是保护生产力，改善生态环境就是发展生产力"等论断。在地理教学过程中通过知识要点的发散以及与思想政治教育的有机结合能够使得学生深入理解科学发展观和人地观的深刻内涵和意义。

三、辩证唯物主义教育

地理教学也是进行辩证唯物主义教育的好内容，尤其自然地理知识，它是从宏观上引导学生认识自然了解我们这个物质世界里面充满着唯物辩证法，对培养学生辩证唯物主义观点，建立科学的宇宙观都有重要作用，可以破除封建迷信对各种自然现象进行科学的解释。其主要内容有：（1）实事求是从实际出发。比如在介绍我国优越的自然条件和地理位置时，也要说明我国目前资源、环境等方面存在的问题，实事求是，一分为二地看问题。（2）客观存在的地理事物都是地理系统，它们相互联系、相互制约，以一定的结构构成更高层次的地理系统，并处于不断运动和发展的变化之中。通过对地质作用中内力、外力的学习，说明内因是事物变化的根据。比如：通过对地理环境整体性，洋流对地理环境的影响等内容的学习，对学生进行物质世界是普遍联系的辩证唯物主义教育。（3）地理事物的形成、运动和发展变化有其客观原因和规律性。比如通过对地质作用中内力、外力的学习，说明内因是事物变化的根据，外因是变化的条件。内因和外因共同作用是事物发展变化的唯一源泉。（4）要全面地认识地理事物必须采用分析—综合的方法。分析法是从整体到部分的方法，即认识各要素之间的联系，并注意各要素在系统中的地位。综合法是从部分到整体的方法，即找各要素的内在联系，把各要素结合起来成为有机整体，并注意系统与环境之间的相互影响。让学生在学习的过程中，不但获得知识，更懂得思维的方法。

四、国际形势教育

地理教学中的国际形势教育对培养学生热爱和平、维护世界和平，反对侵略战争，增进世界各国人民的相互了解和友好往来都有重要作用，通过对世界各国自然环境和经济概况的了解，使学生初步树立参加世界经济交流和竞争的国际意识。国际形势教育主要有以下内容。

（1）国与国之间应平等互利互不干涉内政。（2）发展中国家与发达国家的政治斗争和经济斗争。比如通过分析能源问题的实质，揭露资本家追求高额利润的本质。

通过世界不同国家的自然特征及文化习俗的学习，使学生尊重不同国家的文化和传统，增强民族自尊心、自信心和自豪感，理解国际合作的意义。（3）正确的种族观，各人种、各民族一律平等，反对种族优越论、大民族主义。（4）通过了解联合国"人与生物圈"计划对学生进行加强国际协作树立全球观点的教育。上述四项思想政治教育内容的内涵虽各不相同，但共同的要求是不能满足于只让学生被动地接受都是给出的结论，而必须研究学生的心理，通过由浅入深、由表及里的教育过程，使学生的思想感情切实发生转变，由知到信，由信到行。进行思想政治教育，要紧密结合教材，深入分析和发掘教材的思想性，因为教学的思想性都体现在教材之中，所以在地理教学中对学生进行思想政治教育时，最重要的是要用科学的地理观点阐明各种地理现象。总之在地理教学中进行思想政治教育的形式是多种多样的，我们不但要向学生传授地理知识和地理能力，还要影响学生的思想、意识、性格和品德，引导学生增强中国特色社会主义道路自信、理论自信、制度自信、文化自信，厚植爱国主义情怀，把爱国情、强国志、报国行自觉融入坚持和发展中国特色社会主义事业、建设社会主义现代化强国、实现中华民族伟大复兴的奋斗之中。

浅谈如何在高中地理教学中渗透立德树人

魏智猛

摘要：落实立德树人理念是高中地理教学的必然要求，地理教学中可以培养学生正确的思想意识，实现上述目标要从多方面的策略来探索。

关键词：立德树人；高中地理教学；策略

任何学科教学都应当包括教学与德育，每门学科都应当从自身特性出发，实现教学过程中的立德树人。立德树人是教育的根本任务，要求教师必须坚持德育为先。课堂教学是青少年受教育的主战场，我们老师要勇敢地承担起自己的育人使命。因此，在地理学立德树人的过程中教师要有明确的教学目标，在实践中要帮助学生养成科学的环境观、资源观以及可持续发展观等，帮助学生加深对国情的认知，在教学中让学生形成良好的爱国主义精神。教师在把握立德树人的基础上，还需要注重教学内容的丰富与拓展，不断探索更加有效的教学路径，实现教书与育人的同步发展。

一、落实立德树人理念是高中地理教学的必然要求

高考考试内容的改革越来越倾向于育人导向，高考考试内容改革的目的就在于通过高考这根指挥棒不断地把学科教学向学科教育转变，不断地提升学科的育人价值。近年来高考地理试题选择反映近几年的伟大建设成就作为素材，激发学生强烈的爱国情怀、建设国家的雄心壮志和报效祖国的实际行动。高考地理的考核目标之一就是能够运用正确的地理观念，评价现实中的地理问题。高考地理试题紧密结合学科内容，以人地关系的主线，引导考生树立人地协调发展的意识。

二、高中地理教学中可以培养学生哪些正确的思想意识

（一）家国情怀

地理学科与实际的生产和生活活动关联性较强，在高中地理教学中能够培养学生的家国情怀。本文中的"家国情怀"是指学生个体对家乡、社会、民族、祖国、人类等这些共同体的认同，并促使这些共同体朝着积极、正面、良性的方向发展的思想和理念。

比如学习正午太阳高度角可以引导学生关注楼间距国家标准；学习地形、等高线可以引导学生关注国家对梯田坡度的规定；学习人口数量变化和人口与经济发展的关系可以引导学生关注国家的人口政策；学习城市和城市化可以引导学生关注家乡城市的发展；学习农业的区位因素可以引导学生关注自家和家乡的农业发展；学习工厂的布局可以引导学生关注国家对环境污染的惩罚和治理……这些地理教学内容可以引导学生了解家乡的发展，理解国家相关的政策法规，从而对自己的家庭、自己所处的社会乃至国家产生强烈的认同感，培植家国情怀。

（二）全球视野

地理学科反映了生态环保、社会经济的可持续发展等诸多议题，可引导学生关注全球发展中的地理问题，增强全球化视野。具有全球视野的学生更容易具有宽广的胸襟、发展的眼光、同理心等美好品格。

比如学习宇宙中的地球可以引导学生认识到宇宙之无限；学习世界及部分国家的地理概况可以引导学生认识到世界之广；学习其他国家发展中存在的问题和扬长避短发展经济的措施，则可以引导学生关注快速发展中的中国需要借鉴的国外经验；学习世界人口的增长和人地关系的演变，可以引导学生感受地球已经和即将遭受的种种磨难；学习全球性的环境问题如全球变暖、土地荒漠化、海洋污染等，引导学生了解不同国家应该承担的环保责任……这些地理教学内容能引导学生树立国际意识、全球视野，树立人类命运共同体的思想。

（三）人地协调观

地理学科在培养学生人地协调观方面的作用尤其突出，这是由学科性质、学科特色、学科研究内容所决定的。人地协调观包括正确的人口观、资源观、环境观、发展观，是教地理学科的核心价值观，是高中地理教学中最重要最关键的核心素养。

比如国家人口政策、人与自然的关系、人地关系思想的演变、区域农业和工业发展的方向和问题、区域交通建设、区域生态、环境问题、资源的开发等教学内容都涉及人地协调观的培养。

三、高中地理教学中培养学生正确思想意识的策略

（一）积极开发乡土地理资源

积极开发乡土地理资源。本校教师和外校教师需加强合作和交流，通过分工合作的方式收集整理乡土地理资源；教师利用"地理眼"收集生活中的乡土地理资源；通过网络搜索、地方志等资料获取乡土地理资源；从当地的政府机关部门中挖掘乡土地理资源。

学生通过了解自己的家乡，认识到家乡的发展，就会热爱自己的家乡，进而培植家国情怀。在认识到家乡发展中存在的人口、资源和环境问题时就会结合所学知识和生活经验积极主动地为家乡的发展建言献策，进而树立人地协调观。

（二）适时展现中华优秀传统文化

在高中地理教学中利用体现地理原理地理现象的诗词歌赋、成语、歇后语、谚语等适时展现中华优秀传统文化的魅力。在讲"地球村"时提到"天涯若比邻"；在讲峡谷地貌时提到"两岸青山相对出"；在讲地表形态时提到"沧海桑田"；在讲河流径流量的季节变化时提到"江水应春生"；在讲地势对气温的影响时提到"唯恐琼楼玉宇，高处不胜寒"。

在高中地理教学中利用传统风俗展现中华优秀传统文化的魅力。在教学中国区域地理环境差异时提到过年过节庆祝活动的差异：北方唱秦腔，南方哼小曲；北方吃黄米糕，南方吃糯米糕，藏区吃糌粑。

在高中地理教学中利用中国的传统建筑展现中华优秀传统文化的魅力。北方的传统民居坐北朝南是为了更好的采光；陕西的窑洞冬暖夏凉；傣族的吊脚楼可防虫防兽防湿气；同是甘肃，河东地区房屋以砖结构为主，河西地区以土坯为主；北方卧具是火炕，南方卧具是床。

学生通过分析中华优秀传统文化中蕴含的地理规律地理原理，不仅激发了浓厚的学习兴趣，还加强了对地理知识的认知，更重要的是认识到了我们古代人民的聪明才智，感受到了中华优秀传统文化的魅力，增强了学生的文化自信和民族自豪感，培植了家国情怀。

（三）充分利用网络资源

由于时间和经济条件的限制，同学们很难经常去外面的世界看看。但是当前网络资源非常发达，我们有针对性地推荐相关的网络资源供学生在课余观看。比如中央广播电视总台推出的《航拍中国》，背景台词"你见过什么样的中国……？"这样的台词再配着中国壮丽的山河和广阔的海洋就足以打动和震撼学生的内心。《航拍中国》

的每一期都很精美，充分展现了祖国壮丽的山河和波澜壮阔的人文历史。还有学习强国 APP 上的每日一景栏目，教师可以提前下载再配以文字说明，在课间让学生欣赏。学生观看网络视频和图片一方面提高了自身的审美情趣，更重要的是在了解了祖国的山山水水、社会经济发展后，认识到祖国的伟大，会更加热爱自己的祖国，厚植家国情怀。

利用好新闻热点，培养学生的全球视野。例如当前的中美贸易战，美国一意孤行会影响到世界经济的发展；2019 年 8 月"亚马孙森林火灾"遭受损失的不仅仅是巴西，森林火灾导致固定在动植物体内的二氧化碳释放到地球大气中、"地球之肺"功能的减弱，进而加剧全球变暖；"企鹅的哭诉"说明环境污染已经波及地球两极地区。学生通过分析相关新闻热点，看待问题就会更全面，关注关心的也就不仅仅是自己，会更具人文情怀、全球视野。

（四）角色扮演增强学生情感体验

高中地理教学中教师通过创设情境并设计角色扮演活动，让学生体验不同角色下持有的观点、思想，丰富学生情感体验，引导学生树立正确的思想观念。比如在教学《区域生态环境建设》时针对森林的开发和保护，学生分组进行角色扮演商业伐木公司等开展辩论；在教学全球性的环境问题时，学生角色扮演发达国家和发展中国家辩论各自应该承担的责任；在教学人与地理的关系时，学生角色扮演人和地理环境分别陈述人对地的作用和地对人的反作用，体会不同历史阶段人对地的作用的强化也会导致地对人的反作用的强化；在教学环境污染时学生角色扮演自然地理环境不同的组成部分陈述"自己"可能的遭遇。

学生通过角色扮演找到代入感，透过代入感丰富了情感体验，深刻体会到人与地理环境的关系，进而树立起人地协调观。

总之，在以立德树人为基础的目标中，进行高中地理课堂教学模式的转变是必不可少的改革。教师在授课的过程中，不仅需要围绕着课本教材的内容，还要在教材中挖掘能够进行立德树人教育的元素，并且要参与其中。同时在进行传统的教学模式时，也要将社会实践与学生联系起来，提高学生们的兴趣，加强学生的自主学习探索能力。更要以立德树人为基础，将时事、政治、爱国相互结合，提高学生的爱国情怀，增强学生的爱国意识。

谈地理案例教学的立德树人功能

李殿志

摘要： 新课标强调促进学生的全面发展，高中阶段是学生步入成年阶段的过渡期，尤为重要，不仅要重视学生的成绩，也要关注学生的品质发展。地理学科与人们所在的地理环境、生活环境以及未来的发展情况密切相关，因而地理学科在培养学生科学的情感价值观方面发挥着重要作用。案例教学作为一种教学手段，在各个学科得到了广泛应用，也是各学科进行德育教育的重要手段。结合地理案例，可以对学生进行德育教育，促进学生形成良好品质和正确的价值观。

关键词： 地理学科；案例教学；立德树人；功能

自新课改以后，案例教学在地理学科中用于开展德育教育的现象越来越普遍。不论是教材知识点的列举，还是教师具体知识点的讲解，都需要通过列举案例帮助学生理解，让学生有更加深刻的印象，更好地掌握地理知识，形成科学世界观，实现三维教学目标。因此要充分发挥地理学科案例教学的德育教育功能，让学生在学习中潜移默化地受到影响，逐渐提高品德和文化修养。

一、联系生活实际

应用案例教学旨在帮助学生加深对课本内容的理解，能够自主地与现实生活相联系，让学生在学习收获知识的同时，形成良好品德，成为合格的人才。既能够实现地理学科的教育理念，让学生了解到生活之中处处与地理有关，同时也能够提高学生的创新实践以及提出问题和解决问题的能力。教师在平常应多关注相关新闻和事件，多收集一些生活中的实例，将其与教学知识点进行融合，变成有背景有情节的真实情境，讲述给学生听。进行案例教学的基本前提就是要有真实生动的案例，这在一定程度上决定了教学效果。案例的故事背景以及情节转变包括教师的讲述过程，要能够让学生感兴趣，激发学生探究的欲望。

例如，在学习人文地理中关于人口迁移的课程内容时，教材内容首先解释了人口迁移的概念，它是人类为了适应环境进行变动的一种表现，通常这种变动与个人想法有关。讲到此处，可以引导学生看书本上的图片并提问让他们思考："如果是你，你会离开吗？""如果离开，我要去哪儿呢？"从这两个问题就可以看出人类迁移与人的主观意识有很大的关系。在讲解这部分内容应用案例教学，可以结合教师自身的家庭迁移故事，以几次人口迁移事件为故事发生的背景，让学生思考人迁移的原因。还可以让学生进行小组讨论，将他们想到的原因列举出来，并进行分析。学生对人口迁移的理解能够帮助他们正确看待生活环境的变化并重视绿色发展，逐步形成正确的人口环境观。

二、以学生为主体

案例教学的重点环节就是对案例进行分析讨论，因而教师选取的案例不仅要有代表性，而且要有分析的空间。结合教学内容从中提出一些问题，让学生依据自己所学的理论知识和相关概念对案例进行充分的探究讨论，以激发学生的探究兴趣。这种探究讨论既可以是自主探究也可以是小组讨论、全班讨论等，具体的形式教师可以结合班级实际情况进行选择。在学生讨论结束以后，教师要进行总结并再次回归讨论主题。对于学生自己讨论没有解决的问题，教师要引导在全班进行探讨，给予充分提示引导，让学生有所启发。在案例教学中，为了达到教育目的，教师要提出有针对性的问题，保证案例教学的效果。

例如，在学习人文地理中关于城市化这一课程内容时，教材展示的是北京城市用地的变化，选取北京市在四个不同年份的用地示意图进行对比，让学生从中观察背景用地规模的变化。教师可以直接提问："从这四幅图中，你发现北京市的用地发生了什么变化呢？"设计简单明了的问题，在讲解的时候与实际生活相联系。让学生自己搜集家乡或是现在生活的地方城市的变化情况，同时教师自己也准备好相应的资料，比如工厂附近的污水、马路上汽车排出的尾气、某一区域人们聚集在一起的场景，让学生想象自己生活在这种环境中是什么感受，从而能够理解城市化带来的危害之处。情境感受以后，要让学生自主讨论，意识到当前城市环境的恶劣状态以及保护城市的重要意义。

三、以育人为核心

在案例教学中，教师教和学生学的方式都会发生很大变化，要以育人为核心，案例教学才能获得满意的教学效果。案例教学的突出特点就是不再是老师的主导课堂，而是教师和学生彼此的互动，共同对案例进行分析探讨。在课堂上，教师要注意激发学生的积极性，让学生积极参与课堂探讨，进行独立思考、自主探究和交流，并在最后进行总结。成功的案例教学不仅是对知识点的阐释，更要落脚于具体的实践。

例如，在学习自然地理中关于湿地开发与保护这一内容时，可以结合实际生活中的情况。当前不少地区将湿地发展成为旅游景点，这既有利于游客的游玩，又有利于促进地方的经济增长。但同时也存在的问题是湿地的开发会导致其丧失之前的功能，因而也有人提议对其进行保护。讲解完这个案例以后，教师可以让学生思考：不同的人对湿地有不同的想法，他们想法产生的原因以及行动会是怎样的？这种冲突的产生是源于什么？组织学生扮演不同的身份进行探讨，了解环境价值观的重要性。

总而言之，案例教学是地理课堂中进行德育教学的重要手段，也是帮助学生形成正确三观的基础保障。教学案例源于实际生活，而且和地理学科密切相关，真正实现了课内外内容的统一，理论和实践的统一，学校和社会的结合。在地理新课改继续深入的情况下，案例教学在未来一定能够发挥更多更有效的作用。

参考文献：

[1]郁海兵.立德树人背景下高中地理学科德育的渗透路径［J］.新课程导学，2020（30）.

[2]梁扬阳.德育在高中地理教学中的渗透研究［J］.地理教育，2019（S2）.

立德树人融入高中数学课堂教学初探

蒋玲玲

摘要：新时代背景之下，"立德树人"成为具有高度引领性的教学目标，应当在高中数学课堂教学中发挥其突破性的作用。用立德树人的思想引领高中数学的有效教学，需要做到借助于数学史，借助于数学史对教学内容进行改革；借助于问题解决，借助于问题解决对学习方式进行改革；借助于教学反思，借助于教学反思对学习过程进行改革，可以实现立德树人。

关键词：高中数学；课堂教学；新课改；立德树人

2014年3月30日，教育部颁布了"关于全面深化课程改革，落实立德树人根本任务的意见"，并正式提出"核心素养体系"的概念。从此以后立德树人与核心素养，成为基础教育中的两个核心概念。数学学科作为高中的基础性学科，如何在新课改的背景之下，在课堂教学之上进行有效的立德树人实践呢？这显然是一个需要认真思考的问题。对这个问题的回答将决定着高中数学课堂教学的方向确定，同时也决定着数学教师对自己所教课程理解的方向。

只有理解了何为立德树人，知道如何在课堂上落实立德树人，那么这两个方向才是准确的。根据立德树人理念，高中数学的教学目标不能仅限于给学生传授数学知识，更要培养学生的道德素养，帮助学生积极进取、严谨治学、发展数学综合能力。在此基础上，教师要思考教学目标，明确教学任务，理顺教学程序，关注学生个体的教育需求，从学生需求出发，在知识教学基础上更进一步，找准德育切入口。

多少年来高中数学教学一直被约束在应试之内，很多超越应试的教学目标难以得到实现。新时代背景之下，立德树人成为具有高度引领性的教学目标，其应当在高中数学课堂教学中发挥突破性作用。

一、新课改背景下高中数学教学的立德树人指向

进入新时代之后，课程改革也具有了新的意味，新时代背景下的新课改，首先应当确立的就是立德树人的指向。当然，如同上面所说的一样，立德树人与核心素养是联系在一起的。众所周知的是，高中数学教学中，数学核心素养的培养旨在进一步深化课程建设与推进改革进程，并对立德树人的教学要求加以落实。那么培养学生的数学核心素养就应当成为教学基础及教学重点。相应的，探索高中数学课堂的有效教学方法，培养学生的数学思维及数学视角，促进学生综合素质的提升，也就应当成为立德树人指向的基本理解。

（一）立德树人与数学学科有着密切的关系

好多人认为立德树人强调的是德，而数学作为一门理科，与德的关系并不密切。事实上，这种认识是极为偏颇的，从数学学科发展的角度来看，数学的发展史就是一部文化发展史，而所谓文化，正是指能够影响人的言行的内在的事物。从这样一个基本的逻辑关系就可以发现，在数学知识建构的过程中落实核心素养，本身就对应着一个完整的立德树人的过程。

（二）一个具有文化意蕴的数学知识建构过程，可以有效地实现立德树人的教学目标

延续上一点总结的认识，当教师为学生设计出一个具有数学文化的学习过程时，立德树人的大门也就打开了。分析高中数学知识可以发现，相当一部分知识的背后都是有着数学文化的，因此从这个角度来看，高中数学课堂教学中的立德树人契机是容易捕捉的。

（三）在高中数学课堂教学中实现立德树人，很多时候并不是一个孤立的过程

借助于学科融合教学理念，让学生在学习的过程中形成更多的迁移，不仅能够促进核心素养的落地，还能够让"德"真正"立"起来，从而实现树人的最终目标。

综合以上三点，可以发现在新课改背景之下，高中数学课堂教学中渗透立德树人的目标指向是可行的，这也是对当前应试意味过于浓厚的高中数学教学的有益补充。

二、用立德树人的思想引领高中数学的有效教学

结合高中数学教学的具体内容，在高中数学课堂教学中实现立德树人，进而保证课堂教学的有效性，其关键在于寻找到有效的突破口。有类似的研究认为可以从"融

入数学故事，学习探索精神""渗透辩证思维，树立正确观念""发现数学之美，发挥美育功能""解决数学问题，培养严谨作风"和"学会交流合作，增强协作精神"这五个方面做出努力。笔者结合自己的实践，总结了如下几点。

（一）借助于数学史

借助于数学史对教学内容进行改革，可以实现立德树人。

举一个例子，在"等比数列"知识的学习中，为了化解学生在该知识学习中形成的认为数列知识非常抽象的认识，选择了这样一段数学史料，即著名的"莱因德纸草书"，这是经过考证被认为是公元前1650年时的史料。

实际教学中让学生观察这个草书内容的图，思考这些数据存在什么样的规律。非常需要强调的一点，就是让学生认识到早在公元前1650年，人们就已经发现这些数，这就意味着数列的历史是非常悠久的，因此学习数列的过程从某种程度上来讲就是继承历史的过程。利用这个过程，培养学生对历史的尊重与认同，于是也就是一个立德树人的过程。

（二）借助于问题解决

借助于问题解决对学习方式进行改革，可以实现立德树人。

问题解决是高中数学教学中另一个非常需要重视的内容，让学生学会了问题解决，不仅能够促进学生提升知识应用的能力，还能够让学生在问题解决能力提升的过程中，提升自身的学习品质。相对于知识而言，品质显然更为重要。相对而言，高中数学知识背后的学习品质，往往不像文科中的品质那么富有情感意义，但数学学科独有的理性，却可以让学生在品质提升的过程中实现立德树人。

一个普遍性的规律是：在数学问题解决的过程中，学生要经过逻辑推理、数学建模等方式解决问题，这些都是非常理性的认识，这种理性认识可以迁移到其他情境当中，从而让学生在解决其他问题时变得更加理性，这显然是立德树人的一种体现。

（三）借助于教学反思

借助于教学反思对学习过程进行改革，可以实现立德树人。

有效的数学教学离不开反思，在高中数学教学中一直强调数学反思的价值，只有通过反思，学生才能够对自己的学习过程有一个科学理性的认识。

其实在学生的生活当中，除了数学学习需要反思之外，好多事情都需要反思。学生在数学学习的过程中形成的理性反思意识，如果迁移到生活中的其他过程中，那就可以让学生对很多事物的认识变得更加精确与理性。如果说新课改需要的是具有核心素养的高中学生，那一个善于反思的学生显然也就具有了这样的品质。

三、立德树人应当为高中数学教学发挥引导作用

以上三点分别借助于数学史、问题解决以及教学反思，来实现高中数学教学中的立德树人目标达成。应当说这样的设计是非常科学的，因为这三者分别对应着学习内容、学习方式以及学习过程，而这三者又是学生在高中数学学习中非常重要的三个方面。抓住了这三个方面，就可以为立德树人目标的达成建立一个科学的体系。

既然实践证明在高中数学教学中，立德树人的目标是可以实现的，那么立德树人就应当成为高中数学教学的引导性因素。新课程基于新一轮课程改革"立德树人、数学育人"的理念，充分体现了"一切为了学生的发展"的宗旨，达到"会用数学的眼光观察世界，会用数学思维思考世界，会用数学语言表达世界"，着眼于学生的长远发展，展示了其全面的育人功能。

很显然这样的表述，是对包括核心素养在内的立德树人目标的概括，对于高中数学学科教学而言，这样的概括显然是非常精炼的，也正是因为这样一个精炼的概括，使得高中数学教学中的立德树人目标实现变得更加便捷。

此外，强调立德树人在高中数学教学中发挥引导作用，还是相对于教师而言的。教师只有在教学中建立了这个目标，才能更好地把握整个高中数学知识体系，才能引导学生建立一个更加科学的学习过程，并通过理性反思真正走向立德树人的总目标。

总之，高中数学课堂教学中实现立德树人是可能的，但这又不是一蹴而就的，这需要教师在实践中不断地总结与发现，这样才能实现理论与实践的良好结合，进而让立德树人的理论目标与课堂教学的实践目标紧密结合在一起。

新课标下如何在高中数学课堂实践立德树人

姚 蕾

摘要：党的十八大明确了立德树人是教育工作者的根本任务，这为学生将来的学习奠定了基础。在新课程改革背景下，使得教育不仅局限于知识的传授，德育更是成为当今教学必须实践的目标。素质教育是新课标要求下主要的教学发展方向，而在高中数学中融入立德树人理念很有必要。如何将课堂教授的知识结合德育，进而发挥学科的基础优势。本文详细地分析了如何在高中数学课堂中实践立德树人。

关键词：高中数学课堂；立德树人；教学策略

张子锷先生讲，上好每一堂课，教会每一个学生，这是我们教师要毕生追求的理想和完成的使命。那么什么样的课是一节好课？老师讲得少的课是好课，讲得多的是不是好课？学生练得多的是好课，练得少的是不是好课？课堂提问多的是好课，提问少的是不是好课？有讨论的课是好课，没有讨论的课是不是好课？好课的标准不统一，但好课是有共性的。简单说，学生心目中的好老师是全面关心他们成长的老师。除知识和方法外，学生从这些老师那里还能学到生活的智慧、人生态度和人生哲学，感受到人格的魅力。概括起来说就是"四有"：有知识、有方法、有生活、有境界。也就是说，我们要把立德树人作为教育的根本任务。那么，这些内容怎样融入高中数学课堂教学中呢？

一、立德树人在高中数学教学中的必要性

新高考评价体系主要由"一核""四层""四翼"三部分内容组成。其中，"一核"为核心功能，即"立德树人、服务选材、引导教学"，是对素质教育中高考核心功能的概括，回答"为什么考"的问题。

可见立德树人是现代化教育中的重要组成部分，也是高中数学课堂教学中主要的教学目标。课堂教学不仅仅是学习知识和培养能力，还应该注重学生的全面发展，落实学生对于社会主义核心价值观的把握，帮助学生树立正确的三观。因此，在教育中进行立德树人，对于推动社会的发展和进步有着重要的作用，这样才能让高中数学教学体现出它的实用价值。

当前，我国的课程改革不断深化，在新课改中，德育教育也是作为主旋律被提倡。因此，立德树人作为德育的主要内容，也是当前课改的主要模块。在数学教学中，让学生实现知识的增长，并且学会观察和实验，能够独立进行实践，养成数学思维方式，增强他们的探究能力，养成科学的核心素养。这样才能提高数学教学的质量，树立立德树人的思想。

二、新课标下高中数学课堂实现立德树人的教学策略

（一）利用教材课后的阅读材料进行德育的渗透

阅读材料这部分的内容实际上与教材正文内容紧紧相关，主要涵盖一些数学史、数学知识内容的拓展应用。因此，这部分内容主要是教学内容的一种延伸以及扩展，在高中数学的教材内容中是不可或缺的内容，可拓展学生的数学视野，帮助学生有效巩固与应用知识，还可培养学生对数学学习的兴趣，让教材的可读性更加明显，也更凸显数学教学的人文价值与科学价值。

1.以阅读材料帮助学生更主动地探索新知

教材中的一些阅读材料给予学生广阔的想象空间，促使其主动去探索新知，然后将自己在探索中获得的知识运用在解决实际问题的过程中。比如在《圆锥曲线的光学性质及其应用》的阅读材料中，主要阐述了圆锥曲线的光学性质在实际生产与科学技术等领域的实际运用。只是这一材料主要提及的是凹透镜与凸透镜的相关光学性质，缺乏椭圆、双曲线相关的光学性质介绍，这就为学生提供了想象与探索的空间。实际上，圆锥曲线的光学性质和圆锥曲线的切线、法线等等存在紧密的关系，但是关于圆锥曲线的切线与法线这部分的内容，却没有列入教学大纲之中。而将其与圆锥曲线的光学

性质之间的联系呈现出来，能够在一定程度上激发学生的好奇心，促使其产生探索新知的欲望，为学生以后学习导数和微分打下基础。

2.利用数学史料对学生展开有效的人文教育

在人教B版高中数学教材中，存在许多融合了数学文化的内容，阅读材料也有部分内容蕴含着丰富的数学史料，其数学文化资源具有非常重要的应用价值。新时期的数学课程标准也明确指出，数学本身是人类文化的一个重要部分，是人类社会在不断进步中所产生的事物，能够为推动社会发展提供良好动力。因此，数学课程标准倡导教师要在数学教学过程中充分将数学文化渗透进来，充分体现并弘扬数学文化。比如在《祖暅原理与几何体体积》相关阅读材料中就蕴含了丰富的数学文化知识，例如，祖冲之父子对刘徽注释的《九章算术》这一数学著作进行完善，求得了比较精确的圆周率，让中国的圆周率计算领先西方一千多年；对刘徽的牟合方盖理论进行了总结，然后提出了祖暅原理——幂势既同，则积不容异，求出了球体的体积。祖冲之父子的这些数学成就，无疑推进了中国古代数学的发展，将这些阅读材料融入实际课堂教学中，教师可以有效培养学生的人文素养。

所以教师应该积极挖掘阅读材料的教育功能，将其传递给学生，切实促进学生各项数学能力与数学素质的有效提升，并提高数学教学的实效性。

（二）科学利用应用题进行德育渗透

在数学教学中，通常接触最多的就是各种几何图形和数字符号等等，这些在教学中，是很难与德育相联系的。但是，在高中数学中涉及的应用题种类较多，教师可根据教学内容积极引入德育内容。比如税收问题和一些时政应用题中，在题目设置中，教师可结合当前时政要事，让学生在解答数学问题的同时也能深入了解当前社会局势，从而强化学生的民族意识及责任感。

（三）设计德育教学活动

教师在高中数学教学活动的设计期间需要融入立德树人理念，并为学生创设多个教学情境，让其具备数学运用能力。比如在《函数的应用》中，教师可先将学生分为三组，并分别让其计算如下投资方式的获利情况：①每天获益40元；②第一天获益10元，之后每天都比前一天多获益10元；③第一天获益0.4元，之后每天会比前一天翻倍获益。以此让学生从中体会函数增长趋势的差异性，并且在团体合作当中也能体会到协作与交流的重要性，提升学生的人际交往能力。

（四）加强对多媒体的利用，进行德育的渗透

根据《高中数学课程标准》的规定，在数学教学中，要增加对现代信息技术的利用。比如可以采用excel软件对数学统计图进行绘制，或者采用几何画板软件进行图像平移的操作，又或者在求解二元一次方程中的近似解等方面，都可以充分利用计算机与学生的自学能力，增加学生对数学知识的深层理解，并提高学生使用计算机技术对数学问题进行研究的良好能力。比如，在学习《变化率》课程时，教师为了让学生能够更加直观地了解平均速度和瞬时速度的关系和概念，可以利用多媒体，进行视频的播放。在视频的选取中，可以选择刘翔奥运会夺冠的精彩片段，做成慢动作为学生进行播放。利用这种方式，使学生直观地了解了二者之间的关系，同时，也使他们受到了鼓舞，增强了民族自豪感和自信心。

（五）培养学生独立思考习惯

传统教学中往往忽略学生个体特征，甚至限制他们的想象力，这并不利于学生的终身发展，所以在高中数学课堂上实现立德树人时需重点培养学生的独立思考习惯，让其具备良好的思维能力，这样才能保证学生健康成长。以《立体图形的直观图》为例，以往单纯依靠简单的教具观察法让学生感受不同角度看到的立体图形有所差异，这样极易让学生形成固有思维。而今在新课标要求下，教师可采用生动有趣的方法调动学生积极性，比如可指导学生画出学校建筑物的直观图，以此让学生具有建筑设计思想，为今后学习建筑知识奠定基础。在此基础上，学生的品德素质等方面都能达到教学目标。

（六）和生活实际相联系，在课外学习中进行德育教育的延伸和渗透

教师在课堂上讲解《简单几何体的表面积与体积》时，需告知学生应当严格校正图形各项数据，以免影响计算结果，这样也可帮助学生在实践中养成认真做事的习惯。

在高中数学中进行立德树人，可以通过学生的课外活动，为他们布置作业和练习，从而使他们在课外学习中严于律己，养成认真、有条不紊的习惯。在数学教学中，数学作业是十分重要的，也是必不可少的。在数学中，学生学习的多为数字和图形，并且对结果要求十分精确，这就使得他们在学习中不能有一点的差错，这样便养成了学生一丝不苟，严格做事的习惯，使他们懂得要为计算结果负责。这些良好的习惯也是品质培养的重要途径，使他们在以后的生活中，都能严于律己，养成良好的习惯和道德品质。

综上所述，高中数学课堂教学过程中，教师除了需要注重学生知识掌握程度外，还应当重点培养学生的情感体验能力及学习能力，坚持立德树人的教学理念开展教学活动，以此保证学生的性格养成等方面能够符合教育根本，以此为其今后的发展打下扎实的基础。

参考文献：

［1］孙新建.立德树人在高中数学教育中的作用［J］.新课程（下）,2019（3）.

［2］刘汉勤.高中数学教科书中"阅读材料"的功能［J］.数学大世界（下旬）,2019

（3）.

［3］马昕.立德树人理念下大学数学类课程中的思政探索与实践［J］.湖北开放职业学院,2020（24）.

［4］陈柳娟.立德树人视域下高中数学教师素养研究述评［J］.福建教育学院学报,2020（12）.

［5］吴翀键.立德树人在小学数学课堂中的渗透与思考［J］.华夏教师,2018（3）.

［6］黄翔,王尚志,张思明.关于高中数学课程性质与基本理念的新思考［J］.数学教育学报,2018（1）.

浅谈如何做一名立德树人的教师

安 娜

摘要："立德"对教师的要求是立师德，"立德"对学生的要求是立学德。立德树人，首先要立"师德"。

关键词：立德树人；数学；教学

习近平总书记在全国高校思想政治工作会议上明确提出"传道者自己首先要明道、信道"。"道"是中国哲学的最高范畴。"道"字最初的本义是道路，后泛指天地万物的途径、本原、规律、终极真理等，是天地万物共同的自然本性。而总书记所讲"明道信道"的这个"道"，就是马克思主义之道，是中国特色社会主义之道，是共产主义理想，是社会主义核心价值观。这就必然要求教师要树立为人民服务、为中国共产党治国理政服务、为巩固和发展中国特色社会主义制度服务、为改革开放和社会主义现代化建设服务的理想信念，要坚持不懈地传播马克思主义，坚持不懈培育和弘扬社会主义核心价值观，坚持不懈促进高校和谐稳定，坚持不懈培育优良校风和学风。

教师如何立德树人？

首先，以爱浸染，不忘初心。教育家夏丏尊说："没有爱就没有教育。"爱是教育的动力，爱学生能激励教师更加投入教育事业，爱学生能感化学生并赢得学生的爱戴，在爱的浸染下，教育才能进入良性的发展。

其次，以言感化，不厌其详。苏霍姆林斯基说："教师的话是感化受教育者心灵的工具，它是任何东西都不能取代的。教育的艺术首先是说话的艺术，对待人心灵的艺术。"

再次，以身树德，不辱使命。师之无德，教之无效。苏联教育家加里宁说过："教师任何时候都不能忘记，自己不单单是一个传授知识的教师，而应是一个教育家，是人类灵魂的工程师。"

雅斯贝尔斯所说，教育意味着一棵树摇动另一棵树，一朵云推动另一朵云，一个灵魂唤醒另一个灵魂。对于学生，教师的人格、德性、品行是任何力量都不能代替的最灿烂的阳光。

未来世界的竞争是教育的竞争。推动教育事业发展的主体——教师，肩负着神圣的历史使命。要培养造就21世纪高质量、高规格的人才，就必须建立一支高素质的教师队伍。而教师队伍建设的核心是教师的师德，教师的师德决定了教师的素质，又决定了教育的质量。因此，加强师德建设工作是时代的需要，是全面推进素质教育、深化教师队伍建设的重要一环，也是搞好教育的行风建设和决定教师队伍建设成败与否的关键。

1. 热爱教育事业、献身教育事业是师德修养的思想基础。"教师是太阳底下最崇高的职业。"人们常把教师比喻为"红烛""人梯""春蚕""铺路石"，意在表达教育这一职业的无私和伟大。所以，教师从自己执教之日起，就该对教师这一职业有充分的认识，才能彻底清除"拜金主义""仕爵主义"观念，把自己的全部心血奉献给自己所从事的教育事业，像陶行知所说的那样："捧着一颗心来，不带半根草去。"无论何时，都能够理直气壮地说，投身教育事业，我终生无悔。

2. 热爱、尊重学生是师德修养的基本要求。教育是爱的共鸣，是心和心的呼应。教师只有热爱学生，才能教育好学生，使教育发挥最大限度的作用。可以说，热爱学生是教师职业道德的根本。对学生冷漠，缺乏热情，绝不是一个有良好师德的好教师。教师爱学生体现在"严"和"慈"上。常言道："严师出高徒。"

又说："严是爱，宽是害。"对学生不严格要求、严格训练，难以培育出跨世纪的可靠接班人和合格的建设者。"自古雄才多磨难，从来纨绔少伟男。"所以，对学生不严不行。

当然，严要得法，严要有度，不能按法西斯式的训练来要求。慈，就是对学生要关心、爱护、宽容、尊重。充分鼓励学生的自尊和自信，关心学生的学习和成长进步，使学生全面发展。

3. 以爱生为重，打造民族复兴。"爱生"，是中华民族宝贵的文化传统，从古至今在中国教育史上有不少这方面的事例。如著名教育家陶行知先生，他一生为人、治学、处事的高尚品格，为后人树立了榜样，尤其是他以"捧着一颗心来，不带半根草去"和"爱满天下"为核心的爱生思想，一直感染着后人。

"育才造士，为国之本。"在当今这个伟大时代，爱生对于教育事业、对于教师本人来说，都具有特别重要的意义。

今天的学生就是未来实现中华民族伟大复兴中国梦的生力军、主力军，而广大教师就是打造这支民族复兴"梦之队"的"筑梦人"。

教育是一门仁而爱人的事业，爱是教育的灵魂。这要求人民教师对学生要悉心爱护，坚持诲人不倦、有教无类、因材施教的教育理想。

4.以立德为本，帮助学生筑梦圆梦。《大学》中说："大学之道，在明明德，在亲民，在止于至善。""明明德""亲民""止于至善"，这是《大学》里强调的人生三个根本追求目标，亦称三纲领。《大学》全部内容都是围绕以上三纲领，并通过八条目（格物、致知、诚意、正心、修身、齐家、治国、平天下）展开的，以达到道德品质的提升和理想的至善，这是中国几千年的道德传统。

新时代对于教育者明确提出了立德树人的要求，要求人民教师把教书育人和自我修养结合起来，做到以德立身、以德立学、以德施教。

"以德立身"就是中国优秀文化传统中的"修身"，为人师者要坚持以德性高标准完善自己；"以德立学"就是强调立德与立学、人品与学识的统一，即在授业的同时重视学生道德品质的培养；"以德施教"就是在教学中注入道德精神，让教学有思想，有灵魂，帮助学生筑梦、追梦、圆梦。

对于当前的教师来说，今天"德"的要求，就是坚持社会主义核心价值观。这就是一种德，既是个人的私德，也是社会应具有的公德。

而广大的人民教师就必须率先垂范、以身作则，不仅自己亲身践行，更要在课程中播下思政教育的种子，引导和帮助学生把握好人生方向，特别是引导和帮助学生扣好人生的第一粒扣子。

5.教好书是师德修养的关键。教师要把自己的学生培养成为全面发展的有用人才，就必须把书教好。

这就要求教师要具有渊博的知识，在知识的海洋里，宇宙间的任何事物都只是其中的一朵浪花，一粒泥沙，而教师如同一叶扁舟，长年累月航行于其中，将一批又一批渴望成才的求知者送达理想的彼岸，风雨无阻，无怨无悔。浪头上行舟，难免惊心动魄，但也有欣慰与欢畅。选择了教师职业就选择了艰辛和挑战。

胸无点墨、混迹社会、腰缠万贯者大有人在，但我们无法想象，更不能容忍一个滥竽充数的教师堂而皇之立于那些求知若渴者目光聚焦的神圣讲坛。所以，教师要有进行教育所需的扎实而宽厚的基础知识和专业知识，要透彻地懂得所教学科。仅仅熟悉教学大纲和本学科内容是不够的，教师的知识应比这宽广得多。通常说"教师要给学生一杯水，自己必须有一桶水"，就是这个道理。教师还应具备多方面的爱好和才能。

因为正在成长中的少年儿童具有强烈的好奇心和求知欲，他们对任何事物都感兴趣，上至宇宙太空，下至海洋生物，从远古时代到未来世界他们什么都想知道，并认为教师什么都知道。这种好奇心加求知欲是发展智力的动力，教师应珍惜它，而不能扼杀。这就要求教师要多才多艺，和学生打成一片，指导学生开展丰富多彩的活动。所以，教师要终身不断学习，不断开拓，更新自己的知识。正如加里宁所概括出的辩证过程：教师一方面要奉献出自己的东西，另一方面又要像海洋一样，从人民中、生活中吸收一切优良的东西，然后把这些优良的东西贡献给学生。

6.育好人是师德修养的归宿。教书育人是教师的天职，教书是手段，育人是目的。因此，教师在任何时候都不能忘记，自己不是为教书而教书的"教书匠"，而应是一个教育家，是人类灵魂的工程师。这个工程师是通过教学活动，在学生心灵上精心施工的，目的在于培养学生的共产主义世界观和道德觉悟。这就要求教师，必须全面贯彻党的教育方针，坚持以德育为首，五育并举，做到既教书又育人。

记得法国作家卢梭说过："没有榜样，你永远不能成功地教给学生任何东西。"法国作家罗曼·罗兰也说过："要撒播阳光到别人心中，总得自己心中有阳光。"我想，我们每个教师的师德就如同这里的"榜样"和"阳光"。俗话说，亲其师，则信其道；信其道，则循其步。所以说教师是旗帜，学生如影随形般地追随；教师是路标，学生毫不迟疑地顺着标记前行。良好的师德，是一种强有力的教育因素，是教书育人的一种动力。它是教师从事教育劳动时必须遵循的各种道德规范的总和。加强教师师德建设是时代的需要，是全面推进素质教育的需要。培养造就一支忠诚党的教育事业，率先垂范，教书育人，具有良好职业道德的高素质的师资队伍，才能全面推进素质教育，实现自身的办学目标。所以，每个教师都要努力把自己培养成为具有良好师德的人，才能完成"传道授业解惑"这一光荣而伟大的任务。

参考文献：

［1］秦廷书.立德树人要重视的几个问题［J］.当代贵州，2013（15）.

［2］彭佳景.坚持立德树人的基本导向［J］.湖南教育（上），2013（12）.

坚持立德树人，把握命题方向

李 闯

摘要：考试中心为高考定调：立德树人；服务选才；引导教学。因此，在备考中，我们必须懂新高考，把握新理念，学会新方法，把握新高考方向。本文基于立德树人的理念进行探讨高考数学命题的新方向。

关键词：立德树人；高考数学

新一轮高考改革的大幕已经拉开，考试中心为高考定调：立德树人；服务选才；引导教学。围绕高考核心功能，全面深化考试内容改革。因此，在备考中，我们必须懂新高考，把握新理念，学会新方法，把握新高考方向。

近几年高考许多数学试题在素材选取上源于社会实际和学生的真实生活，拓展试题情境来源，创设合理、真实的问题情境，设置新颖的试题呈现方式和设问方式，试题凸显综合性、应用性，以反映我国社会主义建设成果和优秀传统文化的真实情境为载体，贴近学生现实生活，联系社会实际，充分体现立德树人鲜明导向，为高三复习以及整个高中数学提供了一个正确的导向和启迪。

一、德育为导，培养学生爱国情怀

数学学科的作用旨在帮助学生发展和完善人格，能够帮助学生更好地认识世界，提升学生的思想水平。这对于社会的发展进步有着非常重要的作用。随着新课程改革的不断深化，德育教育已经成为教学过程中的核心教学内容。高考试题中关于立德树人角度的命题元素也很丰富，2019年一卷（理科）4题和13题分别展现了我国高铁发展成果与"嫦娥四号"实现首次月球背面着陆。2020年二卷（理科）18题以沙漠治理为背景，展示了我国沙漠的治理成就。都在增加学生的民族自豪感，为国家感到骄傲！

二、美育为魂，提高学生数学审美能力

美是人类创造性实践活动的产物，罗素曾说过："数学如果正确地看它，不但拥有真理，而且也具有至高的美。"数学之美主要表现在理性、对称、逻辑、简洁这些方面，美育能力，能够使学生更好地理解和发现数学的内在规律与本质特征，使之自觉地努力学习数学。美育还能影响学生的性格与气质，培养学生发现美的眼光，将美学与生活联系在一起。例如 2019 年一卷（理科）第 4 题"断臂维纳斯"探究了人体黄金分割之美，2020 年一卷（理科）第 3 题以胡夫金字塔为背景，体现了数学美和建筑美相结合。这些试题基于立德树人的理念传播美的意识，提高了数学审美能力。

三、体育为源，激发学生参与体育的兴趣

2020 年 10 月 6 日，中考体育上了热搜，引起了广泛关注。王登峰表示，学校体育中考不断总结经验，逐年增加分值，要达到和语数外同分数水平。高中数学也在努力实现全面考查综合数学素养要求，促进学生德智体美劳全面发展。例如 2019 年一卷和二卷中分别以篮球和乒乓球为背景来激发参与体育的兴趣。2020 年一卷（理科）19题用羽毛球比赛来增强健康意识。

四、劳育为根，培养学生民族传统美德

数学作为一门广泛应用于各行各业的学科，其思想和方法在职业中都起着重要的作用。我们每一个教师应积极开展在数学学科渗透劳动教育，增添劳动教育渠道，丰富劳动教育形式。现阶段的高考也加入了劳动教育的元素。例如 2019 年三卷（理科）16 题以学生到工厂劳动实践为场景，2020 年新高考（山东）15 题通过设计零件时给暴露在空间中的部分刷漆，体现了劳动教育，引导学生热爱劳动、尊重劳动成果。教师在教学中，结合学生思想实际和知识的接受能力，点点滴滴，有机渗透，耳濡目染，潜移默化，以达到劳育、智育的双重教育的目的。

五、设计新定义问题，提高学生解决问题能力

近年来全国各地的高考试卷都相继推出了以能力立意为目标的创新题型，使高考试题充满活力。"新定义"型这种题目由于其情景新颖，有利于考查考生分析、解决

问题的实际能力，所以备受各级、各类考试命题者的青睐。高考命题会从新定义问题上来体现这一立德树人理念要求，要求学生在阅读理解的基础上，根据具体情境结合题意进行自主探究，增强试题的开放性和探究性，引导学生打破常规进行独立思考和判断，提出解决问题的方案，体现高考试题的"应用性"。

综上，新高考下的立德树人，五育并举的理念会不断发展，也会成为新高考的一种趋势，今后高考将更加重视传统文化的考查。立德树人在数学教育中不断渗透很有意义，可以培养学生的社会责任感，加强个人修养、创新精神和实践能力等等。

参考文献：

［1］刘晓华.立德树人：试论高考数学命题的新亮点［J］.中学课程辅导·教育科研，2019（22）.

如何将立德树人融入高中数学课堂教学

王素荣

摘要：教书和育人是无法分割的两个部分，高中阶段不仅是学生学习知识的关键时期，还是培养学生人格魅力的关键时期。在立德树人的教育背景下，高中数学教师在教学中也应将侧重点转移到知识的内涵上，将知识与德育进行结合，培养全面发展的人才。下面将立德树人融入高中数学课堂中的有效策略进行简单分析。

关键词：立德树人；高中；数学课堂教学；有效策略

在新课标的要求下，立德树人是当前教育改革的重要内容，要全面实施素质教育，坚持德育为先，立德树人，教师必须在高中数学课堂中融入立德树人的教学理念。以此帮助学生养成良好的学习习惯及品德修养。所以高中教师需要结合学生年龄特点，制定详细的教学方案，确保高中生能够全面均衡发展。与此同时，保证其人生观、价值观都能适应时代发展的需要，这样才能让高中数学教学体现它的价值。作为数学教师，如何在教学中践行立德树人的理念？

一、转变教育观念，让学生成为学习的主人

现代教育教学观强调"一切为了每位学生的发展"，也就是强调把学习的主动权交给学生，给学生学习提供更广阔的空间，发挥他们的巨大潜能，允许他们在挑战问题的过程中出现错误，并在改正错误中去体验成功。而且要求教师从原来知识的传授者改变为学生学习的组织者、引导者、参与者和合作者，成为学生学习的好朋友，与学生共同探索学习。

1.从关注教师的"教"到关注学生的"学"

如何体现自主、合作和探究，教师如何发挥学习情境的创设者、组织者和学生学习活动的参与者、促进者的作用成为评价的关注点。

2. 从关注教师的教案到关注教师的提问

教师应更多地关注学生在课堂上的提问、反应、思考。注重花时间去琢磨学生，教师才有可能在教学之初先问问学生，了解学生的需要，才能真正上好"以学论教"的每一堂课。

3. 从关注教师的教学技能到关注学生的学习行为

关注学生在课堂上做了些什么、说了些什么、想了些什么、学会些什么和感受到什么等等，教师的板书和口语表达能力已不再是一堂好课的必要条件。只要教师给予学生充分自主学习、探究的机会，学生在课堂上就能获得充分的发展。学生的参与度越高，课堂的生成就越多，课堂的计划性就越少。对于课堂的生成，教师应因势利导，由此生成新的教学内容，使课堂教学处于一种新的流畅状态。根据学生对知识的掌握情况，教师要善于及时调整教学设计，使教学进一步走向理性。

二、提高教师素质，加强教师形象的德育功能

车尔尼雪夫斯基曾说过："教师把学生造就成什么人，自己就应当是这种人。"教师的形象具有教育性。在教学过程中，教师起着主导作用，学生学什么、怎样学都有赖于教师的指导。而这种指导成功与否又与教师自身形象即教师本身的职业道德和具有渊博学识的形象有十分密切的关系。因此在教学中，如果教师在学识、思想、仪表、操行等方面都能显示出较为完美的形象，就可以充分发挥教师的主导作用，强化非语言行为的作用，顺利完成课堂的教学任务，提高课堂的教学质量。人格魅力包含的内容较多，教师的上课方式、外在形象、谈吐、教学态度等等都是人格魅力的重要构成部分。教育是一个潜移默化的过程，在教学中教师的谈吐、风度、形象都会直接影响学生。一个极具人格魅力的教师将会对学生产生深远的影响，因为学生在不知不觉中会模仿教师的为人处世，那么作为高中教师的我们必须发挥个人魅力树立良好形象。在上课时，要穿着大方得体，语言逻辑要清晰明了，对待工作兢兢业业、一丝不苟。教师自身还要不断提升个人素养，让学生在教学中感受到我们健康的生活态度，培养学生积极乐观的生活态度，使学生感受到美无处不在。

真正做到"教师以身示范，学生将以师为范"，师德优良也将会造就学生完美的人格、健全的个性、良好的品格和正确的人生观。

三、课堂教学中渗透德育

践行新课程理念，就是要实现全人的教育，而立德树人的任务就要在学科内完成。通过数学的学习，应该达到培养学生有耐心、有细心、有恒心、有毅力的优良品质。现代教育中开始注重个性化教育，高中数学教学关注学生个性的培养，并充分发挥每个学生性格特长，使学生各有所得。德育教育会在个性化教学过程中渗透到课堂中去，学生潜力将会得到深度开发。

那么，高中数学课堂教学评价就要以这个目标达成为核心，不仅关注教师对知识的传授，更要关注教师是如何引领学生有耐心地观察问题，细心地发现问题、有恒心地探索问题、有毅力地解决问题。从关注教师的"教"到关注学生的"学"，这一视角的转变为传统的课堂教学评价注入了全新的内容。

在教学活动中应努力实现德育与智育的统一，本着以"育人为本，德育为先"的原则，教师应善于并勇于寓德育于学科教学之中。在保证教学内容和教学进度的基础上，从专业特点和教学内容的实际出发，因势利导地进行德育渗透，润物无声地融入学科课堂。

总之，知识不是讲得越多就越好，要讲得精准、精炼、精彩。重在"启"。启发学生思维，注重生成过程。方法不是总结得越全越好，要突出本质，通用、通性、通法。重在"悟"，让学生感悟此类方法的道理，注重体验式学习。学习也不仅只为了考试，仅仅把知识与考试挂钩的空洞说教越少越好。要突出能力培养，关注学生的终身发展。重在"润"，做到随风潜入夜，润物细无声。境界不仅仅是超群的教师技能和独特的执教艺术，还有精神追求和人格魅力。重在"化"，如春风化雨。数学课堂也要注重教书育人、行为习惯的培养。

参考文献：

［1］杨子圣.新课标下高中数学课堂如何实现立德树人［J］.新课程（下旬），2019（11）.

［2］邓永松.立德树人指导下高中数学教学的行与思［A］.广西写作学会教学研究专业委员会教师教育论坛资料汇编（二）［C］.2019.

浅谈数学教学中如何立德树人

刘志刚

摘要：立德树人是数学新课改提出的全新要求，教师要时刻以立德树人为导向，依托数学课堂载体，注重德育教育的有效渗透，彰显教育公平，实现学生个体在智力和品德两个方面的协同发展。对此，本文从立足数学教材、紧扣数学逻辑、探究数学历史、挖掘美学元素几个方面入手，重点探讨如何在高中数学教学中落实立德树人。希望通过本文研究为相关人员提供借鉴参考，探索有利于高中生全面发展的数学教学路径，在其中有效落实立德树人的教育任务。

关键词：高中数学；课堂教学；立德树人

虽然新课改、素质教育已经推行很久，并且在教育教学实践中已经取得初步成效，可是传统教育理念中不合理的部分依旧存在。特别是对于高中生而言，正处于人生的关键转折点，在巨大的升学压力面前，不少学生成为教育的"容器"，机械死板地学习数学知识，而教师也认为学生数学成绩的提升，对培养学生道德品质、思维能力、创新意识、爱国情怀等作用不大，这就会在一定程度上导致学生出现责任感缺乏、学习态度不严谨、自信心不足、学不致用、理想与实际交错的"德"的问题。因此，面对这一客观现象，教师责无旁贷，而如何在数学教学中落实立德树人，则成为教师教学实践中首要解决的重要课题。

一、立足数学教材，提炼德育资源

数学教材是高中生学习数学知识、教师组织开展教学活动的有效资源，在其中蕴含诸多的德育教育资源，为教师在高中数学教学中落实立德树人创造有利条件。因此，作为高中数学教师，要具备一定的提炼加工能力和信息整合能力，不仅要丰富教材中已有的显性德育资源，还需要对数学教材中潜藏的隐性德育资源进行挖掘，加工提炼整理后作为对学生进行德育教育的资源，以便实现立德树人教育内容与高中数学教材知识点的有机结合，培育学生良好的道德品质和多种思维能力，切实有效地促进高中生全面发展。

以人教 b 版高中数学教材为例，其中与立德树人有关的德育教育资源较为丰富。例如，通过函数奇偶性及周期性相关知识的学习，可引导学生在函数基本性质的探究过程中体会其蕴含的审美特征，有利于培养学生的审美情趣、集体主义精神；通过三角函数图像、性质等知识点的学习，有利于培养学生严谨的科学态度、求实的精神品质及创新思维能力；在等比数列前 n 项和知识点中引入九连环，可培养学生的爱国主义情怀；通过对物理中向量的应用举例，可加强向量知识与生活实际之间的联系，有利于引导学生探索数学知识的本质，对学生勇于探索、学以致用精神品质的培育大有裨益。

二、紧扣数学逻辑，培育求实品质

数学作为素质教育课程体系的基础性学科，具备逻辑性、严谨性、抽象性的多重特征，而数学学科本身的特点，不仅有利于高中生抽象思维能力、逻辑思维能力的培养，还可引导学生在数学问题探究中发现其内在关系，促使高中生树立严谨的科学态度，这对高中生求实的道德品质培育具有至关重要的现实意义。因此，在面向高中生组织开展课堂教学活动时，教师要紧扣数学逻辑，引导学生分析推理公式定理的形成过程，在学生脑海中构建完善的数学知识框架，进而培育学生求实严谨的科学态度。

以"两角和与差的正弦、余弦和正切公式"知识点为例，教师可鼓励学生应用已掌握的数学知识、数学方法等推导两角和与差的余弦公式，包括几何法、三角形面积公式推导等，引导学生在多个知识点的衔接之下解决问题，不仅可巩固学生已学的几何图形知识点，还可在新知识的探究思考中培养学生求真求实的科学态度。再如，在"指数函数及其性质"知识点的讲解时，教师可应用现代化教学手段引导学生分析探究知识，如"几何画板""GeoGebra"这类的数学软件，在电子白板的呈现下帮助学生加深对指数函数定义域、值域等知识的理解，激发学生兴趣的同时，可起到培养学生求实思维品质的作用。

三、探究数学历史，陶冶爱国情怀

中华民族拥有五千多年的发展历史，在数学研究领域内盛名颇高，商高定理、圆周率、算盘等数学成果都来自中国，并且诞生了祖冲之、刘徽、华罗庚等杰出的数学家。因此，在高中数学课堂上，教师可引入数学发展史，在概念、公式、性质、定理等知识的讲解中融入数学文化，进而对学生进行情感教育和德育教育，陶冶学生的爱国情怀。

例如：在"方程的根与函数的零点"知识点教学的课堂上，教师可借助多媒体为学生展示《九章算术》《数书九章》《周髀算经》等我国古代与数学有关的专著书籍，为学生讲解《九章算术》中一次方程、二次方程根的解析的相关内容，并告知学生与西方国家相比，我国《九章算术》这本数学专著中提到的解析方法的时间更早，有300多年。同时，秦九韶作为南宋著名的数学家，在世界范围内首创任意次代数方程正根的解法。在数学史的讲解完毕后，在电子白板上展示方程，让学生运用已学习的求解方法判断这些方程有多少个根。通过数学发展史的引入，可很好地吸引学生的注意力，使得学生的思维朝着发散性的方向发展，在了解古代数学家作出的杰出贡献的基础上，培养学生的爱国情怀，不断增强学生的社会责任感。

四、挖掘美学元素，增强美学素养

数学不仅仅是一种解决问题的方法，图形、符号、数字等都是数学的构成要素，不同的数学组合形式其所呈现的效果也存在明显不同。因此，数学在具备严谨性、逻辑性、抽象性特征的同时，其本身也蕴含独特的美学特征。于是，高中数学教师要有一双善于发现美的眼睛，对数学中潜藏的美学元素进行透彻的挖掘，引导学生感知数学美，进而增强学生的美学素养，实现数学教学与美育教育的深度融合，落实立德树人的教育任务。

以"任意角的三角函数""函数 $y = A\sin(\omega\chi + \varphi)$ 的图像""三角函数图像""平面向量坐标轴运算"等知识点为例，教师在讲解时不仅可以帮助学生理解这些数学知识，还可利用三角形法、解析式法、向量法等数形结合的思想引导学生分析解决数学问题，而数形结合方法的应用则是数学的统一美，有利于帮助学生构建完整的数学知识框架，对学生数学美学素养的培育具有良好作用。再如：在"函数奇偶性"一课的讲解时，教师可借助多媒体为学生展示生活中常见的轴对称图形，如"美丽的蝴蝶""水中倒映的灯塔"等，在学生观看欣赏这些图片时帮助学生复习轴对称的定义，随后再在电子白板上为学生展示4个函数图像，引导学生从函数图像中归纳总结函数的奇偶性。

在这一教学环节中，函数的奇偶性本身就是对称美，可帮助学生理解数学图像中所蕴含的美感，还可促使学生学会从多个方面看待问题。

综上所述，高中数学虽然具备逻辑性和抽象性的多重特征，并且学习难度与此前阶段相比较明显增加，但是其中依旧蕴含诸多的德育教育资源，都可给予学生精神情感上的启迪。因此，作为高中数学教师，要以立德树人为导向，重视对学生智力开发的同时，更加注重对学生道德品质的培育，立足于数学教材整理提炼其中的德育资源，紧扣数学逻辑培育学生实事求是的精神品质，引导学生在数学发展历史的探究中感知数学本质，陶冶学生爱国情怀，善于挖掘数学中的美学元素，增强高中生的美学素养，进一步落实立德树人，为学生提供数学的学习动力，逐步发展高中生在数学学科方面的学科素养，促使学生在数学知识学习和数学问题分析解决中获得精神情感上的满足，净化润泽学生心灵，实现高中数学教学与立德树人的深度融合。

参考文献：

［1］李锦国.高中数学教学中德育教育的渗透策略分析［J］.才智，2020（6）.

［2］刘跃芹.浅谈高中数学教学中人文教育的开展［J］.科学咨询（科技·管理），2019（9）.

［3］杨杰.深度学习视域下高中数学核心素养渗透方法研究［J］.科技经济导刊，2019（23）.

［4］刘小文.数学文化渗透在高中数学课堂教学中的案例研究——"圆的标准方程"教学设计和反思［J］.文化创新比较研究，2019（11）.

浅谈如何在数学课堂中渗透立德树人教育

张 影

摘要：立德树人教育就是陶冶学生的情操，对学生进行潜移默化的教育。教师的形象和精神面貌对学生的影响是直接的，也是深远的。数学教师如何在数学课堂中渗透立德树人教育是我们面临的一个重点问题。

关键词：数学课堂；渗透；立德树人教育

如何在数学课堂中渗透立德树人教育是每一个教育工作者共同的任务和使命，作为一名数学教师，我们在教好我们的专业课的同时，一定要把立德树人放在重要位置。那么，在数学课堂中如何渗透立德树人教育呢？

首先，以身作则，用教师人格魅力感染学生。

立德树人教育就是陶冶学生的情操，对学生进行潜移默化的教育。教师的形象和精神面貌对学生的影响是直接的，也是深远的。其中教师的示范作用以及老师对学生的态度，是培养学生良好习惯的主要方法。教师的一言一行、一举一动都能感染学生，我们要以严谨的教学风格和一丝不苟的工作态度来影响学生。上课时，着装要朴素大方，讲普通话，语言要清楚、明白、有逻辑性。板书要整齐，书写要规范。板书设计、语言表达、教师的仪表可以无形中给学生美的感染，从而陶冶学生的情操，使学生感受到美的教育。辅导"问题生"要耐心、细致，使学生在教师的感染下，潜移默化地受到熏陶和教育。若教师在教学中老板着面孔，死气沉沉，则教室的气氛必然紧张、严肃，学生容易产生一种压抑感，他们学习的潜能就挖掘不出来。所以在课堂教学中，教师要通过创设情境，将师生的感情融于认知活动中，使学生在一个愉悦、轻松的氛围中学习，这样有助于培养学生良好的人格。

其次，在创设情境中渗透立德树人教育。

《教育部关于全面深化课程改革　落实立德树人根本任务的意见》强调：全面贯彻党的教育方针，遵循教育规律和学生成长规律。大力弘扬中华优秀传统文化，把培育和践行社会主义核心价值观融入国民教育全过程，倡导富强、民主、文明、和谐，倡导自由、平等、公正、法治，倡导爱国、敬业、诚信、友善。要立足中国国情，具有世界眼光，面向全体学生，促进人人成才。《数学课程标准》在课程建设中明确指出：数学教学是数学活动的教学，是师生之间、学生之间交往互动与共同发展的过程。数学教学要紧密联系生活实际，创设各种情境，为学生提供从事数学活动的机会，激发学生对数学的兴趣，以及学好数学的愿望，而学生的兴趣源自具体情境，课堂教学又是激发学生学习兴趣、实施主体教育的主阵地。因此，创设新颖的情境能激发学生的学习兴趣，让他们产生愉快的情感体验，对学习内容产生爱好和追求，这样学生就能主动探索，钻研思考。开好头，才能上好课，作为一堂课教学的开端，情境创设是课堂的重要环节。情境的创设，不妨试试有趣的数学故事，可以是数学家的故事，像中国古代著名数学家贾宪、秦九韶、李治、刘徽、祖冲之等；中国当代著名数学家华罗庚、陈景润等。

再次，在教学过程中渗透立德树人教育。

学生是课堂的主力军，教师是课堂的指挥者，教学中，学生的主体地位要体现得淋漓尽致，教师的主导作用要发挥得至善至美。而以往的课堂都是老师讲、学生做的"填鸭式"教学，这样的话，灌输知识只会导致学生死读书，读死书，拔苗不见得就会助长。教师教态的严肃、课堂教学的乏味与单调势必会引起课堂的无效和低效，因此，就得需要一个不一样的课堂。现在提倡生本课堂，以生为本。生本课堂不是"放羊式"教学，而是将课堂还给学生，变教室为学室，变教时为学时，变教案为学案。教师要发挥驾驭课堂的能力，发挥熟练的主观能动性，优化督促约束机制，保证学生全员高效参与，让学生学会经营课堂45分钟，让它产生最大的效益。我们必须立足于学生，让学生积极参与学习，实现有效的、多向的、高质量的互动，从而达到优质高效的课堂教学这一最终目标。教学过程的设计不一定按部就班，要有自己独特的见解，关键要新鲜，只有在新鲜的教学过程中才能有立德树人教育的更大渗透圈。

最后，在归纳总结中渗透立德树人教育。

归纳总结是一堂课的画龙点睛之处，也是45分钟课堂的收尾之处，但不是一课的结束，还需要教学反思。教学达到的目标不仅仅是教学生学会，还得需要教学生会学，归纳总结更能检验学生是不是会学。归纳总结不仅仅是简单的知识的罗列，因此，归纳总结要有创新。归纳总结，学生可以自己独立完成。通过归纳总结，知识经过自己的思考加工后完全被自己掌握。归纳总结，老师可以与学生合作完成。通过归纳总结，发挥学生的主体性，发挥教师的主导作用。科学来源于生活，最终回归到生活，归纳总结是对科学的总结，目的是学以致用，关键要新式，只有在新式的归纳总结中才能有德育的更大渗透。

总之，"育人为本，德育为先"。数学教学中立德树人教育功能渗透的根本目的在于使教学能真正为新世纪培养合格的建设者和接班人服务，所以在课堂教学中，教师要结合学生思想实际和知识的接受能力，点点滴滴，有机渗透，耳濡目染，潜移默化，以达到德育、智育的双重教育目的。作为新时期的一名数学教师，应牢固树立立德树人，育人为本、德育为先的理念，不断提高德育工作的针对性、实效性，引导学生树立正确的世界观、人生观、价值观，努力培养德智体美全面发展的社会主义建设者和接班人，为全面建成小康社会，实现我们的"中国梦"完成自己应尽的职责。

参考文献：

［1］柴建.小学数学教学如何渗透德育教育［J］.青少年日记（教育教学研究），2019（1）.

［2］冯新威.刍议新课程下初中数学教学中德育的渗透［J］.新课程（中学），2015（3）.

［3］梁颖莉.高中数学课堂教学渗透立德树人研究［J］.中文科技期刊数据库（引文版）社会科学，2018（9）.

数学文化融入数学课堂

于志波

摘要：数学文化融入课堂，增加数学课堂的文化品位，提升数学教学品质，从而实现数学教学三维目标全面达成的一条重要途径。1. 数学文化的内涵。2. 数学文化不等同于数学史。3. 合理挖掘利用数学史文化。4. 现实生活体现数学文化的应用价值。

关键词：数学文化；融入数学课堂；数学文化的内涵；现实生活体现数学文化的应用价值。

数学作为一种文化，呼唤数学文化精神的回归，已逐步成为数学教育工作者的共识。为提高人们对数学文化价值的认识，《普通高中数学课程标准》在教学理念与教学过程要求上都对渗透数学文化作了明确的要求，将数学文化融入课堂，增加数学课堂的文化品位，提升数学教学品质，是实现数学教学三维目标全面达成的一条重要途径。

一、数学文化的内涵

数学文化的内涵有各种不同的理解，他们主要从人类文化学、数学活动和数学史等不同的维度对数学文化的含义作出解释，如："数学是一种文化。文化有广义、狭义之分，广义的文化是相对自然界而言的，是指人类的一切活动所创造的非自然的事物或对象。狭义的文化，则是指人类的精神生活领域。数学是人类文化的重要组成部分，是独特而又自成体系的一种文化形态。"

我理解主要可以从以下两个方面去体会数学文化在数学教学中的表现形态：1. 是体现数学外部联系和内部联系的事物或对象，如数学知识的产生背景、数学的语言和问题、数学家、数学史以及数学在日常生活和其他科学中的应用等。2. 是蕴含于数学知识的形成、发展和应用过程之中的那些意识形态和精神领域的因素，如数学的思想、方法、观念、意识、态度、精神和数学美等。数学文化对于人的影响是潜移默化的，更是深远的。

二、结合高中数学知识，介绍数学史上重要人物、事件、成果，展现数学文化

数学史对数学教育的意义已引起数学教育家的重视，利用它可以激发学生的学习兴趣，培养学生的数学精神，启发学生的人格成长，预见学生的人格发展，指导并丰富教师的课堂教学，促进学生对数学的理解和对数学价值的认识，构筑数学与人文之间的桥梁，等等。在组织高中数学教学活动的时候，如果能将数学史展现在学生面前，不仅可以为学生呈现一个多样化的数学世界，开阔学生眼界，还可以引导学生在数学史中经历数学的形成、发展过程，在体验中扎实地掌握基础的数学知识。在数学教学活动开展中，可以在数学史的基础上为学生创设多样的数学情境，借此顺其自然地导入新课。在平时的备课过程中，应该注意对一些数学家相关的故事进行收集并作熟悉的了解，随时插入课堂教学中对学生进行数学文化的人文价值教育。如在学习"二项式定理"时可以介绍我国古代数学成就"杨辉三角"等。

三、数学文化不等同于数学史

数学文化常渗透于一些观摩课中，成为课改的一大亮点。但凡认真观察，便会发现，实践层面有关数学文化的研究，总是圈于一个相对狭窄的空间与夹缝中，数学文化似乎成了数学史的代名词。

我认为：一堂课只要渗透数学史，那就是一堂体现数学文化的课。我通过查阅各种有关数学文化的资料，发现了将数学文化与数学史画上等号，既是对数学文化内涵的一种窄化，不利于我们全方位地理解、认识数学的文化价值，同时让我们走入了"每一堂日常课难以呈现数学文化的意味"这一误区。

事实上，数学史料的渗透无疑是数学文化走进数学课堂的重要组成部分。对数学史料的有效推介与开掘，对于帮助学生重新认识数学的本来面目，进而还原数学知识的来龙去脉，将浸润在数学史料背后的数学方法、数学精神彰显出来，倒也不失为数学课堂渗透数学文化的重要媒介。应该说，数学史是数学文化的重要组成部分。数学文化还远不是数学史能包容和涵盖的。数学作为一种文化，其所折射出的思维方式、对称、和谐等独特美感的敏锐洞察等，这些才是作为文化的数学所具备的文化价值，

而我们的实践，必将在新的认识高度和实践领域内，获得新的生命活力。

四、合理挖掘利用数学史文化

几千年的历史文化，积淀下厚实的数学文化，这些宝贵的财富，成为我们的教学资源，是提高学生数学素养不可缺少的一部分。

例如在教学《确定位置》时，学生觉得用"数对"的方法确定位置给我们的生产、生活带来了如此大的方便，那么是谁发明了"数对"呢？请看一则资料（用多媒体播放）：笛卡尔是著名的法国哲学家、数学家、物理学家，解析几何学奠基人之一。笛卡尔在反复思考一个问题：通过什么办法，才能把"点"和"数"联系起来呢？突然，他看见屋角上的一只蜘蛛在上边左右拉丝。他想，可以把蜘蛛看作一个点，蜘蛛的每个位置就能用一组数确定下来。于是在蜘蛛的启示下，笛卡尔用一对有顺序的数表示平面上的一个点，创建了直角坐标系，从此有了"数对"。他本人也受到了人们永远的尊敬。

再如在教学《圆周长》时，为了让学生全面了解圆周率，老师没有直接告诉学生 $\pi \approx 3.14$，而是通过课件，让学生穿越时空隧道，了解圆周率的历史。学生在从古到今，由中及外的数学发展史中，感觉到数学成果的精确，体验到人类对数学知识的不断追求，更为学生对数学未来的发展留下畅想的空间。

五、现实生活体现数学文化的应用价值

数学文化的意义不仅在于知识本身和内涵，更在于它的应用价值。"数学文化"的一个显著特点，就是它源于生活，又广泛应用于生活。《数学课程标准》指出，"学生的数学学习内容应当是现实的、有意义的、富有挑战性的"，从这个角度讲，数学应用教学是数学学科与数学文化的切入点。如在教学《利息》时，先让学生在课前到银行进行实地调查活动，了解利息方面的知识，课上进行交流汇报，这样开放了教材的空间，使学生积极主动投入到学习数学活动之中，真切感受到生活中到处有数学。到期利息的计算比较简单，教师放手让学生独立计算，对延后支取和提前支取这两种复杂的情况，则组织学生在小组里交流、辩论、探索，得出正确的计算方法，使学生充分体验再创造过程，真正理解了数学在社会生活中的意义和价值，从而激发了学生学习数学的兴趣，接受了"数学文化"的熏陶。数学文化在很大程度是改变学生的数学观，学生只有了解数学的价值，才能更好地学习数学。

六、数学美学展示数学文化

开普勒曾说："数学是这个世界之美的原型。"数学美是无处不在的，它的简单性、和谐性和奇异性，常常让人感到赏心悦目。课堂上要充分挖掘数学的美学价值，引导学生去发现数学美，感受数学美，提高学生的审美能力。

《圆的认识》这一课，老师在挖掘数学的审美。老师在课件上呈现了"平静的湖面，一颗石子轻轻地落下，泛起了一圈圈波纹"这样一幅画面，在学生的视野中，"圆"以这种美好的状态出现，加以优美的音乐，生活中各种圆形的拱桥、建筑等展现于学生眼前，美不胜收。在丰富的数学学习中，不断推进，使圆的文化特性浸润于学生心间，成为学生学习的动力。

七、丰富活动内容诠释数学文化

数学活动是数学教学的重要组成部分。在数学活动中渗透数学文化，可以丰富学生的精神生活，扩大学生的视野，拓宽知识，发展学生的兴趣、爱好、特长，提高学生学习数学的能力。通过地球卫星绕地球运行轨迹是椭圆曲线，提高了学生掌握椭圆定义及定义理解兴趣；通过游戏中的策略，活跃了课堂气氛，学生在活动中感悟规律，学会思考。在数学活动中，我们感悟了数学文化的深厚力量，找寻更为丰富的内涵。

要使数学文化真正融入数学课堂，老师必须加强自身学习，在学习中有所体会与感悟，并将其用在自己的课堂上，只要我们处处留意，用心体会，日积月累，终将把握到数学文化的真谛。

让数学文化融入课堂，让文化浸润学生的心灵，让文化启迪学生的智慧，是每一位教师的职责，也是对数学教学课堂一种高品位的追求。数学文化让学生进一步理解数学，喜欢数学，热爱数学，丰富学习，全面提升高中生的数学素养。

参考文献：

[1]张芳.数学文化如何在高中课堂教学中生根发芽[J].中学数学研究,2019(2).

[2]林克涌.让数学文化走进课堂[J].数学通报,2007(12).

[3]李小平,田元生.让数学文化走进数学课堂[J].湖南教育(下旬),2013(4).

[4]赵建.让数学文化走进课堂[J].新课程(中学),2017(11).

高中数学教学中的立德树人教育

王汉杰

摘要： 新课改正在如火如荼地进行，实施全面的素质教育已成为现代教育的发展方向和主题。在教育中，要坚持德育为先、立德树人。在高中数学教育中，立德树人也成为重要的教学要求，也是教育的重要组成部分，它可以促进学生的全面发展，实现学生的人格完善，帮助学生建立正确的人生观和世界观，因此在教育中立德树人非常重要。

关键词： 高中数学；立德树人；数学教育

一、立德树人在高中数学教学中的重要性

（一）立德树人是高中数学学科自身的要求

高中数学与初中数学有很大不同。初中数学内容少，相对好理解，学习方法主要是熟能生巧。而高中数学相对来说内容多，而且有的部分对一部分同学来说很难理解，这就要求学生要养成良好的学习习惯，要对数学感兴趣。如果能让学生多参加一些数学活动，激发他们的求知欲，这不仅对他们的学习有帮助，更有利于形成正确的人生观和价值观。

（二）立德树人是素质教育的要求

《教育规划纲要》明确提出，坚持以人为本、全面实施素质教育是教育改革发展的战略主题，要坚持德育为先、立德树人。在数学教学中，让学生实现知识增长，学会观察和实验，养成数学思维方式，增强他们的探究能力，这样才能真正提高学生的数学学习能力。

二、将立德树人教育融入到高中数学教育中

新课标指出：关注学生在课堂教学中的表现应成为课堂教学评价的主要内容。我国指出"把立德树人作为教育的根本任务"，那么如何将立德树人教育融入到高中数学教学中呢？

（一）调整教学方式

要调整高中数学课堂趣味性不足问题，把生活中的数学现象融入到高中数学课堂，同时运用丰富的网络数学资源提高课堂教学新颖性；创新课堂教学方式，增强教师与学生的课堂互动关系，培养学生的质疑和主动探索精神，让学生真正成为数学课堂的主人，教师真正地退回到辅助地位。

（二）转变教学理念

重视学生的个性发展。传统高中数学教学理念的最终目的是通过教授和练习的学习方法，提升学生的数学成绩。这种教学理念对一部分学生起到了很好的效果，却不能达到整体提升数学成绩的目标，因而教学理念就要发生必要的转变，将重视的目标从教学的结果转变为教学过程中学生个体的表现。

（三）营造良好的课堂教学氛围

由于数学学科理论性强，表述又极为抽象，要想提高学生的积极性很难。教师应该营造良好的课堂学习氛围，以引导学生走进数学的海洋。比如，借助辅助工具教学、精心设计课程导入等等，可以很好地配合教材教学。教师也应该改变自己以往严肃刻板的教师形象，用渊博的学识和高尚品德影响学生。

（四）引导学生自主学习，掌握独立思考技能

数学是一门需要很强思维能力的学科，在课堂教学中除了要教授学生教材上的知识点以外，还要注重培养学生独立思考和自主探究的能力，授人以鱼不如授人以渔。教师在课堂上应该赋予学生自己探求问题答案的能力和动力，让学生能够自学自得。高中数学教师在教学过程中应渗透数学思想，让学生形成自己的数学思维，使得学生掌握各种解题思路，数学思想的培养有助于解题技巧的增强和数学思维能力的提高。

总之，知识不是讲得越多越好，要讲得精准、精炼、精彩。不要只看分数，要注重学生的能力培养，关注学生的终身发展。

参考文献：

［1］陈炳泉．浅谈高中数学高效课堂的构建［J］．当代教研论丛，2017（10）．

［2］李明玥．浅析新课标下建设高中数学高效课堂的途径［J］.数学学习与研究，2019（7）．

［3］冷鹏．立德树人理念下的高中数学课堂教学分析［J］.试题与研究：教学论坛，2020（18）．

在英语教学中立德树人

范 萍

摘要：党的十八大首次确立"立德树人"为教育的根本任务。英语新课程标准中要求教师在课堂教学中，不仅要传授语言文化，而且要有意识地培养学生树立正确的人生观、世界观和价值观。增强社会责任感，全面提高人文素养。本文从三个方面阐述了如何在英语教学中进行立德树人的教育。一、师爱激情，立德树人。二、因材施教，立德树人。三、教贵情深，立德树人。并紧密联系教学实际，举身边的教学实例，探讨了立德树人的有效方法和策略，指出了在立德树人教育中一些应注意的问题。实现英语教学中既培养学生的英语语言学习的综合运用能力，又进行了立德树人的教育。

关键词：英语教学；师爱激情；因材施教；教贵情深；立德树人

英语教学过程从根本上说就是人与人在交往过程中而达到相互作用、相互影响的过程。我们对学生的爱和学生对我们的爱是相互的。感情是教学艺术的魅力所在，有了感情，就会增进教育的魅力。好的师生关系需要师生之间的相互理解和相互沟通。

一、师爱激情，立德树人

教学过程既是师生信息传递、交流的双向过程，也是情感交流的双向过程。在教学中，常有学生对学习英语不感兴趣，而导致教学效果欠佳，其主要原因之一是教师忽视情感在教学中的重要作用。教师要树立为学生服务的思想，态度亲切，充分尊重学生，以求得心灵沟通，师生彼此理解、信任、合作，教师要成为学生学习的引导者、激励者和点拨者，在教学过程中教师应充分挖掘英语教材的趣味性和幽默性，充分利用学生求新、好奇与渴望求知和成功的心理，一切为学生着想，充分尊重他们，热情帮助他们，不断激发他们的学习积极性，使他们成为学习的主人，才能充分体现学生在英语学习中的主体地位，教师的辛勤劳动才能结出丰硕的成果。

苏霍姆林斯基认为："在学习上取得成功是学生精神力量的唯一源泉，它能产生克服困难的动力，激发学习愿望。"知识的获得来自思维活动的过程，学生一旦通过艰苦的思考找到答案，就会产生成功的喜悦，形成"成功效应"，即成功产生异常积极的情绪体验和浓厚的兴趣，并强烈期望进一步成功的心理现象。实践表明：没有什么东西比成功更能增强满足的感觉，也没有什么东西比成功更能鼓起进一步求得成功的努力，创造成功是促进学生形成稳定而持久的积极学习情感的有效途径。

二、因材施教，立德树人

教师要有高度的责任心，要对每一位学生负责，特别是对那些"慢生""差生"，教师应多提问那些他们有把握的问题，有意给他们"表现"的机会，借以鼓励他们，帮助他们树立"我也能学好英语"的信心。可能最后他们的成绩不是最好的，但是他们也是社会的有用之人。所以，教师应该用发展的眼光看待每一位学生，帮助他们走向成功。

著名教育艺术家李燕杰教授曾深有感触地说："一切好的教育方法，教育艺术都产生于教师对学生无比的挚爱之中。"教师的一言一行、一举一动，均在学生的监督之下，并对学生的道德行为习惯的形成产生极其重要的影响。爱是教育的动力。我所教的两位学生——杨某和姜某，在刚接手这个班级时，就有很多老师跟我说他们的一些劣迹。刚开始在上英语课时说话、睡觉、玩。我也对他们很厌烦，并且彼此之间也有一些不愉快，他们对英语学习也越来越反感。后来我通过观察发现他们有乐于助人的一面。我就有意在他们帮助别人时多表扬他们，他们刚开始持怀疑态度，认为老师只不过是想拉拢他们，我就以诚心对待他们，让他们感到老师是真心为了他们好，慢慢地他们开始转变态度，虽然也有很多知识学不会，但是他们的学习态度有了很大的改观。每天都在尽自己最大的努力在学，上课认真听讲，作业认真完成，虽然成绩不是很让人满意，但是他们的学习态度端正，相信将来也一样会成为对社会有用的人。

三、教贵情深，立德树人

立德，必须从现在开始，成绩不好，可以慢慢努力提高，但道德——这种特别而美好的东西，却必须经历长时间的熏陶和培养才能拥有。立德树人是所有教师共同肩负的重要使命。俗话说"教贵情深"。教师对学生的深深的情和爱能激励教师个体全身心地投入到教育教学中去，教师爱学生才会赢得学生的尊敬与爱戴，同时教师从学生的尊敬与爱戴中获得良好的体验，进而引发教师职业道德的升华。

教育的目的是促进学生的全面发展，而不仅仅在于提高学生的考试成绩，学生高尚道德品质的发展、良好个性的形成以及能力的培养等都是教育要达到的目标，因此在教学中要首先注重德的培养，注重学生自立的培养。充分挖掘教材，教会学生做人。英语教材的课文内容自然渗透着丰富的思想教育内容。随着教材内容改革，高中德育教育的内容也紧跟时代，具有时代气息。

在英语教学中，我们应注重培养学生的社会文明礼仪、道德品质、思维能力，使学生言谈得体、举止文明、遵纪守法、爱护环境、宽厚友善，有社会公德和公民意识，并且在注意培养学生评判性思维的基础上，培养学生的创造性思维，从而使我们的英语学科教学能真正达到立德树人的根本目的，而我们英语老师也必须努力做积极主动的老师，做不断超越自己的更好的老师，做有创造性的老师，使自己能成为真正的既教书又育人的教育者。

参考文献：

［1］吴雪峰.指向育人的高中英语德育实施路径探究［J］.福建教育学院学报，2018（8）.

［2］苏雯洁.融合德育培养，强化学生感知——高中英语德育渗透［J］.才智，2018（22）.

心怀祖国，沟通世界

——浅谈将爱国情怀融入高中英语教学

刘　伟

摘要：科教兴国，一个国家需要发展，需要的是源源不断的人才。可是，有才无德的人，对社会乃至世界都是危险品，所以，教育被很多国家放在了首要的位置。教和育是分不开的，也就是说，"教"书的同时还要"育"人。对于高中英语教师而言，就是要培养出德才兼备的英语人才，为祖国服务。只有这样，才能为人民谋福祉，乃至为人类造福。顺应时代和国家发展的要求，结合英语学科的特点，达到教书育人的目的。首先明确高中生英语培养的目标；然后方法是从为什么学习，到整合教材，到创设情境，到文化差异的学习，再到思辨能力培养等方面，融入爱国主义教育；最终将学习英语与爱国使命紧密相连。真正实现为了祖国培养人才，也就是要让学生在学习英语的同时，要做到心怀祖国，沟通世界，实现将爱国主义情怀融入到高中英语教学之中。

关键词：爱国情怀；英语教学；创设情境；真善美

随着国际合作的日益增强，中华民族要实现伟大复兴，作为一线的高中英语教师，我们的任务就是要将爱国情怀融入高中英语教学，为祖国的繁荣发展培养优秀的后备力量。

一方面，我们要培养能沟通世界的优秀的英语人才。因为如今的世界，被人们称为"地球村"。也就是说，我们每个人都是这个村子的一员，我们彼此需要，互相扶持，互通有无。那么沟通是必不可少的一个途径。而英语这个世界语言，便成为一种沟通工具。对于高中英语教学而言，英语教师的使命就是培养出优秀的国际交流型人才，也就是沟通世界。

另一方面，爱国主义教育要贯穿高中英语教学的始终。古往今来，各个国家都会有一些优秀的人才外流的情况。有的人，看到国外的一些优越待遇，心向往之；有的甚至是崇洋媚外，渐渐地忘记了自己是个中国人。国家培养了他很多年，可是，等到他学成以后，却为他国效力，甚至站到了祖国的对立面。这与教育的根本目标是相悖的。我们教育就是要教书育人。不能只"教"，而忽略了"育"。这里的育，就是要培育出具有崇高的爱国主义情怀的人。也就是无论做什么事，都要做到心怀祖国。

有人说，科学无国界，但是科学家有祖国。我们作为中华民族的后代，我们不能忘记自己的使命，更加不能背叛自己的祖国。祖国，对于我们每个人来说，都好比是母亲啊，我们作为儿女的，怎能不去报答？怎能恩将仇报呢？

那么，如何将爱国情怀融入高中英语教学呢？

首先，明确我们为什么学习。

周总理为中华之崛起而读书。我们为了祖国的腾飞而努力。教书育人，是一线教师的使命，教会学生们语言技能的同时，更要让他们有使命感，有理想信念，为了祖国而学习。

我们要带着学生们读党史，学习中国历史。是中国共产党领导我们建立起新中国，是中国共产党让我们摆脱了被人奴役的生活。我们要爱中国共产党，拥护中国共产党，为了中国共产党而努力学习。

我们要让学生们记住，中华民族，在历史上经历了风风雨雨。前事不忘，后事之师。我们要学习中国的历史。以史为鉴，可知兴替。落后就要挨打，历史中血一般的教训，我们必须铭记！

我们要让学生们懂得，只有始终拥有雄厚的经济力量和强大的军事力量做后盾，国家才能持续安定团结的局面，才能铸就祖国的钢铁长城。人民安居乐业，国家才有发展。如今的和平，都是英雄前辈们用鲜血和汗水换来的。我们要珍惜这来之不易的和平！

比如，在我们讲到 Science and Technology 的时候，让学生们懂得：只有学习才能使科技进步；科技进步了，才能跟上时代步伐，发展壮大自己，才能傲立于世界民族之林。为了国家的长治久安，为了国家的繁荣富强，为了人民过上更加幸福的生活，我们要坚定为了国家而学习、为了中华民族而努力、为了祖国繁荣富强而学习的决心！

其次，我们要整合教材内容，中外信息融合。

现在的世界，强调的是合作共赢。英语能够起到桥梁的作用，连接科技与进步，连接你我他，连接古今中外。

英语这个学科的特点是涵盖面非常广泛，比如它涉及人文的、自然的、科学的方方面面，具体有历史、地理、政治、经济、科技、军事、环境、健康、资源、医疗、体育、艺术、文化、自然、天文等等。这些领域都是全人类共同关心的，很多国家都有突破性的进展，我们既要学习先进的知识，也要看到祖国的发展和进步。让我们更加有信心，有坚定的方向，朝着构建人类命运共同体而努力。

比如，我们讲到 People of Great Achievement 的时候，通过学习，让学生们了解我们中国的屠呦呦发现了青蒿素，造福了世界各地众多的人民！我们国家研发的疫苗，挽救了多少人的生命！我们祖国在世界大家庭里，为别的国家提供救援，给他们带去了温暖和希望……这些都是让我们感到骄傲的地方。让世界看到中国温度和中国的友好，也让学生们看到中国人的潜力和睿智。

第三，我们要创设情境，激发真善美。

爱国，不仅仅是保卫祖国，还要爱人民，爱地球。其实我们身边很多的小事，也无处不体现着爱国情怀。比如，热爱地球、珍爱生命、保护环境、减少浪费、互相帮助、尊老爱幼、减少破坏环境的行为，像爱护公共设施、保护一草一木、爱护动物等等，都是爱国的体现。

其实，将人与人之间的真诚、善良，放在心中，做一位阳光的青少年，心里有阳光、脚下有力量，才能无所畏惧，心中怀着美好的向往，不断前行。

比如，我们在讲到 First Aid 的时候，就可以将国际合作中紧急救援的情境设置在里面，让学生们感受到，国际大家庭的互帮互助，人与人的互相信任和帮助，让这个世界变得更加美好。在面对灾难的时候，我们才不会觉得无助。这都需要我们有颗真善美的心灵。

第四，学习国内外文化差异，实现文化的无缝对接。

爱国，就是在国际交流中，减少误解，增进友谊和合作。不过，由于每个国家的历史不同，世界各地人们的信仰也存在差异，这在我们运用英语沟通的同时，也是必须注意的问题之一。

比如，我们在学习 Culture Shock 的时候，可以将不同的文化，通过图片或视频资料呈现给学生们；还有，在我们学习 Body Language 的时候，让学生们了解 OK 这个手势，在不同的国家，表示的意义有着极大差别。这样才能尽可能地减少和避免文化冲击造成的不必要的误会。

所以说，我们只有做到了会讲英语还不够，还要学习文化差异知识，去尊重不同的文化。让英语这种语言真正地为祖国建设和国际合作服好务。

第五，培养思辨意识，提高解决问题的能力。

爱国，需要的不仅仅是一股子冲劲和蛮力，国家更加需要的是能解决问题的人才。历史的车轮在不断前进，我们的学习如逆水行舟，不进则退。我们要发愤图强，坚持不懈，锐意进取，培养学生们的批判性思维能力（Critical Thinking）和创造性思维能力（Creative

Thinking）。因为，问题无处不在，只有具备思辨能力和创造能力的人，才能更好地解决问题。

比如说，我们在讲 Reading and Thinking 一课的时候，让他们读完文章之后，进行思考，辩论可取之处和可改善之法。只有这样，才能让学生们做到：既能辨识好坏，又能够有创造力，能够在实际生活中运用所学的知识将问题化解，实现加强相互理解（mutual understanding），让世界合作更加顺利。

综上所述，我们的国家要发展，我们的民族要富强，我们要在学习英语的同时，不忘初心、不忘使命，为了祖国而学习，为了强大自己的国家而努力。我们一线高中英语教师，会不断提升自己的业务能力和扩大国际视野，让我们的下一代做心怀祖国、沟通世界的新一代英语人才！

参考文献：

［1］中华人民共和国教育部．普通高中英语课程标准［S］．北京：人民教育出版社，2017.

浅谈中国传统文化在英语教学中的传承

魏 巍

摘要：我国历史悠久，文化灿烂，几千年来，传统文化的传承重任落在一代又一代中华儿女的肩上。随着全球经济的不断发展，我国目前已是世界第二大经济体，越来越多的人参与到国际交往和跨文化交流中，这就需要英语教学与当前形势相结合。在英语基础教育中，到底中国传统文化为什么一直缺失，为什么中国传统文化不可缺失，又该如何把它融入英语教学中呢？本文将着重探讨这几个方面的内容。

关键词：中国传统文化；英语教学；融合

现阶段英语基础教育教学着重知识与技能的传授，文化方面多为介绍世界各国（尤其是西方发达国家）的历史文化、风土人情与社交礼仪等。学生们对于西方国家的文化已经有了一定的了解，比如他们对于西方的节日都较为熟悉。而由于种种原因的限制，一直以来我国的传统文化与英语语言教学的融合是不够的，这样既不利于学生对于英语的实际应用和交流，也不利于我国传统文化的传承和发扬光大。

一、英语基础教育中，中国传统文化的缺失原因

首先，传统的英语教材的编写不够重视中国传统文化的渗透，很少有这方面的内容介绍。又由于教学时间与教学内容的限制，英语基础教育阶段的教师首要考虑的都是完成教学任务，讲解习题，考查成绩，而在英语教学中融入传统文化这件事就被忽略了。

其次，教师本身对于中国传统文化不够了解。由于教师自身文化素养的欠缺，以及缺乏传播中国传统文化的意识，所以在课堂上较少谈论中国元素与中国传统文化。

另外，学生本身也缺乏积极性。基础教育阶段的学生，把学习英语当成了一种手段，而非目的。部分学生本身对中匡传统文化知之甚少，学习的意识也不强，加之认为与考试内容无关，所以不甚在意。

二、中国传统文化融入英语教学的必要性

语言与文化密不可分，语言是文化的载体，文化渗透在语言之中。学习英语的目的之一，就是跨文化交际。而对于本国传统文化都不了解的学生根本无法完成这些交流。英语课如果只重视英语知识的教学和西方文化的介绍，会令学生忽视本国文化的学习。久而久之，丧失了民族自尊心和自信心。甚至盲目崇拜西方文化和西方价值观，认为本国的文化不如西方发达国家的文化，认为"外国的月亮比较圆"。

三、如何把中国传统文化融入英语教学

第一，继续优化英语教材内容。改革之后的新教材，对中国传统文化已经有了更多的关注，比如 2019 年人教版高中英语教材有对于甲骨文的介绍，选修教材中有对于中国菜的介绍。教师可以利用这些机会展开多方面的讲解，对比性引入中国传统文化，使学生树立主流文化意识，在提升自身对西方文化认知的同时，弘扬中国传统文化，这样既丰富了课堂内容，又加深了学生对中国传统文化的认知。

另外，如果选修教材中能够增加中国传统文化读本，例如中医、孔子思想、中国古诗词等经典传统文化内容，效果一定更好。

第二，继续提升教师文化素质。目前基础教育阶段的英语教师，大多都是毕业于师范大学外国语学院的本科生和研究生。他们在大学时期，学习了大量的英语学科专业知识和英美文学、英美概况和英美各国文化，对西方文明了解的确实不少，但是对于本国的传统文化则不够重视，有些甚至连中国传统节日的典故都不知道，很多中国历史人物也不认识，这样如何在英语教学中传播和弘扬中国传统文化呢？

所以，教师要率先行动起来，以身作则。在英语教学中渗透中华传统文化的前提是我们教师自身需要不断提高认识及专业素养，不断加强对中国传统文化的学习。只有这样，我们才能为学生树立良好的榜样。故此，在英语教学之中，针对英语教师应不断地提高自身教学能力，担负起在教学中传播中国传统文化的重任，积极探索多元文化的本质，提高自身在中西方传统文化融合方面的能力，优化教师在课堂中的综合素质，这样才能无形中给予学生影响和熏陶，从而让学生认识到博大精深的中国文化需要他们继承和发扬，也才能让学生在掌握英语知识的同时学习更多的中国传统文化。

第三，加强实施课外拓展教学。在现代信息技术飞速发展的今天，英语教学不仅需要教师在课堂上多与学生渗透中国传统文化，还可以通过运用网络各种平台，使学生可以自主认知、自主学习英语中的中国传统文化。比如现在有许多的中国传统文化纪录片都配以中英双语字幕，学生可以一边欣赏一边记录，多掌握各种与中国传统文化相关的词汇和表达法。同时，学生还可以多多阅读 China Daily 这类报纸，以及一些介绍中国传统文化的英文版文学读本，加强学生对英文与中文的互换认知水平，进一步提升学生用英语准确表达中国传统文化的能力，促进跨文化沟通交流。

综上所述，在实际英语教学中，加强渗透和弘扬中国传统文化势在必行，树立学生的中国传统文化意识，不仅可以提高民族自信心和自豪感，也可以让世界更好地认识中国，把我国灿烂的传统文化传播向全世界。

如何体现英语课堂立德树人的意识

赵　云

摘要： 几十年的改革开放，使我国社会主义现代化建设发展迅速，各方面都急需德智体全面发展的高素质人才，人才要靠教育培养。教育是国家大计，也是民生基础。其中的关键是落实立德树人根本任务，只有把立德树人贯彻到教育事业发展的各个方面，各个环节，做到以树人为核心，以立德为根本培养社会主义建设者和接班人，才能真正建成教育强国。本文把立德树人这一教育理念深入植入英语课堂教学之中，从爱国守法、明理诚信、团结友善、勤俭自强等方面在高中英语课堂教学中，体现立德树人的意识，并且强化老师要学高为师、德高为范，给学生树立良好的榜样。

关键词： 课堂教学；立德树人；润物无声

英语学科不同于其他学科，学习内容丰富多彩，包含中外经济文化等各个领域。如何在教学中把握好政治方向首先要把教材内容与爱国主义教育有机地结合起来，立德树人爱国主义教育是一个永恒的主题。

一、将爱国主义教育与教材内容和课外内容融为一体

英语教学中英语课文的内容涉及之广，可谓上至天文，下至地理，包括日常生活的方方面面，世界文化、艺术、体育、经济、科学，乃至政治、宗教都可以作为教材内容。这就给老师以广阔的发挥空间，在传授英语这一语言技能的时候，可同时兼顾爱国主义教育。例如：在阅读课教学中人教版（2019）必修三第四单元 "Space exploration"（太空探索）中有专门的单词——astronaut（宇航员）。但自从近些年中国载人航天技术大放异彩以来，Taikonaut（中英结合）这一新生单词纷纷出现于国内外各大媒体，出现

频率极高，从而使这一单词最终收录到世界上几部权威词典和百科丛书中。在课堂教学中我从这一新概念的单词入手，引出了中国载人航天的几个方面。先通过小组活动，请学生完成一个关于神舟五号一直到神舟十二号及天问一号的相关信息，包括它们的发射时间，所载航天员人数，在太空中的停留时间以及每一次的重大意义。教学中展开探究活动，学生非常踊跃地参与，同学们运用集体智慧，罗列出关于神五和神十二的故事。运用探究学习的原理，我让同学分角色扮演航天员，请"著名航天员们"用英语讲述他们的激动人心的太空之行。"杨利伟"说他在火箭升空前很紧张，但作为首位上太空的中国航天员"非常激动""极度自豪"，他在太空停留了21个小时，他永远不会忘记这段经历。"翟志刚"站起来说，他出了太空舱，进行了太空行走，并且在太空挥舞起中国的五星红旗！此刻同学们非常激动。尽管每一位"太空人"只说了几句话，且还不能像用汉语那样十分细致精确地进行描述，但每一位同学都在讲述过程中饱含着热情和自豪感，使倾听的同学受到感动。此项活动能充分证明在英语课堂可以很好地进行爱国主义教育。

二、德高为师，身正为范

教师是学生心目中的"榜样"和"楷模"，是构建和谐师生关系的主动者。美国学者所罗门教授说："在个体人格发展方面，老师的影响仅次于父母。"可见，教师的表率作用是至关重要的。教师的使命不仅要教书，而且要育人。所以英语教师必须注重言传身教，以身作则，为人师表，注重自身仪态，教育学生之前要做好自己。不可以用过于前卫的穿着打扮误导学生的审美观。通过自身字迹优美、重难点突出的板书，条理清晰、逻辑性强的教学语言，富有创造性、灵活性的教法感知学生，发挥学生的主体作用和老师的主导作用。一个具有高尚品德的老师在课堂教学中发挥其不可替代的作用，对学生会有深远的影响。亲其师，信其道，立德树人，教师当先，会造成"此时无声胜有声"的效果。

三、充分挖掘教材，教会学生做有思想有好品德的人

英语教材的课文内容自然渗透着丰富的思想教育内容。随着教材内容改革，高中德育内容也紧跟时代，具有时代气息。新课改的教材高中英语每个单元中包括练习册共有四篇文章，几乎每篇文章中都有德育内容。必修一第三单元 Sports and fitness（体育和健康）通过学习体育明星刻苦锻炼，为国争光等故事，让学生学习他们在不同领域里不畏艰难、奋勇拼搏的精神。通过学习让学生懂得抽烟、吸毒危害，要远离

这些恶习，让学生养成良好的生活习惯，关爱他人。了解我国和一些国家中通过公益服务帮助沾染坏习惯的弱势群体的情况，远离毒品。选择性必修一第一单元 People of achievements（有伟大成就的人）通过对古今中外各种历史、名人事迹的学习，可以让学生学会做人的道理，真正知道他们要追的明星是那些伟大的人，为人类做出贡献的人，从而形成良好的人生观、价值观。

四、利用课中、课后活动，体现立德树人

在各种活动中进行立德树人教育，除了包含德育教育的课文以外，还可以利用先进的多媒体技术和丰富的课外资料达到立德树人教育的目的。例如，学生利用课前几分钟时间听唱英文歌曲，欣赏英语电影，阅读英语报纸，浏览新闻，让学生了解不同的文化，掌握最新的资讯。这不仅使学生的智力得到发展，还让学生在人际交往、思维方式、行为规范等方面得到锻炼和发展，树立良好的道德观和世界观。

总而言之，高中英语课堂内外教学处处能体现着立德树人教育的意识。虽然词汇、阅读或写作教学是有些枯燥的、晦涩难懂的，但是只要我们教师用心去探究和整合这些显性和隐性资源，就一定能把高中英语课堂教学作为对学生实施立德树人教育的一大城池，达到"润物细无声"的教育教学效果。

浅谈高中英语教学中
立德树人教育的渗透

郑 莹

摘要：教育是民族振兴和社会进步的基石，在英语教学中要坚持教育优先发展，全面贯彻党的教育方针，坚持教育为社会主义现代化建设服务、为人民服务，把立德树人作为教育的根本任务，培养德智体美全面发展的社会主义建设者和接班人，这就要求教师在课堂教学中，不仅要传授语言文化，而且要有意识地培养学生树立正确的人生观、世界观和价值观。增强社会责任感，全面提高人文素养。

关键词：高中英语；立德树人；教育教学

何为立德树人？立即树立，德即德业。立德即树立德业。《左传·襄公二十四年》曾曰："大上有立德，其次有立功，其次有立言，虽久不废，此之谓不朽。"孔颖达也曾曰："立德，谓创制垂法，博施济众，圣德立于上代，惠泽被于无穷。"树人则是培养人才的意思。《管子·权修》中有这样一段话："一年之计，莫如树谷；十年之计，莫如树木；终身之计，莫如树人。"比喻培养人才是长久之计。也表示培养人才很不容易。综合来看，立德树人就是树立德业，给后代做榜样，培养人才。

那么在新时期该如何在高中英语教学中渗透立德树人教育呢？本文将从如下几方面进行阐述。

一、在教材中深挖立德树人的教育素材

英语教材作为教师教学和学生学习的重要载体，蕴含着丰富的立德树人因素，要

深入发掘教材中的这一因素，以文化人，以文育人。在实际的英语教学中不仅仅是要求学生掌握基本的句型和语法，也要引导学生深入理解文章的深意，在教学中渗透立德树人这一理念。例如，在教授"A day in the clouds"这一单元的时候，教师不是只教学生能说会写相关的单词及短语，掌握基本的语法，能够流利地说一些句式，而是需要借助这一教材内容，对学生开展立德树人的渗透。可以通过多媒体将濒临灭绝的动物展示给学生看，以帮助学生了解这些濒危动物灭绝的原因，让学生意识到保护动物的重要性，进而引导学生要保护动物，珍爱生命。

二、尊重学生，发挥教学过程中情感交流双向性的作用

苏霍姆林斯基认为："在学习上取得成功是学生精神力量的唯一源泉，它能产生克服困难的动力，激发学习愿望。"教师的教学过程既是师生信息传递、交流的双向过程，也是情感交流的双向过程。在教学中教师要成为学生学习的引导者、激励者和点拨者，充分利用学生求新、好奇与渴望求知和成功的心理，不断激发他们的学习积极性，树立立德树人的思想意识。知识的获得来自思维活动的过程，在这一过程中，学生通过与教师的双向交流，会产生异常积极的情绪体验和浓厚的兴趣进而产生正确的价值观和社会观，并生出强烈期望进一步成功的心理现象。这表明：没有什么东西比正确的价值观和社会观更能增强满足的感觉，德育教育是促进学生形成稳定而持久的积极学习情感的有效途径。

三、因材施教，利用好教学时机，因势利导

著名教育艺术家李燕杰教授曾深有感触地说："一切好的教育方法，教育艺术都产生于教师对学生无比的挚爱之中。"教师的一言一行、一举一动都对学生的道德行为习惯的形成产生极其重要的影响。在实际的英语教学中教师要利用好教学内容的时机，因势利导，有效开展立德树人教育工作，引导学生自己去思考，自己去体悟。在日常的英语教学中，教师要为学生创设良好的英语学习的语境，要鼓励学生在课堂中尽量多说英语，当自己有做得不好的地方，能够有礼貌地和别人道歉。在一些比较重要的节日，如母亲节和父亲节或者是感恩节的时候，教师要引导学生积极开展相关的活动。可以在母亲节的时候用自己所学的英语知识给母亲写一封信或者是制作一张精美的贺卡；在感恩节的时候，可以组织学生进行感恩节主题演出，可以利用一节课的时间组织学生通过演出了解感恩节的来历，并能够在这一天对自己想要感谢的人发出真诚的感谢，潜移默化地培养学生良好的学习和生活习惯，不断地升华学生的道德水平。

四、热爱教育事业，树立良好的典范，树立高尚的师德

著名教育家夏丏尊先生说"没有爱就没有教育"；陶行知先生"捧着一颗心来，不带半根草去"是他对教育的爱的理解；常言说，立人先立德，树人先树品。鉴于教育者和被教育者的对应关系，"立德"，既有对教育者的要求，也有对被教育者的要求。具体来说，"立德"对教师的要求是立师德，"立德"对学生的要求是立学德。立德树人，首先要立"师德"。"师德"是教师素质的灵魂，即"师魂"。它是教师的职业道德，是教师和一切教育工作者在从事教育活动中必须遵守的道德规范和行为准则，以及与之相适应的道德观念、情操和品质。教师是学生崇拜和模仿的对象，教师只有以身作则，才能有效引导学生怎样去做人和学习。教师必须"立德树人"，以自己的人格魅力去吸引打动学生，提高学生的学识和修养，这是教师工作的最终目的。学高为师，身正为范，这是对教师职业特征的概括，也是对现代教师人格塑造的要求。高中学生良好的道德行为习惯的培养不仅需要学习相关的知识和礼仪，还需要在日常的学习和生活中为学生树立良好的榜样，让学生能够效仿这些榜样，积极培养良好的道德行为习惯。

五、一视同仁，巧妙发挥语言的艺术魅力

童第周说过："我并不比别人笨，别人能做到的事情，我一定能做到！"教师要相信每一个学生都有他的特长，都有闪光点，都可以取得成功。教师要善于捕捉、发现他们身上的闪光点，以此扬长避短，争取迎头赶上。成功的教师尤其理解赞美的力量。成功的教师应想方设法发现学生的正确行为，知道如何赞美他们，促使他们做正确的事情。平等地对待班里的每一个学生，使他们都能感受到教师对他们的爱。使他们的内心都萌发出追求成功的欲望，从而转化为追求成功的信念，绝不因过去的错误而否认今天的进步，要适时、适地、适度地予以褒奖，促使他们在原有的基础上不断提高认识，让激励发挥重要的作用。

教育的目的是促进学生的全面发展，而不仅仅在于提高学生的学习成绩，学生高尚道德品质的发展，良好个性的形成以及能力的培养都是高中教育要达到的目标。

因此在高中英语教学中要渗透立德树人教育的培养，充分挖掘教材，教会学生做人。我们应注重培养学生的社会文明礼仪、道德品质、思维能力，使学生有社会公德和公民意识，注意培养学生立德树人的思维，培养学生的创造性思维，从而使高中英语学科教学能真正达到立德树人的根本目的，与此同时，英语教师也必须不断努力，做不断超越自己的更好的老师，做有创造性的老师，使自己成为真正的既教书又育人的教

育者。

参考文献：

［1］杨斌.将"立德树人"落实在高中英语阅读教学的实践——基于一节阅读理解课的实践与反思［J］.课程教育研究，2018（42）.

［2］王慧.认真落实立德树人，扎实做好德育渗透——基于山东省2016年高中英语德育优秀课例展评活动的思考［J］.英语教师，2016（19）.

［3］俞红珍.谈谈英语教学中语篇材料的选择标准［J］.教育探索，2010（5）.

［4］高好.刍议高中英语课外阅读材料改编的原则和策略[J].中小学外语教学（中学篇），2011（6）.

立德树人 教育之根本

丁海燕

摘要： 教师要有良好的师德修养，要有忠于教育事业和肯于奉献的精神，有高度的事业心和责任感。良好的师德要求每一位教师在自己从事的执教工作中做到爱岗敬业、甘为人梯，专心致志做好教学工作，并且在执教活动中积极探索教育改革和创新教育方法，以提高学生素质，培养新型综合人才。

关键词： 德育；教育；表率；责任

"广大教师要做学生锤炼品格的引路人、做学生学习知识的引路人、做学生创新思维的引路人、做学生奉献祖国的引路人。"总书记是这样指示的。

一、加强自身修养，做率先垂范的表率

我们既然选择了教育事业，就要对自己的选择无怨无悔。做到忠诚于人民教育事业，志存高远，勤恳敬业，甘为人梯，乐于奉献。力求做好自己的本职工作，尽职尽责地完成每一项教学任务，不求最好，但求更好，不断挑战自己，超越自己。

作为人民教师要注意自己的一言一行，"不让学生做的，自己坚决不做；要求学生做到的，我自己首先做到。"要不断加强自身修养，在学习中充实自己，在教学中影响学生。"学高为师，德高为范"一语出自陶行知先生之口。意思说：老师，既是传授知识的人，又是被学习的模范和榜样。知识渊博所以成为传授知识的人，品德高尚所以成为模范和榜样。教师的本质是教书育人，作为一个教师不读书，不加强修养，怎么去教学生？怎么去育人？因而教师要从加强自身修养做起，不仅要讲得了好课，同时要以自己的良好品德去教育感染学生。所以平时在钻研好教材教好课的同时，我

们要多读书，多读读修身养性之书，读有浩然正气又不乏宽容善解之书，多一些平和，少一些浮躁，守得住清贫，耐得住寂寞，恪职谨守，保持一个教师的本分。

二、加强德育教育，要有一颗无私的爱心

德育为先，坚持正确育人。"德"与"才"作为人才的两个基本要素，它不是平行、并列的，德更具有统率和支配作用。因而学生成长的首要前提是成人的思想道德教育。因此，我们教师一定要把立德树人作为根本任务，始终坚持"五育并举，德育为首"的原则，坚持社会主义方向，坚持正确的教育观、人才观和价值观，在全方位、全过程的德育中，指导学生树立正确的价值观、是非观、感恩观、劳动观、法制观，热爱真善美，痛恨假恶丑，做到教书育人、实践育人、环境育人、管理育人、服务育人，以培养学生健全、完美的人格，开创立德树人工作新局面。

学生喜欢你是学生们学习好你带的这门功课的前提，这就要求我们要心中有爱、爱生如子，并且体现在教育教学的每一个环节中，让学生感受到学习知识是快乐的、愉悦的，进而快乐地学习，做学习的主人。师爱是教师对学生无私的爱，它是师德的核心，它是熊熊的火炬，点燃学生的梦想；它是指路的明灯，照亮学生前进的路程。我们的教育事业本身就是爱的事业，可以说没有爱就没有教育。爱学生是教师的基本素质，只有教师以良好的感情，崇高的道德去关爱学生，才会使学生"亲其师，信其道"，激发他们积极向上的力量，这样也才会受到学生的尊敬与爱戴。作为一名教师要从内心深处培养对学生的"爱"，心里时刻装着学生，在学生受到挫折的时候去安慰他们，在学生受到烦忧的时候去开导他们，在学生迷茫的时候去帮助他们。教师对学生既要关爱，又要严格要求，做到严慈相济。同时教师也要懂得尊重学生，通过维护学生的尊严，拉近与学生之间的距离，成为学生们的良师益友，从而形成师生相互尊重的和谐关系。

三、加强课堂教育，教师要以身作则

深入钻研，做好有效备课。要勤奋钻研所教学科业务，认真学习教育学、心理学知识，同时还要联系班级实际，研究所教学生的心理、年龄特征。善于启发，构建有效课堂。我们教师要大胆运用启发式、探究式、讨论式、参与式等教学方法，讲解要少而精，注重师生互动，活跃课堂气氛，既要夯实基础知识，又要引导学生自己思考，掌握学习方法。当堂训练，巩固提高效果。教师要通过反复挑选与精心设计，让学生能够在课堂中做少而精，有代表性、典型性的练习题，从而消化和巩固课堂知识。

为人师表是教育工作根据教书育人的宗旨对教师提出的一项基本要求，这也是教师的优良传统和美德的集中体现。"活到老，学到老"，每一位好老师都是在不断的学习提高中成长起来的。不要因为自己是老师，就不再学习了。要知道知识也在不断更新，不学习必然落后的道理。作为老师要给学生传道、授业、解惑，就更应该不断地学习，提高自己的水平。用自己的知识更好地教育学生，用自己孜孜以求的精神来影响学生。现在知识更新的速度在不断地加快，教育教学理论不断地在推陈出新，作为一名教师如果没有坚持终生反思的思想，就会与学生的思想脱节。教育的过程是一个互帮互学的过程，是一个与学生一起成长的过程。我们应该多阅读一些科学理论，虚心向身边的同事学习，不断反思总结，才能不断提高自身的素养，与学生共同成长。

参考文献：

[1]刘艳.改革开放前后党的思想政治教育模式研究[J].山东青年政治学院学报，2011（7）.

[2]徐学莹，张容盛.普通教育学[M].桂林：广西师范大学出版社，1995.

[3]司马光.资治通鉴[M].郑州：中州古籍出版社，2003.

如何将立德树人目标
融入到高中英语课堂教学中

刘宝珠

摘要：在新时代的英语教学中，立德树人愈显重要，如何将立德树人目标融入到英语课堂教学中，成为英语教学的研究重点。在实际教学中，要想将立德树人目标融入到高中英语课堂教学中，除了要深入了解立德树人的重要内涵，还必须从教师和教学两方面着手。

关键词：立德树人；高中；英语教学

一、立德树人的内涵及意义

何为立德树人？立德树人，就是要坚持中国特色社会主义教育发展道路，坚持社会主义办学方向，以凝聚人心、完善人格、开发人力、培育人才、造福人民为工作目标，培养一代又一代拥护中国共产党领导和我国社会主义制度、立志为中国特色社会主义奋斗终身的，德智体美全面发展的社会主义建设者和接班人。

立德树人一词最早提出于 2012 年 11 月，党的十八大报告提出："把立德树人作为教育的根本任务，培养德智体美全面发展的社会主义建设者和接班人。"2017 年 10 月，习近平总书记在党的十九大报告中指出："要全面贯彻党的教育方针，落实立德树人根本任务，发展素质教育，推进教育公平，培养德智体美全面发展的社会主义建设者和接班人。" 2018 年 9 月，习近平总书记在全国教育大会上明确指出，要把立德树人融入思想道德教育、文化知识教育、社会实践教育各环节，贯穿基础教育、职业教育、高等教育各领域，学科体系、教学体系、教材体系、管理体系要围绕这个目标来设计，教师要围绕这个目标来教，学生要围绕这个目标来学。可见，在高中英语教学中，我们除了要注重学生对英语知识点的学习和掌握，更要注重将立德树人融于英语教学，要深化和扩展课程中那些具有人文属性的隐性目标，发挥其重要的育人价值。只有在教育中坚持立德树人，才能使教育同党和国家事业发展要求相适应、同人民群众期待相契合、同我国综合国力和国际地位相匹配。

二、明确立德树人融于高中英语教学的目标

明确立德树人融于高中英语教学的目标，是实现这一目标的前提。立德树人不仅要求学生要坚定理想信念，厚植爱国主义情怀，加强品德修养，增长知识见识，培养奋斗精神，增强综合素质，弘扬劳动精神，更对老师们提出了新的目标与要求。那么如何将立德树人与高中英语教学有机结合在一起，提出将立德树人融于高中英语教学的目标值得研究，具有十分重要的意义。在现阶段的英语教学中，要想融入好立德树人的目标，我认为主要是从教师和教材两方面抓起，有目的、有方向地实现立德树人的目标。

三、将立德树人目标融入到高中英语课堂教学的方法中

（一）强化教师综合素质

"要有学识魅力，用真理的力量感召学生，以深厚的理论功底赢得学生。思想要有境界，语言也要有魅力，从教师的话语中，学生能够感受到教师的人格和学识。要自觉做到修身修为，像曾子那样'吾日三省吾身'，像王阳明那样'诚意正心''知行合一'，自觉做为学为人的表率，做让学生喜爱的人。"所谓为人师表，就是要老师做出表率并成为学生终身学习的榜样。习近平总书记在这篇文章中以质朴的语言，为强化教师素质的目标提供了方向与榜样。

要想强化教师的综合素质，首要的就是提高教师思想政治素质，培育和践行社会主义核心价值观。引导广大教师以德立身、以德立学、以德施教、以德育德，坚持教书与育人相统一、言传与身教相统一、潜心问道与关注社会相统一、学术自由与学术规范相统一。

此外，要想培育好学生的思想品德，将树立立德树人的目标有机融入高中英语课堂教学中，还必须加强老师自身的德行修养。英语教学要晓之以理，动之以情，从自身素质出发，才能做到对学生的影响潜移默化，深远持久。

（二）注重日常教学

人教版教材的编写上，就摒弃了以往知识领先的做法，将情感态度、价值观融入课文，不仅让学生通过英语学习，发展语言能力、思维能力、想象能力和创新能力，还逐步培养学生树立正确的人生观、世界观和价值观，提高学生科学文化素养、人文素养及高尚的审美情趣。在教材层面，已经开始注意到立德树人在英语教学中的作用，只要老师们注意结合人教版教材的内容制定立德树人的教学大纲，就可以将立德树人融入到英语课堂教学中。

1.增强学生民族自豪感、自信心

我校使用的人教版教材中，其实就有立德树人的体现。例如在英语人教版必修二第一单元文化遗产（Cultural Relics）这节阅读课上，介绍了俄罗斯稀世珍宝"琥珀屋"的有关史实。通过真实有趣的内容，不仅让学生在阅读过程中学习相关的语言知识，提高阅读技能，还帮助学生增加了对琥珀屋作为文化遗产的历史知识的认识。

为了达到立德树人的目标，在实际教学中，除了要完成对课文的讲述，更要对位于中国的世界文化遗产加以介绍。中国地大物博，历史悠久，每一项世界文化遗产都是前人的智慧结晶。而且近几年文物相关的话题逐渐成为热点，增加学生关于中国文化遗产的学习，不仅可以开阔学生的视野，更能培育学生民族自豪感与自信心，使学生坚定理想信念，厚植爱国主义情怀。不仅如此，在结合课文的知识拓展中，也极大地丰富了学生的知识层面，使得学生了解热点话题，增长见识，增强综合素质。

这就启示了我们，要在课文的基础上，从合理配置多元文化知识、凸显人文内涵、增补中国元素以及夯实教材管理等方面提出具体的解决对策，以期更好地将立德树人目标融入到高中英语课堂教学中，从而有效促进新时代立德树人目标的落实。

2.培养学生道德品质

在英语人教版必修四第二单元耕种土地（Working the land）中，在阅读部分介绍中国著名的农业科学家袁隆平和他的巨大贡献。全文分四段。第一段讲袁隆平研制出了超级杂交水稻，但他一直认为自己是一个农民。第二段讲袁隆平的家庭背景、学业以及他的科研情况。第三段讲袁隆平淡泊名利、无私奉献的高尚品质。第四段讲袁隆平的工作理想和目标。以此为例，袁隆平老先生贡献巨大却脚踏实地，事事躬行，严谨踏实，淡泊名利。在课程讲授中，袁隆平老先生这么多的优秀品质与情怀，是值得当代高中生向袁隆平老先生学习的。

袁隆平这样说过："发展杂交水稻，造福世界人民，是我毕生的追求和梦想。"这样的情怀与丰功伟绩，足以指引着新时代高中生，培育他们的奋斗精神。人教版的教材为我们在实际教学中提供了一个很好的案例，成为将立德树人目标融入到高中英语课堂教学的完美切入点。我们结合着这些时事热点，让学生们重新认识中国的"偶像"，中国的文化，中国的历史，中国的品德，让这些优秀的传统深植在学生的内心，并生根发芽，茁壮成长，成长为中国的力量。

四、结语

立德树人教育不仅是一种德育目标，更对提升高中英语教学效果至为重要。教师要以立德树人理念为指导，把立德树人教育融入英语教学中，通过改革课程教学内容和教学模式，充分发挥每一位学生的优势，充分肯定学生的每一点进步，提高学生的学习积极性，培养其正确的学习态度和学习习惯，厚植爱国主义情怀。同时，教师要转变观念，不断提高自身素养，真正关心、关爱每一位学生，做好学生"德"的标杆，使德育工作在教学过程中悄然渗透。在增强学生素质的同时，帮助其树立正确的职业道德观、人生观和价值观。在这样"双管齐下""内外兼修"的方式中，我相信盘锦市第二高级中学的教师们也会不断探索，开拓创新，真正做到将立德树人目标融入到高中英语课堂教学中，学校也会协调各种力量，形成合力，落实、落细立德树人根本任务。

参考文献：

［1］十八大以来重要文献选编［M］.北京：中央文献出版社，中共中央文献研究室，2016.

［2］中国共产党第十九次全国代表大会文件汇编［M］.北京：人民出版社，2017.

［3］习近平.思政课是落实立德树人根本任务的关键课程［J］.求是，2020（17）.

立德树人　润物无声

——高中英语阅读中渗透德育教育

鲁　非

摘要：本文通过对立德树人这一教育理念的背景和内涵的阐释，从爱国守法、明礼诚信、团结友善、勤俭自强等方面在高中英语阅读课堂中渗透德育教育，并且强调老师要学高为师，德高为范，给学生树立榜样。师生共同发展，帮助学生成为一个全面发展的人。

关键词：立德树人；英语教学；阅读教育

《左传》载："太上有立德，其次有立功，其次有立言，虽久不废，此之谓不朽。"它告诉我们，德是做人的根本，是成长的根基。2018 年教师节，国家主席习近平出席会议并指出："要把立德树人融入思想道德教育、文化知识教育、社会实践教育各环节，教师要围绕这个目标来教，学生要围绕这个目标来学。凡是不利于实现这个目标的做法都要坚决改过来。"下面我从以下几个方面谈谈如何在高中英语阅读教学中渗透学生德育教育。

一、树人为先立德为本，培养学生爱国守法

爱国，体现了公民对祖国深厚的感情，反映了个人对祖国的依存关系，没有国哪有家，没有家哪有我。因此，在对学生的教育过程中，爱国主义教育是必不可少的。在阅读中，介绍孔子、孟子、墨子等大教育家时，我让学生翻译孔子等教育家的名言，其中有"不以规矩，不能成方圆（Nothing can be accomplished without standard）"，告诫学生要遵纪守法，社会才会井然有序，同时我播放海外孔子学院的视频，让学生

感受到孔子文化的魅力，激发学生的爱国之情。鼓励学生利用英语，传播优秀的中国文化，让世界更好地认识和了解中国。

二、树人为先立德为本，培养学生文明诚信

古人云："礼于外，诚于内。"做人要有文明得体的外在表现以及诚实守信的内在标准。我经常会思考，如何才能把文明知礼、诚实守信融入英语课程中，让学生既学到知识，又明白道理。在文化角描述伦敦阻塞的阅读，让学生用英语表达日常的交通规则，做文明学生，诚实守信。如过马路要走斑马线（Walk the zebra when crossing the road）、不要闯红灯（Don't run the red light）、礼让行人（Let the passenger go first）。在交流中，潜移默化地告诉学生只有每个人都诚实地遵守规则，文明出行，我们的城市才会秩序井然。

三、树人为先立德为本，培养学生团结友善

俗话说："送人玫瑰，手留余香。"团结友善是一种美德，是爱心的外化，也是做人的根本。在教学实践中，我结合课程开展一些小活动，培养学生的团结互助，在英语必修一，第四模块，A social survey my neighborhood，要求调查自己所在社区人口数量、服务项目、老年人生活。结合课程内容，我要求5个学生为一个小组，到社区调查情况。在此项活动中，我罗列出一些问题让学生思考和调查：1.What do you know about the committee？（对社区你了解什么？）2. How do volunteers help others？（志愿者们如何帮助其他人的？）3. What will you do to help others in your neighborhood？（在社区中，你会做什么事情去帮助他人？）4.Would you like to work on the committee when you grow up？（当你长大，你愿意在社区工作吗？）调查情况汇总后，我组织学生们在社区开展一些活动，如帮助工作人员打扫房间、陪老人们散步等，根据自己参与的活动情况，让每个小团队写一篇 summary，总结各自所思所感。在实践中，弘扬了团队的互助精神，增强了班级凝聚力，让学生懂得了什么是团结友善。

四、树人为先立德为本，培养学生勤俭自强

当今社会，经济高速发展，人们的物质生活有了很大的提高，少数学生养成了好吃懒做、互相攀比的坏习惯。为了让学生们进一步加强勤俭自强的意识，我以阅读 scientist（科学家）为基础，以时间为线索，设计表格让学生填写：

What he saw what he did when he was a boy

From an early age

In 1970

In the 1990

通过填写表格，学生了解袁隆平的经历和奋斗史，特别是文本中谈到袁隆平青年时看到很多人饿死，决心一定要研制出新的高产量水稻，发愤图强，投身于科学事业中这一情节，我让学生进行角色扮演体会袁隆平当时的心境和生活的不容易，让学生感受到今天的幸福生活的来之不易。倡导学生勤俭节约，自强自立。

五、立德树人师德为范，好环境造就好学生

"教书育人，为人师表"。要使受教育者"亲其师，信其道"，教师首先要有高尚的道德和渊博的知识，有健康的心理。在这一方面，我树立终身学习的理念，提高自己的知识水平，丰富自己的教学内容。同时，在和学生们相处时，我充分贯彻核心素养的理念，努力与每一个学生建立平等、和谐、融洽、相互尊重的关系，在课堂中主动发现和开发他们潜在的优秀品质，并激发他们不断发展。在课程中渗透德育教育，培养合格的现代化建设人才，是我们教师义不容辞的责任。教育工作关系到我们中华民族的伟大复兴，关系到每个人的"中国梦"的实现。

从以上五个方面可以发现：德育工作无处不在、无时不有。只要有心，它可以渗透在日常的英语课堂中。作为当代教师，我将努力以渊博的知识去培育人，以科学的方法去引导人，以真诚的爱心温暖人，不忘初心，牢记使命，"立师德、正师风、强师能"，使自己无愧于人民教师的光荣称号，为培养国家需要的合格人才贡献自己的绵薄力量。

参考文献：

［1］中华人民共和国教育部.普通高中英语课程标准（2017年版）［S］.北京：人民教育出版社.

［2］刘东明.英语阅读教学中培养学生审美情趣的探究［J］.科学大众，2019（6）.

［3］赵东利.浅议高中英语教学中德育渗透的方法［J］.中国校外教育，2019（17）.

［4］姚永清.高中英语词汇识记教学对策略探讨［J］.中国校外教育，2019（17）.

高中英语教学中隐性德育教育

王玉霞

摘要：在教学实践中，既要遵循语言教学的规律，巩固、扩大学生的基础知识，发展听说读写的基本技能，培养他们的交际和阅读能力；又要注意将思想品德教育贯穿于外语教学之中。

关键词：语言教育；德育教育

语言是思想、文化、信息的载体。教学内容要渗透思想道德因素，要寓思想教育于语言教学之中。英语教学活动中的德育教育不能搞空洞的说教，要通过具体形象、生动活泼的教学活动来进行，有机地把传授知识与德育教育结合起来，将指导英语学习活动与培养学生思想道德行为结合起来。

在平常的英语教学中，我根据英语学科的特点，结合教材的内容和课堂内容，将德育自然地渗透到日常的教学中。

一、挖掘教材内容的德育因素

随着课改的不断深入，德育内容也要紧跟时代。课文所涉及的题材比较广泛，有的与我们的生活密切相关，有的是人类所共同关心的问题。内容涵盖历史名人传记、自然灾害、环境保护、生态平衡、能源与交通、行为规范、人际关系、音乐体育、妇女权利等。教材中丰富的思想内容能否充分获得利用，主要靠教师深入钻研教材，认真挖掘教材潜在的德育因素，通过融合、渗透的方法，有目的，有计划，自觉地寓德育于英语语言教学之中。以知识为载体，适时适度地在教学中渗透思想品质、爱国主义和社会主义等方面的教育，这既遵循语言教学与思想教育相一致的原则，又符合英语教学的规律。

通过学习 The Necklace，教育学生不可以像玛蒂尔德那样爱慕虚荣。Warming up 中对四个伟大女性进行描述，宋庆龄、居里夫人、赛珍珠、特里萨，提问可涉及对几位女性的生平了解，以及她们的精神可贵之处，对人类的突出贡献等。Great Women 一文紧密联系现代实际，女性要想在社会高层发展成功是不容易的。It has often been said that life is difficult as it is. For women it sometimes seems twice as difficult. Is it more difficult for women to become famous or get jobs in high position？教师可以利用这一话题让学生进行讨论。

又如，女主人公凭借她的顽强意志，独自一人在 50 岁时进行北极旅行，在 60 岁时又到南极旅行。文章描述了她如何在极其恶劣的极地乐观地面对困难，最后战胜了困难，安全返回。还有欧普拉，一个成功的美国电视节目黑人主持人，她的事迹鼓舞着成千上万的人。由她而引出要想成为一个成功的女性必须具备的条件 "Hard work and discipline could lead to self-improvement"（艰苦的工作和纪律可以使人的素质得到提高）。

课文中说得好：Hard work and discipline are the road to self-improvement，and success lies somewhere along that road. Abraham Lincoln 和 Madame Curie 的文章，列举了科学家为人类的科学事业而孜孜不倦地探索了一生的一个个感人故事。学生们读后很受鼓舞，激发了他们为人类和祖国的未来而好好读书的情感。

在 New Zealand 一文中，课文介绍了新西兰的地理位置、自然、历史等，在综合技能中介绍了新西兰的土著人——毛利人及其文化。通过学习这一课我们认识到，要尊重其他民族的文化。另外，英语教材中还有很多伟人的格言，如 "Imagination is more important than knowledge"，"Genius is one percent inspiration and ninety-nine percent perspiration"。通过这些格言的教学，可以请学生谈谈一个人的优秀品质与成功的关系，从而引导学生要勤奋，只有付出汗水才能获得成功。

二、因势利导，无痕德育

在教授 A Christmas Present 一课时，讲解完课文后，我问学生：平时是否买礼物送给亲朋好友以及同学？买什么样的礼物送人？经过一番问答后我作了启示性总结：作为学生，挑选礼品应该是价格不太贵且有意义的东西。"礼轻情谊深"说明礼物不在于其价格高低，而在于送礼人的一片情谊。在布置作业时我设计了一个开放性的任务，回家询问并记住父母的生日，设想在父母生日时你会买什么送给他们，或是为他们做些什么，并说明理由。通过有效的引导，对学生进行尊敬长辈、关心长辈的教育。

教育学生心中要有他人，学会关心他人，营造一种爱的氛围。

三、巧妙处理课堂偶发事件，彰显英语学科育人价值

在 21st century，有一篇关于情人节的文章。我刚提到 St.Valentine's Day，有个调皮的学生就大声说："老师，你老公送你什么礼物？"全班同学都笑了起来。我笑着说："Are you interested in it？OK，I'll tell you about it tomorrow since I have not received anything from him. You know this morning I came to school at 6 o'clock."我又接着说："Lovers often send each other roses and chocolate. In fact on St. Valentine's Day, people，for example，parents and children，sisters and brothers even friends send each other presents."

我趁机说："在外语学习中要了解英美国家风俗文化的相关知识，对于开阔视野，增加英语学习的兴趣都很有必要。大家课后要多看书、杂志，多查阅资料。""Now, answer my question. Did you send roses to another boy or girl？"全班回答："No!"我说："I am glad to know that you didn't. It's too early for you to fall in love now."

对于处在青春期的高中生来说，情人节是个大日子，他们想借题发挥，希望了解大人或老师是怎么样过情人节的。这样处理课堂突发事件并设计开放式的作业，就是要通过有效的引导，让学生在一个真实的情景中学习外语，挖掘其潜在的情感因素，让学生走出早恋误区，同时也增进了师生之间的情感。

又如，有一次我要求学生用英语描述一位同学或一件东西，然后请其他同学猜是"谁"或"什么"。这时同学 A 站了起来："I have a friend. He often daydreams. He is tall. He seldom tells truth...Who is he？"我说："Is he in the classroom？"同学 B 说："I know. He is Li."全班同学都扭头注目于李同学，李同学显得十分尴尬，低着头，一声不响。

其实在学生 A 的语言中，他也只是重视了语言表述的操练，他的话或许有不适之处，但绝非有意在贬低李同学，让其尴尬。此时我赶快解围："Oh，he is Li xx. He seldom tells the truth. Maybe he likes joking very much. Maybe he knows April Fool's Day very much. Is that so，Li xx？ ... But he careful next time，will you？"这样，不仅是替李同学摆脱了窘迫的境地，也让他由衷地感激老师，灵活处理偶发事件，呈现语言活动中的心灵关爱。

总之，在教学实践中，既要遵循语言教学的规律，巩固、扩大学生的基础知识，发展听说读写的基本技能，培养他们的交际和阅读能力；又要注意将思想品德教育贯穿于外语教学之中。语言教学中内在的思想教育，品德修养的因素是丰富的，既可以

画龙点睛式地一语中的，也可以渗透到情景对话和模仿表演中。教师只有不断钻研，不断提高自身的知识修养、文化修养和品德修养，才能在英语教学中做到"育人细无声"。

浅谈高中英语课堂
教学良好师生关系的创建

王丽华

摘要： 伴随着科技的不断进步，教育事业也开始不断跟上了科技的步伐。在信息化时代对高中的英语教学进行革新可以使得教师利用信息技术对相关的教学信息进行搜集与整合，形成教师为主导，学生为主体来共同完成教学任务的一种新型教学模式，在信息化时代对高中的英语教学进行革新将成为高中英语教学的新方向。基于此，本文的研究就是对信息化时代高中英语教学良好师生关系进行简单分析。

关键词： 信息化；高中；英语教学；师生关系

信息化时代高中英语教学的革新不仅可以改变课堂中学习英语时的枯燥氛围，丰富教师的英语教学内容，提高教学效率，而且还可以促进师生关系的良好发展，激发学生学习英语的兴趣，提高学生的英语学习成绩。

一、信息化时代高中英语教学革新的必要性

当前人们正处于信息大爆炸的时代，信息技术被运用在了各行各业，使之呈现了快速发展的势态，高中的英语教育事业也应跟上信息技术发展的步伐。将信息技术运用到英语教学中可带来很多好处。首先，将信息技术运用到英语教学中可以丰富教师的教学内容，使之生动有趣，激发学生学习英语的积极性。其次，将信息技术运用到英语教学中对学生多维度学习思维的培养也有极大的帮助，由于其可以在课堂中提供形式多样的视听效果，比起单纯的课本知识，丰富多样的知识呈现方式使得学生在课

堂中的思维更加活跃。最后，将信息技术运用到英语教学中可以带动学生的自主学习能力，由于现今的学生都对信息技术抱有极大的兴趣，所以，教师应利用学生这一特征，将英语融合在信息技术中，提升学生学习英语的热情与学生自主学习英语的能力，从而促进良好师生关系的发展。

二、信息化时代高中英语教学的现状

（一）师生沟通不通畅

对于已经将信息技术运用到英语教学中的课堂来说，呈现了"一对多"型的分散式教学模式，这种教学模式要求老师在授课过程中主要通过在多媒体上领学、领读、提问的方式对学生进行英语教学，其不能结合每一个学生对相关知识点的掌握情况进行有目的的针对性教学，教师与学生之间的交流在课堂上几乎是被课堂内容所阻断的，呈现出的特点是：老师一味地讲，学生一味地听，所产生的后果便是学生与老师不能及时沟通、交换教学信息，由此大大降低了教学质量。

（二）课堂的教学氛围不和谐

对于已经将信息技术运用到英语教学中的课堂来说，教师与学生们的互动往往是很少的，甚至有些教师几乎是不与学生互动交流的，很大程度上是照本宣科，老师只顾讲，学生只顾听，课堂很缺乏灵活性，时间久了，学生便逐渐对英语丧失学习兴趣，对老师产生抵触情绪，就出现了厌学偏科的现象，导致英语课堂教学氛围的不和谐，从而影响教学质量，对学生的英语学习造成巨大的影响。

（三）教师的教学方法过于落后

对于未将信息技术运用到英语教学中的课堂来说，以往的教学方式已经不能适应学生日益增长的兴趣需求，如今经济飞速发展，网络等多媒体盛行，数字化的信息大量充斥在学生的日常生活中，传统的单纯领学式教育渐渐不再与学生的学习相匹配，学生对外界的认知程度不断提高，就需要教师的授课方式及内容也要进行不断变更，否则就远远不能满足学生对知识的需求，也不能最大效率地给学生带去学习内容，所以一味的黑板教学开始落后于新的信息化教学时代。

三、基于良好师生关系的创建，信息化时代高中英语教学革新的几点对策

（一）教师转变教学理念，创新教学模式

信息化时代高中英语教学的革新应创新英语教学模式，改变传统呆板的教学方式，调动学生主动性，营造良好的课堂氛围。目前我国的教学大多都已经实现了多媒

体的教学，高中的英语教师可以充分利用现代化教学手段，使用 PPT 对科学、合理的信息资源进行搜索与整合，运用创新的方式对课堂中使用的课件进行制作，如教师在讲解高中英语必修三的 Unit 1 Festivals around the world 这一课时，可以利用 PPT 对一些全世界著名的节假日进行搜集，并对该节假日的英文名对学生进行口语化的教学，这样做不但在课堂上可以方便教师，提高教学效率，而且也能让课堂变得生动有趣，转变当前单一的教学模式。

（二）强化合作教学模式，营造良好课堂氛围

教师在将信息技术运用到高中英语教学的过程中应强化学生的合作意识，营造良好的课堂氛围。其主要做法有以下两点。

第一，教师在将信息技术运用到高中英语教学的过程中时应加强与学生之间的交流，以达成教师与学生合作教学的目的，如教师在利用信息技术给学生讲解高中英语必修二的 Unit 3 Computers 这一课时，教师可以向学生进行提问，电脑的用途都有哪些，让学生用英语来回答，使得英语教学的课堂氛围变得活跃，来激发学生学习英语的兴趣。

第二，教师在将信息技术运用到高中英语教学的过程中时可以采取小组合作的教学模式来进行教学，如教师在利用信息技术下的多媒体教学技术给学生讲解高中英语必修一的 Unit 3 Travel journal 这一课时，教师可以让学生们对生活中的自己旅游过的一些景点以英语为交流方式来进行小组讨论，在讨论的过程中培养学生的英语口语能力，活跃课堂氛围，激发学生对英语学习的兴趣。调动学生学习英语的积极性是强化合作教学模式，营造良好课堂氛围的关键，如教师应设立奖励环节，对表现较好的合作小组进行奖励，如贴小红星，奖励小奖品或定期评选优秀合作小组称号等相关奖励措施。

（三）创新教学方法，提升学生的综合能力

教师在将信息技术运用到高中英语教学的过程中应创新教学方法，提升学生的综合能力。在创新教学方法，提升学生综合能力方面，其主要的做法有以下两点。

第一，教师在将信息技术运用到高中英语教学的过程中时可以在课前做一项叫作"free talk"的课前活动，"free talk"活动的内容形式不限，但"free talk"内容的讲解必须以英语为主，其时间为 3 至 5 分钟，班里的学生应挨个进行"free talk"活动。"free talk"活动不仅可以对学生的英语口语能力进行训练，提升学生"讲英语"的信心，而且还可以增加教师的英语教学方法，激发学生对英语的学习兴趣。

第二，教师在将信息技术运用到高中英语教学的过程中时可以以模拟训练的方式来优化教师的教学方式。模拟训练主要是指教师利用课本教学内容，来为学生创设情境演练的一种英语口语教学方式，如教师在将信息技术运用到高中英语教学的过程中时，给学生讲高中英语必修三的 Unit 2 Healthy eating 这一课时，可以让学生拿着课本

到讲台上进行课本中不同角色的情境演练，以此来增加信息技术教学的方式，增添在英语教学课堂中的乐趣，并使得学生很好地掌握这一课的英语教学内容，以此在将信息技术运用到高中英语教学的过程中，提升学生对英语学习的综合能力。

时代在发展，观念在革新，虽然现在普遍采用了信息技术来进行英语教学，但是，在具体运用中仍存在着不足，这就需要英语教师不断地去实践。相信随着信息技术在高中英语教学中的不断运用，各式各样的新理念、新观点的出现，时刻立足于良好师生关系的创建和培养，我国的高中英语教学水准一定能不断提升。

参考文献：

［1］王枫．信息化时代高中英语教学革新思路探究［J］.中国培训，2016（5）.

［2］张媛媛．"互联网＋时代"高职英语信息化教学模式研究［J］.海外英语，2017（5）.

［3］黄蕾，陈丽．新课改背景下信息化时代高中英语教学革新思路探究［J］校园英语，2017（5）.

［4］陈天雅，李晨．新课改背景下信息化时代高中英语教学革新思路探究［J］.亚太教育，2017（10）.

［5］单玉良．信息化时代高中英语教学革新思路探究［J］.学法指导，2017（9）.
.

谈英语教学中的德育教育

张 影

摘要：德育教育在整个教育工作中占有极其重要的地位。育人为本，德育为首，教师作为传道授业解惑者，有责任和义务抓住有利时机对学生进行德育教育，引导学生形成正确的世界观、人生观、价值观。英语作为一门语言比较丰富的实践课程，兼具培养学生语言实践应用能力和人文素养的双重任务。如何在英语教学中渗透德育教育是提高英语教学质量面临的突出问题。英语教师要适当地转变教学观念，将德育教育与英语知识有效结合，在整个教学过程中要不断培养学生的德育意识，对学生展开思想教育，从而帮助学生树立正确的思想道德观念，端正学习态度，有利于提高学生的综合素养。

关键词：英语教学；德育教育

英语是一门思想性相对较强的语言知识课程，语言是人们表达自己思想情感和传播文化科学知识的工具，教师在向学生传授语言知识的时候也流露出了自己的真实情感。教书与育人二者都是非常重要的，不能忽视其中的任何一个环节。所以在实际的教育教学中，教师不仅仅是传授知识的载体，还要利用自身的专业知识，让学生在学习语言的过程中汲取情感精华，进而接受品德教育。在英语教学中如何渗透德育教育呢？

一、发挥教材作用，使德育教育和英语能力培养相结合

任何一个学科的教材都是学科知识的基础，也是德育教育的重要载体。依据教材挖掘德育因素是进行课堂德育教育的前提。现行的英语教材中蕴藏着丰富的德育素材，

教师要认真钻研教材，充分发掘教材中潜在的德育因素，有目的、有计划地寓德育于英语教学之中。在英语词汇教学中，可根据词汇的意义或涵盖内容，在造句或解释的过程中渗透有关道德教育等内容，使学生在英语氛围中不知不觉地接受德育的熏陶。例如在讲解 community service 时，教师可以进一步启发，让学生思考并用英文回答以下问题：①哪些人需要帮助？②我们如何为他们提供帮助？③在校园 community，哪些文明行为值得提倡？哪些不文明行为应该杜绝？④你曾经做过或现在最想做的社区服务是什么？在学生的回答中，有些学生倡议不把食物带进教室，有的学生坦言要改正陋习，做校园社区的文明使者，等等。由此可见，只要教师把握好英语教学和道德品质及文明行为教育的结合点，就能很好地在英语教学中适度渗透德育教育。我们英语教师还可以辅助学生来编排一些英语情景剧，这样不仅能够培养学生的语言表达能力，而且还能够加深学生对不同道德态度的认识，不断提升学生的德育认识。

二、言传身教，树立榜样作用

教师在完成教学任务的过程中，一方面用自己的知识和才能来教育学生学习科学文化知识和技能，另一方面，教师还以自己的人格魅力对学生进行德育的熏陶和引导。教师的思想、品德、言行、习惯是作用于学生的不可缺少的教育手段。教师的言传身教作用是非常有效果的，很多时候，教师的语言表达能力以及学习习惯等都会直接影响到学生的整体发展，所以，不管是在课堂上还是在平时的学习中，我们的教师都要真诚地去对待每一位学生，做到为人师表，我们英语教师除了要教授他们听说读写等方面的知识以外，还要树立良好的教师形象，这样，教师在学生中就会成为学习和模仿的榜样，久而久之就会直接影响到学生的全面发展。

三、在阅读教学中渗透情感教育

英语阅读，是高中阶段学生学习英语的主要任务之一，也是英语课堂教学的重中之重。阅读在高中英语教学中和高考中都起着重要的作用。在英语阅读教学中，把积极的情感、态度和价值观融会在教学活动中，可以收到潜移默化的教学效果，达到阅读课的情感目标。对于学习压力比较大的高中生来说，如果教师能在紧张的阅读过程中，挖掘阅读中的情感素材，偶尔插入一些与阅读材料和学生生活相关的话题，不仅能缓解紧张的气氛，还能与学生产生共鸣，增加与学生的亲和力，真正做到这一活动过程的自然、有效。学生阅读一篇文章后，教师可以让学生深层思考或讨论一些与文章相关的问题，来巩固文章中所涉及的词语和句型，并挖掘文章深层次的寓意。这个环节也是达成情感目标的关键环节。

四、利用课外活动提升学生的能力

我们除了上述的教学方法以外，英语的课外活动也要充分地被利用起来。我们的英语教师可以在课外活动中适当地增加一些英语元素，这样不仅能够丰富学生的课外知识，而且也能够促进学生多种能力的提升。课外活动的多元化训练，不只是让学生学会如何去听，更多的是学会如何去做。学生要想完成活动目标，就需要积极思考，发展多种学习英语的能力。运用英语做事情，在做事情的过程中发展语言能力、思维能力以及交流与合作能力。丰富多彩的课外活动是学生汲取贴近实际、贴近生活、贴近时代的知识能源，把有限的英语课堂学习延伸到无限的英语课外活动中去，全心全意为提升学生的英语综合能力而服务。

总之，在英语教学中，教师不仅仅是传授知识，而且还应当关注每个学生的情感，通过教师的榜样示范，通过课堂教学，深刻挖掘教材内容，利用一切可能的课外活动机会让学生在学习语言之际汲取情感素养的精华，从而接受品德教育，形成美好的心灵品格，真正让德育之花绽放在英语教学中。

增强教师个人魅力，提高英语课堂效率

王 红

摘要： 随着英语课程改革的深入，提高课堂效率显得尤为重要。增强教师的个人魅力，注重自己的外在形象，建立和谐平等的师生关系，提高教师个人业务水平是提高课堂教学效率的关键。同时优化课堂结构，运用灵活多样的教学方式方法，也能提高课堂教学效率。

关键词： 课堂结构；个人魅力；课堂效率

随着新课程改革的深入，英语教材随之更新，教学内容也在加大。而普通高中的学生，基础差，自主学习意识薄弱，课堂又是他们学习的主要场所。所以，在紧张的高中学习中，要想取得较好的成绩，提高课堂效率显得尤为重要。为此，笔者做了以下尝试。

一、增强教师的个人魅力

（一）教师要注意自己的外在形象

为人师表是对教师的一个基本要求，是每名教师应该具备的一个基本素质。传统观念下，为人师表的教师应该衣着整洁、举止文明。而现在的学生对教师的期望更高，教师衣着不仅应整洁得体，更要有自己的风格，有美感；举止不仅要文明，更要优雅大方，有风度；语言不仅要文明，更要幽默有趣。教师要努力给学生留下好的第一印象。精神饱满、有热情、有活力的教师更容易以自己积极向上的面貌感召学生。

（二）建立和谐平等的师生关系

学生也是人，活生生的人，他们有自己丰富的情感。教师应热爱学生，千方百计地了解学生。了解与学生紧密相关的话题，深入学生中间，和他们轻松交谈，体会他们的喜怒哀乐，真诚地倾听他们的建议，时时处处关心学生、尊重学生，有的放矢地帮助学生，让他们感受到教师的关爱。同时努力发现每个学生的闪光点，给予及时的表扬，真诚地赏识他们，这样才能使师生心灵相通。学生才会喜欢老师。只有"亲其师"，学生才会"信其道"。而且学生精神状态好时学习就会感到很轻松，学得也会很快。所以师生关系融洽，课堂上师生才能心情愉悦地进行互动交流，从而激发学生的求知欲，最大限度地优化教学效果。

（三）提高教师个人业务水平

俗话说："台上一分钟，台下十年功。"教师的主要舞台在课堂上。教师若想课上精彩，就需要课下做好充分的准备，广泛涉猎各学科、各领域、这样才能厚积薄发，为自己课上内容注入时代气息，为备课打好基础。教师要做到能游刃有余地驾驭教材、深入浅出地讲解教材。了解掌握新教材与新课程理念，从本校本班学生实际学情出发，确定符合他们认知特点的教学目标，教学重点难点，而不是照搬照抄他人的教案。同时要珍视每一节课，因为这是提高业务水平的重要环节。一个有知识、有能力的教师才能经受住时间的考验，长久地吸引学生。

二、优化课堂结构

有人说管理好时间就是管理好生命。那么，课堂时间的管理往往决定一节课的效率与成败。在英语课堂教学中，教师的教学既要有条不紊，又要十分紧凑。对各个教学环节应有所侧重。具体应着重做到：

（一）精彩的导入

有效地导入能够在第一时间抓住学生的注意力，激发他们求知的兴趣和欲望。所以教师要了解学生的认知规律及其已有的知识水平，选准课堂教学的切入点。根据不同的教学内容，选用合适的导课方式，这样就能极大地加快教学任务的渗透，使学生的学习行为更有效。

（二）精讲多练

课堂上应及时训练，尽量避免集中练习。一要力争做到让学生边学边练、边练边反馈；二要高效，精心挑选练习题，有针对性，尽量做到举一反三，避免贪多求难。这样能增强学生的成就感，调动学生学习的积极性。

（三）温故而知新

遗忘是学生学英语的最大困难之一，对普高学生尤其如此。而课堂上每一层次教学内容的推进，都必须在学生已接受现有教学内容的基础上进行。所以教师应带领学生复习旧知识，合理、适量地布置课前预习。课外作业的重点内容也都应该在课堂教学内容中有所涉及，降低课外作业的难度，保护学生的学习热情，这样可以提高课堂上学生对教师授课内容的接受速变。

三、运用灵活多样的教学方式方法，提高课堂效率

托尔斯泰说："成功的教学所需要的不是强制而是激发学生兴趣。"在课上教师可以尽量引导学生将兴趣转化为稳定的学习动机，以使他们树立较强的自信心。这样才能使学生积极主动地投入学习，课堂上积极与教师互动。所以老师可以采取多种方式达到此效果。

（一）使用"任务型"教学途径，因材施教

在教学过程中，针对学生的实际，根据总的教学目标设立一个个具体的小目标一个个小任务，让不同基础的学生完成难度不同的任务。实行分层教学，因材施教，层层递进。常以提问的方式检查任务。这样能够及时让学生们感受到有事可做，让他们有紧迫感，尽量减少上课开小差的现象。

（二）引导学生使用不同方法

西方有位哲人笛卡尔说："我思故我在。"学生学习的过程，应当是他们用脑思考的过程。所以教师除了尽力教好以外，一定要关注学生的学，即如何用心地学，如何学得有效。比如引导学生运用联想的方法去记忆。

（三）突出学生的主体地位

德国教育家第斯多惠说过："教学的艺术不在于传授本领，而在于激励、唤醒、鼓励。"在教学过程中，学生是学习的主体，教师应尊重和发展学生的主体意识和主动精神，开发学生的潜能。强词英语是学会的，不是教会的。积极帮助学生转变学习观念，强调学习策略，变"消极被动地接收知识"为"积极主动地猎取知识"。比如，可把课上要讲的内容提前在课下布置给学生，让他们课上讲，教师再点拨。这样，让学生感到他们是学习的主人，从而提高课堂的有效性。

（四）用多媒体教学

多媒体技术是中学英语教学最好的教学手段之一，它能创造一种融真实性、交际性、知识性和趣味性于一体的教学环境。为学生提供声像并茂的感官刺激，吸引学生的注意力，充分调动学生的积极性和创造性，帮助学生自主学习。也为改变教师"一言堂"的课堂局面带来了契机，为学生发挥主体作用创造了条件。若运用得当，多媒体教学能帮助学生更好地掌握、巩固所学内容，提高课堂教学效率。

提高英语课堂的有效性是普通高中英语教学的一个难点，一个永恒的话题。相信

经过有魅力的教师和学生的共同不懈努力，课堂一定会越来越高效。

参考文献：

［1］［英］H.D.Brown.语言学习与语言教学的研究［M］.北京：外语教学与研究出版社，2002.

［2］龚亚夫.英语教育新论：多元目标英语课程［M］.北京：高等教育出版社，2010.

以德为本　关爱学生

贾桂茹

摘要：爱是教育的灵魂。和谐的师生关系建立在平等地对待关爱每一位学生的基础之上。只有热爱学生，才能正确对待并耐心地去雕塑每一位学生。作为教师，应该无私地关爱每一个孩子。

关键词：教育；关心；爱护

教师对学生的行为和态度决定着师生关系的亲疏程度。影响师生关系的主要因素在于教师，学生认为和老师关系比较融洽很大程度上是因为老师和蔼可亲，或是因为自己学习好老师就喜欢。也有学生认为和老师关系不太好，主要原因是自己的学习成绩不好或不守纪律。因此，教师的行为和态度决定师生关系的和谐与否。如今师生关系存在很多问题。比如说，关系紧张、情谊淡薄。特别是教师不能公平公正对待每一个学生，使纯洁的师生关系多了些功利，少了些真诚，严重影响了教师在学生心目中的形象，从而降低了教师在学生心中的人格魅力，也影响学生的心理健康。因此，教师必须加强职业道德修养，规范自己的行为，培养优良的品德和高尚的情操。

一、提高自身思想水平和师德修养，以德为本

法国作家罗曼·罗兰曾说过："要撒播阳光到别人心中，总得自己心中有阳光。"我想我们每个教师的师德就如同这里的"阳光"。俗话说，亲其师，则信其道；信其道，则循其步。所以说教师是旗帜，教师是路标。

如果说教师的人格魅力是吸引学生对其所授的课程产生兴趣的基础的话，那么教师渊博的知识、精湛的授课艺术和技巧就是培养学生对该门课程产生浓厚兴趣的关

键，也是构建良好师生关系，进而促进学生主动学习的一个关键方面。特别是当今社会提倡创新教育，这也给教师更好地进行教育教学提出了更高的要求，所以教师只有不断充实自己、持续不断地获取新知识，才能在教学中更有针对性，才能最大限度地解答学生的疑难，以提高教学的层次和实效。作为教师首先应该结合自身的工作转变观念，加强自身修养，提高师德素养和教学能力，以高尚的品格和过硬的素质去感染学生，征服学生，和谐的师生关系的确立更多的有赖于教师自身观念的更新和素质的提高。

二、关爱每一位学生

爱是教育的灵魂。和谐的师生关系建立在平等对待、关爱每一位学生的基础之上。只有热爱学生，才能正确处理学生所犯的错误，才能耐心地去雕塑每一位学生，爱学生虽然很难但它却非常重要。师生之间的心理沟通是关爱每位学生必不可少的，只有了解学生的家庭背景、个性差异、兴趣爱好、心理、发展特点，我们才有与学生相处的基础。教师要有一双善于观察的慧眼，不仅要观察班集体的变化，更需要透过每个学生的细微表现发现其思想波动，真正做到见微知著。这样才能及时发现问题，妥善解决问题，公平公正地对待每一位学生。

作为教师，应该无私地把爱撒向每一个孩子，平等地对每个孩子，了解他们特有的情感世界，懂得他们失败的痛苦和成功的喜悦，让他们在学习过程中时时体验到老师对他们的关怀，时时感受到努力得到的肯定，体验到学习的快乐和成功。当老师把一颗真诚的心交给孩子，公正地对待每一个孩子，公平地把爱和温暖送给每一个孩子时，孩子小小的心定会融化在师爱中，在学习生活中找到快乐，愉快地接受教育。不热爱学生的老师，决不是好老师，学生们也决不会欢迎他。陶行知先生说："没有爱就没有教育。"热爱学生，不仅是一名教师人品、学识、情感与亲和力的展现，实际上是倾注了我们教师对祖国、对人类、对未来的热爱。因为有爱，我们才有耐心；因为有爱，我们才会关心；因为有爱，我们才和同学贴心。我们要爱学生成长过程中的每一个微小的"闪光点"。

我们常常听到这样的抱怨：现在的学生真不像话，现在的学生越来越难教了，现在的学生怎么还不如我们小时候能干呢？老师对学生不满、责怪、苛求。而学生则感叹："谁知我心啊！"师生间缺少理解沟通，缺少"心心相印"的和谐与默契。于是，逃学厌学者有之，离家出走者有之，殴打教师者有之，师生之间的关系变得非常紧张。其实每一位学生都渴望能够得到老师的关爱和理解。尤其是所谓的"差生"，作为教师更应该多了解、多关怀，发现隐藏在他们身上的闪光点，多鼓励，多表扬，使他们在愉快的情感体验中接受教育。热爱一个学生就等于塑造一个学生，而厌弃一个学生无异于毁坏一个学生。

爱是教育的基础！教师对待学生的态度关系学生性格和心理健康的形成。一个学生如果生活在鼓励和认可之中，他就会自信和自强。有学者认为："疼爱自己的孩子是本能，而热爱别人的孩子是神圣！"因此，教师对学生的爱"在性质上是一种只讲付出不计回报的、无私的、广泛的且没有血缘关系的爱，在原则上是一种严慈相济的爱。这种爱是神圣的。这种爱是教师教育学生的感情基础，学生一旦体会到这种感情，就会'亲其师'，从而'信其道'，也正是在这个过程中，教育实现了其根本的功能。因此，师爱就是师魂"。师爱是有原则的、公正的、理智的，不是无原则的、迁就的、偏袒的，师爱是关爱性与严格要求的有机统一。然而，热爱学生并不是一件容易的事情，让学生体会到教师的爱则更加困难。师爱必须以教师对学生的理解为基础。教师对学生的理解包括认识性理解和感情性理解。前者是指了解学生的心理状况，心理行为问题的实质以及问题产生的原因；后者是指教师需站在学生的角度，设身处地地理解他们的忧伤、痛苦和实际需要。师爱还包含着教师对学生的无条件的尊重。特别是有心理行为问题的学生，自卑感较强，缺乏自信，他们更需要教师的体贴信任和鼓励。师爱是一种巨大的教育力量。只要教师充分认识到师爱的作用，切实把握好师爱的分寸，潜心付出，爱严结合，就一定能在教育教学的过程中得到学生应有的回报。

教育是爱的共鸣，是心与心的呼应。作为一名教师，要对每一个学生倾注爱心。教师只有热爱自己的学生，才能教育好学生，才能使教育发挥最大限度的作用。可以说，热爱学生是教师职业道德的根本。因此，教师要对学生关心、爱护、宽容、尊重，要善于发觉学生的优点，充分鼓励他们自尊、自信。如对待差生，教师应该先找出他们差的原因，而不能只看到差生的劣面，忽略了他们身上所存在的闪光点。我们作为一名肩负着培育下一代重任的人民教师，应撒种爱心，用爱让他们重新点燃希望之火。我们班有位学生，因家庭因素，父母关系不和，疏于管教，在学习上无热情，缺乏自制力，情感教育方面比较缺乏。我就经常找他谈心，并特别注意发掘他的闪光点，希望给他带去温暖。果然，他在各方面都有所转变。

爱是教育的润滑剂。爱是沟通教师与学生情感的纽带。通过和学生几年的接触，我充分认识到了爱心在师生关系中所起到的关键作用。谈到班主任的教育工作，我不禁想起"循循善诱、潜移默化"这些成语，它给了我很大的启示：我们在工作中，应该用诚挚的情感去热爱、尊重、信任每一个学生，就像春天的阳光去融化冰雪一样，在工作中要运用情感和爱来一步步诱导、教育学生，让学生在不知不觉中受到感化。经常听到家长诉苦，孩子大了，叛逆了，不听家长的话怎么办？对孩子的教育不能一味地严训或说教，要想办法在生活中慢慢渗透教育。人是一种有灵性的动物，只要真心关爱，孩子会受到感化的。当然，对学生有爱，并不等于一味地迁就和放纵他们。所以这个"爱"必须和"严"相结合，只有这样学生才能接受理解你的爱。在我平时的教学教育工作中，当学生做了一些触犯规则性或不道德的事情时，我一定会及时指出其错误，并要求其改正，以后不准再犯。其他一些不是原则性的错误，我会尽量耐心开导，不伤害学生的情感并尊重学生的人格。所以有的学生总说对我是又"爱"又"恨"的。在课余，我经常多与学生亲近，和他们一起玩，一起开玩笑，一起唱歌，了解他们内心及生活……

陶行知先生说得好："捧着一颗心来，不带半根草去。"这里的"心"是对学生的关心和爱心。充满关爱的心是清泉，滋润着学生的心田，打开学生心灵的窗户；充满关爱的心更是成功教育的原动力，有了它才能护送学生到达成功的彼岸！

参考文献：

［1］中华人民共和国教育部.普通高中英语课程标准（实验）［S］.北京：人民教育出版社，2017.

［2］陶行知.陶行知教育文集［M］.成都：四川教育出版社，2005.

［3］叶圣陶.叶圣陶教育名篇［M］.北京：教育科学出版社，2007.

［4］［苏联］苏霍姆林斯基.给教师的建议［M］.北京：教育科学出版社，2000.

以德启真　润物无声

——谈立德树人指导下的英语课堂教学

张国辉

摘要： 党的十九大对教育工作做出了全面系统的部署，其中明确提出"全面贯彻党的教育方针，落实立德树人根本任务，发展素质教育，培养德智体美全面发展的社会主义建设者和接班人"。普通高中英语课程具有重要的育人功能，英语学科核心素养的提出是要在英语语言学习的基础上，促进人的全面发展、适应社会的需要。其根本出发点是立德树人，促进学生全面发展。

关键词： 高中英语；立德树人

我们对"立德树人"这个主题并不陌生。我国古代的儒家思想就提出了"三纲"与"八目"。"三纲"为"明明德、亲民、止于至善"；"八目"为"格物、致知、诚意、正心、修身、齐家、治国、平天下"。而"树人"同样由来已久，"十年树木，百年树人"语出《管子·权修第三》。德为才之先，"立德"与"树人"所具有的传统含义，便是我国社会对学校教育的期待。

党的十九大对教育工作做出了全面系统的部署，其中明确提出："要全面贯彻党的教育方针，落实立德树人根本任务，发展素质教育，培养德智体美全面发展的社会主义建设者和接班人。"教育部颁布的《普通高中英语课程标准（2017年版）》指出，普通高中英语课程具有重要的育人功能，旨在发展学生的英语学科核心素养，落实立德树人根本任务。

英语学科核心素养的提出是要在英语语言学习的基础上，促进人的全面发展、适应社会的需要。其根本出发点是立德树人，促进学生全面发展。

学生在学校的大部分时间是在各个学科的课堂中度过的，他们在获取学科知识的同时，也要学习做人的道理。高中英语学科教材蕴含着极其丰富的显性或隐性的德育因素，需要教师的挖掘和整合，并在文化意识的培养过程中，随时注意德育的渗透，随时注意育人的价值，以取得教学和教育双赢的效果。

在基于立德树人背景下开展高中英语课堂教学的过程中，我们时刻抓住立德树人的总任务和总要求，坚持"因地制宜"和"因时制宜"两个原则，力求从我校学生实际出发，紧密结合学科教学，优化德育内容，创造灵活多样的德育方法，形成有效的学科德育体系。

一、充分挖掘教材主题

人教版高中英语教材以十九大报告精神为指引，全面贯彻党的教育方针，落实立德树人根本任务，充分挖掘英语学科的育人价值，坚持工具性和人文性统一为培养具有中国情怀、国际视野和跨文化沟通能力的社会主义建设者和接班人服务。

教材通过落实课标提出的主题范畴，从人与自我、人与社会、人与自然的三大维度展开各单元话题，通过主题导向、话题引领，将社会主义核心价值观的教育细化到人品教育、社会责任、爱国教育、关爱自然等话题中，

教材坚持语言学习和文化渗透相结合，丰富学生的文化知识，提升他们的文化意识并培养跨文化沟通能力。教材中很多文章既体现世界文化的多样性，也充分体现社会主义核心价值观，弘扬中华优秀传统文化，帮助学生坚定文化自信，树立人类命运共同体意识和多元文化意识，培养开放包容的态度，以及正确的价值观念和道德情感。让学生在学习英语的过程中，在思想上也得到良好的熏陶，树立正确的思想和培养良好的品德。

二、充分利用教材插图

人教版新教材采用了大量彩色图片，极具感染力和视觉冲击力的"主题图"引入各单元内容，这些图片不仅打破了大面积文字信息的单调性，不仅美化了版面，增强了教材的可读性，还为文本创设了直观的语境，能够激发学生对文本的想象力、探究兴趣和表达欲望，教师可以借助插图对学生进行思想教育。例如：在讲授必修二第一单元时，教师可引导学生结合主题图两个儿童并肩坐在长城的台阶上，眺望着从脚下延绵伸向远方的万里长城谈论对 "Heritage is our legacy from the past, what we live with today, and what we pass on to future generations" 这句话的理解，使学生意识到保护文化遗产应该从小做起，从青少年做起，既要脚踏实地，又要面向未来。

三、有效渗透德育，创造和谐课堂

教师在备课时，首先要掌握和熟悉各篇课文的思想内容，然后有计划、有目的地将其渗透到语言教学中。创设真实的语言情境，在情景教学中，教师要鼓励内向胆小的学生积极参加，激发每个学生学英语、说英语的自信心；小组合作活动向学生渗透文明礼貌、尊重他人、团结合作等优良品质。在备课过程中，英语教师要在介绍课文相关的背景材料中导入文化因素，扩展学生文化视野。也要注意课程设计、实施、评价过程的德育渗透，进行全面解读。鉴于外语教学的学科特点，英语教师应该在讲解教材的基础上，注重文化因素和德育的关联性。

每节英语课开始，师生之间互道一声问候，是师生合作的开始，是沟通师生情感，了解学生情绪状态，唤起学生课堂参与意识，培养学生讲文明懂礼貌，提高教学效果的有效途径。

在讲授新课时，教师可通过课文内容渗透思想品德教育，使其与语言教学有机地、紧密地结合起来，例如：必修一第二单元 Travelling Around 中，既有秘鲁的 Machu Picchu，也有中国的西安兵马俑；既有意大利的 Pisa 古城，也有中国云南的丽江古城；既有去新西兰 Auckland 市的旅游行程，也有去中国杭州的旅游行程；既有德国的 Neuschwanstein Castle，也有中国厦门的南普陀寺、鼓浪屿以及四川的九寨沟等。学习这一课，教师要在语言教学中渗透文化内涵，突出多元文化视角，帮学生形成文化意识、坚定文化自信；既力求全面体现世界文化的丰富性多样性，又融入社会主义核心价值观，力求平衡呈现中外文化。

四、进行课后的延伸拓展

德育渗透不能只局限于课堂上，应与课外学习有机地结合。向课外延伸拓展，使学生继续感悟其内在的思想。《课程标准》指出：根据学生的年龄特点和兴趣爱好，积极开展各种课外活动有助于学生增长知识、开阔视野、发展智力和个性、展现才能。这样英语学习的德育渗透会更有针对性，更有实效性。

五、作文教学，精心选材，渗透德育

作文是英语教学中不可缺少的重要内容。教师在进行写作指导时应精心挑选作文题材，所选的题材有助于学生表达他们丰富的思想和情感，有助于学生形成良好的个人修养和高尚的人格。比如：清明节学生去烈士陵园扫墓，是对学生进行爱国主义教育的极佳机会，我给学生布置的是一篇日记，学生不但写出了这一天的活动情况，更写出了缅怀先烈的心情、保家卫国的情怀。在讲评的时候，我又引导学生联系之前中印边境牺牲的跟他们年龄相仿的战士，情景教学，联系实际，德育易渗透，润物无声。

六、教师自身的德育培养

英语教师要不断学习专业知识，做好讲授语言知识的准备。要不断提升专业素养，做好辅人育人的准备。英语老师除了扎实的语言知识外，还要有洞悉文化的能力，其实就是一种深度学习的能力，把这种思想和能力带入课堂中，相信对孩子的影响是潜移默化并且深刻的。那么真正的育人，就是要挖掘英语语言背后的人文性，学生才能更易理解语言的文化内涵。

一个英语教师，只有保持身心健康，保持一个乐观进取的心态，提高教师本身的感染力，在课堂上保持促进和谐的目的，把课堂中的学生组成集体的互学对象，以轻松好学的氛围进行英语教学，才会收到更好的课堂效果。所以，教师也要注重自身的行为举止，在课堂中的仪表得体、语言和对待学生的态度要端正。在英语教学中，教师应该注重知识性与思想性的有效结合，在潜移默化中对学生进行直接的或间接的情操陶冶。用教师自身关爱他人的行为激励学生们相互关心，关爱集体，提升学生素质，树立正确的社会观。

总之，"立德树人"根本任务的落实离不开教师的理论自觉和实践自觉。我们将把这一任务的落实扎实地贯穿于教育教学的始终，继续沉入课堂，深入实践，努力在这一领域做积极的探索和实践，润物无声，通过课堂教学让学生感受语言的魅力，培养思维品质，促进德育发展，达到"立德树人"的最终目的。

参考文献：

［1］张志勇.中小学德育一体化丛书［M］.济南：山东教育出版社，2019.

［2］丁朝琼.英语教学中的文化因素［D］.武汉：华中师范大学，2006.

［3］普通高中教科书教师教学用书英语必修第一册［M］.北京：人民教育出版社，2019.

高中英语学科教学中
立德树人的思考与实践

马丽丽

摘要：深化课程改革，落实立德树人根本任务，培养学科核心素养，体现新时代高中英语学科教学的育人价值。这是每一名教师都要思考的问题。本文阐述了在高中英语听说活动、阅读、写作以及拓展阅读教学中渗透德育教育的思考实践。

关键词：英语教学；立德树人；听说活动；阅读；写作

高中英语课程是高中阶段全面贯彻党的教育方针，落实立德树人根本任务，发展学科核心素养，培养社会主义建设者和接班人的基础文化课程。英语学科既是学生学习知识的主要课堂，也是联结中西文化的纽带。英语的学习和使用既能使我们借鉴外国先进的科学技术，又能传播中华文化，拓展学生的国际视野，形成正确的世界观、人生观、价值观。如何把英语学科与立德树人这一根本任务联系起来，是我在每一节英语教学备课时思考的一个问题，也在具体教学中做出了不同的尝试。

一、开展听说活动，渗透立德树人

高中英语课堂教学，不仅要传授知识，也要在每一部分教学中渗透立德树人的教育理念。从结构上看，新教材在每一个单元都有两个板块安排听说教学，这足以看出英语教学改革更加注重学生的听说交流能力。从内容上看，高中英语新教材每一个单元都围绕一个主题来分不同的板块。我们可以巧妙地利用这些主题引导学生并培养学生的高尚品德。

例如，在必修一 Unit 2 Travelling Around 的听力部分，既有法国的 Eiffel Tower，也有中国的古城丽江，既有德国的 Neuschwanstein，也有中国的天山。在听力教学之前，让学生先搜集这些名城和历史名胜的资料，了解他们的文化特点。在课堂教学中，我先展示了一些与这些景点相关的图片，然后让学生分享他们所了解的背景知识。通过这些活动学生不仅了解了国外的文化，也更加深刻地认识到了中国旅游资源的丰富，文化景点风光的优美和历史的悠久，从而增加了学生的文化自信，培养了他们的爱国情怀，也拓展了国际视野。

必修三 Unit2 的主题是道德与美德教育。学生在本单元的前几个板块了解一些为社会做出重大贡献的著名人物。同时我们也要让学生知道不只这些名人身上才具备优秀的道德品质，在许多普通人身上，同样能够发现闪闪发光的品质和美德。在这单元具体探讨的是如何对熟悉的、亲近的或者陌生的人表达友善。课堂上，首先让学生听一段关于爱心传递的故事，随后让他们模仿输出，讲述发生在自己身边的爱心故事。学生们说到了在学习上得到同学帮助的小事，也有的谈到了在寝室生活中遇到困难，室友给予援手的例子。这样既提升了学生的听说技能，还有意识地渗透了人生观和道德观的培养。通过这些活动，学生意识到哪怕只是一次偶然的帮助，也会给他人和自己带来意想不到的温暖和光亮。通过善行去影响周围的人，创造更好的学习和生活氛围。

二、重视阅读教学，夯实立德树人

高中英语教材修订的主要目的就是落实立德树人根本任务，培养社会主义核心价值观，弘扬中华优秀文化，充分体现英语学科特殊的育人价值，培养具有中国情怀、国际视野和跨文化沟通能力的社会主义建设者和接班人。无论是新课标、新教材，还是高考英语题型的改革，都体现了阅读的重要性。因此，我们在教学中也侧重学生阅读能力的培养。例如必修一 Unit 4 自然灾害的 reading 部分讲述了 20 世纪 70 年代发生在唐山的大地震。课文的前半部分描述了震前、震中城市的变化和震后这座城市满目疮痍、让人绝望的画面。在教学中，学生通过课文了解了地震发生之前会有哪些预警，同时给学生科普了一些地震知识，让学生树立防灾意识，并结合我校经常进行的预警演练让学生掌握一些与灾难相关的安全常识和防范措施。课文的后半部分自然过渡到身处绝境但决不放弃希望的灾区人民的生存意识和重建家园的决心，更有来自国家和人民军队的支持，使唐山人民在废墟上重建家园，唐山这座被自然灾害损毁的城市重获新生。在课程结尾，我问学生有什么感受，学生有的回答灾害无情人有情；有的说，中国历来都是一方有难，八方支援；更有学生联想到了疫情下的武汉，谈到了疫情暴发时的英雄人物，比如钟南山，最美逆行者，抗战在一线的医护人员，各兄弟城市对武汉的紧急驰援，疫情后党和政府对武汉城市恢复的大力支持。讨论后，学生都非常感动，为身为一名中国人而自豪。

三、利用主题写作，落实立德树人

在实际教学中，我们发现新的教材融入社会主义核心价值观的基本内容和要求。这也促使我们在课堂教学中注重培养学生良好的政治素质、道德品质和健全人格，引导学生形成正确的世界观、人生观和价值观。高考改革对英语作文做了较大的改动，更加注重学生语言综合运用能力。想要写好一篇文章，不仅要对词汇、语法和写作技巧进行训练，更要注重平时写作经验的积累。新教材就为学生提供了大量的材料和鲜活的语言。在平时的写作教学中，我就利用教材的鲜明主题从多方面对学生进行训练。

（一）以课文为基础，注重积累

写作教学既是高中英语教学的重点，更是难点，一直备受高中英语教师的重视。为了更好地渗透立德树人思想，帮助学生们提升英语写作能力，在平时的写作教学过程中，利用写作练习中的命题，帮助学生在提升写作能力的同时，发展良好的道德观与价值观。此外，学生在利用英语进行写作的过程中，也能够更好地提升写作观念，从价值观念的提升入手，更好地把握英文写作教学的主次，从而在更大程度上提升英语写作能力，帮助他们养成良好的学习习惯。

能选入教材的每一篇文章都是经过精雕细琢的。因此平时的教学中，让学生熟读课文，记忆课文中的词汇，背诵重点、优美的句型。尤其是反映中国悠久历史文化的句子和一些积极向上的文章。以必修一 Unit 5 reading 部分的 Explore the Chinese Writing System 为例。在教学中我选取了一些句子，比如：Even today, no matter where Chinese people live or what dialect they speak, they can communicate in writing. As China plays a greater role in global affairs, an increasing number of international students are beginning to appreciate China's culture and history through this amazing language. 通过这些句子的背诵，学生更加了解汉字书写历史的发展和汉字的发展对中华文明数千年的传承起到的作用。体会了汉字的魅力，增强了文化自信。

（二）以课文为主体，学习缩写

在平时的备课中，我一直在思考如何创造性地使用高中英语教材，在写作教学中渗透中国文化。在日常课堂教学中引导学生熟悉教材、回归教材，提升学生的英语写作能力，增强学生的文化意识，坚定文化自信，培养英语核心素养，最终达到通过英语向全世界传播中国文化和用英语表达中国声音的目的。在阅读教学完成后，为了让学生对课文有更深的印象，提高写作能力，我会选取适当的文章，对学生进行缩写训练。

这样学生既能抓住课文中心，又能提高写作能力。比如，必修二 Unit 2 野生动物保护 reading 部分讲述了由于盗猎者对藏羚羊的偷盗，藏羚羊种群数量和栖息地的减少，造成了种群濒危，以及我国政府和民间组织为保护藏羚羊所采取的有力措施及成效。学生们掌握了文章的结构和脉络后，再让他们找出一些关键词，然后进行缩写练习。通过这些练习，学生领悟到人类只有改变自己的生活消费方式才能与自然和谐共生。

四、拓展课外阅读，坚持立德树人

为了开阔学生的视野，丰富学生的知识，增加英语学习的真实性、趣味性，激发学生的兴趣和动机，我在英语教学中引入了一些课外资料。一方面是反映中华文化、政治经济方面的资料。例如，每年在习总书记发表新年贺词后，我会让学生阅读贺词的英文版。学生既了解到中国的政治经济科学等领域的发展，政府为改善民生做了哪些事情，同时也感受到了祖国的强大。在学习贺词的过程中还学到一些专有名词和热门词汇的英文表达。另一方面是反映英美科技文化等原汁原味的文章。比如海伦·凯勒的《假如给我三天光明》，学生了解了海伦的不屈不挠、独立自强等优秀品质。

在日常的教学中，我深深地感受到在英语教学中落实立德树人根本任务，需要从多个方面和角度来进行，需要进一步挖掘每单元的话题，在教授知识的同时渗透德育教育。让学生形成积极向上的人格品质，通过引导和教育，培养学生的思想道德素质。

参考文献：

[1] 中华人民共和国教育部.普通高中英语课程标准（2017 年版）[S].北京：人民教育出版社，2017.

[2] 教育部基础教育课程教材专家工作委员会.普通高中英语课程标准（2017 年版）解读 [M].北京：高等教育出版社，2020.

[3] 教育部考试中心.中国高考评价体系说明 [M].北京：人民教育出版社，2019.

[4] 杨斌.将"立德树人"落实在高中英语阅读教学的实践 [J].课程教育研究，2018（42）.

[5] 陈佶.如何在高中英语课堂中实现立德树人的目标 [J].课程教育研究：学法教法研究，2019（3）.

物理教育教学中的立德树人

李宝贺

摘要："立德树人"要求我们必须坚持德育为先。我们在物理教学的过程中要告诉学生怎样做一个人，做一个热爱生活的人；在物理教学中要创新德育形式，丰富德育内容，提高德育工作的吸引力和感染力，不断增强德育工作的针对性和实效性。我们应在教授物理知识的同时渗透德育。

关键词：立德树人；物理教学

党的十八大报告明确指出：立德树人是教育的根本任务。它告诉我们，"教育的根本对象是人、根本目的是人、根本任务是育人"，它针对的是对于教育本性迷失方向的人。立德树人，培养德智体美全面发展的社会主义建设者和接班人，它关系党和人民教育事业的发展，同时也关系整个中国特色社会主义事业的全局和长远。所以教师应该充分认识到立德树人的重要性。

"立德树人"要求我们必须坚持德育为先。我们在物理教学的过程中要告诉学生怎样做一个人，做一个热爱生活的人；做一个对国家、对社会有用的人。具体表现为让学生通过物理的视角去感受生活，使学生更加热爱生活，从生活中体会自然的美；让学生通过生活感受物理，能够发现生活中的物理现象及其中玄妙的美，同时学生也可以感受到生活的美好。德是做人的根本，所以德育是育人成长中最重要的，也是不可或缺的教育组成部分。国际环境与世界的多元文化正在影响着我国青少年学生世界观、人生观、价值观的形成，在这个重要的时刻，德育教育更具有必要性和紧迫性。德育教育必然应在继承的基础上创新，且更为重要的是要引导学生做一个善于发现生活热爱生活的人。物理是高中阶段最接近生活的一个学科，在物理教学中"立德树人"是必要的。

著名的物理学家麦克斯韦从小就是一个热爱生活且善于发现的人，他也有很强的求知欲和想象力，爱思考，好提问。据说还在他两岁多的时候，有一次爸爸领他上街，看见一辆马车停在路旁，他就问："爸爸，那马车为什么不走呢？"父亲说："它在休息。"麦克斯韦又问："它为什么要休息呢？"父亲随口说了一句："大概是累了吧？""不，"麦克斯韦认真地说，"它是肚子疼！"还有一次，姨妈给麦克斯韦带来一篮苹果，他一个劲地问："这苹果为什么是红的？"姨妈不知道怎么回答，就叫他去玩吹肥皂泡。谁知他吹肥皂泡的时候，看到肥皂泡上五彩缤纷的颜色，提的问题反而更多了。上中学的时候，他还提过像"死甲虫为什么不导电"，"活猫和活狗摩擦会生电吗"等问题。发现生活中的点滴对于物理学的认识会大有好处，我们的所有社会生活都有着各种知识的参与。那么我们在物理教育教学中就应该时时刻刻渗透这样的思想，让学生去感受生活，感受世界。

德育教育要把社会主义核心价值体系贯穿于教育全过程，学校德育教育要从课程德育、社会实践德育和学校文化德育三方面进行建构；要把德育渗透在教育教学的所有环节，它应体现在学校教育、家庭教育和社会教育的各个层面。在物理教学中要创新德育形式，丰富德育内容，提高德育工作的吸引力和感染力，不断增强德育工作的针对性和实效性。我们应在教授物理知识的同时渗透德育。例如：在相互作用力的章节里，引入科学实例：以中国首个空间实验室"天宫一号"的视频引入，激发学生兴趣，吸引学生注意力，还培养了学生爱国主义情怀；同时还可以通过实验探究，渗透物理方法的教育，培养学生分析问题、解决问题的能力；从认识到实验归纳总结出物理规律并加以运用，让学生体验成功的喜悦，树立学好物理的信心。

"立德树人"要求我们必须着眼学生的全面发展。例如在物理教育教学中对实验进行学习、操作时，我们要引导学生主动提出问题、大胆猜想假设、设计实验方法、完善实验方案、进行实验、归纳总结，从而体验自主探究的整个过程。通过教师的适时引导和学生的自主探究，促进师生之间、生生之间的合作互动，使学生在体验探究的乐趣和曲折的过程中，完成对重点知识的建构，感悟科学思想，培养科学精神，实现知识和能力的协调发展。

人的"全面发展"是人的发展和社会发展的最高目标、最终价值取向。实现人的全面发展的重要途径就是教育，教育就要以学生为根本，重点关注学生的全面发展、和谐发展、持续发展、终身发展以及他们的健康成长。在坚持德育为先的同时，兼顾学生智育、体育、美育的教育，全面实施素质教育，促进德育、智育、体育、美育的有机融合，着力培养学生的社会责任感、创新精神和实践能力，提高学生综合素质，使他们能够成为全面发展的合格的社会主义建设者和接班人。

参考文献：

［1］张子谦，邢明强.把立德树人作为教育的根本任务［N］.光明日报，2013-02-09.

［2］董茂辉，陆雪川.浅谈在中学生德育中加强社会主义核心价值观教育［J］.学校教育研究,2015（8）.

［3］习近平.决胜全面建成小康社会 夺取新时代中国特色社会主义伟大胜利［N］.光明日报，2017-10-19.

基于核心素养的高中物理实验教学探究

陈　斯

摘要：物理学科相对于其他学科来说较为抽象，而又显得生僻难懂，需要学生在学习物理基础理论知识时真正理解并掌握物理定义所包含的现象及规律来源，才能灵活运用物理知识，帮助学生更好地解决物理问题。而物理的解题能力依赖于学生的物理基础素养，这种素养也是新世纪新课改环境中的所要求的核心素养的体现，是一个学生综合能力的体现。因此通过物理实验教学培养学生的核心素养，具有非常重要的意义。

关键词：核心素养；高中物理；实验探究

一、基于核心素养培养的高中物理实验教学现状分析

（一）学生对物理概念理解不透彻

在物理实验教学中，大多数学生只是按部就班地重复实验步骤、操作方法，背牢实验原理和定律。物理实验教学应该将物理基础知识体系和实践操作能力相结合，为学生学习理论原理、定律、设计实验等打好基础。

（二）物理实验不受重视

大多数学生对探究性实验感兴趣，学校应该抓住学生心理，多设计探索性实验、创新性实验，锻炼学生的动手操作能力，培养学生独立思考的能力、创新精神和思维模式。教师不仅仅要教授学生理论知识，更应重视培养学生的实践能力和科学思考问题的方式，全面提升学生的综合能力和核心素养。但是很多学校由于实验仪器不到位、学生的探究性实验达不到预期效果、实验教学经费紧张等问题，没有为学生创设探究

性实验和创新性实验机会。加上高考不考实验操作，相关部门监管力度不够等因素，物理实验教学更加得不到重视。教师只能用演示实验代替探究性实验，学生得不到自己动手操作物理实验的机会，难以提升核心素养。

（三）学生缺乏创新精神

高中课程偏向应试教育，基于核心素养的培养功能欠缺，忽略学生动手能力和创新精神，很多实验被讲解实验替代，学生失去了创新实验和钻研实验的机会。在物理实验教学过程中，学生只是按部就班地模仿，缺乏学习的主动性和积极性、端正的科研态度、科学精神以及团结合作精神。逐步改善实验教学环境，转变学生的物理观念，加强学生的交流和合作能力，是提高学生核心素养的核心。

二、培养学生核心素养的原则

（一）培养良好的学习习惯

在物理实验教学中要做到"教学做合一"，培养学生的观察能力，让学生仔细观察教师的演示实验，通过分析，形成自己的物理知识体系，养成良好的学习习惯、严谨的科学态度和良好的科研精神，为发展核心素养奠定良好的基础。在物理实验教学中，还可以培养学生合作交流的能力、积极乐观的态度，让学生学会与人相处，提高沟通合作能力和探索精神。核心素养的培养，离不开实践教学和实验操作。因此，学校应该为学生提供更多的实践机会，培养学生不怕挫败、求真务实的科研态度和坚持真理的科学精神。

（二）构建物理观念

物质、运动、能量和相互作用的关系，是构建物理观念的主要内容，也是培养学生核心素养的基础。物理实验教学的目的是培养学生严谨的科学态度和逻辑思维，培养学生创新精神、动手操作能力及独立思考的良好习惯，增强其实践意识，让学生领会物理学的美妙。高中物理教师应该多设置小实验，鼓励学生探究实验，完善物理知识体系，提高自身的物理核心素养。

（三）培养科学思维和创新能力

在实验教学过程中，教师应该重点培养学生的创新能力、严谨的科学态度和科学思维，积极开展探究性实验，调动学生的积极主动性，让学生愿意动手操作，使学生更加深入地了解实验原理，观察实验现象，认真地处理实验数据。通过实验教学，让学生对物理观念从感性思维的认知上升到理性认知，培养学生的科学态度。教师可以举例"热气球吊重物比赛"，提出一系列问题，如热气球最好采用什么材质，装置应该如何设置……学生积极思考，组队讨论，共同解决这些问题，使物理知识得到升华，学生得到锻炼的机会，培养了创新精神。

三、进行实验，有针对性地培养学生的核心素养

（一）演示实验

通过教师演示实验，学生仔细观察，产生学习兴趣，更好地理解和掌握物理知识点，提高课堂教学质量。通过先进的教学设备，让学生观察抽象的物理现象。如教授《分子热运动》中的布朗运动，可以借助光学显微镜让学生观察花粉颗粒在水分子撞击下的不规则运动。学生通过理解水分子的不规则运动，进一步认识了布朗运动，提高了教学效率。

（二）分组实验

根据学生的特点，为每位学生分配不同的工作，使其共同完成物理教学实验，合作解决问题。在整个实验过程中锻炼学生的观察能力、动手能力、团队协作能力、解决问题的能力，培养学生的物理核心素养。更重要的是，通过分组实验，增强了学生解决实际问题的能力，避免出现理论课堂与实践脱节的问题，学生的创新能力得到进一步提高，发挥了学生的潜能，培养了学生的创新精神、严谨的科学态度和实事求是的科学作风。

（三）探究性实验

探究性实验是让学生独立思考，设计实验方案，最终完成实验，主要是为了培养学生的创新精神和独立思考问题、解决问题的能力。实验过程中，要应用到很多物理知识，如运动学、力学、光学、电学等。学生必须综合应用所学知识，做到知识和能力的完美结合，才能顺利完成实验。探究性实验能极大地培养学生的综合知识和实验能力，提升学生的综合核心素养。

（四）拓展课外小实验、小制作

为了多方面培养学生对物理实验的兴趣，在学生掌握了一些基本实验技能后，教师应适时地把课外活动纳入实验教学的范围，鼓励学生进行课外小实验、小制作，以配合课堂实验教学。这样，既可以促进学生对物理知识的理解和记忆，又为学生提供了一系列附带内容的学习，一举两得。

在新课程改革的要求下，高中物理实验教学必须得到充分的重视。这就要求广大物理教师在实际的教学过程中，积极转变落后的教学观念，认识到实验教学的不足之处，不断探索和实践新的教学方法，完善学生的物理知识体系，提升其核心素养，增强学生的动手操作能力和创新精神，为培养创造性人才奠定基础。

参考文献：

［1］庞茜.基于核心素养培养下高中物理教学实践研究［D］.成都：四川师范大学，2017.

［2］伏森泉.基于物理核心素养视角的高考命题探究［J］.中国考试，2017（5）.

［3］木青.核心素养教育：素质教育的深化（一）［J］.西部素质教育，2016（12）.

［4］汪端红.高中物理实验探究教学的探索和实践［D］.武汉：华中师范大学，2014.

格物致理　塑造心灵

关元伯

摘要：把立德树人的教育目标落实到物理学科教学中，在实施过程中应抓住实验教学和理论教学两个方面，并融入物理学史，使学生在晓物之理时，更明世事之德，格物致理，塑造心灵。

关键词：立德树人；物理教学；渗透；实施

学科教学是学校教育活动的主要形式，在培养人才上起着核心作用，当下物理教学正逐步推行素质教育，实现提高学生的科学素养。物理教学不再只是单纯地传授知识，而是要使学生在知识技能、过程方法、情感态度与价值观三个维度共同发展，这与立德树人的教育根本不谋而合。具体实施过程中，应以物之理，寓世之德，使学生在物理学习中不仅晓万物之理，更明万世之德。

一、物理学史中的立德树人

物理学史作为物理学中最具人文色彩的部分，其在物理德育教育中独特的魅力和作用是不言而喻的。在中学物理教育中，贯穿于物理理论教学和实验教学两个方面，在物理概念和规律以及实验教学中渗透物理学史教育是践行立德树人这一教育理念的必然要求。

物理学的概念和规律等都是一代代物理学家在不断认识探索自然的过程中凝结出的智慧结晶，在教学中将有助于学生了解其来龙去脉，从而加深对知识的理解和把握。通过介绍我国悠久的科技发展史，将有利于学生树立民族自豪感和自信心，激发学生的爱国热情，肩负振兴中华的强烈社会责任感。在教学中渗透物理学家坚持真理、不畏牺牲的高尚情操，将弓领学生形成科学的世界观和正确人生观。

二、在理论教学中立德树人

中学物理是以基础概念和基本规律为主干构成的完整体系，学生对知识的运用主要是指运用物理概念和规律来解释现象、解决问题，所以我们首先要抓好物理概念和规律的教学。

（一）用物理概念理解校规

应给学生提供具体丰富的物理情景，让学生有机会运用概念分析判断简单的物理现象，解决贴近生活实际的物理问题。例如，如何利用运动相对性理解课间不要追逐打闹的校规校纪，这一问题出乎学生意料，他们一般对校规校纪有抵触情绪，没有想到竟然能够用所学的物理知识解释其中的科学性和合理性。将物理概念与校纪校规相结合，学生不但深刻地体会到了物理就在身边，以后也会自觉遵守学校的规章制度，真是智育、德育一箭双雕。

（二）用物理规律解释交通规则

教学中应强调启发学生将实际问题转化为物理问题，运用物理规律加以研究，提高分析和解决问题的能力。例如牛顿运动定律的学习，可以让学生在发现牛顿运动定律的知识点与交通安全有着重大联系，交通法规中保持车距、系安全带等要求，都是有一定物理学依据的。利用物理知识向学生解释交通规则，嘱咐他们平时要注意行车安全，遵守各项交通规则，使学生在物理学习中，不仅学会并利用了物理规律，还懂得了遵守交通规则的意义。这样结合教学内容，自然而然地实现了培养学生社会责任感和良好行为习惯的德育目的。

三、物理实验中的立德树人

中学物理实验教学，在立德树人方面的重要意义，概括起来有以下几点。

1.体验过程培养能力，让学生积极参与、乐于探究、勇于实验、勤于思考。学生亲历实验过程，会更容易掌握分析和解决问题的方法，获得想象力创造力等多种思维能力的提高。有些学生不是在老师的指导下按部就班地简单操作，而是手、脑并用，全心全意地参与其中，学生的主体能动性得到了充分发挥，培养了学生的全局观念和不轻言放弃的意志力，也使学生的分析概括能力和综合表达能力得到了培养和发展。

2.培养科学精神，形成科学价值观。中学物理中很多概念和规律都是通过实验推理得来的，学生应领悟其中科学的思想精神。实验过程往往充满困难和挑战，这就更需要学生具有善始善终坚持不懈的探究精神。因此，重视实验，创造性地利用实验进行教学，使学生得到全面的、健康的发展，是每一位物理教师的责任和义务。

3.培养学习兴趣，造就终身学习者。物理实验对中学生具有很强的吸引力，极易唤起他们的直觉兴趣。教师引入新课时常用的一些实验，能抓住学生的注意力，使学生迅速进入学习状态，这些学生利用身边资源随时能够动手实现的实验，可以大大激发学生探索自然的兴趣，对学生的终身学习发展有重要意义。

总之，教育事业不仅传授知识培养能力，还要把社会主义核心价值体系融入教书育人的过程中。引导学生树立正确的人生观、世界观、荣辱观，具体在物理教学过程中实现立德树人，则需要每位物理教师将道德教育融入到物理教学的方方面面，充分挖掘德育资源，努力寻找德育契机，于细微之处激发学生的情感，启迪学生的思维，培养德智体美劳全面发展的社会主义建设者和接班人。

在高中物理教学中落实立德树人
凝练核心素养

高会影

摘要：教育是培养人的，无论是立德树人，还是核心素养，都是为人的发展服务的。学科知识只是形成学科素养的载体，学科活动才是形成学科素养的渠道，核心素养是品格和能力的培养。"全员育人，全过程育人，全方位育人"使学生晓物之理时，更明世事之德。从物理学科的特点出发，通过实实在在的课堂教学，利用教者的人格魅力，不失时机地进行立德树人，这样才能做到育人与教书双丰收。

关键词：立德树人；核心素养；高中物理教学

教育是培养人的，无论是立德树人，还是核心素养，都是为人的发展服务的。把立德树人的根本任务落实到物理教学中，实现物理学科核心素质，在实施过程中应抓住物理理论教学和实验教学两个主要方面，并结合物理学史，使学生晓物理之定理，明物理之素养。

从教以来，深感自己在教学上的困惑越来越多，越来越觉得"力不从心"。但对于把课堂还给学生，让学生自主学习，成为课堂的主人是我教学一直以来的追求的目标。

当前高中物理课堂教学中很多错误的做法束缚了学生的全面发展，例如高中物理教师在组织学生进行物理模拟试卷选择题练习时，通常会要求学生在相对较短的时间内完成，并通过反复练习不断缩短答题时间，这种做法使得学生无法对解题进行深入的思考，学生的答题行为变成了机械化的活动。又如，很多物理教师在教学中都会不自觉地将物理知识作为教学的唯一，没有经过慎重的选择就给学生布置过多的物理作业，很多学生在无法应付的情况下就会通过抄袭的方法解决。此外还有很多物理教师会占用学生的课外时间，学生原本娱乐休息的时间被要求做习题或者复习课程。在这样的环境氛围下学生人格的健全发展会受到影响，因此这种教学方式根本做不到立德树人。

由于当前的高中生学习任务繁重，很少有时间和同学相处和交流，同时很多学生在家长的呵护中成长，使得他们与人合作完成某一事情或任务的机会非常少。长此以往，学生很可能会养成个性过强、缺乏合作意识的性格，进而在未来的实际生活、工作中无法应付。社会是由一个个人组成的，人与人之间的协作是社会发展进步的必要条件，高中物理课堂是作为一个小型的社会，通过每个人的参与以及学生之间的协作推动教学活动的进行。因此学生之间的协作交流是高中物理课堂教学改革的关键，物理教师应当对合作探究课堂进行构建，进而对师生合作关系以及学生合作关系进行有效处理。

教师在授课过程中习惯将提前备好的课倾囊相授，却恰恰忽略了学生的反馈和感受；我们往往在授课时滔滔不绝，却忘记了留给学生宝贵的思考和内化的时间；我们总是想将自己认为重要的知识传授给学生，却忽略了学生的真正学习需求。作为教师，我们更应该关注的是学生在学习中的主体作用，关注学生的收获、感受和成长，将课堂真正还给学生。

物理教学要强化物理知识与实践情境的关联，提高把物理知识与实践情境进行联系的自觉性，增强学生的实践意识；课堂教学就是依据教材内容设计合适的问题情境，引导、刺激学生深度思考，在学习物理知识的同时促进学生必备品格和关键能力的形成；有意义的学习活动总是凭借一定的教学情境来实施的，学生对知识的感悟乃至素养的提升也只有在与情境的互动中才能达成。

我们的教学应该是为发展学生的核心素养而教，教师用智慧教，学生用智慧学。教师应当创设能促进学生深度学习的教学情境，时刻反思自己的某个物理教学设计或案例是否能促进学生的深度学习。

高中物理课堂教学要明确整个教材的德育目标和知识目标，明确单元的德育目标和知识目标，明确每一节课的德育目标和知识目标，核心素养目标在课堂教学这一环节中得以落实，因此必须从物理的课堂教学改革做起。把跟学生生活联系密切的问题、社会热点中的物理问题、现代科技成果等有实践情境的教学内容引进物理课堂；用生活中的器具做物理实验，加强物理知识与生活的联系；创设真实情境，并通过对真实情境的思维加工来建立物理概念；用物理规律分析和解决真实情境中的问题；养成估计生活中有关物理量大小的习惯，乐于对媒体消息中物理量的大小进行审视，勇于对媒体信息中的不合理数据进行质疑。"以情境引问题，以问题导探究，以探究促结论，以结论促应用"，激发并维持学生对物理知识及其应用的兴趣和爱好；培养学生的科学作风和辩证唯物主义世界观；促使学生了解物理知识与社会发展、生产科技、环境保护的紧密联系等。

通过高中物理教学进行立德树人，关键是培养学生的学科素养，就是借助高中物理课堂教学培育学生的公民素质，包括学科知识、学科的理论等方面。在生动具体的物理知识教学中，教师要善于挖掘教材中的德育材料，有目的、自觉地以教材中感人的事迹、高尚的思想情操、鲜明的观点去感染学生、教育学生。首先，通过物理学的发展史进行立德树人教育。在新课教学过程中，有机地介绍物理学家的生平、业绩、轶事，启迪学生的心灵。如在课堂教学过程中介绍法拉第发现电磁感应现象，居里夫人找到放射性物质镭等例子，让学生理解科学家们为人类进步而坚忍不拔、刻苦奋斗的精神。其次，从生活中的物理问题进行立德树人。如在讲导体中电流形成的条件时，可以说明电势差只是形成电流的外因，但形成电流还要通过内因起作用。短短几句话，不仅使学生更深刻地理解了电流产生的条件，而且自然地进行了辩证唯物主义教育。又如移动电话普及率逐年提高，手机的外观越来越时尚，功能也越来越强，我们的生活越来越离不开手机，由此产生了大量的低头族，殊不知，在使用手机的同时也受到了电磁波的辐射，电磁污染可导致人体白血球总数的上升；讲授核能时，介绍核辐射造成环境污染，提出既要合理利用核能，又要加强防护等。在教学过程中，介绍物理污染对人类的危害，补充环境对人们生活的重要性知识，可以增强学生的环境保护意识，培养社会责任感，同时也可以让学生充分体会到事物的两面性，先进科技的应用既能给社会生活带来正效应，也会产生负效应。物理教师只有从物理学科知识特点出发，立足学生鲜活的生活现实，才能获得真实、动态和可靠的理解，实现知识、道德的同化，达到立德树人的目的。

在高中物理教学中教师应当突破传统的教学方法，通过查阅资料法、启发法、讨论法、探究法等灵活多变的方法调动学生学习的积极性，具体操作中教师还可利用多媒体辅助完善教学活动，增加课堂的开放性。教师应当设置开放性的问题。教师可以多角度、多层次提出问题，学生会做出各种各样的回答，对学生中正确或可行的回答教师都应当积极给予肯定，进而激发学生学习的积极性。与此同时应当对学生进行有效引导，进而实现学生自主解决问题的目的。学生在自主解决问题的过程中能够实现创新才能的充分挖掘，自身的灵活应变能力也能够得到有效培养。通过高中物理课堂教学在实施物理知识传授的同时，加强学科素养培养，实现立德树人。

在课堂教学过程中首先要注意师生之间的合作关系。随着课堂教学改革的推进，以学生为主的课堂教学逐渐取代以教师讲授为主的课堂教学模式。教师在课堂上的角色逐渐向引导者转变，需通过课堂这一教学主渠道实现自身主导作用的充分发挥，强化学生的主体地位，通过和谐、宽松、平等、民主课堂氛围的营造，让学生积极主动地参与到课堂教学中来。

其次，是学生之间的合作关系。学生合作是物理课堂中讨论问题、分组实验活动的基础，这需要学生之间进行良好的合作，并对自己的需要和工作进行明确，通过相互启迪、相互借鉴促进主体交互的思维网络的形成。

总之，作为一名教师必须认识到，学科知识只是形成学科素养的载体，学科活动才是形成学科素养的渠道。为此，要转变知识学习方式，倡导深度学习与合作学习。一切知识，唯有成为学生探究与实践对象的时候，其学习过程才有可能成为素养发展的过程。核心素养其实就是品格和能力的培养，全员育人，全过程育人，全方位育人，使学生晓物之理时，更明世事之德。从物理学科的特点出发，通过实实在在的课堂教学，利用自身人格魅力，不失时机地进行立德树人，这样才能做到教书与育人双丰收。

参考文献：

［1］郭晓慧.高中物理核心素养的内涵与培养途径分析［J］.读与写（教育教学刊），2018（1）.

［2］余波.高中物理核心素养的内涵与培养途径［J］.高中数理化，2017（16）.

［3］吴发旺.基于高中物理学科核心素养的物理教学探究[J].名师在线,2018(20).

在物理教学中有效落实立德树人

杜春岩

摘要："培养什么人，是教育的首要问题。""百年大计，教育为本，教育大计，教师为本。""物理教师要紧紧围绕立德树人这个根本要求，有意识地将正确的价值观和积极的情感融入物理教学的全过程"。

关键词：立德树人；素质教育；创新教学；德智体美全面发展；以人为本

"培养什么人，是教育的首要问题。"在全国教育大会上，习近平总书记指出，中国是中国共产党领导下的社会主义国家，这就决定了我们必须把培养社会主义建设者和接班人作为教育的根本任务，培养一代又一代拥护中国共产党领导和我国社会主义制度、立志为中国特色社会主义奋斗终身的有用人才。这是我们教育工作的根本任务，也是教育现代化的方向和目标。培养德智体美劳全面发展的社会主义建设者和接班人，归根结底就是立德树人。要完成好这一重要的根本任务，需要我们理清思路、花大力气、下真功夫。

"教育是培养人才的，无论是立德树人，还是核心素养，都是为人才的发展。"我们教学的目的是为了发展学生的核心素养，教师用智慧的方法教，学生用聪明的方法学。教师应当创设教学情境促进学生深度学习，经常反思自己的物理教学设计或教学过程是否能促进学生的深度学习。

物理教学过程中要强化物理抽象知识与实践情境的关联，把物理学知识与实践情境进行有效联系，增强学生们的实践意识；课堂教学的过程就是依据教材设计适合学生的问题情境，引导、刺激学生深入思考，在指导学生学习物理知识的同时促进学生良好品格和解决问题能力的形成；高质量的教学总是凭借一定的教学情境来实施的，学生对物理知识的感悟乃至综合素养的提升也是在与情境的互动中达成的。高中物理是普通高中自然科学领域课程中的一门基础课程，很多教学内容都可以引导学生形成科学的思维方法，提升学生的科学素养。因此，在高中物理教学中，要善于引导学生学会构建物理模型，从定性或定量两个角度进行科学推理、找出规律、形成结论；让学生能自觉地、有效地获取、鉴别、评估、使用有效的信息；具有数字化的生存能力，主动适应"互联网＋"的信息化发展趋势；利用先进的技术进行数据的分析和处理，基于可靠证据对研究的问题进行描述、解释和预测，在解决实际问题时养成正确的思维方式。

比如在讲授《传感器的应用》这一节课之前，先给学生布置了一个任务，以小组为单位，通过拍摄小视频的方式寻找生活中的传感器，并且尝试通过网络或交流了解传感器的基本工作原理，拿到课堂上来分享。传感器已经遍布每个家庭、每个社区、每个街道。学生们记录了楼道的声控灯、卫生间的烘干手机、银行取款机的自动门、光控路灯、电子秤、感应冲水马桶、手机计步器等等。学生们通过生活中的感受，更容易理解传感器在实际生活中的运用。在此基础上学习《传感器的应用》这节课，学生会更有求知欲。在学完《传感器的应用》这节课之后，我让学习小组与电工一起设计和改造学校的楼道灯，保证夜间有人经过时灯亮，无人时灯灭，节约用电。学生根据所学知识，进行电路设计和改装，很好地提升了解决实际问题的能力。

有了对实际问题的思考和解决，学习的过程才能真正发生。高中物理教学中要减少让学生死记硬背、减少老师猜题押题，多给学生创设能够利用所学物理知识解决实际问题的机会，从而培养学生关注生活，关注实际，树立用知识改造生活、改造世界的责任和使命，实现高中物理课堂教学过程中有效地立德树人。

党的十八大提出，"把立德树人作为教育的根本任务，培养德智体美全面发展的社会主义建设者和接班人"。此后，习近平总书记围绕着坚持立德树人这一教育的根本任务作出了许多重要论述，提出了明确要求。党的十九大报告进一步强调"要全面贯彻党的教育方针，落实立德树人根本任务"。要实现"两个一百年"奋斗目标、实现中华民族伟大复兴的中国梦，必须通过教育立德树人，培养大量社会主义建设者和接班人。正因此，习近平总书记要求"要把立德树人的成效作为检验学校一切工作的根本标准"，强调立德树人要在六个方面下功夫：要在坚定理想信念上下功夫，要在厚植爱国主义情怀上下功夫，要在加强品德修养上下功夫，要在增长知识见识上下功夫，要在培养奋斗精神上下功夫，要在增强综合素质上下功夫。

牢牢抓住立德树人的关键，落实立德树人根本任务，就是要全面贯彻党的教育方针，始终坚持社会主义办学方向，结合新时代的新要求将其全面落到实处。要把立德树人融入思想道德教育、文化知识教育、社会实践教育各环节，贯穿基础教育、职业教育、高等教育各领域，学科体系、教学体系、教材体系、管理体系要围绕这个目标来设计，教师要围绕这个目标来教，学生要围绕这个目标来学。把社会主义核心价值观融入教育全过程，深入开展理想信念教育、爱国主义教育、中华优秀传统文化教育和革命传统教育，引导和帮助学生把握好人生方向，扣好人生的第一粒扣子。坚持素质教育，教育引导学生培养综合能力，鼓励和培养学生的创新精神；树立健康第一的思想，不断增强学生的体质，培养学生积极向上的健康心态，健全人格、锤炼意志；坚持以美育人、以文化人，提高学生审美和人文素养；加强劳动教育，引导学生崇尚劳动、尊重劳动，懂得劳动最光荣、劳动最崇高、劳动最伟大、劳动最美丽的道理。

百年大计，教育为本，教育大计，教师为本。落实立德树人根本任务，对教师队伍建设提出了更高的要求，要求我们建立健全师德建设长效机制，不断提升教师的政治地位、社会地位、职业地位，让广大教师群体安心从教、热心从教、舒心从教、静心从教，筑牢立德树人的基石。只有坚持立德树人，不断培养德智体美劳全面发展的社会主义建设者和接班人，才能让党和国家事业兴旺发达、后继有人，才能推进伟大事业、实现伟大梦想。

党的十九大不忘初心，牢记使命，明确了新时代中国共产党的历史使命，开启了全面建设社会主义现代化强国的新征程。党的十九大报告指出，建设教育强国是中华民族伟大复兴的基础工程，必须把教育事业放在优先位置，深化教育改革，加快教育现代化，办好人民满意的教育。新时代的高等教育，要以习近平新时代中国特色社会主义思想为指引，不忘"办好人民满意的教育"的初心，牢记"培养社会主义建设者和接班人"的使命，书写新时代立德树人新篇章。

培养人是教育的终极目标。苏联教育家加里宁指出："教师任何时候都不能忘记，自己不单单是一个传授知识的教师，而应是一个教育家，是人类灵魂的工程师。"物理教师要紧紧围绕立德树人这个根本要求，有意识地将正确的价值观和积极的情感融入物理教学的全过程，坚持以人为本，关注人才培养，扎根课堂教学，不断改革课堂教学过程，让教育改革真正取得实效。

参考文献：

［1］习近平.把培养社会主义建设者和接班人作为根本任务［N］.光明日报，2018-09-12.

［2］范永梅.对话与交往：走出高中物理教学的樊篱［J］.中学物理教学参考，2015（8）.

浅谈化学对人类发展的贡献

赵 青

摘要：在过去的 100 多年里，化学作为一门核心、实用、创造性科学，已经为人类认识物质世界和人类的文明进步做出了巨大的贡献。化学研究物质之间的变化规律，阐明各类化学反应的机理，认识物质转化的化学过程。面对生命科学、材料科学、信息科学等其他学科迅猛发展的挑战和人类对认识和改造自然提出的新要求，化学在不断开拓新的研究领域和思路的同时，不断地创造出新的物质和品种来满足人民的物质文化生活，造福国家，造福人类。20 世纪和 21 世纪是化学的世纪，化学对人类的贡献是巨大的，几乎遍布我们熟悉的各个方面：化学向其他学科的渗透趋势在 21 世纪将会更加明显。更多的化学工作者会投身到研究生命、研究材料的队伍中去，并在化学与生物学、化学与材料的交叉领域大有作为。化学必将为解决基因组工程、蛋白质组工程中的问题以及理解大脑的功能和记忆的本质等重大科学问题中做出巨大的贡献。

关键词：化学；实用；创造性；发展；造福；贡献

人类文明的起点——火的利用

在几百万年以前，人类的祖先过着极其简单的原始生活，靠狩猎为生，吃的是生肉和野果。根据考古学家的考证，至少在距今 50 万年以前，可以找到人类用火的证据，即北京周口店北京猿人生活过的地方发现了经火烧过的动物骨骼化石。有了火，原始人从此告别了茹毛饮血的生活。吃了熟食后人类增进了健康，智力也有所发展，提高了生存能力。后来，人们又学会了摩擦生火和钻木取火，于是人们不再是火种的看管者，而成了能够驾驭火的造火者。

火是人类用来发明工具和创造财富的武器，利用火能够产生各种各样化学反应这个特点，人类开始了制陶、冶金、酿造等工艺，进入了广阔的生产、生活天地。

历史悠久的工艺——制陶

陶器是什么时候产生的，已很难考证。有人推测：人类最原始的生活用容器是用树枝编成的，为了使它耐火和致密无缝，往往在容器的内外抹上一层黏土。这些容器在使用过程中，偶尔会被火烧着，其中的树枝都被烧掉了，但黏土不会着火，不但仍旧保留下来，而且变得更坚硬，比火烧前更好用。这一偶然事件却给人们很大启发。后来，开始有意识地将黏土捣碎，用水调和，揉捏到很软的程度，再塑造成各种形状，放在太阳光底下晒干，最后架在篝火上烧制成最初的陶器。大约距今 1 万年以前，中国开始出现烧制陶器的窑，成为最早生产陶器的国家。陶器的发明，在制造技术上是一个重大的突破。制陶过程改变了黏土的性质，使黏土的成分二氧化硅、三氧化二铝、碳酸钙、氧化镁等在烧制过程中发生了一系列的化学变化，使陶器具备了防水耐用的优良性质。因此，陶器很快成为人类生活和生产的必需品，特别是定居下来从事农业生产的人们更是离不开陶器。

冶金化学的兴起

在新石器时代后期，人类开始使用金属代替石器制造工具。使用得最多的是红铜。但这种天然资源毕竟有限，于是，产生了从矿石冶炼金属的冶金学。最先冶炼的是铜矿，约公元前 3800 年，伊朗就开始将铜矿石（孔雀石）和木炭混合在一起加热，得到了金属铜。纯铜的质地比较软，用它制造的工具和兵器的质量都不够好。在此基础上改进后，便出现了青铜器。到了公元前 3000—前 2500 年，除了冶炼铜以外，又炼出了锡和铅两种金属。往纯铜中掺入锡，可使铜的熔点降低到 800℃左右，这样一来，铸造起来就比较容易了。铜和锡的合金称为青铜（有时也含有铅），它的硬度高，适合制造生产工具。青铜做的兵器，硬而锋利，青铜做的生产工具也远比红铜好，还出现了青铜铸造的铜币。中国在铸造青铜器上有过很大的成就，如殷朝中后期的"后母戊"鼎。它是一种礼器，是世界上最大的出土青铜器。又如战国时的编钟，称得上古代在音乐上的伟大创造。因此，青铜器的出现，推动了当时农业、兵器、金融、艺术等方面的发展，把社会文明向前推进了一步。世界上最早炼铁和使用铁的国家是中国、埃及和印度，中国在春秋时代晚期（公元前 6 世纪）已炼出可供浇铸的生铁。铁被广泛用于制造犁铧、铁锛等农具以及铁鼎等器物，当然也用于制造兵器。到了公元前 8—前 7 世纪，欧洲等地才相继进入了铁器时代。由于铁比青铜更坚硬，炼铁的原料也远比铜矿丰富，在绝大部分地方，铁器代替了青铜器。

中国的重大贡献——火药和造纸

黑火药是中国古代四大发明之一。为什么要把它叫作"黑火药"呢？这还要从它所用的原料谈起。火药的三种原料是硫黄、硝石和木炭。木炭是黑色的，因此，制成的火药也是黑色的，叫黑火药。火药的性质是容易着火，因此可以和火联系起来，但是这个"药"字又怎样理解呢？原来，硫黄和硝石在古代都是治病用的药，因此，黑火药便可理解为黑色的会着火的药。火药的发明与中国西汉时期的炼丹术有关，炼丹的目的是寻求长生不老的药，在炼丹的原料中，就有硫黄和硝石。炼丹的方法是把硫黄和硝石放在炼丹炉中，长时间地用火炼制。在许多次炼丹过程中，曾出现过一次又一次地着火和爆炸现象，经过这样多次试验终于找到了配制火药的方法。黑火药发明以后就与炼丹脱离了关系，一直被用在军事上。古代人打仗，近距离时用刀枪，远距离时用弓箭。有了黑火药以后，从宋朝开始，便出现了各种新式武器，例如用弓发射的火药包。火药包有火球和火蒺藜两种，用火将药线点着，把火药包抛出去，利用燃烧和爆炸杀伤对方。大约在公元8世纪，中国的炼丹术传到了阿拉伯，火药的配制方法也传了过去，后来又传到了欧洲。这样，中国的火药成了现代炸药的"老祖宗"。这是中国的伟大发明之一。

纸是人类保存知识和传播文化的工具，是中华民族对人类文明的重大贡献。在使用植物纤维制造的纸以前，中国古代传播文字的方法主要有：在甲骨（乌龟的腹甲和牛骨）上刻字，即所谓的甲骨文；甲骨数量有限，后来改在竹简或木简上刻字。可是，孔子写的《论语》所用的竹简之多，分量之重是可想而知的；另外，丝织成帛，也可以用来写字，但大量生产帛却是难以做到的。最后才有了用植物纤维制造的纸，一直流传到今天。提起纸的发明，人们都会想起蔡伦。他是汉和帝时的中常侍。他看到当时写字用的竹简太笨重，便总结了前人造纸的经验，带领工匠用树皮、麻头、破布、破渔网等做原料，先把它们剪碎或切断，放在水里长时间浸泡，再捣烂成为浆状物，然后在席子上摊成薄片，放在太阳底下晒干，便制成了纸。它质薄体轻，适合写字，很受欢迎。造纸是一个极其复杂的化学工艺，它是广大劳动人民智慧的产物。实际上，蔡伦之前已经有纸了，因此，蔡伦只能算是造纸工艺的改良者。

炼丹术与炼金术

当封建社会发展到一定的阶段，生产力有了较大提高的时候，统治阶级对物质享受的要求也越来越高，当他们有了巨大的财富以后，总希望永远享用下去。于是，便有了长生不老的愿望。中国金丹术始于公元前2、3世纪的秦汉时代。公元142年中国金丹家魏伯阳所著的《周易参同契》是世界上最古老的论述金丹术的书，约在360年有葛洪著的《抱朴子》，这两本书记载了60多种无机物和它们的许多变化。约在公元8世纪，欧洲金丹术兴起，后来欧洲的金丹术逐渐演进为近代的化学科学，而中国的金丹术则未能进一步演进。金丹家关于无机物变化的知识主要从实验中得来。他们设计制造了加热炉、反应室、蒸馏器、研磨器等实验用具。金丹家所追求的目的虽属荒诞，但所使用的操作方法和积累的感性知识，却成为化学科学的前驱。

我国著名化学前辈杨石先先生说："农、轻、重、吃、穿、用，样样都离不开化学。"没有化学创造的物质文明，就没有人类的现代生活。就化学对人类的日常生活的影响来说，真是无处不在。尼龙、涤纶还有类似的许多衣料，如人造纤维、尼龙等衣料大部分都是石油提炼成的化学品制成的。

化学对于食物同样重要。用纯碱发面制馒头，松软可口。各种饮用酒，经粮食等原料发生一系列化学变化制得。在住的方面，建筑材料如三合土（水泥）钢筋、瓷砖、玻璃、铝和塑胶等均来自化学工业的制成品。通过化学，我们才能拥有铁制品、石油、陶土等。交通方面如飞机、轮船和汽车等交通工具所用的燃料均是石油工业提炼成的副产品。飞机机身是由特殊的合金制造的。

在过去的100多年里化学作为一门核心、实用、创造性科学，已经为人类认识物质世界和人类的文明进步做出了巨大的贡献。化学研究物质之间的变化规律，阐明各类化学反应的机理，认识物质转化的化学过程。面对生命科学、材料科学、信息科学等其他学科迅猛发展的挑战和人类对认识和改造自然提出的新要求，化学在不断开拓新的研究领域和思路的同时，不断地创造出新的物质和品种来满足人们的物质文化生活，造福国家，造福人类。

20世纪和21世纪是化学的世纪，化学对人类的贡献是巨大的，几乎遍布我们熟悉的各个方面：工业上，塑料是我们每天都必须接触的东西，电脑外壳、键盘、鼠标、塑料杯子、拖鞋、衣服，都离不开塑料。而塑料原材料正是通过石油化工提炼获得的。电子电器产品、汽车产品，甚至现在的航空航天都离不开工程塑料。医药上，所有西药及部分中药都是化学合成的，青霉素、阿司匹林这些都属于化学范畴，在医药方面有重大贡献。农业上，化肥、催熟剂、农药、除草剂等等，这些也都是化学的贡献。

军事上，导弹、火箭燃料、炸弹、TNT 都是化学的贡献。新能源、核能、天然气以及新能源研发都离不开化学。

化学向其他学科的渗透趋势在 21 世纪将会更加明显。更多的化学工作者会投身到研究生命、研究材料的队伍中去，并在化学与生物学、化学与材料的交叉领域大有作为。化学必将为解决基因组工程、蛋白质组工程中的问题以及理解大脑的功能和记忆的本质等重大科学问题上做出巨大的贡献。

21 世纪化学将在控制人口数量，克服疾病和提高人的生存质量等人口与健康诸多方面进一步发挥重大作用。在攻克高死亡率和高致残率的心脑血管病、肿瘤、高血脂和糖尿病以及艾滋病等疾病的进展中，化学工作者将不断创制包括基因疗法在内的新药物和新方法。此外，由于人口高速老龄化，老年病在 21 世纪初会成为影响我国人口生存质量的主要问题之一。化学将会在揭示老年病机理、开发和创制、诊断和治疗老年性疾病药物和提高老年人的生活质量方面做出贡献。相信在 21 世纪初，我国化学家和药物化学家在针对肿瘤和神经系统等重要疾病的创新药物研究中，能发现和优化数个新药候选化合物，建立具有自主知识产权的新药产业。中医药是我国的宝贵遗产，化学研究将在揭示中医药的有效成分、揭示多组分药物的协同作用机理方面发挥巨大作用，从而加速中医药走向世界，实现产业化，成为我国经济的新的增长点。

在化学的支撑下，我国的国民经济将更上一个新的台阶，化学将会在解决能源这一人类面临的重大问题方面做出贡献。21 世纪我国核能利用将进一步发展，而化学研究涉及核能生产的各个方面，化学工作者必将为核能的安全利用做出应有的贡献。此外，化学家在大规模、大功率的光电转换材料方面的探索研究将导致太阳能的开发利用。化学家从事的新燃料电池的催化剂、新电池的研究可能在 21 世纪初出现突破，电动汽车将向实用化迈出一大步，这将改变人类能源消费的方式，同时提高人类生态环境的质量。

展望 21 世纪我国的材料科学与工业的发展，化学必将发挥关键作用。化学是无限的，化学是至关重要的，它将帮助我们解决 21 世纪所面临的一系列问题，化学将迎来它的黄金时代！

如何采用生动、活泼有效的教学形式，更好地将化学学科素养的培养整合于学科知识体系中，需要一线教师认真研究课程标准，研究新教材，研究学生的身心发展规律，感悟新课程的理念，探讨教育教学方法，改革课堂教学，使学生通过启蒙化学教育，成为具备化学基本观念的合格的公民，为学生的就业或继续学习打下坚实的化学基础。其实当我们静下心来仔细品味我们的教学，实际上在平时的教学过程中也已经潜意识在渗透着化学学科素养的教学，只是没有明确化。假如说化学知识是千军万马，而化学学科素养就是统领千军万马的将军。若干年后，当我们的学生走上不同的工作岗位，在他们的脑海中可能已经没有了具体的化学知识，但在学习过程中所建立的这种化学基本学科素养不会轻易地消失。这也正是我们化学教育所要追求的一个目标！使化学为人类社会进步与发展做出更大的贡献！

参考文献：

［1］周天泽.现代生活化学［M］.北京：北京师范学院出版社，2015.

［2］吴洪等.应用化学［M］.哈尔滨：东北林业大学出版社，2011.

化学贡献人类社会发展

——在化学教学中践行立德树人

刘金山

摘要：结合化学学科特点，遵照《普通高中化学课程标准》，以培养学生的科学认知态度和励志报国为原则，通过提升化学教师的思想品德修养和理想信念来引领学生建立积极向上、不懈追求、科学严谨的学习态度和正确人生观、世界观、价值观。同时通过改进教学方法激励学生努力学习，立志服务于人类社会发展。

关键词：贡献；发展；化学教学；立德树人

《普通高中化学课程标准》指出："在人类文化背景下构建高中化学课程体系，充分体现化学课程的人文内涵，发挥化学课程对培养学生人文精神的积极作用。""结合人类探索物质及变化的历史与化学科学发展的趋势，引导学生进一步学习化学的基本原理和基本方法，形成科学的世界观。"

不难看出，高中化学的教学任务重点是培养学生的"人文精神"和形成"科学的世界观"，可真实的情况是教师为了一味地追求考试成绩，以"刷题""磨题"等为主要的教学手段，学生的确掌握了大量的化学知识，但应用却只停留在解题层面。这种缺乏道德教育的教学最直接的失败就是使学生缺乏了解化学在科学技术研究和社会应用的道德规范，更有甚者，利用所学化学知识违法犯罪，制贩毒、投毒、私制枪弹等诸如此类案件屡见报端。

如何在化学教学中践行立德树人已经成为不可回避的课题。

一、教师要加强自身修养，做学生的榜样

"学高为师、身正为范"，教师的一言一行无不深刻地影响着学生。教师在思想政治、道德品质、学识学风上全面以身作则，自觉垂范，为人师表，才能达到"春风化雨润物无声"的效果。

1.爱国、爱党、爱社会。作为新时代的人民教师，我们应该看到中国特色社会主义制度的优越性，看到在中国共产党的领导下我国政治、经济、文化、科技等等领域的极大进步和人民生活水平的极大改善。最为重要的是教师必须在教学中渗透党史、社会主义核心价值观和中华民族伟大复兴的中国梦，这是我们的职责、使命，责无旁贷。

2.爱岗敬业，乐于奉献。用最饱满的热情和最无私的奉献精神投身于教育教学中，用最负责任的态度规划学生的发展，用最严谨的态度进行学术研究和知识传授。这些积极向上、严谨求实的行为将化为一种无形的力量影响着每一位学生，化"教师职业"为"教师德业"。

3.以高标准严格要求自己，成为学生精神成长的引领者。孔子云："其身正，不令而行；其身不正，虽令不从。"在工作和生活中教师要特别注重教师职业的示范性，要求学生做到的，自己必须首先做到。衣着朴素大方，言谈举止端庄得体，业务精湛，学识渊博，不断提升思想境界和生命的质量及价值，用高尚的品格影响学生去建立一个积极向上、不懈追求、科学严谨的学习态度和正确的人生观、世界观、价值观。

二、改进教学方法，寓"德育"于课堂。

曾几何时，"燃烧""爆炸""剧毒""腐蚀"等等可怕的词汇成了学生对化学的最初印象，使他们对化学敬而远之，特别是新高考下面对选科分班，很多学生介于这种印象而放弃化学，更有甚者，一些极具化学天赋的学生也因为"化学高危"而忍痛割爱。

面对这样一种偏见，摆在高中化学教师面前的一项重要任务就是改变学生的错误认知，培养建立"化学是贡献人类发展的学科"理念，充分利用课堂教学这个有力阵地，改进教学方法，指导学习方法，充分发挥学生的主观能动性，从培养兴趣入手，使学生理解化学、爱上化学、选择化学。

1.授课先授史，上好高中化学第一课。万事开头难，如何上好高中化学第一课直接影响学生高中三年对化学学科的学习兴趣。最为有效的做法是不直接使用教材，而是和学生通过网络搜索、讨论等多种形式研究人类历史发展与化学发展的极大关系，

使学生首先认识到化学的重要性，再建立兴趣，最后树立远大的"化学理想"。

同时重点研究中国化学发展史，五元素说、炼丹术、造纸、黑火药、中医中药、陶瓷、蚕丝、牛胰岛素、侯德榜制碱法、青蒿素、新型电池、芯片、航母、大飞机等等这些中华民族从古至今智慧的结晶无不让学生感到骄傲和自豪，激发学习斗志和爱国主义情怀。

2. 大力开展研究性学习。教学中为了进一步让学生掌握化学对人类发展的贡献，定期组织学生开展研究性学习。将教学班按照教师预先设计的研究性课题数量进行分组，教授研究方法，指导研究过程，审阅研究报告，召开研究分享会。通过研究性学习，学生更加清晰地了解了化学在能源、材料、生命、政治、军事、科技等领域的巨大贡献，他们的化学知识得以极大丰富，同时也确立了严谨的科学研究态度。

3. 创新开放式实验教学。化学是以实验为基础，研究物质的组成、性质、用途及其变化规律的一门基础自然学科。实验对学生掌握化学知识具有直接、高效、不可替代的作用。所谓"开放式实验教学"是对于一个化学反应原理的验证或应用实验在教学中不拘泥于教材的既有提供，而是充分发挥学生的想象力和主观能动性改进实验、创新实验。例如在讲解原电池时，利用教材伏打电池实验，让学生熟练掌握原理后引导学生利用身边的常见物质自制原电池。学生积极性非常之高，果蔬电池、饭盒电池、人体电池等等各种电池应运而生，学生拿着自制的电池进行展示交流，脸上始终洋溢着成功的喜悦，同时对化学的学习兴趣得到极大的提高。

4. 进行"化学理想"交流。为了激发学生树立更高的学习化学需求，在学生既有的化学素养基础上，定期开展"化学理想"交流活动。提前布置，充分引导，留给学生足够的思考时间，形成书面材料，公开进行交流。主题自由度较大，可以谈如何学好化学、大学志愿、领域志愿或是一些突发奇想等等。

通过"化学理想"的交流坚定了学生选择化学、学习化学、学好化学的决心，同时增加了他们的责任意识，励志要努力学习，服务于人类社会发展。

总之，化学作为一门基础自然科学是一把双刃剑：有德者拥之贡献社会，造福人民；无德者拥之危害社会，坑害人民。我们化学教师一定要紧紧把握好立德树人这根准绳，教育出德智体美全面发展的社会主义建设者和接班人。

让爱国之花在课堂教学中绽放

孙 伟

摘要：在化学教学中，爱国主义教育是一个永恒的话题。爱国主义是对祖国的崇高深厚的情感，如何在课堂教学中渗透爱国主义教育是我们每位教育工作者都应该深刻思考的问题。振兴中国科技，是全面建设社会主义现代化强国的必然要求。建设科技强国、培养新时代人才和实现中国梦，我们更加需要弘扬爱国主义精神，需要发挥爱国主义精神的示范作用。围绕着火箭燃料、锂电池、芯片材料和高分子材料等化工产品；量子技术、激光技术、高分子技术、航天技术和人工智能等高端科技，我们的科技工作者自力更生，艰苦奋斗，勇于创新，逐渐实现从无到有，从弱到强，很多技术实现了弯道超车，甚至引领世界。我们的科技工作者经过几代人的努力，不畏强者，奋勇争先，使国家工业化水平更上一层楼。他们的无私奉献精神激励着我们要勇于创新，为我国实现两个一百年的目标而努力奋斗。将爱国主义教育渗透到课堂中是我们每个教育工作者应尽的职责和义务。在化学教学中，有意识地将学科教学与爱国主义教育融于一体。

关键词：爱国主义教育；科技兴国；化学教学

在当今社会，我们的生活水平对比过去的几十年有了很大提高。随着科学发展的日新月异，我在教学中对如何渗透爱国主义教育有了一些新的想法：通过让学生了解化学学科在生活中的应用，从而激励学生的学习兴趣、学习热情和学习动力，这样才能培养学生的爱国精神和科学素养，在教学中渗透爱国主义教育尤为重要。我们要让学生知道学这些专业知识究竟能干什么，在各自领域里能给社会发展和人们的生活带来怎样的变化，这样才能进一步明确学好专业技术知识是报效国家最直接最有效的途径，也能让学生们深刻体会和理解国家的每一步发展是几代人用心血和汗水甚至生命凝聚而成，来之不易，更应格外珍惜。

众所周知，我国第一艘航母训练舰的诞生经历曲折，回想刘华清司令员站在美国航母上翘首相望的孤单身影和站在其身边的美国卫兵的高傲与不屑，我们都会为之动容。我们更忘不了他的临终嘱托，我们一定要拥有自己的航母。我们没有忘记，经过改装的苏联的"瓦良格"号航母，也就是辽宁舰，于2012年9月25日正式开始服役。中国自行设计建造并拥有自主知识产权的第一艘航空母舰——山东舰于2019年12月17日下午在海南三亚某军港交付于中国人民解放军海军，开启了捍卫我们蓝色国土的使命。同时，电磁弹射型航母作为我国第三艘航母，终于实现了老一辈革命家的夙愿，在大洋中拥有了捍卫祖国领土的权利。这些让我们有了完成解放台湾、保护南海权益、护卫全球商业和保障科考船队的安全航行等任务的自信。我们要向那些为航母的建设与发展做出贡献的人们致敬，是你们的努力和奉献才有了我们蓝色国土的安宁和人民的幸福。

在讲到核反应时，我讲了邓稼先和黄旭华两位科学家的事迹，很多同学在课后又去查了相关资料，想进一步了解科学家的爱国精神。

邓稼先是中国核武器研制与发展的主要组织者和领导者，始终在中国武器制造的第一线，他带领许多学者和技术人员成功地设计了中国原子弹和氢弹，把中国国防自卫武器引领到了世界先进水平。1964年10月，中国成功爆炸第一颗原子弹，并于原子弹爆炸后的2年零8个月成功研制出氢弹。这同法国用8年零6个月、美国用7年零3个月、苏联用6年零3个月的时间相比，创造了世界上最快的速度。次年，邓稼先在一次试验中，由于身体受辐射影响，身患直肠癌，但仍坚持工作，不幸于1986年7月29日在北京逝世，终年62岁。1999年被追授"两弹一星功勋奖章"。由于他对中国核科学事业做出的伟大贡献，被称为"两弹元勋"。

中国的李科维尔、中国核潜艇之父黄旭华博士隐姓埋名为中国的核潜艇驰骋大洋免受核讹诈奋斗了一生。直到我国最新一级核潜艇见诸报端，黄旭华的名字才被人所知。核潜艇是什么样的，之前谁都没见过。黄旭华带领设计人员搞出了比常规流线型潜艇水下阻力更小的水滴形潜艇，同时解决了核潜艇的操纵性问题，从1970年到1981年，中国陆续实现第一艘核潜艇下水，第一艘核动力潜艇交付海军使用，第一艘导弹核潜艇顺利下水，成为继美、苏、英、法之后世界上第五个拥有核潜艇的国家。1974年8月1日（建军节）中共中央军委发布命令，将中国第一艘核潜艇命名为"长征一号"，正式编入海军战斗序列。1988年中国核潜艇水下发射运载火箭试验成功，使中国成为世界上第五个拥有第二次核报复力量的国家。2019年9月17日，国家主席习近平签署主席令，授予黄旭华"共和国勋章"。感动中国颁奖词：时代到处是惊涛骇浪，你埋下头，甘心做沉默的砥柱；一穷二白的年代，你挺起胸，成为国家最大的财富。你的人生，正如深海中的潜艇，无声，但有无穷的力量。面对现在孩子们的追星和追求生活的安逸和享乐，对于那些为国家的强大而默默奉献的前辈们，孩子们似乎有些淡忘了，这是非常可怕的，忘记历史就等于背叛，作为一个教育工作者，我深感责任重大，必须让孩子们知道我们国家是怎样由一穷二白，被人瞧不起，经过几代人的奋斗才有了现在的成就。

如何在课堂教学中渗透爱国主义教育，我做了有益的尝试。

我们美丽的盘锦是辽宁新兴的石油化工城市，盘锦乙烯更是盘锦人民的骄傲，盘锦乙烯设计年产13万吨，后经过不断的改建扩建，最后可达年产30万吨。我国2016年全年生产乙烯1700万吨，仅次于美国，位居世界第二。同学们听后倍感自豪，接着我又从更专业的角度告诉同学们产量虽然位居第二，但是生产成本却很高，这是为什么呢？因为我们是用石脑油生产乙烯，而美国、日本等乙烯生产大国，用的是乙烷生产乙烯的工艺，成本是石脑油生产乙烯的六分之一左右，而中国在这方面无论是乙烷储量还是生产加工能力，包括工艺设备等诸多方面与美国和日本还有较大差距，产品的竞争力可想而知。同学们又由兴奋陷入了沉思，看来爱国不能停留在口号上，我们要不断地努力拼搏去追赶世界前沿科技，针对原油质量差，我国研制出世界最大的催化加氢装置，大大提高了原料利用率，降低了原油加工难度。相信不远的将来我们一定能在石油化工领域实现超越并引领世界。

在讲到新型复合材料、火箭燃料等知识时，因为涉及面非常广，我重点介绍了以下几个内容：通讯、航空、深潜等。在通讯方面，我国的量子卫星已覆盖京沪线，是世界首条量子通信线路，领跑世界。最近"悟空号"卫星传回重要数据，发现了暗物质，暗物质能从本质上回答我们人类为什么会在这个世界上。换句话说，它能揭示我们是怎样来的这一世界难题。同时捕获到了世界上最精确的高能电子宇宙线能谱。

目前，材料科学的竞争日趋激烈。为了避免固定铁轨的螺丝因为摩擦而松动，日本研发出一种"永不松动螺母"。由于建造工艺复杂，所以日本方面认为，即使将图纸公之于众，也没有国家能够仿制。我国在引进高铁后一直向日本进口这种特殊的螺母。按照日本的设计原理，该螺母使用时间越长，产生的摩擦力就会越大，这样一来自然也就非常牢固了。除此之外，我国还附加了不少技术手段，将摩擦力进行转化，不仅牢固还符合了抗震的要求。只能说，在这场"螺母大战"的背后，我国巨大的制造潜能得到体现。因此在短时间内，我国实现了螺母升级，这得益于材料科学的逆向研发，如今在高铁事业的发展方面，更是一举打破日本的优先局势，让我国的高铁技术与速度一骑绝尘。

在讲到单晶硅制取及应用时，我重点给同学们介绍了我国单晶硅的生产水平和我国的北斗导航系统。现在世界上共有四大导航系统：美国的GPS、俄罗斯的格洛纳斯、欧洲的伽利略和中国的北斗。其中覆盖面最大的和性能最稳定的是美国的 GPS。虽然中国的北斗发展比较晚，但是目前北斗导航系统已覆盖全球，届时将向全世界免费提供比 GPS 功能更强大的北斗导航系统。到那时我们再也不用担心被美国卫星跟踪了，我们的舰船和导弹再也不用受 GPS 的控制了。现在有 160 多个国家申请使用我们国家的北斗导航系统，这也打破了美国在导航领域的垄断，确立了中国人在此领域的地位。美国一家独大的局面将成为历史。

在讲到火箭燃料偏二甲肼时，我告诉同学们，我国的第一代战略核导弹东风 -5 用的燃料就是偏二甲肼。另外由于弹头在进入大气层时产生的高温存在融化弹头的问题，我国的科技工作者用了几年的时间才研制成功碳纤维石英复合材料耐高温弹头，它的成功研制使我国的第一代核导弹获得了新生，延长了使用寿命。我们现在用先进的固体燃料和最新一代复合材料研制成的东风 -41 等一批新型的战略导弹进入了世界一流导弹的行列，我国东风 -17 高超音速导弹是世界上唯一一种现役高超音速导弹，是航空母舰的克星。这些国之重器撑起了我们国家的核盾牌，是我们国家安全的保障。

关于航天领域，国际空间站在 2025 年将完成自己的使命，退出太空。2020 年 5 月 5 日长征五号 B 火箭首次飞行取得圆满成功。长征五号 B 火箭的运载能力是我国现役火箭中最大的。届时中国空间站将独步太空、傲视群雄，中国曾被美国为首的太空霸主们拒之门外的历史将一去不复返，中国走出了属于自己的太空时代之路。

我在电化学教学中给同学们介绍了"深海勇士"号用锂电池取代了原先的银锌电池的历程。取代后电池可使用次数从 50 次增加到 500 次，使用寿命长达 5 年左右，有效降低了成本。深海锂电池还颠覆了世界深潜界的一个概念——无动力下潜和无动力上浮。这两个过程原来不用电，但耗时较长；使用锂电池后，潜水器可借助电力快速上浮和下潜，增加在深海作业的时间。同学们听后深受鼓舞，学习的劲头更足了。

讲到硅时，就要讲到芯片，我需要让孩子们了解我国目前的芯片困境：中国目前独立开发出的光刻机在精度上和世界顶尖水平相比还有比较大的差距（目前世界领先水平是 3nm，而中国的产品是 24nm）。实际上目前我国是具备 7 纳米甚至 5 纳米芯片的设计能力的，比如华为海思就具备这种实力，但是把芯片设计出来之后，你还得把它生产出来。但遗憾的是，美国对我国芯片进行技术封锁，他们不仅严禁向我国出口一些高端芯片，同时也禁止荷兰 ASML 向我国出口高端光刻机。我国高端光刻机还有很长的路要走，只有大家通力合作才有可能尽早研究出我国拥有独立自主产权的高端光刻机，从而摆脱西方技术封锁。但是再难也要研发，我们所需要的是时间。高端芯片制造任重道远，我们将负重前行。

高中化学中蕴含大量弘扬爱国主义精神和民族精神的素材，在教学中应引导学生树立"天下兴亡，匹夫有责"的爱国情怀。我国近些年在科技方面取得了长足的进步，这些成就得益于国家的正确决策和无数的科技工作者的奋斗和付出。我要在教学中激发学生的爱国主义情感，激励学生树立远大的理想，为祖国的繁荣昌盛尽自己的一份力量。让同学们努力学好本领，像我们的前辈们那样努力奋斗；让我们的国家更强大；让人民的生活更美好；让爱国主义教育在课堂教学中开出更灿烂的花朵。

化学教学中提升学生学习兴趣探究

许　兵

摘要：化学学科实验性比较强，涉及的知识杂，解读生活知识，让学生认识环境本质。想学好化学就一定要对化学学科感兴趣，因此培养学生兴趣是高中化学教师在教学中急需解决的问题。

关键词：高中化学；兴趣

一、营造良好的课堂氛围，激发学生学习兴趣

在化学教学中，创设良好的教学情境能够有效地激发学生的学习兴趣，因此，教师在授课的过程中，可以创设情境，结合一些能够刺激学生学习兴趣的因素，让学生在学习的过程中，能够体会到学习知识的乐趣，进而有效地吸引学生的注意力。例如，可以利用各种有效的教学手段来创设教学情境，如游戏教学法、比赛竞技等。在我的教学中经常讲故事，然后设疑，让学生进行思考。举例：讲蛋白质性质，我就用视频播放豆腐的制作过程，让学生发现豆腐制作中存在哪些蛋白质性质，学生的注意力也被这个视频吸引住了，通过学生的回答我就将学生的注意力转移到新知识的讲解上，学生这时也会兴趣大起，并且急切地想知道全部蛋白质性质，这就为接下来新知识的讲解奠定了基础。

二、问题情境的探究性，激发学生的学习积极性

介于新教改中"一切为了学生的发展"这一核心理念，因此，在教学的过程中，要以学生为中心进行教学，这就要求教师在创设问题情境的过程中，也要充分体现出

这一理念，突出学生的主体地位。教师在设置问题情境的过程中，要精心地设置支架，巧妙地将要教学的目标任务穿插到课堂情境当中，让学生根据这些教学目标产生认知困惑，进而再引起反思，形成必要的认知冲突。例如，我们在学习"氯气"这节内容的时候，可以设置这样的问题情境："氯气有氧化性但它有漂白性吗？"根据问题，让学生提出自己的猜想，接着，再引导学生进行实验探究，并且通过探究、讨论和交流总结出相关的结论来。再如，我们在学习"温度和催化剂对化学反应速率影响"的相关内容时，可以提出问题，让同学预测结果，并且让他们带着问题进行相关的实验，等实验完成后，结果也就一目了然了。这样的教学方式能够集中学生学习的注意力，而且还能够加深学生对此知识点的记忆。

三、教学中，引导学生主动质疑，让学生进行自主探究、学习

伟大的科学家爱因斯坦曾说过："提出一个问题比解决一个问题更重要。"解决问题只需要一个知识点或者一个教学技巧，但是，提出一个问题则需要经过认真的思考，才能在无疑处生疑，然后再根据疑点进行释疑。"授之以鱼，不如授之以渔"，因此，作为化学教师，我们在传授给学生知识的同时，还要教会学生一些有效的学习方法，让学生能够学会自主探究知识，掌握知识。因此，在平时的教学过程中，教师要及时地鼓励学生对教材或者对教师的授课持批判的精神，要敢于挑战权威，并且还要敢于进行质疑，勇于发表自己的见解。此外，教师还要及时引导学生展开讨论和交流，让学生的思想交汇，加深学生对教材的感悟，加深对学生知识点的印象，并且在探究知识的过程中，还能够形成自己独特的见解，为他们以后掌握更多的化学知识做好铺垫。

四、结合实际生活，提高学生学习化学知识的兴趣

化学无处不在，生活中处处存在着化学知识。因此，在化学课堂教学中，教师可以结合具体的教学内容，并且结合具体的实际生活，提出一些问题，让学生根据问题进行思考、探究，教师再顺势用一些化学知识来进行解释。列如，教师可以结合生活中水壶里容易形成水垢的现象，让学生进行讨论，然后，教师再来解释其中的原因，如泉水和井水等都是硬水，放在水壶里和锅炉里就很容易形成水垢，这是因为其生成了碳酸钙等沉淀的缘故，并且还可以结合这个知识点，进行适当地拓展，让学生知道水的硬度高会对我们的生活和生产产生一定的危害性。通过这一番讲解，学生学习化学知识的兴趣也随之大增，就会加深对此知识点的印象。此外，教师还可以将目前很热门的环境问题作为引子，进行讲解，引发学生的兴趣，比如，利用"酸雨是怎么形

成的""温室效应的原理"等问题，这些实例的列举也能够激发学生学习化学知识的兴趣。

五、利用课外活动来培养学生的兴趣

在讲授化学知识的过程中，教师可以采用多种形式，开展丰富多彩的课外活动，以此来培养学生学习化学知识的兴趣。比如，可以利用讲座，介绍化学发展史上的一些名人，提高学生学习化学知识的乐趣；还可以开展一些针对性比较强且具有趣味性的课外活动，这样，一方面可以增长学生的知识，另一方面也能让学生在多姿多彩的课外活动中对化学学科产生浓厚的兴趣，进而有效激发他们学习化学知识的主动性和积极性，学生的知识面也能在实践活动中得到增长，知识视野也会开阔起来，久之，他们的学习效率也就随之得到提升了。

化学是高中阶段一门重要的学科。兴趣，是学生学习化学的主动性和积极性的源泉；提高学生学习化学的兴趣，是提高化学教学质量的重要前提和关键。为了激发学生的学习兴趣，就需要教师不断地修改自己的教学方法，通过具体的实践教学，再结合学生的实际学习情况，设计出适合学生学习的策略来，让学生在学习化学知识的过程中，更加积极主动，使教与学达到和谐、统一，进而为高效课堂教学的构建做好铺垫。

参考文献：

［1］于鸿艳.浅议在高中化学教学中如何培养学习兴趣提高学习效率［J］.教育教学论坛，2012（8）.

浅谈如何在化学教学中践行立德树人

武文华

摘要：国无德不兴，人无德不立。立德树人是教育的中心环节，立德树人是教育的根本任务，德育对学生的成长至关重要。在化学教学中，教师应树立德业，做学生榜样；巧用热点对学生进行爱国主义教育；课堂教学与生活反思相结合，增强学生的责任意识。

关键词：立德树人；化学教学；爱国情感；责任意识

立德树人是对教师教学更高层次的要求，不仅要讲授书本上的专业知识，还要培育学生树立正确的人生观、价值观，引领学生能够辨别是非曲直并找到正确的指引方向。同样，作为一名化学教师，我们培养的不是只会考试的做题机器、疲惫不堪的分数奴隶，而是有着优良品德的人，所以化学教学离不开立德树人。

一、教学中教师树立德业，做学生的榜样

"好教师应该懂得，选择当老师就选择了责任，就要尽到教书育人、立德树人的责任，并把这种责任体现到平凡、普通、细微的教学管理中。"确实，"教师的一言一行无不给学生留下深刻的印象，有的甚至影响学生一辈子。因此，教师一定要在思想政治上、道德品质上、学识学风上全面以身作则，自觉率先垂范，真正为人师表。"所以，在教学和生活中，教师要严格要求自己，做到以下几个方面。

（一）热爱学生，热爱教育事业

教育事业是爱的事业。爱是前提，爱是主旋律。只有热爱学生，才能去关心他们的成长，才能去教书育人，才能尊重学生人格、引导学生成才。"捧着一颗心来，不

带半根草去"，认认真真教书，兢兢业业育人是我的教育理念。一切为了学生，为了一切学生，为了学生一切，教好每一个学生，是我自从教以来不懈的追求。

（二）以高标准严格要求自己

"学高为师，身正为范。"教师的职业道德是我们执行教育的根本所在。学生时代正处于人生观、价值观形成时期，我们老师说的、做的是什么样子，会直接影响到他们对人生与社会的看法，甚至会改变孩子们习惯的养成。所以教学中我特别注重教师职业的示范性，要求学生做到的，自己首先做到。衣着朴素大方，言行举止端庄得体，待人礼貌谦和，同时不断提高自己的思想境界、工作水平，用高尚的品格影响学生，为学生树立一个积极向上、充满正能量的形象。

（三）教学中提升自己的专业素养

俗话说"要给学生一杯水，教师必先有一桶水"。所以从教以来，我一直坚持学习并以身示范，引导学生树立终身学习的理念。教学中向书本学习，向有经验的教师学习，并且根据本校学生具体学情总结出很多适合本校学生的学习方法。如高中化学知识点多、综合性强，需要大量的记忆，但普通高中的学生不光基础知识差而且学习也不够刻苦，所以面对越来越多的应该记忆的知识慢慢地就把自己的三分钟热血给耗没了，又放弃了。这就要求我们做老师的要多总结、多整理，教给记忆方法，化难为简。我在这里列举几个能够做到简单记忆的例子，供大家参考。

1. 谐音记忆

化学反应与能量中涉及化学能与电能的相互转化，这就要用到原电池和电解池，而原电池和电解池的考查点主要是电极反应的书写及反应类型。原电池涉及常见的化学电源，电解池有多种应用，而且还容易混，每年学到这都是个坎儿。我提倡大家这样记忆：原电池分正负，电解池分阴阳，原电池中"伏只羊"，电解池中"羊两只"。解释就是原电池中负极发生氧化反应，电解池中阳极发生氧化反应。学生把这六个字记住不但能根据氧化还原反应正确书写电极反应，而且还能顺利判断出原电池中、电解池中的电子流向、电流方向、阴阳离子走向等。

2. 关键字记忆

氧化还原反应是高中化学重要理论之一，在离子共存、原电池、电解池、元素及其化合物性质中都有广泛的应用。但我发现学生对还原剂—化合价升高—失电子—被氧化—发生氧化反应—生成氧化产物，氧化剂—化合价降低—得电子—被还原—发生还原反应—生成还原产物这两条线总记混，一用就错。我是这样帮大家整理的：升失氧，作氧化剂；降得还，作还原剂。只挑关键字记忆，可以把难度降低，而且永远不会忘。

3. 对比法记忆

对比记忆，是对所要记忆的内容通过对比的方法加以记忆。在高中化学中仔细总结这样的例子很多。例如取代反应和加成反应是有机化学里两个重要的反应类型。取代反应是指有机物分子中的一个原子或原子团被其他原子或原子团所代替的反应；加成反应是指有机物分子中不饱和碳原子与其他原子或原子团直接结合生成新物质的反应。但学生在做有机推断题等题时很难准确判断谁是取代谁是加成，有机化学方程式的书写也存在困难。但如果采用对比记忆法就清晰多了，那就是取代反应"有上有下"，加成反应"只上不下"。

二、巧用热点，在化学教学中渗透爱国情感教育

在化学教学中渗透思想道德教育，增强爱国情感，弘扬和培育以爱国主义为核心的伟大民族精神，是化学教学的一项重要任务。社会热点是一个非常好的切入点。如在讲到无机非金属材料时，我向学生介绍我国具有悠久的陶瓷制造历史，在新石器时代，我们的祖先已能烧制陶器，至唐宋时期，我国的陶瓷制品已经享誉海外。在讲到乙醇和乙酸时，我及时给学生们展示了我国人民很早就掌握的粮食酿酒和制醋技术。学到金属材料时我向学生们介绍了我国超级钢的研究已经居于世界领先地位，我国研制的这种超级钢具有优异的强度和延展性的结合，在应用时能够实现钢板的轻薄化，这对于汽车、航空和航天领域的轻量化发展具有重要意义。在讲到原子结构时我又向同学们介绍我国自主建设、独立运行的北斗卫星三号导航系统已经正式向全球提供服务。学生对于北斗卫星在天上运行的系统非常感兴趣但是又知之甚少。所以我又查阅了相关信息，向同学们作了详细的讲解，同时也展示了俄罗斯、美国、欧洲卫星导航系统的发展。学生们都为我国北斗卫星的发展和精度感到自豪，极大地增强了他们的爱国情感。通过学生熟悉的事例和热点问题，唤醒学生深沉的爱国思想和浓烈的爱国情怀，在心中产生民族优越感、忧患感和使命感，让学生意识到作为当代的一名高中生，应该认真学习科学知识，以后为祖国的发展和繁荣昌盛贡献自己的一份力量。

三、课堂教学与生活反思相结合，培养学生的责任意识

生活是学生运用课堂所学的很好渠道，通过认真观察生活，学生可以发现一些化学问题在现实中的原型，如酸雨、雾霾、赤潮、水华、白色污染等。结合生活反思，在课堂上我指导学生认真学习相关知识，并提醒自己不要做出破坏环境的行为，还要对一些不好现象极力制止。这样既提高对自己的要求，又增强自己对整个社会的责任心。如在讲到硫及其化合物性质时，我告诉学生二氧化硫会污染环境形成"酸雨"，并让学生思考采取哪些措施可以减少"酸雨"的形成；在做工艺流程题时，选择"绿

色氧化剂"过氧化氢可以减少污染。通过这些事例，潜移默化地给学生灌输环保的理念，让学生在生活中节约能源、保护环境、爱护我们的绿水青山。

党和国家比以往更加重视教育，并且把"立德树人，立教圆梦"放在了举足轻重的地位。作为教师，我们更应时时刻刻铭记立德树人的根本教育任务，秉承正确的政策方针，落实积极向上的教育理想，做一名有社会责任感的合格教师。

参考文献：

［1］温永华.新课程标准化学必修模块教学实施的策略［J］.化学教育,2005(11).

［2］赵文超.德育在中学化学教学中的渗透［D］.苏州:苏州大学,2011.

高中化学课堂教学中的立德和树人

陈昭春

摘要：通过化学学习兴趣的培养，使学生确立正确的学习目标；利用化学发展史对学生进行热爱科学的教育；利用化学成就对学生进行爱国主义教育。

关键词：化学学科特点；渗透德育教育

学校工作要以"德育为首"，"教学为主"。"德育为首"要求学校开设的全部课程都有对学生进行思想道德教育的任务。化学是一门以实验为基础的学科，培养学生的化学基础知识和基本实验技能是目前化学教学的主要任务。

作为一名新时期的高中化学教师，既要培养学生的化学双基，又要对学生进行德育教育，这是全面深化课程改革，有效落实立德树人的基本要求。德育是教育的灵魂，教人要教心，育才先育德。所以我们在高中化学教学中必须要渗透德育教育，寓思想政治教育于化学教学之中，才能达到全面实施素质教育教学的目的。在教学中，我根据化学学科特点，结合实际，在加强双基教学的同时，不失时机地渗透德育教育，既教书又育人，从而让新课改的预期目标得以完美实现。

一、通过化学学习兴趣的培养，使学生确立正确的学习目标

学习兴趣是学习动机的重要心理成分，它是推动学生探求知识的动力，它会使学生产生学习的需要、乐于学习的情绪体验。在高中化学教学过程中，培养学生学习化学的兴趣，是学生对化学这门学科的学习目标正确确立的前提条件。在教学中，我通常采用创设情境激趣；利用化学知识的实用性，提高学生学习化学的热情；开展丰富多彩的课外活动，促进学生的学习兴趣；运用教材插图，激发学生学习化学的兴趣；

设计趣味实验，保持学习兴趣；利用趣味教学方法增强学生的兴趣；发挥情感教育作用，发展学习兴趣；改革传统教学模式，利用分组合作学习巩固学生学习兴趣等方式培养学生学习化学的兴趣。比如创设学习情境可以增强学习的针对性，有利于发挥情感在教学中的作用，激发学生的兴趣，使学习更为有效。在创设学习情境时，应该力求真实、生动、直观而又富于启迪性。如在教绪言引入时，为学生表演神奇的"魔棒点灯""清水变牛奶""空瓶生烟"等魔术，同时欣赏北大校长周其凤的《化学之歌》，一下就点燃了孩子们学习化学的热情，使他们产生了想要学习、学好化学的强烈的愿望。

二、利用化学发展史对学生进行热爱科学的教育

德育并不仅局限于政治思想品德的教育，科学的思维方法、严谨的科学态度、勇于探索、勤于钻研等品质教育也应是德育的一部分。以化学史为载体，德育教育便不再空洞乏味、苍白无力。在"绪言"课上，我给学生指出，我国人民很早就有了探索化学的活动。古代中国人的炼金、炼丹，虽带有些唯心主义的神秘色彩，但他们的研究传入西方后，大大地推动了化学的形成与发展。近、现代，在化学上我国也做出了突出成绩，有自己的杰出学术代表。在讲解空气的组成时，学生们会认识到，空气这种与人们朝夕相伴的物质，它的存在与成分的发现经历了一个多么复杂的过程。舍勒和普利斯特里发现、制取了氧气，这比起以前人们认为空气是一种单一物质已是一种进步；拉瓦锡进一步得出空气是由氧气、氮气组成的；到后来，有了更先进的仪器与实验手段，人们才认识到空气里还有其他物质存在。通过这些引导性的分析，激发了孩子们探索研究的欲望。

同时，在化学课堂上，化学教师也可以向学生讲解国外的化学史实：原子论的创始人、英国著名化学家道尔顿和意大利化学家阿伏伽德罗通过辛勤的努力，创立了原子论和分子学说，奠定了近代化学的基础。俄国化学家门捷列夫具有顽强的学习精神，反复实验总结，发现了元素周期律，编制了元素周期表，让化学的学习和研究变得有规律可循。通过对化学史的介绍，让孩子们明白了科学是没有国界的，科学是相连的。希望他们明白自己肩负的重任和使命，为自己的将来，也为了自己能在未来的化学发展史上多做贡献。同时也教育孩子们在以后的生活和学习中勇于探索、不畏困难、尊重知识、团结协作、大胆质疑、实事求是、坚持追求真理。

三、利用化学成就对学生进行爱国主义教育

我国是世界四大文明古国之一，有着悠久的历史和灿烂的文化，曾对人类文明做

出过巨大贡献。在初中化学课本上，介绍了许多令人骄傲的成就：古代四大发明；商代制造的精美青铜器；春秋战国的冶铁炼钢；西汉的湿法冶金。我国还是世界上最早使用天然气的国家，等等。通过中华民族悠久历史和优秀的化学工艺的介绍，孩子们从中体会到中华民族是古老而伟大的民族，是勤奋、勇敢、智慧的民族。在漫长的历史长河中，我们的祖先不畏艰难，勇于创造，在科学技术方面有许多杰出的发明，爱国之情便会油然而生。

特别是新中国成立前后我国钢铁、化肥等方面产量的对比，使孩子们切实感受到走社会主义道路是我们国家的正确选择，只有社会主义才能够救中国，才能够发展中国。改革开放后的新成就——纳米碳管、高分子材料等等，更激发了他们对祖国强烈的爱慕和崇敬之情。在化学学习中，学生们也发现我国现代化学技术与世界先进技术间的差距，认识到我国现阶段化学水平还比较低。而未来的世界强国，就是科技强国。中华民族要立于世界民族之林，就必须发展科学技术。教育他们明白这一历史重任是自己义不容辞应承担的，祖国的未来就在我们身上，激励他们为中华之振兴而发愤读书，立志献身祖国的科技事业。

总之，德育的内容丰富多彩，形式多样，教育的方式也是灵活多变的。化学作为一门自然科学有其自身的德育教育优势，只要我们注重并坚持在平时的教学过程中对学生进行潜移默化的不失时机的德育教育，就可以使化学教学与辩证唯物主义教育、爱国主义教育、安全环保意识等方面的教育有机结合。我们的学生就能树立起正确的情感态度、人生观、价值观，最终达到全面实施素质教育，全面深化课程改革，有效落实立德树人根本任务的总体要求。

参考文献：

［1］人民教育出版社化学室．化学（全一册）［M］．北京：人民教育出版社，2007．

浅谈高中生物课堂教学中的"立德树人"

摘要：当前我们国家不断地在推进素质教育，关注学生学科素养的培养。立德树人正是顺应这一时代发展需求提出来的，也理应成为我们高中生物教学的一部分，基于此理念的重要性，本文就高中生物课堂中如何挖掘生物学科中所蕴含的德育因素，将立德树人理念融入到课堂教学之中谈谈本人的几点看法。

关键词：爱国情怀；健康素养；环境意识；科学探究

一、在课堂教学中旨在育人为本，渗透爱国主义情怀

生物学科是一门自然科学，这一点与物理、化学可以说具有相同的科学属性，但高中生物研究的主体对象是生物，人自然也在研究之列，因此生物学科有着不同于其他学科的特征，我们完全可以利用这一特点实现在生物课堂上对学生进行人生观、价值观、世界观的正确引导。

在教学过程中，我比较注重联系实际对学生进行"爱家乡，爱祖国"教育。在"环境保护"一节，我对教材内容进行了扩展。比如，我国人均占有耕地，仅为世界人均耕地的四分之一。水资源方面，我国人均占有水资源总量不足世界平均水平的四分之一。矿产资源方面，我国虽然是世界第三大矿产资源国，但人均占有量还不足世界人均水平的一半。在讲"生态系统"时，教育学生要热爱大自然，遵循生态系统的自身规律。如我国第三次森林资源普查结果表明，我国森林资源和生态平衡近几年经过治理虽然已经有所好转，但形势还是十分严峻，任务还是十分艰巨，需要我们这些同学从现在做起，不断学习、积累知识，将来有能力为我们的国家贡献自己的一份力量。

二、进行健康教育，帮助学生养成良好的健康素养

高中生正处于青春期，生理和心理都处于急剧发生变化的关键时期，很容易受到各种外界因素的干扰。另外，高中学生学业负担繁重，压力大，容易产生各种身体和心理的问题。所以我们高中的生物课堂又要义不容辞对这一问题进行正确的指导和教育，在教学中，教师要把生理学知识与学生的日常生活相联系，开展健康知识教育，养成良好的学习生活习惯，培养健康意识。例如高中生物选择性必修 1 教材中，在讲到人和高等动物生命活动的调节中的神经调节时，涉及各种类型的神经递质，其中有兴奋性的，也有抑制性的。讲兴奋性递质时，讲到了多巴胺，又讲到了毒品例如可卡因可抑制多巴胺的转运回收，使人产生愉悦、快感。之后又因反馈调节它又使多巴胺转运蛋白减少，使人对毒品造成依赖。这样借着讲解书上知识点的同时，给学生介绍毒品的作用原理以及危害，还有现在一些不法分子给毒品做成各种各样的外包装，让学生自己形成一个清楚的判断，而不至于稀里糊涂的上当受骗。

另外，教师在布置作业时，要尽量给学生提供实践的机会，让学生充分把自己学习的知识运用到实践中去。例如，教师通过给学生布置有关健康知识的课后作业，让学生主动搜集资料，开展实践调查，这样学生就会逐步提高自己的健康生活意识和实践学习能力。例如，在教学"细胞的癌变"时，教师可以让学生自己尝试设计一个调查问卷：是否是癌症患者？在平时生活中饮食是否规律？会不会进行日常锻炼？这样，通过调查问卷，学生能够探究出不健康的生活方式是导致癌症的一个重要原因，他们也会通过自己的实践活动提高健康学习的能力，从而养成良好的生活习惯。

三、介绍当前地球的环境状况，树立学生的环保意识

生物和环境有着密不可分的联系，生物依靠环境获取物质和能量，生物的生命活动反过来又影响环境，改变环境。由于科学的飞速发展，人类对环境的影响越来越大，而这种影响很大一部分是具有破坏性的。高中生物教材选择性必修 2，在讲到生物与环境时，应向学生多介绍一些目前的环境问题现状，而环境问题是全球性的，像化石燃料的大量燃烧，打乱了物质循环的固有频率，造成空气中二氧化碳过多，引起全球气候变暖，二氧化硫等增多引起酸雨。还有生活污水的随意排放引起赤潮、水华，以及由于人类对资源的掠夺式的开发和利用，对环境的不断破坏，造成大量物种的灭绝，据统计现在物种灭绝的速度是正常的 1000 倍，有多少个物种人们还没有来得及仔细研究它们的价值，它们就已经在地球上消失了。同学们听到这些都感

到吃惊和痛心。

在讲到"生态系统的稳定性"时，教师可以结合我国科尔沁草原因为过度开荒变成沙漠。我国长江、黄河中下游因为乱砍滥伐造成严重的水土流失，许多野生动物因为人类的捕杀而灭绝。我国引入的水葫芦过度生长，破坏了当地的生态环境，影响了当地物种的生存等等。在教学中教师可以结合这些实际情况，对学生进行环保意识教育，告诉学生我们的生物圈自我调节能力是有限的，自然界的资源并不是取之不尽用之不竭的。使学生真正意识到环境保护的重要性，真正具有环境保护的责任心。

四、学习科学家严谨的治学态度，培养学生科学探究能力

科学探究能力包括理解科学、技术与社会的相互关系，理解科学的本质以及形成科学的态度和价值观。在我们高中生物教学中，除了让学生掌握一定的科学知识以外，还应该培养学生具有优秀的科学品质、科学精神、科学态度和科学能力。

我们高中生物教材中有许多科学史介绍，还有科学家访谈内容的编排，都给我们对学生进行科学素养、科学探究能力的培养提供了契机。例如教材中记录的笔者与孙儒泳院士交谈的一段话。院士说，还是在苏联留学期间，有一次，他在研究室里汇报自己的初步研究成果：南北两个取样地点的田鼠存在能量代谢方面的差异，但是教研室里有一位老师提出了反对意见。于是他又进一步检验自己的结论是否可靠。在寻找新证据的时候，他使用了生物统计学的方法，从而得到了更加精准、可靠的结论。孙儒泳院士说，这使他认识到，无论是做科学研究，还是在生活中，都要多听意见，尤其还要听得进反对意见，兼听则明，道理虽简单，但要做到却不容易。

还有我国科学工作者杂交水稻之父袁隆平，通过多年的反复实践，实现了水稻育种的突破。给社会经济生产带来了巨大的经济和社会效益，不仅解决了自己国家的吃饭问题，也解决了人类面临的粮食危机问题。通过类似的事例，我们可以逐步引导学生主动参与探究的过程，勤于动手和动脑，逐步培养学生搜集和处理科学信息的能力，获取新知识的能力，批判性思维的能力，分析和解决问题的能力，以及交流与合作的能力等等。

在当前国家不断推进素质教育的背景下，立德树人应该进一步成为高中生物教育重要的一部分。我们应该充分认识到立德树人的内涵，坚持贯彻社会主义核心价值观，为学生树立更加健全的世界观、人生观和价值观，充分将立德树人的教育理念融合到平时的教学工作当中，为社会培养更多的人才。

参考文献：

[1] 中华人民共和国教育部.关于全面深化课程改革落实立德树人根本任务的意见（〔2014〕4号）.

[2] 袁旭.如何在高中生物教学中渗透健康教育[J].考试周刊,2018(85).

[3] 周初霞.高中生物教学中的德育渗透——德育范畴、目标及教学建议[J].教学月刊·中学版（教学参考），2014（2）.

立德树人，在生物课堂中落地生根

华 锐

摘要：新课标倡导，在现阶段，身为教师，一定要树立起以人为本这样的教育发展观念，在教学开展的过程当中应该加强德育渗透，凸显人的价值，让学生可以在学科学习当中获取到更多。因此，在现阶段，高中教师在生物教学开展的过程当中就应该将立德树人作为导向，更好地加强课程教学当中的德育渗透，为学生的三观构建起到推动的作用。

关键词：立德树人；高中生物；渗透

在德育教育实施的过程当中，学校往往是主阵地。通过德育教育的有效开展能够真正地实现教书育人，也是现代教育所大力倡导的教育思想和理念。因此，在现阶段，高中教师在生物教学开展的过程当中就应该加强德育渗透，实现德育资源的有效挖掘，让学生在获取知识的过程当中也能学会做人，达到理想当中的育人效果。

挖掘德育素材，渗透辩证思想

根据生物学科的特性，辩证主义思想的渗透是非常重要的一项内容。通过辩证主义思想的渗透能够让学生以客观的眼光看待外界事物，形成正确的思想观念。所以，在生物教学开展的过程当中，教师首先就可以挖掘学科的素材，实现对学生辩证主义思想的培养，让德育渗透得到真正的实现。

例如，在讲解"蛋白质的合成"相关知识点的过程当中，通过该知识点的学习可以让学生掌握 DNA、蛋白质、mRNA 间的关系，可以对不同细胞结构和细胞器间的互相配合进行了解，并能够学习到环境稳态当中外环境、内环境、各组织器官及细胞之间是联系密切的。让学生懂得生物间的联系往往是千丝万缕的。通过这样的方式就能够在无形当中加强德育因素的展现，让学生懂得事物间存在普遍联系这样的观点，有助于学生辩证思想的良好渗透。

联系社会热点，深化生命思想

在生物学科当中，德育教育的内容是非常多的。这就需要教师在课程教学开展的过程当中立足于教材内容，不断地进行挖掘。可以对其中的知识点进行挖掘，让学生的生命观念得到渗透，以此让德育教育的实施得到真正的实现。

例如，在讲解"有性生殖"相关知识点的过程当中，教师就可以引导学生感受生命的来源。比如，在受精的过程当中并不是一帆风顺的，在以亿为单位的精子当中只有一颗精子可以和卵细胞之间结合，完成受精卵的使命。同时，也不是每一次都可以完成受精。假如在排卵之后的 24 小时之内卵细胞并没有遇见精子则会死亡。学生可以从中感受到生命的来之不易。教师可以联系社会热点，比如校园的一些暴力现象、青少年的暴力和血腥事件等等。让学生更好地感受生命价值，珍惜时光，绽放出青春的魅力和光彩。

密切联系生活，增强环保意识

现阶段，环保问题已经成为全人类所关注的重点和焦点问题。所以，在生物教学开展的过程当中，教师也可以适当地展现出学科的优势，让学生在环保意识方面不断增强。这样就可以在无形当中将环保意识根植在学生的内心深处，达到理想当中最佳的教育效果。

例如，在讲解生态系统的过程当中，主要可以让学生了解在当前，生态系统主要可以划分为人工系统和自然系统。人工系统要想稳定就必须要有一定的外在条件，实现人为管理才可以维持。在此过程当中，可以为学生设置任务，让学生对生态球进行制作。在任务完成之后就可以让学生分析成功或失败的原因，让学生感受到人工生态这一系统是存在问题和不足的，在当前，地球依旧是最适合于人类生存的星球，应该避免资源浪费。让学生感受到环保的重要性，可以承担起自己在保护环境方面的使命感和责任感。

展现学科特质，培养爱国情操

除了以上这几个方面之外，教师也应该挖掘学科的因素，在无形当中加强爱国主义教育的实施，让学生可以生成爱国意识和情操，让德育教育的渗透得到真正的实现。

例如，在讲解"群落结构"的过程当中，教师就可以先借助多媒体来为学生播放出生物知识，让学生感受到当前我国地域的辽阔，占据了很多气候带，并且物种资源、珍稀物种都是非常丰富的，让学生对我国丰富的自然资源产生一种自豪的心理。也可以联系实际热点，将社会新闻引入进来，让学生感受到在最近几年我国相继找寻到非常多的大油田，感受到我国自然资源丰富的特点。这样就可以有助于学生民族自豪感和自尊心的构建，让学生可以为祖国更加富强勤奋学习，在无形当中实现爱国主义教育的实施，让爱国情怀得到真正的培养，达到理想当中最佳的立德树人的效果。

综上所述，在高中生物教学开展的过程当中，教师加大立德树人的渗透是非常重要的。能够更好地满足素质教育和新课改的要求，让学科的价值和内涵变得更加丰富。所以，教师在教学开展的过程当中主要就可以从挖掘德育素材、联系社会热点、密切联系生活、展现学科特质等等入手，让学生在辩证思想、生命思想、环保意识、爱国情操方面得到构建，达到理想当中最佳的教育成效。

参考文献：

［1］董学润.论核心素养下高中生物校本作业的设计原则［J］.名师在线，2021（8）.

［2］王小青.论证教学在高中生物实验教学中的应用研究［J］.名师在线，2021（8）.

［3］盛国跃，程永.高中生物教学中学生科学思维的培养——以"卡尔文循环"为例［J］.中小学课堂教学研究，2021（3）.

树人德为首，践行教学中

——谈在生物教学中立德树人

齐素杰

摘要：树人德为首，立德树人是时代的呼唤。在生物教学中贯彻立德树人，培养更优秀的人才，更好地适应现代社会发展。

关键词：立德树人；生物；教学；渗透

"少年强则国强，少年兴则国兴。"教育要从娃娃抓起，树人德为首，要将立德树人落实到教学中，这是时代的呼唤。

在生物教学中，要如何落实立德树人呢？要深入挖掘生物学科中所蕴含的德育、情感因素，将"立德树人"理念融入到课堂教学之中，力求把学生培育成具有完善人格的、品德高尚的社会主义现代化人才，更好地适应现代社会发展的需要。

首先，渗透爱国主义教育，培育学生热爱祖国情感。

爱国主义教育是教育的首要任务，其核心是热爱祖国。在高中生物教材中蕴藏着大量的爱国主义教育内容，在生物的教学中，应该从生物学的特点出发，深入挖掘教材中爱国主义教育的教育点，寻找知识教学与爱国主义教育的结合点，使爱国主义教育既有科学性，又有思想性。在《探索生物大分子的奥秘》一文中，通过向学生介绍邹承鲁院士的人工合成牛胰岛素，《我赞叹生命的美丽》一文中，向学生介绍杨焕明教授等人"人类基因组计划"等成就，使生物学科知识与爱国主义教育内容紧密结合，以此激发学生的民族自豪感，也使学生意识到只有将个人努力与社会奉献结合起来的成功才是最有价值的。

同时，在教学过程中也要注意，不要因为进行爱国主义教育，就只讲先进方面，不讲不足方面的问题，这既不客观，也不是实事求是的态度。应该向学生客观介绍我国发展过程中面临的困难和挑战。例如我国人口数量巨大，对资源的需求量也很大，我国的自然资源不是"取之不尽，用之不竭"的，包括生物资源、土地资源由于多年盲目的、不科学的开发利用，植被减少，土地荒漠化严重，许多动植物种类已经灭绝或濒临灭绝，生物资源亟待保护等，以危机感来激发学生更深的爱国情感，增强学生热爱祖国的使命感和责任感。

其次，渗透感恩教育，教育学生孝敬父母长辈、关爱他人。

我国是文明古国，崇尚百善孝为先。生物教学不仅仅是提高文化课水平，还要提高学生做人的素质，让每一个孩子都拥有一颗感恩的心，让他们学会爱我们生活的世界，爱我们的父母，爱我们周围的人。在生物教学中深入挖掘感恩教育的因子，是我们义不容辞的责任。在《胚胎工程》教学中，让学生模仿或想象怀孕的母亲，在肚子上绑住十多斤沙袋并做出各种动作。结合《人类遗传病》一节的教学插图，体会母亲的艰辛，体会疾病缠身的痛苦，体会患者带给亲人、家庭、社会的负担，体会他们诸多的不易，诸多痛苦，体会他们需要关爱的迫切心情。通过这样的体验和情感渗透，让学生体会生命的来之不易，更容易引起学生心灵的共鸣，孝敬父母、关爱他人感情的火花就慢慢碰撞出来了。

再次，渗透健康教育，使学生养成良好的生活习惯。

新课程的核心理念是"一切为了学生发展"。通过教学，让学生学会生存，关注健康，珍爱生命，确立积极、健康的生活态度，就是这一核心理念在生物学科教学中的具体体现。进入高中阶段的学生，健康生活知识的认知已经开始从感性认识向理性认识过渡，但是很不成熟，容易受到错误信息以及消极态度的影响，对其正确情感态度和价值观的形成是非常不利的。在《组成细胞的分子》一章的教学过程中，让学生明确细胞需要的营养物质，结合《人体的内环境与稳态》一章的教学，让学生认识到一日三餐应合理搭配各种营养，远离垃圾食品等，教育学生养成良好的生活习惯，健康成长。在学习《免疫调节》时，组织学生观看预防艾滋病的专题片，让学生正确认识艾滋病的传播途径与危害，既让学生意识到艾滋病病人并没有那么可怕，又学会用科学的方式防治疾病，形成珍惜自己、关心他人、珍爱生命的思想和健康的思想观念。

在教学中，还可以以自然界的各种植物为例，不管它们身处何地，都能顽强地生长，舒展着生命的绿色；各种动物为了生存，表现出惊人的适应性，它们对生命都保持着积极的态度。通过这些事例，引导学生得出结论：人作为最高等的生物，更应学会适应环境，学会坚强，珍惜生命、热爱生命，树立健康积极的人生价值观，培养抗压能力。

第四，渗透生态意识，增强学生环境保护责任感。

随着现代经济的发展，环境污染带来的问题越来越严重，让学生掌握环境保护方面的知识，形成保护环境的意识并落实到实际行动中非常重要。生物教材中有很多关于环境保护方面的内容，要挖掘这些素材，对学生进行环境保护意识渗透，提高学生保护环境的责任感并积极参与环境改善和保护的行动。在《生态系统的组成》涉及"生物富集及其影响"时，先播放"DDT化学药剂危害"视频，DDT杀虫剂通过浮游生物、小鱼、大鱼、鹰组成的食物链，最后在鹰体内富集，最后达到河水100万倍以上。看完视频，再补充由于有害物质在生物体内富集，最终危及人类的"日本水俣病"事件；在南极企鹅和北极因纽特人体内也发现了DDT。通过这些事例，帮助学生得出结论：人类的活动对生物圈造成的影响往往是全球性的，所有的生物都置身于一定的生态环境当中，保护环境实际上就是保护自己，保护全人类。通过生态意识教育，帮助学生从小树立"命运共同体"意识，为保护生物的共同家园而努力。

第五，渗透科学探究精神，培养学生勇于探究的科学品质。

高中生物教材中涉及的许多科学家身上具有勇于探索、追求真理的意志品质，例如自然选择学说的创立者达尔文历时32年写出《物种起源》一书；遗传学的奠基人孟德尔历时8年，在教堂一角辛勤地做豌豆杂交实验，统计了难以数计的种子、植株，写出《植物杂交》一文，并揭示出遗传过程中基因传递的两大定律。在教学中，通过对生物学史、生物学家的经历和史实的介绍，增强学生耐挫能力，对学生进行坚韧、果断等良好意志品质的培养。

生物学是一门实验科学，分组实验对于培养学生学习兴趣、发展智力和培养能力以及深度学习都有非常重要的作用。在《比较过氧化氢在不同条件下的分解》实验教学中，通过分工合作动手实验，让学生分组观察、客观记录结果，既培养学生的观察能力、动手能力，又有利于培养学生的合作精神，让学生体会到实验成功的快乐、也培养学生不断进取的科学精神和实事求是的科学态度。

在生物课堂中落实立德树人的内容和方法很多，我们要在教学中更多地渗透德育教育，要坚持持之以恒、因势利导、循序渐进的原则，充分发挥课堂教学的主渠道作用，将立德树人融入到教学的全过程，学习知识的同时，在潜移默化中形成健康的人格和优良的道德品质，成为全面发展的社会主义现代化建设高素质人才，成为国之栋梁。

参考文献：

［1］中华人民共和国教育部.关于全面深化课程改革　落实立德树人根本任务的意见.（〔2014〕4号）.

［2］孙晓燕，朱永军.生物教学中的德育教育［J］.中国校外教育，2016（´1）.

［3］鲁凯.加强德育教育，提高生物课教学质量［J］.中国培训，2016（24）.

在生物教学中
渗透生活生存教育的实践与思考

宋 绪

摘要：学生伴随着生理与心理的发育发展，学习上、生活上、人际交往及自我意识等方面极有可能会遭遇到各种各样的心理问题，有些问题如果不能得到及时排解，对自身发展将会产生不利的影响，严重的将会导致心理障碍等人格缺陷的产生。生物教师应该通过生物教育教学提高他们珍爱生命、懂得生活、学会生存的意识。

关键词：生活教育；生存教育

中学时代是一个人正处于身心发展的重要时期，伴随着生理与心理的发育发展，学业上竞争压力不断增大，社会阅历不断扩展及思维方式不断变化，学习上、生活上、人际交往及自我意识等方面极有可能会遭遇到各种各样的心理问题，有些问题如果不能得到及时排解，对学生的发展将会产生不利的影响，严重的将会导致心理障碍等人格缺陷的产生。我们生物教师应该通过生物教育教学提高他们珍爱生命、懂得生活、学会生存的意识。在教育教学实践中，结合本学科特点，挖掘本学科素材，对学生进行"生物与人文修养"的教育教学，取得一定的效果。

一、让学生意识到生命的伟大，珍爱生命

狭义的生命教育教学是指对一切自然生命的关注；广义的生命教育教学是指一种全人类的教育教学，它不仅包括关注生命，还包括对生存能力的培养和生命价值的提升，是要让学生认识生命的意义，能够自觉地尊重生命和珍惜生命的价值，热爱并发展每

个人独特的生命，树立起积极、健康的生命观，并努力活出生命的意义来。生命素材在中学生物教材中比比皆是，教师可以充分地挖掘教材，引导学生领悟生命的重要性，传达生命的意义。

例如，在讲"减数分裂"和"体内受精过程"的内容时，可以借助课件生动地展示精卵的发生，精卵的结合以及胚胎的发育，学生对此内容往往具有浓厚的兴趣，而这类话题偏偏又是日常生活中较为"禁忌"的，于是教育教学中就可以从他们的好奇心入手，既满足了他们对这部分知识的需求，同时也让敬畏生命深入人心。正常情况下女性一个月只产出一个卵细胞，而卵细胞的存活时间仅仅几个小时而已，虽说男性精子多，但由于受精过程中所发生的透明带反应、卵黄膜封闭作用等影响，最终只有一个精子有机会与卵细胞融合形成受精卵。当然，这个精子也需是"亿里挑一"，历经千辛万苦，最后以最优秀的姿态，赢得这个生命的奖杯。受精卵在发育过程中还会时刻遇到障碍和困难，直至母亲的分娩。敢问，生命来得容易吗？让学生从中认识到"身体发肤，受之父母"，与此同时，插播一些反面教育教学的图片、事例，如自杀、酒驾等，使学生更深刻地领会应该以感恩的心态去对待每个人的生命，去爱戴生他养他的父母。又例如，讲"基因是有遗传效应的 DNA 片段"时，可以设置情境让同学们体验到自己的独特性。我们每个人虽然有 99.9% 以上的基因都相同，但有不超过千分之一的基因差异性则决定了我们的独特性。茫茫人海中找不到一模一样的另一个你，每个你都是绝对的独一无二，所以小草不必羡慕乔木的高大，乔木不必嫉妒鲜花的美丽，只要每个人都付出努力，这个社会必有你的一席之地，每个人都拥有自己辽阔而美丽的蓝天，拥有生命的美。因此，我们应该以自己为荣，学会欣赏自己的长处，认识自己存在的价值；当然，也应该发现自己的不足，扬长避短。由此唤醒学生对生命的敬畏，意识到生命的伟大，从而去感恩生命，欣赏生命，尊重生命，珍爱生命。

二、让学生体会生活的味道，懂得生活

在教育教学中，联系生活并体现"生命科学源于生活，寓于生活，用于生活"是达成教育教学目标的一个重要方面。在现实生活中，蕴藏着许多教育教学资源，能有效地利用，并与教材内容相结合，不仅可以让学生感受到学以致用，还可以利用生活的经验来突破教育教学难点，帮助学生更好地理解学科知识，并懂得正确的生活之道。

例如，学习"酶的作用和本质"时，介绍加酶洗衣粉该如何使用以及功能所在，还有"嫩肉粉"在餐饮业中的作用。又如，进行"免疫调节"教育教学时，把"艾滋病"作为切入点，从以下几个方面进行交流讨论：1.艾滋病的发现、艾滋病病毒的特点、艾滋病的主要病症及危害；2.艾滋病的传播途径；3.艾滋病的防治研究进展；4.面

对艾滋病及其患者，我们能够做什么？通过讨论交流使学生对艾滋病的知识有更多的了解，认识艾滋病发展的严峻形势以及每个人应该承担的责任和义务，从而渗透更健康的生活理念，增强社会责任感。结合这些问题的讨论，使学生理解生活是由物质生活和精神生活、个人生活和社会生活、职业生活和公共生活等组成的复合体，帮助学生认识生活的意义。明白生物源于生活又反作用于生活，可见所学知识与现实生活的紧密联系。在生物教育教学中渗透生活教育教学，可以很好地帮助学生了解更多的生活常识，掌握更高的生活技能，提高更强的生活能力，培养良好的品德和行为习惯，体会生活的味道，懂得生活。

三、正视生存的道理，学会生存

十八大报告提出"推进绿色发展、循环发展、低碳发展"和"建设美丽中国"。面对资源日趋紧张、环境污染日益严重、生态系统退化的严峻形势，必须提倡尊重自然、保护自然的生态文明理念，把生态文明建设放在重要地位，致力于建设美丽中国。那么抓好对学生的生态文明教育教学，提高环境保护意识，正视生存之道，学会生存，也是生物学教师的中国梦。

例如在进行"全球性生态环境问题"的授课时，结合当今社会热点问题，播放"低碳生活""雾霾天气""温室效应"及"土地荒漠化"等相关的图片和视频，分组讨论、辨析、反思，使学生重新认识人与自然的关系，认识人类生存和发展的前提是让人与自然和谐共存，走可持续发展的道路。在学习"种群基因频率的改变"时，向学生讲授英国曼彻斯特地区原本是青山绿水，蓝天白云，可是有些人为了追求眼前的经济利益，缺乏环境保护意识，乱排废气、废水，乱丢废弃物品，以致环境大受污染，影响桦尺蠖的种群基因频率的改变，从而明白"自然选择决定生物进化的方向"，所以人类的随意破坏、干扰，将会影响生物的进化方向。例如学习"生物进化"时，适时播放一些地球上动植物间较为奇特的生存方式。在《物种起源》发表的第三年，达尔文就出版了一部研究兰花的著作《兰花借助昆虫传粉的各种器官》，达尔文在书中惊叹兰花繁殖系统途径的"无与伦比"和"几乎尽善尽美"。如杏黄兜兰是我国云南特有的物种，也是我国一级保护物种，它具有拖鞋样式的唇瓣，这样造型奇特的花朵其实是为了诱骗传粉而专门设置的陷阱。同时，为了防止"拖鞋"积水，兜兰还进化出像房子一样的结构——中萼片。兜兰散发出诱人的香味，吸引蜜蜂，但其花瓣表面甚滑，一不小心，就跌落"拖鞋"里，而蜜蜂无论如何挣扎，也不能从中逃脱，只能通过一个狭窄的传粉通道爬出来，而经历这一过程时，蜜蜂也就完成了伟大的授粉任务。所以像兜兰诱人的香味，拖鞋似的唇瓣，房子一样的中萼片，狭窄的传粉通道……这些都是在长期的遗传变异和生存斗争中进化而来的。又如传粉昆虫的特殊口器，龙血树的特殊构造等事例亦能很好地启发学生理解"物竞天择，适者生存"，明白年轻人要想在社会上立足，必须先学会并努力地去适应生存环境，并不断提高自我调控能力。优胜劣汰是大自然永远遵循的不二法则，人作为一切社会关系的总和而存在，就必须懂得这个社会的生存法则。环境的好与坏与每个人的生存和发展密切相关，保护环境自然是每个人的分内事，生活方式有时的确很难改变，但也并非绝对不可改变，尤其，对处于成长中的中学生来说，由于可塑性强，养成一种良好的生活方式并不是一件特别难的事，只要用心去做，一定能为生态文明作出自己的贡献。所以，在教育教学中渗透生存教育教学，帮助学生提高保护生存环境的意识，强化生存意识，树立正确的生存观念，势在必行。

能以润物细无声的方式，将生命、生活及生存教育教学渗透到生物教育教学的各个环节，是每一位生物学教师的责任和义务；用专业知识唤起学生珍视生命的价值，解决生活的问题，提高生存的意识，也是生物学教师备感荣幸并能体现其专业素养的有效途径。

参考文献：

［1］刘欢.初中生物教学中渗透生命教育的实践与研究［D］.呼和浩特：内蒙古师范大学，2013.

［2］吴晓波.初中生物教学中渗透生命教育的实践研究［D］.南京：南京师范大学，2008（4）.

［3］安宇波.初中生物教学中渗透生命教育途径分析［J］.文理导航（中旬），2015（3）.

［4］程泽其.生命教育在初中生物教学中的有效渗透[J].中学生物教学，2017(11).

［5］杜润芳.在初中生物教学中渗透生命教育策略浅谈［J］.中学教学参考，2012（14）.

浅谈高中生物教学与核心素养之生命观念

赵丽杰

摘要：《普通高中生物学课程标准（2017年版）》（以下简称《新课标》）最突出的变化就是凝练了生物学学科核心素养，并以此作为贯穿整个课程设计的主线，从课程目标到课程内容再到课程的实施和评价，都以发展学生的生物学学科核心素养为宗旨。核心素养的培养是高中生物教学活动中的重点内容，也是贯穿整个高中生物教学活动的教学目标所在。本文就生物学科素养中的生命观念，粗浅分析了高中生物核心素养教学方面的相关问题。

关键词：高中生物；生命观念；核心素养；教学方法

所谓核心素养，是指学生应具备的适应终身发展和社会发展需要的必备品格和关键能力，突出强调个人修养、社会关爱、家国情怀，更加注重自主发展、合作参与、创新实践。理解生物学学科核心素养是实施新课标的关键，而理解生物学学科核心素养，不能仅靠阅读新课标内容去望文生义，而必须建立在深入理解生物学学科本质的基础上。

新课标中生物学学科核心素养包括生命观念、科学思维、科学探究和社会责任，其中生命观念无疑是最具生物学学科特点的一点。新课标指出："生命观念是指对观察到的生命现象及相互关系或特性进行解释后的抽象，是人们经过实证后的观点，能够理解或解释生物学相关事件或现象的意识、观念和思想方法。"由此可见，"生命观念"不是具体的知识，更不是具体的生物学事实，而是指认识主体在了解事实的基础上形成概念后，再进一步提炼和升华，内化在头脑中的意识、观念和思想方法，关乎如何看待生命世界的态度和价值取向。在分析和解决与生物学相关的问题时，科学的生命观念虽不能提供现成的答案，但会指明分析问题的思路和方向。

生命观念具体包括哪些内容呢？新课标列出了几个重要的生命观念：结构与功能观、进化与适应观、稳态与平衡观、物质与能量观。

一、结构与功能观

关于结构与功能观，常见的理解是："一定的结构必然有与之相对应的功能存在，且任何功能都需要一定的结构来完成"，"结构是功能的基础，即有什么样的结构，相应地就会有什么样的功能。另一方面，功能的实现依赖于特定的结构"。结合生物学的学科本质来看，这些说法大体正确，但不能绝对化。

"结构决定功能"这一提法稍显绝对。结构是功能的基础，但二者并非总是单向的谁决定谁的关系，功能的发挥过程对结构有反作用。在结构不变的情况下，执行功能的情况也可能发生变化。例如，先天性聋哑患者的发声器官很可能是正常的，但是由于听觉器官出现了功能障碍，导致不能说话。因此，当一个人不能说话的时候，不一定是他说话的器官出了问题，而有可能是别的器官出了问题。我们不能把某个机体功能与某个器官结构简单而绝对地一一对应起来，那样就有些机械了，就不是生物学的思维了。因此，新课标没有用"结构决定功能"这一说法，而是用"结构与功能相统一"或"结构与功能相适应"。

"结构与功能相适应"无疑是生物学中结构与功能观的一种正确表述，但如果将结构与功能观等同于这句话，就过于简单化了。这句话不足以表达结构与功能观的丰富内涵，也无需通过许多教学内容来建构。这句话说的是结构与功能的关系，但结构与功能观不仅仅是对结构与功能关系的认识，还包括其他方面的内涵。首先是结构观，其次是功能观，最后才是结构与功能的关系观。

（一）关于结构观：大致包括以下基本认识

1. 生命系统的结构是以物质作为基础的（这说明结构观与物质观相联系）。

2. 生命系统的结构是有层次的，如个体具有器官、组织、细胞等结构层次；生物圈具有生态系统、群落、种群、个体等结构层次。

3. 生命系统中的结构与结构之间是有联系的，如细胞内各种膜结构之间相互联系形成生物膜系统；生产者和各级消费者靠食物联系构成生态系统的营养结构。

4. 生命系统中的结构大多是动态的、活的、变化的，如染色体和染色质是同一物质在不同时期的存在状态，它们在细胞周期的不同阶段不仅有形态的改变，还能在相关结构的协助下在细胞内运动。生命的结构观具有生物学的特点。

（二）关于功能观

首先要认识到功能与性质是不同的概念。生物学讲结构具有功能（即有什么用），功能是作为部分的结构对整体的贡献，这是结构与功能关系的实质。例如，叶绿体的功能，就要看叶绿体对细胞有什么贡献。离开了整体，局部结构的功能就无从谈起。因此，认识某层次结构的功能，不能离开它上一层次的整体。例如，认识细胞器的功能就不能离开细胞；认识器官的功能，就不能离开生物体。

另外，生命体最基本的特征是自我更新和自我复制（即代谢和繁殖），所以对生命体各层次结构的功能，大都应当围绕这两个基本特征去理解。生命系统的维持还依靠三个流：物质流、能量流和信息流。所以对生命系统各层次结构的功能，也可以从这三个维度去分析。这样，结构与功能观就为我们分析生物学现象和问题提供了思想方法上的指导。建立这样的生命观念，对培育学生的辩证思维和辩证唯物主义世界观有不可替代的价值，这鲜明地体现了生物学科课程的育人价值。

二、进化与适应观

生物是怎么来的？生物是怎样进化的？进化的结果是怎样的？对这些问题的基本看法就是进化观。这些基本看法可以概括为以下几点：生物是不断进化的，现在的生物都是进化来的，现存的所有生物之间都有亲缘关系，它们有着共同的祖先；进化的过程大体是从简单到复杂，从低等到高等，从水生到陆生；进化的机制主要解释为现代生物进化理论，包括以自然选择学说为核心的物种形成理论以及协同进化理论；进化的结果表现为分子的进化、物种的进化及生态系统的进化；进化的方向是多元的，进化的结果是不完美的，进化产生的新物种不一定对环境的适应能力更强，而是占领更多的生态位，更加充分地利用地球上的资源和空间等等。

适应的含义包括结构与功能相适应、生物与环境相适应两个方面。适应既有普遍性（生物区别于非生物的特征之一），也有相对性。适应的方式具有多样性。适应就是生物的遗传变异与环境相互作用的结果，也就是自然选择的结果。

在生物教学中，引导学生认同人类不是神创造的，而是大自然演化的产物，同其他生物一样是自然界的一员，而不是凌驾于其他物种之上的主宰；认同每个生物身上都凝聚着数十亿年的进化史，生命来之不易，包括人类的生命在内，都是亿万年生物的遗传基因与环境相互作用的产物，因此应当珍爱生命、敬畏生命；认识到自然界的各种生物和生态系统是协同进化的，它们是作为一个有机整体不断发展的，进而认同人类应当尊重自然、顺应自然、保护自然，与大自然和谐共生；在面对奇妙的生命现象寻求解释时，如"为什么所有的生物都共用一套遗传密码系统""细胞内叶绿体和线粒体是如何起源的"，都可以从进化的视角去分析（体现进化观的方法论价值）。

三、稳态与平衡观

之所以把稳态与平衡观列为生命观念之一，是因为稳态和平衡是从细胞到生物圈所有层次生命系统普遍存在的特性。"所有的生命系统都存在于一定的环境之中，在不断变化的环境条件下，依靠自我调节机制维持其稳态。"它是贯穿新课标"稳态与调节"和"生物与环境"模块的一条主线。

稳态的概念包括以下几个要点。

1.稳态是指什么？稳态是生命系统维持自身相对稳定状态的特性和能力。对于这一点很多教师是有误解的，认为稳态是一种相对稳定的状态。其实不论在生理学还是在生态学中，稳态都是指生命系统或生态系统的一种能力和特性。

2.稳态有什么意义？人教版《生物·必修3·稳态与环境》中写道："稳态是生命系统的特征，也是机体生活的条件。"生命系统稳态的意义就是使系统的组分拥有一个相对稳定适宜的环境，如人体的稳态可使机体细胞拥有稳定、有序、适宜的环境。如果人体内环境的温度、pH、渗透压等过高或过低，或者病原体在体内大量繁殖，都会危及细胞的生命活动。

3.稳态如何实现？稳态通过自我调节实现（自稳）。在不同类型的生物、不同层次的生命系统中，调节机制多种多样。例如，人体的稳态通过神经调节、激素调节和免疫调节来实现；生态系统的稳态通过种群数量的调节来实现。

4.稳态作为生命系统的显著特征，说明生命系统的内部状态不会被动地随环境的变化而同样程度地改变，这体现了生命的自主性。

生命系统内部存在着各种因素和过程的平衡，这种平衡是动态的。例如，同化作用和异化作用的平衡、营养平衡（血糖平衡、水盐平衡等）、生态平衡（生产者和消费者数量的平衡等）。生物体内部各种过程的平衡受信息的调控（遗传信息、激素、神经冲动、细胞因子等），生态平衡也离不开生态系统内部信息的调控。这又与生命的信息观相联系。

在理解稳态和平衡概念的基础上，学生可通过进一步抽象概括、提炼升华，使之内化为看待事物和分析问题的视角、思路甚至是态度倾向，形成稳态与平衡观。例如，认识到人体的稳态"让所有细胞共享，靠所有细胞共建"，就会认同共建共享的理念，甚至可以将其迁移至分析人类社会的发展，认同和谐稳定的重要意义，认同人类命运共同体的理念。认识到生命系统的自我调节能力是有限的，就会转化为作相关决策时把握分寸、尊重客观规律的意识。

生命系统的稳态与平衡是相互联系的。二者都通过系统的自我调节来实现，而且是互为条件、互为因果的关系。这或许是新课标将二者并列为一条生命观念的原因。

四、物质与能量观

关于生命的物质观，首先是认同生命的物质性。生命本身没有什么神秘的非物质的力量来支配。前文所述的一切生命特征，都有其物质基础。生命本质上是物质的，这是辩证唯物主义自然观的基础。

如何理解物质性？从元素层面看，没有特殊的生命元素，组成生命体的元素自然界中都有，它们都来自无机自然界。但是，组成生命体的物质又有特殊性，生命体有选择地从外界吸收有用的物质，且生物大分子（如蛋白质、核酸、多糖）是生命体独有的。因此，生命体在物质上跟无机自然界既有联系，又有其独特性。例如，DNA、蛋白质和多糖等都是生物体内才有的有机物，这些有机物的分工很明确。DNA是指挥者，蛋白质是执行者，这个过程需要糖类氧化分解提供能量。

生命的物质性，还体现在物质的运动变化是一切生命活动的基础。生命体内部的物质并不是随机堆放在细胞中就能完成生命活动的，而是有序地组织起来形成结构。结构是物质的有序组织形式，这就是物质观和结构观的联系。生命体的各种结构都有其独特的物质基础，这也是物质观的内容。

生命的能量观需要建立在以下重要概念的基础上。

1.生命过程需要能量驱动，生命系统都是耗散结构，需要引入能量来维持有序性。

2.生命系统的各个层次都有能量的流动和转换。

3.能量以物质为载体。细胞内的化学反应有放能反应和吸能反应，二者总是偶联的（通过 ATP 的合成和分解）。

4.光能是几乎所有生命系统中能量来源的最终源头，但是对大多数生命体来说，光能并不能直接利用，而是要通过化学反应转化为化学能才能被利用（即使在绿色植物体内，也有许多细胞不能进行光合作用）。

5.生命系统的能量流动同样遵循能量守恒定律。这些概念经过进一步提炼，就可以升华为生命的能量观。

生命的物质和能量观与生命的系统观、生态观有内在联系。生命系统是开放系统，时刻进行着物质和能量的输入输出。生物之间相互依存、相互竞争，乃至捕食与被捕食，主要也是为了获得生存、繁殖所需要的物质和能量。换言之，生物之间的关系大抵都是围绕获取生存所需要的物质和能量来建立的。

归根结底，上升到生命的物质和能量观层面，学生应该认识到生命体是物质的特殊存在形式，它的存在和发展都需要能量来驱动，而能量的传递和利用又需要以物质为载体。除此之外，没有什么神秘的、不可知的力量支配生命，这对于树立辩证唯物主义世界观是十分重要的。有了这样的生命观念，面对神秘主义的歪理邪说，自然就不会盲目信从了。

综上所述，结构与功能观、进化与适应观、稳态与平衡观、物质与能量观它们是相互联系的，都是重要的生命观念，高中生物核心素养的培养是一个缓慢而渐进的过程，这期间需要生物教师的不懈努力，在深刻认识和理解生命观念的基础上，才能结合学生的实际情况，利用教学情景、自主学习、合作探究、生活实践等方面举措，提升学生生物核心素养。

参考文献：

［1］杨铭，刘恩山.生物学核心素养视角下的科学探究［J］.生物学通报，2017（9）.

［2］中华人民共和国教育部.普通高中生物学课程标准（2017年版）［S］.北京：人民教育出版社，2017.

浅谈在高中生物教学中如何培养学生主动学习

李百昌

摘要： "3+小综合"高考的理综测试以能力测试为主导，重点考查学生运用多学科知识分析和解决实际问题的能力，以利于对学生创新意识和实践能力的培养。学习的目标与高考理综测试的目标是一致的，最终都是为了实现人的全面发展，素质教育是它们的共同落脚点。主动学习从方式上为素质教育的实施提供了支持，也为"3+小综合"高考中的理综测试奠定了基础，并为高考"理综"测试目标的导向性提供了验证。作为理综合科目之一的生物科目理所当然与主动学习有着密切的关系。

关键词： 主动学习；生物科；生物课堂

一、生物科为学生主动学习提供大背景

生物学以其固有的学科特色而成为学生主动学习的良好载体，为学生主动学习提供了依托，在我们的生活周围，在我们的生产实践过程中，处处存在着与生物相关的问题，而且 21 世纪是生物的世纪，生物技术对于解决人类面临的粮食、能源、环境、健康等重大问题，有很大的潜力，将发挥关键性作用，关注"生物"就等于关注人类自身。所以，教师可以动员学生主动参与到学习中来，通过开设讲座、学术报告等方式为学生提供一些科学前沿信息和相关的社会热点信息（如：现代生物技术的核心——基因工程，我国的 863 计划，人类基因组计划等），引导学生关注"生物"，关注社会、经济、科技发展；可以将高二生物知识改造成研究课题供学生选择、参考，如"模

拟酸雨对种子萌发的影响""植物的生长需要矿质元素""生活饮水状况调查""城市粉尘污染程度与植被优劣的关系"……在实施过程中,学生普遍对生物课题表现出极大的兴趣,有的学生根据"克隆"信息提出了"对'克隆人'的看法""'克隆'不等于'复制'""克隆技术在保护珍稀动物资源领域的应用""指纹鉴定及其应用"等课题;有的根据水资源紧缺的现状设计了"家庭合理化的用水方案";有的根据稻草成本居高不下的市场信息开展"蘑菇稻草培养基的改进与替代材料研究"……其内容、思想、方法、成果已成为现代文化的重要组成部分,在形成人的综合素质中发挥举足轻重的作用。可见,生物科目在主动学习中具有得天独厚的优势,生物科目为学生主动学习提供了大背景,使学生产生了兴趣,主动参加到学习中来。

二、主动学习走进高中生物课堂

主动学习的实施需要依托相应的课堂载体。因为主动学习内容呈开放性、多样性、综合性特点,教师在日常的教学中结合教学内容,注重引导学生通过主动探究,解决一些开放性的问题,在一定程度上体现了学生在学习中的主动性、开放性、实践性、创造性的特点,对于提高学科课堂教学水平和促进学生的发展都具有积极的意义。

(一)主动学习在生物理论教学中的体现

由于我们大部分学校现行都是传统式教学,所以学科教学中可以有针对性地引入研究性学习的理念、方法、手段。从国内外开设主动学习的实践来看,主动学习是针对传统的接受式学习弊端的一种改革,是新的教育观念在教学领域的体现。如果我们能够根据学生发展需要和许可的教学条件,以实验来组织教学或借助现代教学手段模拟再现知识的发生过程或让学生自己去完成科学探究,使学生在直接体验中获得对事物整体结构、功能、作用的认识,对事物变化发展过程的创造性分析、理解、把握,这就可以弥补传统课堂机械传授式教学的不足。例如:"观察植物细胞的质壁分离及复原"的实验安排在植物对水分的吸收这节课中来进行,采用边实验边授课,边观察边总结的方法,学生有了感性认识,再经教师稍加指点,感性认识很容易就上升为理性认识;再有,我们可以通过多媒体计算机的辅助模拟科学家发现真理的历程(如生长素的发现,酶的发现,光合作用的发现,孟德尔遗传规律的建立等),让学生沿着前人探求科学的足迹,一步一步地接近知识,在探索中追求和获得"新知";还有,在讲授"遗传和变异"知识之前,我们可以让学生进行一些调查(如:调查家庭成员的遗传特征——身高、单双眼皮、血型……,为什么近亲不能结婚? ……);在"生物与环境"这一章,有的学生通过实验得出阳光、温度、水等生态因素对生物的影响,有的学生通过阅读、查找资料得出生物适应的特征及适应的普遍性,有的学生通过自制生态球认识了生态系统的成分、功能，有的学生在调查研究的基础上得出了保持生态平衡的意义和措施；尽管不同的学生的研究课题不同，或同一课题的研究角度不同，有的学生的研究成果也不一定正确，只要言之有理，持之有据，说理自圆即可，但在讨论总结过程中，教师要创设良好的交流氛围，让学生畅所欲言，互相交流研究结果，互相质疑，教师在其中则起指导、点拨、评价的作用。这样的教学更符合学生的心理特点，更符合学生的认识规律，更能激发学生的求知欲，更能培养学生的创新精神和实践能力。所以主动学习的生物课堂教学不再是一个教师主导下知识的单向转移过程，而是一个师生互动、共同探索新知的发展过程。

（二）主动学习在生物实验教学中的体现

生物学是一门实验性很强的自然科学。自然科学的概念、原理和规律大多是由实验推导出来的。"3+ 小综合"高考更加注重对学生实验能力的考查，除要求学生具备独立完成实验的能力，还要求学生能根据要求灵活运用已学过的自然科学理论、实验方法和仪器，设计简单的实验方案，描述实验现象和得出实验结论并处理相关的、扩展的实验问题。如：高考理综测试卷的第21题（验证"镁是植物生活的必需元素"）对高一年级参加"植物无土栽培"研究课题的同学来说，那是易如反掌。所以每位生物教师都要努力创造条件让学生多做实验，而且要改演示实验为学生实验、改验证性实验为探索性实验，努力为学生提供动手动脑的机会，培养学生的动手能力、科技创新能力以及探索科学知识的方法技巧。在高三生物复习阶段，我们不能停留于简单重复高二的实验内容，要以研究性学习的方式组织实验复习，要对某些验证性实验内容进行延伸、改造或把某些知识、原理的形成设计成探究式、开放式实验，提高学生实验能力、知识的迁移能力和学以致用的能力，要引导学生积极探究实验失败的原因，鼓励学生大胆改进和创新实验。

值得一提的是，主动学习重视全员参与，强调学生的主体作用和个性发展，同样，我们在课堂教学过程中也要关注每一位学生，要特别强调因材施教，珍惜主动学习对学生成长的发展价值。主动学习改善和优化学生的素质结构，实现了素质教育的实践策略，符合教育教学和生物科学的发展规律，生物科教学引入研究性学习是进一步推进素质教育之必然，也是符合国际教育改革的趋势，是培养专业型、研究型、复合型、应用型人才的必经之路。

探究如何在信息技术教学中
培养学生的家国情怀

李 悦

摘要： 信息技术的快速发展，加快了全球范围内的知识更新和技术创新，催生出现实空间与虚拟空间并存的信息社会，并逐步构建出智慧社会。高中生利用信息技术沟通、共享、合作与协商的能力，以适应社会的发展显得格外重要。本文作者就如何在信息技术学科教学中培养高中生厚植家国情怀，引导并激励高中学生弘扬中华优秀传统文化，培育和践行社会主义核心价值观做了实践研究。

关键词： 学科素养；家国情怀；信息技术教学

习总书记 2018 年 9 月 13 日在全国教育大会上指出："培养德智体美劳全面发展的社会主义建设者与接班人，要在理想信念上下功夫，要在厚植爱国主义情怀上下功夫，要在加强品德修养上下功夫，引导学生培育和践行社会主义核心价值观。"如何在学科教学中培养高中生厚植家国情怀，引导并激励高中学生弘扬中华优秀传统文化，培育和践行社会主义核心价值观，是所有教育者不懈的追求。

青年兴则国家兴，青年强则国家强。中国的发展已经进入了新时代，作为社会主义的建设者和接班人，必须加强高中生的家国情怀教育。《孟子》有言："天下之本在国，国之本在家，家之本在身。"这句话用《大学》来表达就是一个人要有"正心、修身、齐家、治国、平天下"的美好夙愿与人生追求。在中国古代"家国情怀"指的是大丈夫以正心诚意、修身齐家为基础，以治国平天下为追求，主动将家庭情感与爱国情操合二为一，从尊老爱幼、安家立业的义务走向济世救民、匡扶天下的人生追求。而当代的"家国情怀"《人民日报》曾给出良好的解释："家国情怀"是指一个人对自己国家和人民的深沉而稳定的大爱，是对人民幸福、国家富强的美好追求与期许。它是一种深层次的文化心理，是对祖国高度的认同感、归属感、责任感和使命感。

一、在高中信息技术教学中厚植"家国情怀"的意义

在新课程改革的大背景下，《普通高中信息技术课程标准》将高中阶段的信息技术课程设定为"进一步提升学生综合素质，着力发展学生核心素养，使学生成为具有理想信念和社会责任感，具有科学文化素养和终身学习能力，具有自主发展能力和沟通合作能力，有理想、有本领、有担当的时代新人"。高中阶段正是学生价值观的重要形成时期，受诸多不良因素的影响，学生的价值观存在着不稳定性，因此，重视学生家国情怀的培育，有针对性地培养学生热爱家乡、热爱祖国的高尚情怀，引导学生形成正确的价值观，不仅符合"立德树人"的根本要求，也是信息技术教育功能的具体体现，对促进学生的全面发展有着重要的现实意义。

二、在高中信息技术教学中厚植"家国情怀"的实施策略

信息技术的快速发展，加快了全球范围内的知识更新和技术创新，催生出现实空间与虚拟空间并存的信息社会，并逐步构建出智慧社会。高中生利用信息技术沟通、共享、合作与协商的能力，以适应社会的发展显得格外重要。高中信息技术课正是为学生搭建了学习和运用信息技术的平台，为学生走向社会具有良好的信息社会责任意识做好充分的准备。因此，在信息技术课堂教学中应注重家国情怀教育势在必行。本文以信息技术必修教材为依托，阐述了本人在教育实践活动中如何对学生进行家国情怀教育。

（一）设定"家国情怀"的教学目标

教学目标是教学的出发点和归宿。必修2《信息系统安全与防护》这节课主要内容从数据安全与加密、身份证与安全、病毒与防治、漏洞与防护等四个方面进行讲述，学习这些知识的主要目标是为了能让学生养成规范信息操作的习惯，提升信息安全意识，能够主动保护自身数据的安全和尊重他人的数据安全，这才是教学的主要目标。教学活动围绕教学目标设计，帮助学生树立信息安全意识和自我保护意识，自觉规范个人网络行为，本着对自己对他人负责的态度使用网络。在了解威胁信息安全的因素的同时，学会辨别信息的真伪、病毒防范和信息安全保护的方法。自觉抵制网络中不良言论，自觉维护网络安全，营造和谐安全的网络交流空间。维护国家统一，树立民族自豪感，进而将家国情怀教育在潜移默化的教育中形成并根植内化于心。

（二）建构"家国情怀"的教学情境

依据教学内容创设富有创意的教学情境，将学生置身于真实的信息场景中，有利于激发学生的学习兴趣和热情，实现厚植家国情怀。教材中《人工智能的应用》一课，主要介绍人工智能在各个领域的应用，按照"领域人工智能""跨领域人工智能""混合增强智能"进行分类，旨在树立当今人工智能的应用情况。让学生在学习中逐渐认识到，人工智能在信息社会中扮演着越来越重要的作用，它的应用正在逐步成为信息社会的重要组成部分。本节课伊始，我通过播放《厉害了，我的国》电影片段，让学生感受到党的十八大以来国家整体发展的巨大变化，"中国的桥、中国的路、中国的高铁、中国的制造"等全方位呈现中国精神、中国力量。很多学生心中不难产生"厉害了，我的国"的感叹，感叹国家科技的进步，激发了学生对人工智能技术的好奇心、学习热情，从而引发学生自主探究和寻求探索人工智能知识的欲望，掌握人工智能在信息时代的内容、实质，了解其不可替代的地位。提升了学生学习能力，培养了学科素养，同时厚植了家国情怀。

（三）开展"家国情怀"的教学活动

"教育的最终目的，是要实现教育对象的全面发展，而教育对象的发展归根结底要靠他的自我作用，靠也在对象化活动中形成内在的本质。"教学活动根据教学目标，统筹规划，精心设计，使课堂活动具有实效性，从而达到课堂教学的目的。程序中的算法不等同于数学中的解题方法，它是分析问题、解决问题、得出结论的过程。算法初步课程旨在培养学生从系统的角度描述和解决问题。学生对传统的算法教学兴趣不大的原因是呈现的问题太过抽象，导致学生感受不到所学知识的意义。同时，问题与现实脱节也阻碍了学生计算思维的养成。因此，课程的导入引用生活实例，通过真实情境，能让学生增加对学习的意义感的同时，促进学生发展计算思维。

在讲《简单算法及其程序实现》一课时，我设计了古今数学与算法紧密联系教学活动，既可以增加学生对古算筹的了解与认知，又增加了学生运用信息技术跨学科学习的乐趣及教化功能。

问题一：我国古算书《孙子算经》中著名的数学问题，其内容是："今有雉（鸡）兔同笼，上有三十五头，下有九十四足。问雉兔各几何。"

问题二：我国古代数学家张丘建在《算经》一书中提出的数学问题：今有鸡翁一，值钱五；鸡母一，值钱三；鸡雏三，值钱一。凡百钱买鸡百只，问鸡翁母雏各几何。

问题三：从1—30这30个数字中选取两个数字，使得它们的和大于30，共有多少种取法？以上问题可以用算法解决吗？

问题一利用古文，激发学生学习兴趣，依据老师提供代码，得出枚举算法的结论，引发学生对枚举算法学习的渴望。学生通过小组讨论，尝试修改已有算法，观察修改前后枚举的效率，让学生体会到优化算法易处。通过第二个问题的提出，学生利用枚举对象的关系，选择或减少枚举对象，以提高枚举效率。也有同学想到了缩小枚举范围，提高枚举效率。经典的算法在学生们的不断发现问题、解决问题中产生。既培养了学生们的发现问题、分析问题、解决问题能力，同时也让学生经历将实际问题形式化的过程，深入理解算法的特征，并能有意识、负责任地应用算法解决实际问题。在圆满完成学习任务的同时，让学生们深深地感受到中国古代数学思想是源于中国古人的社会生产实验，其内容蕴含着深厚而丰富的中国传统社会文化思想，是中国古人的思想结晶。

（四）开展"家国情怀"的教学评价

课堂评价是课堂教学的重要组成部分，是促进学生主动学习的有效手段。能保持他们的学习热情，激发他们学习的积极性并获得成就感、愉悦感。利用课堂中的评价环节，也可以对学生进行家国情怀教育。在核心素养立意的时代，"培养什么人，怎样培养人"，其根蒂在于落实立德树人、社会主义核心价值观和党的教育方针。在高中信息技术学业水平考试试题中，这方面均有体现。试卷中将家国情怀内容有机地蕴含在高中信息技术的学科核心素养中，有利于培养学生学会观察、学会关注社会信息并运用技术来解决相应的问题。在结束《人工智能的应用》一课前，各小组将本组在网络中查找的人工智能资料进行交流、反思并总结成电子作品。进行分组展示是探究、学习后的一个重要环节，也是提高学生信息技术核心素养的重要途径，教师对此环节要高度重视。尤其在制作作品时，教师一定要设计制作规则，提出作品的来源标注、整体结构性、语言描述的准确性和所述内容的科学性等，强化遵守信息安全守则。在作品展示环节具有很强的激励作用，它会促进学生对自己、对社会未来的思考。有些同学立志要认真学习人工智能知识，未来从事人工智能工作，并且展望自己要用人工智能技术改变我们哪些生活。学生展示后，我根据学生的作品情况，选择恰当的切入点对其技术问题做出分析，对其制作的主题、内容做了点评。强化突出学生的主体作用，肯定了学生有远大的抱负，鼓励学生应为祖国明天的发展时刻准备着，感恩我们生活在"大风泱泱，大潮滂滂。洪水图腾蛟龙，烈火涅槃凤凰。文明圣火，千古未绝者，唯我无双；和天地并存，与日月同光"的国度，立志为早日实现中国梦而贡献自己的力量，使教学从课内延伸至课外。

总之，面对经济、科技的迅猛发展和社会生活的深刻变化，面对新时代社会对提高全体国民素质和人才培养质量的新要求，在信息技术教学中，我们要始终以学生发展核心素养、培养学生家国情怀为宗旨，既有助于学生树立正确的历史观、民族观、国家观、文化观，又有助于对学生核心素养、创新精神、实践能力的培养，更有助于立德树人根本任务的落实。

参考文献:

［1］杨清虎.“家国情怀”的内涵与现代价值［J］.兵团党校学报,2016(3).

［2］山淼.传统文化在中国法治中的渗透［J］.山东青年,2017(2).

［3］徐文秀.领导干部应多一些“家国情怀”［J］.今日浙江,2012(3).

［4］刘丽.大学生家国情怀教育的路径探析［J］.福建省社会主义学院学报,2017(3).

［5］习近平.在全国教育大会上发表重要讲话［N］.人民日报,2018-09-12.

［6］杨晓哲,任友群.普通高中信息技术课程标准(2017年版)教师指导［M］.上海:上海教育出版社,2021.

［7］中华人民共和国教育部.普通高中信息技术课程标准(2017年版)［S］.北京:人民教育出版社,2017.

高中体育特长生训练与立德树人

郭 刚

摘要："立德树人"是每位教师都应该实施的教育工作，而在体育教学中，这一方面的教育却明显有所缺失。在新时期下，体育教学受到广泛关注，而学校教育也愈发重视体育教学中"立德树人"这一教学任务的实施。要做到这一点，主要需要从师生关系、日常训练以及榜样引领等方面入手，让德育教育逐渐渗透到日常体育教学中。

关键词：高中体育；德育教育；立德树人

新时代的我们都说"立德树人"，然而我们在高中体育特长生实际训练中，部分教师往往只注重体育训练成绩的提高，忽视了体育的立德树人，导致了许多高中生只是体育分数如何，品德方面有很大欠缺。所以，为了让学生德智体全面发展，教师应将"立德树人"引入到高中生的体育训练中，让学生在提高体育成绩的过程中品德方面也得到提升。高中学校课余训练作为学校体育的一部分，承担着学校体育发展的重任。高中体育特长生作为课余训练的主要群体，他们的思想行为直接影响着课余训练的效果，同时也影响着学校体育的发展。

高中体育特长生在训练和学习的双重压力下，表现出的勇于拼搏、积极向上的精神是值得我们学习的。但是我们不可否认，他们思想行为上还是存在诸多问题的。

一、主要问题表现在：作风懒散、交友标准模糊、文化与道德学习缺失、丧失诚信

1.个别体育特长生作风懒散、纪律涣散

现在的高中体育特长生在家中可谓是"衣来伸手，饭来张口"，在他们的意识中对吃苦的认识十分狭隘。加上由于自身的运动天赋和较好的身体素质加入特长生这一

行列，对训练动机又模糊不清。久而久之对训练便产生了厌恶感，精神上难免会松懈，这就导致行为上会出现作风懒散、纪律涣散的现象。我们可以从日常训练和学习中进行说明，因为教练不可能一对一进行辅导，日常训练中不乏一些特长生，在教练布置完任务后，寻找各种机会偷懒。比如：练长跑时，少跑几圈；练力量时，减轻重量。更有情节严重的特长生直接找个隐蔽的地方休息，等其他特长生训练完毕再出来。如此懒散的作风，应该引起我们的注意。学习中，懒散的习惯，纪律的涣散表现得尤为突出。最多的就是常常以训练为由，不按时、按量完成文化课任务。因为训练导致大多数高中特长生坐不住，上课不顾课堂纪律，与其他同学嬉戏、打闹。在没有训练、比赛任务时，找借口请假、逃课。还有些高中特长生不顾学校纪律，在校园内吸烟、打架，这类思想行为问题屡见不鲜。

2.个别体育特长生交友标准模糊，缺乏辨别良友的标准

我们不难发现，高中体育特长生这一群体常常带有江湖义气，为朋友可以两肋插刀。因为经常外出比赛，父母不在身边，高中体育特长生比普通学生更早地学会了自立，心理也比普通学生成熟，他们与朋友交往的方式也越来越成人化。成人之间的礼尚往来、吃吃喝喝在他们看来是交朋友的必需步骤。如果没做这些，那些损友便会冷嘲热讽。当然，高中体育特长生不会觉得自己交友不慎，只会觉得自己很没面子，自己没讲朋友情。他们便会想尽办法去挽回面子、挽回朋友情。如果有钱，问题能够解决，如果没钱，伴随而来的可能就是偷、盗、抢。一个充满活力、充满希望的高中体育特长生的人生轨迹可能因为这些发生变化。

3.部分学生文化与道德学习缺失

好的运动成绩是靠汗水和时间积累起来的。在高中这一学习任务繁重的时期，高中体育特长生为了达到升学要求或者理想的运动成绩，必定要牺牲学习的时间。有些体育特长生基本不上晚自习。在临近比赛的时候，基本是半天上课，半天专项训练。运动训练的时间是积累起来了，然而，学习时间就比普通学生少了很多。即便体育生本身渴望拉近与普通学生的学习时间，在课余时间自觉学习，这时又会产生一个问题，自身的精力跟不上了。在长期高强度的训练下，精力消耗巨大，身体出现了疲劳，如何还能集中精力去学习。正可谓是"能学的时候没时间学，想学的时候没精力学"。这样看来，高中体育特长生相比于普通学生，文化与道德学习的缺失是必然的结果。

4.丧失诚信，弄虚作假

在省、市比赛中，高中体育特长生一般分为不同年龄段、高低级别进行比赛。有的学校为了在比赛中获得好成绩，提高学校的知名度，不惜把诚信抛于脑后，通过各种渠道对审查组进行贿赂，使参赛资格异化，高级别的运动员参加低级别的比赛。有的学校为了万无一失就会想到用钱请"枪手"，这些"枪手"包括职业运动员或者专

业体校的运动人才。在省、市比赛中你会发现这样一个现象，同一个运动员有可能代表几个学校参加不同的项目，为的就是夺金。这对那些想用成绩来证明自己的普通高中体育生来说是绝对不公平的，也许他们的运动成绩在同等水平当中已经是佼佼者了，然而，这类丧失诚信、弄虚作假的行为会让他们很困惑，明明自己很努力了，为什么会得不到自己想要的名次。无形中给体育事业的发展造成了阻碍。

由于竞技体育职业化和商业化的影响，学校的课余训练也不同程度地受到本位主义和拜金主义等利益驱动的影响，一些教练员不顾学生的身体健康和国家规定，让高中体育特长生服用违禁药品，这不仅影响了学校课余训练的纯洁性，更对这些正处于发育期的高中体育特长生的身体造成了严重的伤害。

二、解决方法与措施

1.建立民主平等、尊重信任、理解合作的师生关系

传统体育教学强调军事操练和传统武术训练的命令式教学组织形式，导致教练员在训练过程中高高在上，盛气凌人。因此造成的师生关系是一种传统的"官兵式"关系。这种"官兵式"的师生关系无法体现以学生发展为本的教育理念，必然导致学生始终处于一种被动的学习地位。所以，在对高中体育特长生进行思想行为教育的过程中，民主和平等的师生关系是扎实的基础。只有打下这样的基础，才能调动高中体育特长生的主动性、积极性，才能更好地去学习正确的思想行为，用恰当的方法去解决自身的思想行为问题。

在高中体育特长生日常的训练中，教练员经常会对特长生进行身体上的处罚，在教练员心中这可能是"爱"，因为严师才能出高徒，这些处罚是为了让他们更好地出成绩，但是这种"爱"是不正常的，是不尊重高中体育特长生的表现，这与尊重高中体育特长生的独立人格是背道而驰的。更有教练员在高中体育特长生处于成绩低谷的时候，进行语言上的讽刺："你练什么体育，完全不适合你，回家好吧。"这类极其刺耳的话语屡见不鲜，这完全就是不信任的表现，这样的不信任会让他们情绪越来越低落，最后无法正常地发挥自己的运动水平。所以，尊重和信任是思想行为教育的催化剂。教练员给予高中体育特长生足够的尊重和信任，他们的思想行为就不会产生太多的偏差。那么，在今后的思想行为教育道路上遇到的阻碍就不会那么多了。

2.设立体育生特长班，对高中体育特长生进行集中管理

学校能否为这一特殊群体设立体育特长生班，将这些体育特长生集中起来，对他们进行集中管理，让这一群体成为一个集体，是解决这些特长生思想行为现状的重要措施。当建立了体育特长生班级后，教师不仅要立足于常规管理，还要有所创新，实

施以人为本、和谐发展的班级管理理念。联合国教科文组织的一份报告指出："应该把培养人的自我生存能力，促进人的个性全面和谐发展，作为当代教育的基本宗旨。"在管理高中体育特长生这样的班级时，应当努力让学生获得知、情、意、行诸多方面的协调发展，使每个学生的潜能得以充分发挥，特长得以充分展现，健康个性得以全面和谐发展。

3.结合高中体育特长生的特点，加强体育特长生的文化思想道德学习

因为高中体育特长生的这些特点，一般的思想行为教育形式和方法显然是行不通的。我们必须切实抓好体育特长生的思想行为教育，坚决防止和纠正只重视运动技术训练，放松思想行为教育和文化学习的倾向。教育高中体育特长生树立远大理想，帮助他们将远大理想和现实生活综合在一起，激发他们对自己专项的兴趣和热爱，要使他们既肩负着攀登运动技术水平高峰的任务，为学校、国家争光，又可以通过课余训练这一过程使自己人生得到丰富，获得全面的发展，人生的价值得到更好的体现。

4.教师真正做到"为人师表"

高中体育特长生的思想大多比较偏激，对看不惯的事情也敢于大胆指出，对教师的言行举止的关注度也比较高，如果教师本身不能做到"为人师表"，那么在对高中体育特长生进行思想行为教育时，他们可能会反问教师："你自己都没有做好，凭什么来管我。"所以教师必须为人师表，以身作则，这样才能有榜样的作用，才能更好地对高中体育特长生进行思想行为教育。教师崇高的道德情操是一种巨大的影响力量，会在某些学生身上留下永远的痕迹。正如苏霍姆林斯基说的："能够迫使每一个学生去检点自己，思考自己的行为和管住自己的那种力量，首先就是教育者的人格，他的思想信念，他的精神生活的丰富性，他的道德面貌的完美性。"教师要时时像一团火，给学生以温暖，要像磁铁一样，把学生紧紧吸引在自己的周围，使学生有心里话愿意找老师谈，有了困难和烦恼愿意找老师倾诉。教师对学生热情亲切不仅是对学生进行教育的前提，而且对学生有着潜移默化的影响，对学生成为善良、热情、富有同情心的青年一代，起着重要积极的促进作用。

十年树木，百年树人。在立德树人的道路上学生和教师都有很长的路需要走，首先我们要看清楚存在的问题，找到解决的方法，一步一个脚印走下去。高中体育特长生这个群体的文化与道德学习会越来越好。

参考文献：

［1］袁著水.立德树人 培养高中生体育核心素养［J］.华夏教师，2019（8）.

［2］张守亮.高中体育教学实施立德树人六大途径［J］.大连教育学院学报，

2018（4）.

［3］尤田苗.基于"立德树人"的高中体育与健康教材的育人价值分析［J］.当代体育科技，2018（28）.

［4］马建龙，丁广辉.高中体育特长生选拔与培养之我见［J］.田径，2013（3）.

新时期高中体育融入"立德树人"的探究

摘要: 高中生的体质下降问题和心理健康问题影响着我国未来的发展,这已经是不争的事实。在教学实践中,大部分的高中体育课都没有实现教学内容中融入"立德树人"的内容,有些学校甚至连体育教学都不是非常重视,新时期学生的身心健康是立足于服务社会、学科、学生发展的根本需求,而大部分高中都存在重文化、轻体育的教学偏重,而高中生正处于青春叛逆期,需要适当的身心锻炼帮助他们养成积极向上的心理状态,调节紧张的高中生活。本文从"立德树人"的角度出发,结合高中体育课程的特殊性,探究如何构建以培养学生身心健康为主要目标的高中体育课程的教学内容与模式的创新。

关键词: 高中体育;立德树人;探究

在传统的高中体育教学中,教师一般是进行理论知识的讲解和动作示范,再进行学生模仿练习,教师纠正改错,忽视了在课堂上对学生心理健康和体育运动情操的培养,这种传统的体育教学模式已经深入我国现代教学的骨髓,也将为"立德树人"和高中体育教学的有机结合增加了一定的难度。学生身心健康的保障主要来源于健康的生活方式、科学的体育运动、完善的医疗服务、和谐的生活环境,而学校体育是满足学生身心健康需求的主要方式,对高中生的身心健康发展起到了至关重要的基础性作用。

关于怎样将高中体育课程内容融入"立德树人",展现学生爱国奉献、勇于拼搏、坚韧顽强、有责任有担当的育人元素融入进高中体育课程中,引导高中生以积极自信的态度面对高中生活,是高中体育教师应具备的素养,也是我们亟待解决的问题。高中体育教师想要帮助学生养成坚强的意志品质,首先要做的就是将自己作为学生的榜样,这样才能更好地带动学生的发展。本文将从下面几个方面探究在新时期,如何将高中体育课程与立德树人有机融合，培养德智体美劳全面发展的社会主义接班人。

一、加强体育教师的师风师德建设

师德是教师职业道德的灵魂，是教育艺术的基础和前提，立德树人，德是根本，教师在教书育人的过程中，如不能以身作则，对正处于青春期的高中生而言，是一种可怕的存在，所谓"学高为师，身正为范"，体育教师要时时做好表率，应肩负起"四个服务"的时代使命，做学生的良师益友，弘扬家国情怀，在学生面前树立积极向上的形象，强化责任与担当，在教学过程中注意语言的规范性、教学态度的严谨性，倡导"严谨、求实、启智、育人"的教风，做"四有"教师，加强自身的专业素养，潜心教书育人，关注和关心学生的身心健康，丰富课堂内容，做好学生的引路者。

二、注重教学的时效性

通过研究教学内容，探索教育规律，发掘高中体育课程所蕴含的哲学思想。在课堂教学中，应以改革精神探索提高教学效率的科学方法，激发学生自觉参与体育运动的意识，最大限度地提高教学效益。把提高教学时效性当作首要任务，把课前精备、课上精讲、课后精练作为减轻学生负担，提高学校体育教学质量，特别是在心理健康和社会适应两个方面，应使情感、意志、合作、交往等方面的学习目标成为可以观测的行为表征，促使学生在掌握专项运动知识和技能以及健康知识与方法的同时，形成良好的心理品质和社会行为。

体育教学中有很多比赛性质的竞技项目，比如接力跑、长跑、跳绳等。高中体育教师可以将一些竞技项目以比赛的形式融入体育教学，将学生分为几个组，让每组之间进行比赛。当学生有了好胜心和集体荣誉感的时候，可以有效地激发学生的坚持性，不会那么轻易就放弃。

教师可以通过课堂活动中对学生情感、态度和行为表现的观察，判断教学活动的成效，从而有效地保证体育课程目标的实现，在课堂教学中，高中体育教师要明确意志品格的意义和原则，由被动变为主动，学习勇于直面困难而不是逃避困难。现在的高中生大多数都不具备吃苦和忍耐的精神，同样的，这也是我国社会中最缺少的品质，所以，就需要高中体育教师通过体育教学来加以促进和实现，以提高高中生的身心健康为主要教学目标。

三、"立德树人"与体育教学有机结合

通过对高中各学科的考查对比，发现体育课在结合"立德树人"学习中具有其独特的显性，体育除具有增强体质、防病治病及调节人的心理等功能外，在思想教育方面，它还有其他学科无法比拟的独特作用。对高中体育课程蕴含的思政元素进行挖掘，将立德树人深植于课堂，在体育教学领域中有很多内容可以用来帮助培养意志品格，这是高中体育教师明确的立德树人培养的教学目标和意义所在。

在立德树人的过程中，一方面可以通过体育教学来提高高中生的身体素质，让他们拥有一副健康的身体；另外一方面，就是可以将学生心理素质锻炼出来，让他们具备面对困难的勇气和决心，并且能在平时的学习以及生活中加以运用。积极向上的意志品质可以决定一个人的发展走向，甚至可以决定一个人是否成功。高中生尽管已经脱离初中时期的青涩和叛逆，但他们仍然不具备一个较为完善的认知以及自制能力，因此在学习和成长的过程中还是需要体育教师的引导和组织，将育人育才有机统一。

高中体育课原本就和文化课不同，文化课需要用大脑思考，而体育课除了活跃大脑之外，还需要的就是高中生的身体锻炼，很多时候高中生上体育课的时候会觉得疲惫或者辛苦，加上有时候体育课也会显得枯燥无味，而这个时候，恰恰就是培养学生品德的时候。对于现在的高中生来说，在高中阶段的学习和成长的意义对于他们来说都是巨大的，高中生将会在这个阶段实现身体素质养成，学习习惯养成以及具备正确的"三观"和社会主义核心价值观的学习。

体育是一种国际语言，人们甚至不需要翻译、不需要解释，就可以自由交流，体育精神是指一种追求公平竞争，对于队友和对手谦和有礼，遵守道德，待人真诚，无论输赢始终保持积极的态度。高中生原本课业压力就大，很多时候繁重的学习会把他们压得喘不过气，甚至还有些人会在这个重要的阶段失去学习的信心。而体育教学中融入立德树人的教学，培养学生高尚的品德就是为了帮助学生改善这一难题。正因为如此，高尚的道德情操也就成了当今社会最基本的要求。这对于高中体育教师来说，就需要从一开始就对高中生的意志品格的培养加以重视和关注，将立德树人和体育教学有效地结合起来，由此进行一个长期的教学，为学生今后的生活和成长奠定良好的基础。

参考文献：

[1]程传银,周生旺,赵富学.基于学生健康素养生成的体育教师教育范式转变[J].体育成人教育学刊，2020（2）.

[2]郑铭.课程思政理念下思想政治教育与艺术教育融合的几点思考[J].湖北经济学院学报，2018（7）.

高中体育教学中
开展立德树人的实践与思考

王兆兴

摘要： 随着我国社会经济的发展，人们对于教育行业的关注和要求也越来越高，在高中教学过程中，除了加强专业课程的学习，同时还要对学生的体育教学进行改革和创新。高中阶段是学生身体素质发展的重要时期，随着新课程改革的推进，立德树人的教育观念也逐渐得到推广与应用。在落实高中体育教学课程的同时如何开展立德树人的实践活动，是当前高中体育教学课程的重要任务。本文通过对高中阶段的体育教学活动的理解，提出开展立德树人教育观念的有效实施，提高学生的综合素质能力。

关键词： 高中体育教学；立德树人；实践与思考

在高中教育阶段，学生具有良好的身体素质是学习的前提和基础，因此在开展高中体育教学活动中应该创新教学观念，通过有效的教育教学方式提高学生的运动能力，同时还要陶冶学生的情操，磨炼学生的意志，帮助学生树立正确的人生观与价值观，让学生更加健康快乐地学习与成长。随着素质教育的发展，立德树人成为高中体育教育的主要任务，要求老师在体育教学中更加注重思想道德的教学，让学生能够更加深入理解德育教学的重要性。在这一过程中，老师要以学生为中心，通过良好的示范作用为学生进行示范，增强体育教学的影响力。

一、开展耐心的思想教育工作

每一个学生都是独立的个体，具有不同的身体素质和道德品质，因此在高中体育教学课程中，学生面对体育教学活动会有不同的反应。比如体育基础较差的学生在面对跳远、跳高以及短跑活动时都存在着逃避的心理，害怕受伤、担心成绩差被同学嘲笑，这些消极心理都会影响学生的学习体育知识与技能的情绪，不利于学生身体素质能力的提升。但是当老师面对学生的问题时，不要急于批评和教育，通过与学生进行聊天等行动，深入了解学生不愿意进行体育活动的原因，再采取具有针对性的教学引导，让学生能够改变体育学习心态，认识到体育教学的重要性，积极参与课堂运动项目。比如在立定跳远的体育课堂训练过程中，老师通过为学生讲解立定跳远的技巧，让学生对这一体育活动有基本的了解，再鼓励学生进行目标的设置，可以从 1.5 米开始挑战，每个人有三次机会，通过不断的尝试与反思，可以让学生自己总结自己在跳远中存在的问题，及时进行调整与改进，以便能够取得更好的成绩。当学生完成自己设置的目标之后，老师还可以引导学生进行自我突破与挑战，向更高的目标推进，同时学生通过之前的活动练习逐渐克服内心的逃避情绪，增强自信心，愿意去尝试和挑战新的目标，最终培养学生勇于挑战的品质。除此之外，体育教学还应该包括课外体育活动，通过学生的兴趣爱好以及综合能力等情况进行合理规划，引导学生进行体育活动练习，老师在必要时候进行指导与帮助，让学生能够掌握正确的体育训练方法，发掘学生的体育特长，提高学生对于体育运动的学习热情，培养学生的品质与意志，实现立德树人体育教学的目标。

二、巧妙处理突发运动事件

在高中的体育教学过程中，常常会有各种各样的突发情况，影响体育教学效果，因此老师在课堂教学过程中应该时刻关注学生的动态，能够及时处理突发运动事件，同时将立德树人的教育理念渗透到体育教学当中，缓解学生的情绪，提高体育课堂教学质量。比如在高中体育教学课堂当中，老师通过开展体育竞赛活动，提高学生的学习积极性，在这一过程中学生有时候会因为个人的好胜心理存在违规的体育行为，影响了体育项目的公平公正，也不利于学生思想的提升，因此老师需要在学生参加活动的过程中仔细观察和考核学生的表现，一旦发现有违规行为的出现就要及时进行处理，同时考虑学生的具体情况采用合适的教育方式对学生展开德育教学，通过让学生进行自我反思、提交检讨书等方式真正能够认识到自己的错误行为，并能够改正。老师在进行批评教育过程中，要让学生明白诚实守信、遵守规则的重要性，提升学生的思想道德素质，实现立德树人教学的有效性。

除此之外，老师还可以通过体育教学活动中的突发事件作为德育教学的案例，从而能够更好地让学生认识到德育教育和体育教学的重要性，让学生得到更好的锻炼，也促进学生思想水平的提升。比如在体育"100米短跑"活动项目中，有一位学生在起跑的时候摔倒了，但是他很快反应过来，站起来继续奔跑，虽然最后这名学生没有取得很好的成绩，但是这一行为值得大家学习。老师通过对学生行为的肯定，鼓励和表扬学生的坚韧精神，并将这种不轻言放弃、坚持到底的体育精神传递给每一个学生，让学生不管是在学习还是在生活中都能够积极地面对不同的问题，从而实现体育教学立德树人的教学目标。

三、培养学生阳光的心理

在高中阶段，不仅要培养学生的身体健康，还要关注学生的心理健康。高中时期学生具有很大的学习压力，因此高中学生的心理问题也越来越突出，当前很多的学校没有足够重视学生的心理变化，这样就会影响学生的学习与成长。随着我国素质教育的推进，我国对于学生的心理素质也越来越关注，并将心理素质教育与体育教学有效地融合，通过立德树人开展教育工作，提高学生的心理素质能力。在这一过程中，可以观察到学生不健康的心理，三要表现为情绪不稳定、沉迷游戏或网络、极易产生自卑的心理，如果不能够及时发现和管理，就会导致学生产生消极的心理，不利于学生的心理的健康和身体健康。因此在高中体育教学过程中，老师要承担起培养学生积极的阳光心理教学任务，让学生能够更加快乐地学习与成长。老师可以在体育教育活动中，开展400米接力赛、拔河比赛等活动，让学生能够提高集体荣誉感，培养学生的合作意识，共同为设置的目标进行努力，让学生感受到体育教学活动的趣味性和教育性。同时老师可以通过长跑活动，锻炼学生的意志力，当学生由于自身意志力较弱放弃运动时，老师趁机进行德育教学，让学生能够理解坚持不懈的重要性，激发学生持之以恒的决心，培养学生坚韧不拔的意志品质，最终完成体育活动，实现自我价值的提升。

在高中体育教学课程当中，老师要创新教育方式，采取更加柔和的具有激励性质的词汇来鼓励和评价学生，对学生的行为和表现进行肯定和赞美，突出学生在体育活动中表现出的良好品质。同时可以举例说明学生在体育活动中存在的小小问题，让学生对自己的行为和能力进行反思，提高学生的学习质量。除此之外，老师还要进一步培养学生学会尊重他人的良好品质，加强学生的人际交往能力。比如在进行篮球教学的过程中，老师不仅要向学生讲解打篮球的基本技巧和动作要领，还要让学生在了解基本技能的同时认识到错误的行为会给身边的同学带来一定的危险，就如在投篮过程中如果不小心用力过大撞到对方就可能会造成人员的摔伤以及脚踝的扭伤等问题，通过与德育教学的有效融合，让学生能够更好地学会尊重对方、加强学生的合作交流意识，提升学生的思想道德品质。总之老师在体育教学过程中，不断地渗透德育教育，可以让学生更好地提升自己，促进学生建立积极向上的阳光心理。

结束语

综上所述，高中体育教学中不断地深入立德树人教学理念，可以有效激发学生学习体育知识的兴趣与积极性，老师通过对学生个性特征以及运动能力等情况的综合了解，创新教育教学模式，设置合理的课堂体育运动，充分地调动学生的主观能动性，增强学生的运动自信心。同时老师要对学生开展耐心细致的思想教育工作，注重培养学生积极向上的运动心理，不仅让学生得到有效的体育锻炼，还可以培养学生坚韧不拔的意志品质，实现立德树人教育工作的落实，促进体育教学的发展。

参考文献：

［1］王大柏.高中体育教学中渗透"立德树人"的探究［J］.基础教育论坛，2020(5).
［2］朱其颂.立德树人背景下高中体育课堂教学实践［J］.新智慧，2020（6）.
［3］王永方.立德树人的高中体育教学思考［J］.教育艺术，2019（11）.

如何将思想政治教育融入高中体育与健康教学

佟玉阁

摘要：结合体育与健康教学的性质和特点，融入思政教育；结合教材特点进行思政渗透；结合课堂常规进行思政渗透；结合教学内容进行思政渗透；结合榜样的力量进行思政渗透。

关键词：体育与健康教学；思政渗透；体育精神

普通高中体育与健康课程是一门以"身体练习"为主要手段，以体育与健康知识，技能和方法为主要学习内容，以培养高中学生的体育与健康学科的核心素养和增进高中学生身心健康为主要目标的课程。

体育与健康课程开设的最终目的不仅仅是要帮助学生提升其身体素质，强化对体育知识和技能的掌握，而在此基础上，使学生的体育精神和思想道德观念得到显著提升。从本质而言，体育课程既是进行体育活动的一种重要依托形式，又是实施教育的一种重要手段，既要传播给学生相关的体育知识，又能培养学生坚韧的意志和体育精神，无论是对健康的身体和人格的塑造，还是对人整体素质的提高，都有着极为重要的意义。体育与健康课程与其他课程有着明显的不同，其运动技能就是其不同于其他课程的直接体现。同时，学生在参与体育运动的过程中，其身体素质既能得到有效的锻炼，运动技能水平也能得到相应的提升，而且其体育精神也能潜移默化地增强。由此可见，开展体育与健康课程教学活动的关键就在于，要让学生通过体育与健康课程，使其体育技能和体育精神以及良好品质得到同步的提升，保障学生的健康成长，使"课程思政"在融入体育与健康课程的过程中更具趣味性和有效性。

一、要结合体育与健康教学的性质和特点，融入思政教育

体育与健康"课程思政"侧重在体育与健康教学中融入与体育各专项课程知识、体育人物、体育历史事件等相关内容，传统体育教学的"准备部分——基本部分——结束部分"，配合着"讲解示范——学生练习——教师巡回辅导总结讲评"的教学模式来完成体育教学任务的课堂结构模式，改变教学过程中过分强调教师主体论的执行模式，构建以学生为中心的教学模式，将思想政治教育要素充分体现在体育课的教学组织和方法中，反映在教师的教和学生学的活动方式中，充分调动学生的学习主动性和积极性，用多样化的教学方法提高体育与健康教学的应用性、趣味性和有效性，对学生起到教育、陶冶、感染、影响的作用。

如在体育教学理论课中介绍中国女排爱国、拼搏、将压力转变为动力等体现体育精神的思政元素。如教师在体育游戏和体育教学比赛中，培养学生的集体荣誉感和合作精神。为了更好地达到这一目的，教师在教学活动中要鼓励倡导学生之间的相互配合和协作，进而树立正确的世界观和人生观。如在足球场、篮球场、排球场安装球类收容箱，建立"体育器材诚信管理站"，学生自取自还运动器械，既满足学生对体育器械的需要，提高同学们对体育运动的参与度，同时在学生自我管理过程中进行诚实守信教育。

二、结合教材特点进行思政渗透

选择科学、灵活、合理的教学方法，是提高思政教育的有效性途径。比如在教学中，有意识地培养学生勇敢自信、沉着稳定、坚毅果断、超越自我的优良品质；在球类教学中重点培养学生团结协作、顽强拼搏、积极进取、不骄不躁的优良品质。同时还可把学生的心理活动和身体活动结合起来，把思政的教育渗透到教学方法和教学内容中，注重学生自我管理能力、独立自主性和创造性的培养，促进学生的全面发展。

三、结合课堂常规进行思政渗透

在体育与健康教学中，教师可以利用各个主要的教学环节进行课堂常规的教学，使课堂教学规范化、制度化。通过课堂常规的建立和贯彻，向学生进行文明礼貌、组织纪律、思想作风和安全教育。逐步养成学生自觉锻炼的好习惯和一些优良的思想品德。比如：在课的开始，提出课的要求、目的和注意事项，结束时要进行讲评总结。通过这些对他们进行学习目的性的教育；通过竞赛和游戏，培养他们的集体主义精神和果断、

机智、勇敢、顽强的优良品质；通过队形队列的练习，培养他们服从指挥，行动快速，遵守纪律和朝气蓬勃的精神面貌，提高他们的反应速度，动作准确和协调一致的能力；通过场地器材的布置和使用，培养他们热爱劳动、热爱集体和爱护公物的良好品质。这样，将社会主义核心价值观在教学组织中与方法有机地结合起来，既有利于提高教学质量，又能增强思政教育的效果。

四、结合教学内容进行思政渗透

由于体育教学具有内容多、范围广、思想性强等对培育时代精神有利的因素。因此，要利用各异的教学素材和手段，对学生进行全方位多角度的品德教育。比如上课前检查出勤，能培养学生的良好习惯和纪律意识；器械体操的教学能够使学生在付出艰辛的努力后，树立不怕苦、不怕累，迎难而上、挑战自我的精神；球类教学，比如篮球能培养学生的团队意识，使他们学会集体协作，深入配合，互相关心；田径教学，通过观看录像能培养学生勇敢果断及迎难而上的意志品质；武术教学，通过讲解名人叶问、霍元甲等的生平能培养学生的爱国主义情怀及良好的武德。

五、结合榜样的力量进行思政渗透

教师必须加强自身的修养提高自身的素质，在教学中应举止大方、谈吐文明、讲解清楚、用语规范、言行一致、吃苦耐劳、工作认真负责，以健康、富有朝气的精神面貌去感染学生。树立良好的形象，让学生在潜移默化中受到熏陶。同时在教学中，师生之间的配合十分重要。融洽的师生关系，不仅体现在共同研究教学的内容上，而且体现在教学的每个环节中。如教师可以通过师生间进行情感交流，互相尊重、密切配合、互相帮助来培养学生助人为乐、团结协作的优良品质。同时，还应为体育能力较差的学生创造更多的锻炼机会。如在体操练习的最后讲评环节中，除了让能力较强的学生做示范外，还需表扬和鼓励有进步的学生，这有利于增强学生的信心和荣誉感，从而调动学生的积极性，把学习热情转化成学习动力，这样寓情于教，以身作则，以情感人，从而达到"亲其师，信其道"的效果。

德国教育家第斯多惠曾指出："为了给予学生道德上的影响，教师必须具有高尚的道德。"因此，教师必须严格要求自己，以认真的工作态度去影响和感染学生，从知、情、意、行四个方面去影响学生的成长，从而实现教育的目的。另外，体育教师要不断加强理论知识的学习，掌握现代教育技术，不断完善自我。在高中体育与健康教学中渗透思想政治教育，发挥学生的主体作用，促使学生自我认识、自我激励、自我评价、自我总结。

在新时代要增强体育与健康教学的时代感，要敏锐抓住热点，挖掘时效，提高课效，开发自己的元素、开发不同时期的元素、开发在不同地点不同项目的课程思政元素；注重课程思政元素内化于心、外化于行；让学生接受也重视到课程思政，体育课突出融入课程思政要素，体现体育育人最佳效果。因此体育与健康课程融入思政教育是其应有之义、必由之路。

参考文献：

［1］中华人民共和国教育部.普通高中体育与健康课程标准(2017年版)［S］.北京：人民教育出版社，2017.

［2］尤田苗.基于"立德树人"的高中体育与健康教材的育人价值分析［J］.当代体育科技，2018（28）.

体育教学中学生兴趣的培养和激发

王宇林

摘要：学生体育兴趣的培养要转变学生的思想观念，提高学生对体育的认识；合理选择教学手段、教学步骤；按照学生的个性特点，因材施教；充分发挥兴趣的迁移作用；不断丰富课的组织形式和内容；适时准确地评价学生的成绩。

关键词：体育兴趣；因材施教；学生特点；意志品质

兴趣是一个人力求认识、掌握某种事物、参与某项活动并且有积极情绪色彩的心理倾向。它在人的生活和活动中有着重大的意义。它是获得知识、开阔眼界、丰富心理活动的重要推动力。在体育教学中，学生的体育兴趣是影响学生自觉性、积极性的重要因素，学生的学习兴趣一经激发，他们就会产生聚精会神的注意力、愉快的情绪及坚强的意志品质，对提高教学的效果有着不可忽视的作用。所以兴趣是学习积极性中很现实最活跃的心理素质，同时也是影响教学效果的重要因素。因此，在体育教学活动中，必须重视学生的体育兴趣，采取有力的措施，培养学生的兴趣。

一、学生缺乏体育兴趣的原因

1.对体育缺乏正确的认识，认为体育只不过是跑跑跳跳，玩玩而已，没有什么可学的，认为身体锻炼和不锻炼效果差不多。有了这种想法，体育课堂上对自己就不会严格要求，难以产生浓厚的体育兴趣。

2.教学内容简单、陈旧，教学方法单调呆板，教师讲课质量差，不能满足学生的求知欲望和好奇心，导致学生对体育索然无味，不感兴趣。

3.学生来源的差异性。由于学生来自不同的地区。各地对体育重视的程度不尽相同，学生接受的体育教育也各不相同，差异极大，尤其刚入校的新生，差异更大，其中不知蹲踞式起跑，不知"三大球"的大有人在。

4.有些学生体质弱，体育基础差，学习感到困难，跟不上教学计划的要求，因而会产生一种自卑心理，失去信心。这样恶性循环下去，便会丧失学习的兴趣。

二、学生体育兴趣的培养与激发

1.转变学生的思想观念，提高学生对体育的认识，加强教育、诱导，培养和激发学生的体育兴趣。教师可通过各种形式的讲解，教育学生真正了解体育的重要性和必要性，了解体育的功能和目的等，树立远大的学习目标和良好的学习动机，端正学习态度，养成自觉锻炼身体的习惯。

2.教材的选择与教学手段、教学步骤的合理运用。上体育课的学生一般都渴望学会正确的动作，因此，"学得会"是学生产生兴趣的重要诱因。如果学不会，便会丧失信心，也就无兴趣可言。因此，在教学中要选择一些趣味性、竞争性、实用性强，易学易练的动作或项目。如：在羽毛球脚步移动的教学中，应注意练习的趣味性，切不可像训练运动员那样一次又一次、一遍又一遍进行枯燥无味的基本功训练，而应抓住脚步移动的关键，熟练移动的方向与路线，提高移动的灵活性与速度。移动于游戏中，使学生在无忧无虑中学习。为此，在进行脚步移动教学之前，可先进行移动游戏练习。例如：将学生分成两组，让每组的第一个学生到场中央，每次只拿一个羽毛球，把六个球分别从球场的中心以最快的速度，送到场地四条边线的六个指定的不同位置，然后第二个学生再以最快的速度，用同样的方式把六个球收回到场地中央。依次进行，看哪一组学习完成得既快又准。这样课堂气氛非常活跃，人人在动，练习的积极性非常高，激发了学生的兴趣，使他们产生了练习的热情，同时，也在游戏中不知不觉地为移动教学打下了基础。这样，学生学起来就比较容易，就会产生兴趣，有了兴趣，就会自觉地进行练习。采用这样的教学方法，就会取得较好的学习效果与教学效果。

3.按照学生的个性特点，因材施教，区别对待。由于学生的体育基础、素质水平、心理素质、接受能力等各不相同，为照顾学生这些个性特点和差异，培养兴趣的过程中，就要求我们要因材施教，因人而异，对不同的学生提出不同的要求。如对多数学生提出学会某一动作，而对基础较好的学生提出改进与提高的动作要求。特别应该注意的是一些基础差的学生，他们由于怕自己的成绩差被别的同学看不起，怕被笑话，怕老师指责，所以缺乏体育兴趣。但他们同样希望与其他同学一样在体育方面有所进步，受人尊重。针对这种情况，教师除了对他们降低难度要求，进行鼓励和耐心辅导之外，还要根据他们的实际情况，选择好突破口，满足他们的愿望和要求。例如：在我教的学生中曾有一位男生，立定跳远的成绩只有一米五左右，其他四项的达标成绩自然好不了，对体育的兴趣就不言而喻了。根据他的情况，我选择了引体向上作为他的突破口，对他进行有重点、有目标、有措施的强化练习。于是引体向上成了他经常不可缺少的锻炼内容，早上练，晚上练，课外活动练，单杠上练，篮球架上练，经过一段时间的锻炼，出现了显著的效果。随着引体向上的次数增加，对体育活动的兴趣也增加了，其他四项达标成绩也逐渐有所提高。

4. 充分发挥兴趣的迁移作用。在对某一个项目具有相对稳定的兴趣之后，通常不会使兴趣很快消失，而会使兴趣改变、扩散和巩固，从而产生与高水平的认知活动相适应的兴趣。正如上述的那位学生，由于对引体向上产生了兴趣，经过努力，满足了暂时的需要，但他仔细一想，引体向上再好，其他四项不好，还是不能"达标"，为此又产生了新的需要，就会把目标转向其他四项上来。我们在教学中要充分发挥这种作用，调动学生的兴趣。如在羽毛球教学中，学生对技术学习的兴趣较浓，而对素质练习不感兴趣，为此，在必要的时候可让他们进行正规比赛，当他们在球场上感到移动迟缓，跳起扣杀高度不够，力量不足，打全场比赛体力不够的时候，他们就会觉得技术虽好，素质不好也不行。于是他们就会去练跑步，练速度，练弹跳，练耐力，从而不知不觉地将兴趣转移到素质练习上来。但是，我们也应该注意有些兴趣迁移是很困难的，如喜欢打篮球的人很难把兴趣迁移到推铅球上。因此，兴趣的迁移是一个艰巨、复杂的过程，还需要我们不断地探索、研究。

5. 不断丰富课的组织形式和内容。体育课的组织形式要生动活泼多样，教学方法和练习手段也要新颖多变，不能总是老一套。如准备活动每次都是慢跑和徒手操，学生就会提不起兴趣，效果也不会好。如果能结合课的内容，运用一些花样跑、活动性游戏以及双人体操、多人体操等练习手段，学生的情绪就会高涨，效果就大不一样。教学组织得严密紧凑，一环扣一环，使学生做完上一个练习，就盼下一练习，如在教学中，把若干个已学过的动作编成联合动作，把学生分为几个小组采用循环练习的方法。这样，不仅加大了练习的密度，而且也提高了学生的学习兴趣，另外，不断丰富课的内容，使学生意识到自己知识的不足，激发学习的欲望，增加学生的好奇心和新鲜感，从而激发他们的学习兴趣。

教师的身教及讲解示范。教学活动中学生的情绪不仅受教材、教法等因素的影响，也受教师语言、行为、态度及情绪的影响。教师一言一行、一举一动对学生都产生强烈的吸引力，因而教师要以自己的模范作用、表率作用和文明的教育技巧感染学生，影响学生，对学生关心、爱护和体贴。此外教师生动形象的讲解，准确、熟练、轻松、优美的动作示范，可引起学生对动作的直接兴趣，使之产生跃跃欲试之感。如中长跑是学生不太感兴趣的项目，但如果教师能深入浅出地说明它对提高人体心肺功能的作用，能提高耐力、锻炼意志品质等，学生了解这些知识后，出于对这些结果的需要，也会积极进行练习的，所以直接兴趣与间接兴趣的培养与激发，在教学中有着不容忽视的作用。

6.适时准确地评价学生的成绩。教学中教师要注意发现学生的优点、长处、进步，并不失时机地给予表扬和鼓励，哪怕是微小的进步，学生的学习积极性都会大大提高。特别是对待较差的学生，更应注意发展他们的可取之处，有了点滴进步，及时表扬、鼓励，让他们经常看到自己的长处、进步和成绩，增强学生的自信心，保持良好的学习兴趣。

综上所述，体育兴趣的培养与激发是体育教学中的重要环节，是搞好学校体育教学工作的重要因素之一。只有学生对体育产生兴趣，教学才能收到好的效果，才能使学生较好地学习和掌握更多的知识、技术和技能，养成经常锻炼身体的良好习惯，使其终身受益。

参考文献：

［1］中华人民共和国教育部.普通高中体育与健康课程标准(2017年版)[S].北京:人民教育出版社，2017.

［2］王永方.立德树人的高中体育教学思考教育艺术［J］.教育艺术，2019（11）.

德艺双馨

——谈立德树人下的音乐课堂教学

吴　昊

摘要：当下我国音乐教学面临种种问题，需以一种注重体验的、灵动的、焕发音乐教育意义的教学加以变革，以实现音乐教学立德树人的教育价值。

关键词：立德树人；美育核心；因材施教

立德树人要求教育教学者必须把德育放在教育培训工作的首位，音乐教育和立德树人是一种相辅相成的关系，立德树人背景下的音乐教育策略要充分发挥音乐对学生的熏陶、感染和引导作用，提高学生的审美水平，完善人格魅力，使学生成为德才兼备，全面发展，对祖国和社会负责、奉献的人。

现在艺术已纳入到中考的加分项，我觉得音乐在高中也应该被重视起来，一是对于非音乐专业的学生，音乐课可以活跃课堂气氛，缓解学生压力，偶尔一次的音乐活动，更能体现和训练出学生的专业水平以及班级的团结凝聚力。对于在高中阶段音乐专业方向的学生来讲，音乐就更重要了。它不仅仅是参与和演出那么简单，而是把它当作考大学的必要条件。其实考音乐的这条大学之路并不那么轻松，也许在文化课分数上要求得会少一些，但在专业的道路上，也是万马千军过独木桥。

光音乐考试就分很多种类，有一些也是必考科目，例如：视唱练耳、乐理知识、本专业，有的个别专业钢琴也是纳入了必考科目，但更难的是以上每一科如果不经过专业性的学习和时间的积累，是不会轻易学会的。

例如：拿视唱练耳来说，视唱从词汇上我们能很好理解，就是给一个谱子让你来演唱，这一段谱子看似不长，但它包含着旋律、节奏、强弱音等等，而且一段谱子会有多种调式，比如一个升号、两个升号或者一个降号或者有两个降号等等，所以这都需要花时间来进行系统的学习。理论弄明白演唱还要唱得标准，因为最终的目的是要唱得正确。

音乐教学是学校艺术教育的重要方面，是学校美育的核心内容之一，在人的全面发展过程中发挥着重要作用。当下我国音乐教学面临种种问题，需以一种注重体验的、灵动的、焕发音乐教育意义的教学加以变革，以实现音乐教学立德树人的教育价值。

社会在不断发展，教育也在不断地进步，尤其是在新课改实施以后，更加强调"立德树人"，重视培养社会所需要的综合型人才。初中阶段是一个重要的时期，是他们各项能力和价值观形成的阶段。所以必须紧紧抓住音乐教学的美育教育和德育教育，真正贯彻立德树人的教学理念，促进学生更加健康地成长。

立德树人要求我们认真践行教师的职业道德规范，在日常教学中，教师要懂得因材施教，善于抓住学生的心理特征，对学生的个性进行正确引导，在学生活动管理中，教师要体现情感态度与价值观等多方维度的目标，在课余时间里，教师要为人师表，以身作则，并且给学生提供更多优秀事迹的熏陶与引导，让学生树立正德则立志向。

立德树人要求我们必须坚持德育为先，促进学生全面发展。德者，才之帅，也就是要从课程、德育、社会实践和学校文化三方面进行建构，要把德育渗透于教育教学中的各个环节，贯穿于学校教育、家庭教育和社会教育当中。

立德树人要求我们必须要坚持培育学生的健全人格，教师要培养学生积极的心理素质和乐观向上的品格，帮助他们学会创造幸福，分享快乐，教师要关注学生的内心世界，努力理解学生的内心想法，教师加强与学生的心理辅导，认真发掘健全人和教育资源，重视对学生的人文关怀，营造良好的师生关系、同学关系，为培育学生健全人格提供良好的氛围。

总而言之，教师应努力投身教育，力争树人。着力提高教学质量，进行职业道德规范，让每个学生都成为有用人才。

参考文献：

［1］韩笑.小学音乐教育在"立德树人"中的重要作用分析［J］.北方音乐，2019（1）.

［2］郭燕玲.再谈小学音乐教育在"立德树人"中的作用［J］.大众文艺，2018（23）.

落实立德树人
根本任务下的高中音乐教学实践

赵雅琢

摘要： 立德树人理念要求广大教育者能够在教学过程中注重学生的德智体美劳等综合素质全面发展，打造适应社会发展进步的高素质人才。基于立德树人根本任务下的高中音乐教学实践要求教师在音乐教学中贯穿文化修养教育、民族精神教育以及信念信仰教育，引领学生走向弘扬中华传统文化、塑造高品质人格的人生道路，实现中华民族的伟大复兴。所以，高中音乐教育工作者要积极承担起历史使命和社会责任，基于立德树人教育思想，开展高中教学实践改革，明确教书育人的根本任务。

关键词： 立德树人；高中；音乐；教学实践

普通高中音乐课程的性质，与义务教育阶段音乐课程的人文性、审美性和实践性一脉相承，同时体现普通高中课程方案提出的思想性、时代性、基础性、选择性和关联性，培育和践行社会主义核心价值观，培养学生的音乐学科核心素养，为落实立德树人根本任务、发展素质教育服务。音乐作为一门培养学生审美情趣、陶冶学生艺术情操、帮助学生树立正确价值观的基础性学科，是推广美育和德育的一项重要媒介。所以，高中教师理应顺应党的十九大的号召，遵循立德树人的教育目标，更新自己的教育理念，推动我国艺术教育事业的整体进步。

立德树人理念是现代教育中的一项根本教学任务，这种理念要求广大教育者能够在教学过程中注重学生的德智体美劳等综合素质全面发展，打造适应社会发展进步的高素质人才。基于立德树人根本任务下的高中音乐教学实践并不是简单要求教师提升音乐学科在高中教学中的地位，开展简单的德育和美育，而是要求教师在此前提基础上，在音乐教学中贯穿文化修养教育、民族精神教育以及信念信仰教育，进而将文化自信灌输到青少年的思想中，利用音乐学科为学生奠定身心健康发展的情感基础，引领学生走向弘扬中华传统文化、塑造高品质人格的人生道路，促使中华民族真正屹立于世界民族之林，实现中华民族的伟大复兴。所以，在教学改革正在如火如荼推进的重要阶段，高中音乐教育工作者要积极承担起历史使命和社会责任，基于立德树人教育思想，开展高中教学实践改革，明确教书育人的根本任务。

一、立德树人在音乐教学中的独特价值与功能

音乐教育通过传播艺术知识和艺术实践的体验、参与来培养人的审美和艺术素养、能力。因此，具体到音乐教育立德树人功能的发挥和落实上，一是通过课堂音乐教育强化德育，在音乐教育中坚持以德为先，将德育渗透、贯穿在音乐教育之中，将德育与艺术完美地结合起来；二是通过个体艺术实践即主动式体验来强化德育效果。当然这两者之间往往是密切联系、不可分割、相辅相成的，课堂教学需要个体体验和参与，个体体验和参与更能强化课堂教学效果，从而有效地实现立德树人。

1. 在音乐教育过程中要注意德育素材的提炼，从艺术作品中筛选具有审美意义的德育素材，发掘艺术作品中的德育点，如在欣赏《不忘初心》和长征套曲《长征》时，不仅仅停留在熟悉的旋律上，而且要发掘作品本身的德育点，知道歌曲首唱于2016年10月"永远的长征——纪念红军长征胜利80周年文艺晚会"传达了自觉铭记革命历史，没有共产党就没有新中国的真理。

2. 德育素材要契合时代背景，贴近生活实际、接地气。越是贴近生活越能引起共鸣，产生良好的德育效果。

3. 运用多种艺术形式呈现德育素材，运用音乐、语音、图像、视频等艺术形式，使得德育效果更具有冲击力。比如：欣赏《当那一天来临》，通过影视音表现新世纪和平年代战士，肩负保家卫国的历史使命，刻苦训练，锐意进取，时刻准备着，为了祖国人民奉献生命的豪迈情怀。诠释了不同时代的青春、梦想、爱以及对祖国教育事业的无限忠诚。

总之，艺术教育具有立德树人的独特价值与功能。围绕立德树人的根本任务，在艺术教育过程中要始终弘扬社会主义核心价值观，传递积极人生追求、高尚思想境界和健康生活情趣。提升艺术文化产品的思想品格和艺术品位，用思想性、艺术性、观赏性相统一的优秀作品，弘扬真善美，贬斥假恶丑，实现立德树人教育观的目标要求。

二、立德树人教育理念在高中音乐教学中的渗透路径

（一）基于"弘扬民族音乐，理解多元文化"理念，对学生进行立德树人教育

在以立德树人为导向的高中音乐教学中，教师应认识到学生的课堂主体地位，组织开展艺术性和趣味性兼具的教学活动，鼓励每一名对音乐艺术感兴趣的学生都积极参与到集体活动中，激发学生的竞争意识和上进心。比如，在教学中，学生会逐渐了解到我国比较出名的蕴含民族特色的民歌，对教学模块做出适当调整，把整个民歌教学环节作为一大模块。当整个模块教学结束以后，教师可以鼓励学生根据自己的偏好自由结成小组，选择具有某一民族特色的民歌进行节目编排。在这样的情况下，班级内的学生积极踊跃地参与到活动中，有的学生选择高亢激情的《信天游》，有的学生选择《上去高山望平川》的青海"花儿"，有的学生通过《辽阔的草原》展现蒙古族之美，有的学生则演唱《牡丹汗》去领略维吾尔族的魅力。在这类集体活动开展的过程中，适当增设了评比环节，增强活动的竞争性。如此，每一小组的学生都尽己所能设计一场别开生面的演出，甚至有些小组的学生会增加乐器演奏和舞蹈环节，在这个过程中，学生真正掌握民族传统文化的精髓成为艺术文化的继承者和发扬者。

（二）深入挖掘音乐教材，推行情感教育

音乐教师要充分认识到教材的重要载体地位，合理安排课时进度、有效发掘教材内容。以人教版高中音乐教材为例，教材中不仅涉及中国传统音乐文化、中国现代音乐文化，还涉及西方不同时期、不同风格的一些优秀音乐文化。教材中选录了最为辉煌灿烂的世界名曲，收录了绝佳的德育素材和美育素材，把挖掘教材的内在情感、推行情感教育作为一项重点教学内容，为新时期的学生营造出了德育情境，有利于实现立德树人的根本教学目标。比如，在讲解人教版教材《人民音乐家》和捷克的原始森林——交响诗套曲《我的祖国》时，利用现成的教学素材激发学生的爱国热情，鼓励学生用自己的方式表达出对祖国山河的热爱之情。在讲解第十一单元《光荣与梦想——共筑中国梦》一节时，引申了解中国改革开放以来的重大历程，表达了改革开放道路不断延伸，全国人民坚定社会主义道路的信念，全国人民在中国共产党的领导下凝聚决心和力量，为实现中华民族伟大复兴的中国梦而昂扬奋进。

综上所述，立德树人是现代教育的首要目标，是推行现代教育的重要任务。作为一名高中音乐教师，应积极更新教学理念，创新教学策略，真正在日常教学中渗透立德树人理念，推动学生艺术审美能力发展，帮助学生树立文化自信，促进学生全面发展。

参考文献：

［1］中华人民共和国教育部.普通高中音乐课程标准（2017年版）［S］.北京：人民教育出版社，2018．

［2］陈妍.立德树人——高中音乐德育渗透策略探析［A］.教育信息化与教育技术创新学术论坛年会论文集［C］.2019.

［3］高中《音乐鉴赏》教材解读［J］.中国音乐教育，2019（10）.

谈立德树人指导下的高中音乐课堂教学

许 多

摘要： 教师的职责是教书育人，正所谓"师者，所以传道、授业、解惑也"。但"育人"是"教书"的前提。作为教师，我们要培养学生成为德智体美劳全面发展的人，这里的"德"便是指"品德"。在"德智体美劳"中"德"字为先，说明要教学生先学做人，后学知识。作为一名音乐教师，有责任将每一堂课成为立德树人根本任务落实的主阵地。高中《音乐鉴赏》指导思想中明确指出，全面落实"立德树人"的根本任务，坚持正确的政治导句，围绕解决好"为谁培养人、培养什么人、怎样培养人"的核心问题，遵循教育规律，弘扬和传承中华民族优秀传统文化，体现时代特征。本文就如何让音乐课堂成为立德树人的主阵地进行了探究。

关键词： 音乐课堂；立德树人；因材施教；为人师表

音乐家冼星海说过："音乐，是人生的最大快乐；音乐，是生活中的一股清泉；音乐，是陶冶性情的熔炉。"音乐家贺绿汀说：中小学音乐教育是关系到整个后代修养、思想境界和道德品质的大事。作为一名音乐教师，有责任让每一堂课成为立德树人根本任务落实的主阵地。教师的职责是教书育人，正所谓"师者，所以传道、授业、解惑也"。但"育人"是"教书"的前提。作为教师，我们要培养学生成为德智体美劳全面发展的人，这里的"德"便是指"品德"。在"德智体美劳"中"德"字为先，说明要教学生先学做人，后学知识。那么，怎样"育人"呢？这便涉及师德。因此，教师要时刻以"德高为师，身正为范"提醒自己。而要拥有良好的师德必须做到以下几个方面。

一、爱岗敬业，关爱学生

教师这个行业是最神圣的职业之一。每位教师都应该忠诚于教育事业，"俯首甘为孺子牛"，为祖国的教育事业奉献自己的一切力量。在实际工作中，要兢兢业业，勤勤恳恳，不图私利，甘做蚕烛。师爱是教师必须具备的美德，我们要关心爱护全体学生。高尔基说过："谁不爱孩子，孩子就不爱他，只有爱孩子的人，才能教育孩子。"只有热爱学生，得到学生的尊重与信任，才能建立良好的师生关系，从而顺畅地搭建起教育教学的桥梁；只有热爱学生，才能去关心他们的成长，才能去教书育人，才能引导学生走向成功之路。即：一切为了孩子，为了一切孩子，为了孩子一切。

二、为人师表，以身作则

教师的道德素质比教师的文化素质更为重要，良好的师德是教师人格魅力的体现。教师就是一面明镜，学生是教师的影子。我们的言行举止时时刻刻地影响着学生。要求学生做到容装端正，自己要身先士卒，做到仪表朴素，庄重自持；教育学生要勤俭节约，我们就不能铺张浪费。专业教师通过"言传"来传授知识和技能，通过"身教"来育人。教师的理想追求、思想情感、言行举止、职业道德等，都对学生具有熏陶和潜移默化的影响，这些因素往往像种子一样在学生心中生根发芽。它的作用虽然表现得润物细无声，却对学生有着极其深远和巨大的影响。

三、不断学习充实自己

教师的学识和教学水平是教师在课堂上另外一种人格魅力的体现。苏联教育家马卡连柯说过："学生可以原谅教师的严厉、刻板甚至吹毛求疵，但是不能原谅他们的不学无术。"所以，教师要不断进取，吃透教材，因材施教。在教学过程中，教师要根据教材实际安排教学环节，让学生学得自然、扎实又能灵活、生动，使他们对音乐产生浓厚的兴趣。平常应多看书，多学习。课余时间参加一些业务培训，密切关注现代科学的发展变化，吸收先进的教学理论，及时改进自己的教学方法。只有孜孜不倦地学习新知识，才能成为一盏明灯，为学生照亮前程。

四、用师爱净化学生的心灵

注重情感培养，音乐教学不仅要传授知识技巧，还应该注意对学生情感的灌输和培养，使学生在课堂教学中不仅获得相应的知识，而且能增长对情感的追求和掌握。马克思说："只有用爱才能交换爱，只有用信任才能交换信任。"孩子的成长需要爱，而爱孩子除了关心爱护，尊重他们的人格之外，还要与学生产生思想和情感上的共鸣。这就要求我们平时应该多与学生保持交流，了解他们的心理变化，用公平公正的眼光正确看待他们，多倾听他们的意见，给他们营造和谐的环境，唤起他们的自信。让每一个孩子都学会做人，战胜自我。我们只有用爱心、诚心和耐心去拨动学生的心弦，才能弹奏出一曲动人的、优美的乐章。

总之，课堂是立德树人的主阵地、实践场、目的地，因为它占据了学生在校的主要时间，它是教学活动的主场地，它的根本就是立德树人。每位教师都应该好好守护自己的课堂，好好经营自己的课堂，让课堂真正成为立德树人的主阵地。

参考文献：

［1］沈慧.立德树人背景下初中音乐课堂改革探索［J］.科学咨询（教育科研），2018（11）.

［2］李福华.以知识与道德的有机融合为导向，深入推进"立德树人"工程［J］.山东高等教育，2018（2）.

［3］张良宝.德融音声，涵育心灵——论普通高校音乐教育与"立德树人"［J］.淮南师范学院学报，2018（3）.

美术学科中的立德教育探讨

李明思

摘要：随着新课改顺利推行，高中学生德育工作也将面临新的挑战。在当前应试政治教育的大发展背景下，德育教育一直都是处于边缘化的地位，这对于高中学生的全面健康发展来说是非常不利的。高中生们正处于健康生长发育的一个初级阶段，新的人生观、价值观已经初现发展雏形，在美术教学中，德育工作深入开展对于促进高中生健康发展成长具有明确的价值导向和推动作用。在国家新课改政策指导下，美术老师转变新的工作思路尤为重要。

关键词：高中；美术教育；德育；措施

一、美术老师的自身修养

我们美术教师在教育的过程中，自身需要有好的德行，还要把立德树人放在教育当中的首位。教育的目的是立德树人，我们教育的最根本任务也是立德树人。

随着今年新课改顺利推行，高中学生德育工作也将面临新的挑战。在当前应试政治教育的大发展背景下，德育教育一直都是处于边缘化的地位，这对于高中学生的全面健康发展来说是非常不利的。高中生们正处于健康生长发育的一个初级阶段，新的人生观、价值观已经初现发展雏形，德育工作深入开展对于促进高中生健康发展成长具有明确的价值导向和推动作用。在国家新课改政策指导下，转变新的工作思路尤为重要。

马克思和恩格斯在《共产党宣言》中分别阐明"未来人的发展，将是自由而全面的发展"。德育工作主要区别于其他传统职业文化教育课程，同时将其归结为传统文化知识传授。当今阶段我国高等学校德育建设工作仍然存在诸多突出问题，寻求新的德育工作思路势在必行。

新课改目标要求从老师教育思想观念、教学工作态度、教师综合素质三个不同方面对其予以重大转变，提升学校德育工作教学水平。新课改教学理论中的核心理念是以人为本，力求真正实现每个学生"自由而全面的发展"。道德原则是一个时代人的终身立足立生之本，关乎人的节操，它不能用钱来购买，也不能用金子做兑换。道德核心是一个现代人的自身道德修养，是反映现代人精神品质的一面镜子，照出现代人真实的精神面貌；道德核心是整个人类社会建立和谐美好生活的根本基础，没有了这种道德，人类就等于没有了道德核心，人类将自相残杀，争名逐利，世界将一片混乱，惨不忍睹。

二、转变传统教育发展观念

长期以来，我国德育教学管理实践中，把学生文化学习成绩作为主要教学考核衡量标准，忽视了学生的身心发展能力状况。学生文化素质体现在诸多方面，成绩仅仅只是其中的一个部分，并且也不能直接代表一个学生整体综合文化素质水平高低。对于学校和美术教师来说，要尽快转变传统教育发展观念，实现教育学生自由化和差异化的发展。

教师一直被学生赋予一种神圣化身的色彩，对于我校教师和广大学生之间的有益沟通往往造成了一定的心理障碍，新课改理论明确要求我校教师与广大学生平等和谐相处，促进广大学生与我校教师之间的有益沟通，使我校教师逐渐成为广大学生的一个知心朋友，为全面深入开展学校德育教育改革工作打下基础。

德育工作与教师智育素质工作相辅相成，教师德育素质课的起步达到了至关重要的推动作用。新一次课程德育理论建设要求我校教师不断提升自身综合素质，为全面深入开展学校德育工作活动做好充实准备。教师综合素质集中体现在各种教学方法和各种教学理论技巧的熟练掌握上。教师自身德育工作能力水平的高低，直接就会影响学生自身思想道德修养水平，甚至对学生的价值观都可能产生一定程度的直接影响。

德育工作层次模糊性问题要求各级德育工作单位要因地制宜、因势利导。在我国现实德育教学工作实践中，不少教师忽视全体学生思想道德知识水平素质发展的更深层次重要性和德育阶梯性，一刀切的学生德育工作难以真正让全体学生真正获得实质上的道德发展。在德育教学实践过程中，我们经常可以看到这样的德育教学违法行为，不少德育教师过于参照先前德育教师的传统教学方式以及方法，不敢往前越雷池一步，忽略目前传统现代德育教育教学方式的一些弊端，使得很多学生难以获得自己对应的人生发展教育方式。

三、明确职责，立德树人

作为一名教师，首先我们要充分明确自身的工作职责，做好学生前期德育工作的思想引导者，避免自己成为学生单一的德育说教者。如果单纯从教师说教的角度考虑，那么很容易直接导致学校师生关系紧张。因此想要建立良好的学校师生关系，对于更好开展学校德育工作至关重要。其一，利用多种新的社交网络手段。相比较于学校家访的方式来说，如今利用社交网络手段越来越多，聊天工具、社交直播网站等等社交平台，已经能够充分发挥和突出网络沟通的重要性，因此作为当代教师更需要学会如何利用多种新的社交网络工具，与在校学生建立朋友间的关系，消除学校师生之间的距离感。其二，要特别注意如何采用多样性的沟通方式。在学校实践体育教学中，部分学生一些行为上的观点对整体学生也会产生影响，因此我们要特别注意这两个方面的师生沟通引导问题。从教育总体质量原则上来说，可以充分采用教育总体质量平衡和个别把关管控的双重指导原则，使中小学生心中的"榜样"逐渐成为积极向上的集体学习活动对象。其三，要准确合理定位学生的具体思维表达方式。由于每个学生自身处于特殊成长发展阶段，存在自身独特的人格个性和多维思考表达模式，因此我们要从家庭和社会双重角度出发来准确考虑每个学生的自身德育发展问题，从而做到能够准确把握和抓住每个学生的基本思维表达方式，使学校德育工作能够获得突飞猛进的重大进展。

新课改旨在追求以人为本的德育教学发展理念，旨在努力实现全校学生均衡健康发展。为了更好适应新课改要求，实现我校学生全面健康发展，德育工作必须尽快转变工作思路，尊重我校学生的整体个性化成长发展，因材施教，全面着力推进学校德育工作科学开展。作为一名教师，我们必须深刻意识到学生们的德育水平高低与教师素质有直接密切关系，利用一切德育教学技术手段、采用一切德育教学方式，让学生们自觉树立正确的德育教学价值理念才是最恰当的教学方式。

四、家校同育，共促发展

德育工作主要来源于学校生活，归结于家庭生活。在实际德育教学工作过程中，不少任课教师将学校德育工作实践归结为学校思想品德教育课程的具体讲解。这种知识灌输式的德育教学模式，让很多学生难以独立形成一种感性的科学道德观念。停留在学生书本知识和学生课堂实践知识上，使得学生的思想德育素养理念只能够停留在知识形式上，这对于学生的长期健康发展来说是非常不利的。

作为一名教师，对孩子们开展良好的德育教育工作至关重要。通过与广大学生交流谈心和到校走访两种形式，能够对广大学生的基本思想品德教育进行正确掌握，让广大学生从小就能够真正树立一个尊重长辈、孝顺父母的良好习惯，把班主任教育工作切实做到广大学生的心里，赢得广大学生、家长的一致认可。

现在我国青少年的整体思想精神状态已然呈现出不同的文化个性，按照我们传统的德育教学方式理念方法去用心教育每个孩子，显然不能完全适应现在的德育教学要求。在学校实践教育工作中，我们把传统课堂理论教育与学校德育教育融为一体，无时无刻不向广大学生深刻灌输中国传统课堂教育教学观念。针对现在很多孩子浪费粮食的普遍问题，我没有完全采用传统教师说教的教学形式，而是在老师讲解《锄禾》中"锄禾日当午，汗滴禾下土"内容的时候，向孩子们重点讲解了古代农民耕作不易。通过说教引发孩子们对农民耕作的深入讨论，使他们对这种劳动精神产生崇敬之情。这种从点到线到面的说教方式，让孩子们从内心真正深入地理解了这堂德育课的理念。

面对一个新时代科技，新时代信息，新经济体制不断涌现和一个竞争异常激烈的国际知识经济发展时代，为更好培养我们祖国未来的文化建设者，在系统教授有关科学社会文化知识的同时，提高广大学生的思想道德修养尤为重要。

中国梦，是我们每个中国人的共同梦想，教师的教育工作千头万绪，教无定法，学之必有法。只要我们以满足学生的全面身心发展需要作为教学目标，以灵活丰富创新的学校教育教学方法理念作为发展动力，就一定有可能将学校教育教学工作扎实做好。每个中国人都在自己的工作岗位上做好自己应该做的事，个人的核心力量一旦汇聚会形成中国的强大力量，中国梦就能腾飞于世界之巅。

参考文献：

［1］侯玉丹.中学德育校本课程建设问题的研究［D］.长春：东北师范大学，2006.

［2］段民全.高中主题班会德育实效研究［D］.石家庄：河北师范大学，2007.

［3］官少卿.德育在高中信息技术教学中的渗透［D］.济南：山东师范大学，2008.

浅析立德树人
在美术欣赏课教学中的实施

田景玉

摘要： "做好美育工作，要坚持立德树人，扎根时代生活，遵循美育特点，弘扬中华美育精神，让祖国青年一代身心都健康成长。"这句话是习近平总书记给中央美术学院8位老教授回信中的内容。这为我们美术教师做好新时代学校美育工作提供了可遵循的原则。学校应重视以美育人、以文化人，在学生心中播种下社会主义核心价值观的种子，弘扬中华民族精神，促进青少年一代健康成长。围绕着立德树人这一根本任务，理应构建多元化、高水平的学校美育工作体系，充分发挥美育对丰富德育工作的重要作用，切实促进学生德智体美劳全面发展。

关键词： 美术欣赏；立德树人；高中美术

美术欣赏课是美术教学环节中的重要组成部分。初、高中阶段美术欣赏教材中多以古今中外名作、佳作为例，具有极其丰富的文化内涵、艺术价值和历史意义，并具有强烈的代表性。通过美术欣赏课教学中的作品分析、历史背景讲解，作品主题、题材的讲解，渗透德育教育，对学生的道德、思想品质能够产生深刻的影响。

就自身教学的体会谈谈高中美术欣赏课中德育渗透与实施的问题。

一、美术欣赏课对学生的爱国主义教育

高中的美术教材欣赏部分选了大量的古今中外的优秀艺术作品。通过欣赏这些优秀的美术作品，能够树立学生的爱国主义思想。高中学生大部分年龄介在16-18岁，

正是求知期，更是建立理想、树立信念的关键时段。例如欣赏作品《清明上河图》，作品的中心是由一座虹形大桥和桥头大街的街面组成。粗粗一看，人头攒动，杂乱无章；细细一瞧，这些人是不同行业的人，从事着各种活动。将汴河上繁忙、紧张的运输场面，描绘得栩栩如生，更增添了画作的生活气息。张择端具有高度的艺术概括力，使《清明上河图》达到了很高的艺术水准。《清明上河图》丰富的内容，众多的人物，规模的宏大，都是空前的。《清明上河图》的画面疏密相间，有条不紊，从宁静的郊区一直画到热闹的城内街市，处处引人入胜，充分表达出我国北宋时期的繁荣富强。例如，在课堂上讲《富春山居图》，先谈到作品的来历、艺术价值，作品在中国绘画史上的地位，从而激发学生对此作品的珍爱之情和民族自豪感。《富春山居图》是元代著名书画家黄公望的一幅名作，是中国书画珍品。它是以长卷的形式描绘了富春江两岸初秋的秀丽景象，布局疏密有致，以清润的笔墨、简远的意境，把浩渺连绵的江南山水表现得淋漓尽致，达到了"山川浑厚，草木华滋"的境界。进而再谈及作品如何经火烧断为两部分：一部分在大陆，另一部分在解放前流落到台湾。于是进一步启发学生，让他们理解并知道：是他们肩负着使祖国早日统一、山河一体的重任，是他们需要为中华之崛起而读书，这样就会引起学生的强烈反响，进而引起学生的内心共鸣，激发学生的爱国情怀，提高学习的兴趣。

二、美术欣赏课对学生的公德教育

公德是指生活在社会中的人们最起码也最简单的道德规范。高中阶段学生正处在青春期，是更新知识，树立人生观、价值观、道德观的重要阶段。他们的可变性大，可塑性强。俗话说"习惯成自然"，要改掉他们自身的不良习惯单凭家长的叮咛与嘱咐、教师的苦口婆心是苍白无力的。而利用美术欣赏课能够潜移默化地影响学生的气质和品格等。有一句话叫"一部好书能改变一个人"，那么一件好的艺术作品同样能改变一个人，改变一个人的宙美观念。通过对美术欣赏课中形象生动的美术作品的感性认识，培养学生区分真、善、美，辨别假、丑、恶的能力，做到明是非、知荣辱、辨美丑、守纪律，这是一条促使学生改掉不良习惯、遵守公德的有效途径。例如，漫画欣赏课《难以忍受》的作者通过夸张幽默的艺术表现手法，描绘出到处乱写乱画者的丑态。课堂中学生看后会引起强烈的反响。捧腹大笑，于是便体会到了作者的本意，从而意识到我们不能乱写乱画，应爱护公共设施，保护我们的生活环境，也知道了自己应该如何做，什么能做什么不能做，这样就达到了我们在教学中灌输德育教育立德树人的目的。

三、美术欣赏课对学生进行"两史一情"教育

优秀的美术作品充分展现出了人类社会物质文明与精神文明发展和进步的全过程，涵盖了中国乃至全世界的历史演变与发展的全过程，无论是我国古代的悠久文化历史，还是我国近现代的民族抗争、自强自立、艰苦奋斗，还是外国美术从古埃及到文艺复兴时期都描绘得既生动又详实。在美术欣赏课教学中，学生通过对优秀作品的欣赏，了解当时的社会环境及人文状况和自然环境，以及作品所蕴含着的丰富的历史知识和精湛的艺术手法，增加了学生对艺术大师的崇敬之情和爱国主义情怀。比如欣赏我国唐代绘画作品《步辇图》时，首先介绍我国盛唐时期的政治、经济、外交等，在政治上广纳贤才，虚心纳谏，"内举不避亲，外举不避仇"，与少数民族通婚；经济上对外贸易繁荣，并与多个国家建立了国际往来。《步辇图》通过大批人物形象的塑造，生动形象地再现了唐太宗如何接见吐蕃族迎亲使者禄东赞的历史场面。它不仅是汉藏兄弟民族友好情谊的历史见证，更是最早反映我国汉族与藏族团结和睦的历史画卷。

美术是人类创造的一种精神产品，它有别于听觉艺术的音乐、语言艺术的文学，是具有造型性、可观性、静态性的一种空间艺术。正因为有以上基本特征，美术作品首先应该是可以被人感知的。美术欣赏正是对美术作品的欣赏，通过其塑造的艺术形象感知作品的艺术美。美术欣赏教学是美术教学中的一个重要组成部分。美术欣赏课不仅有助于提高学生的审美能力和艺术修养，而且有助于发展学生的创造力和想象力，有助于培养学生高尚的情操和形成健康的审美观。美术课堂教学特别是美术欣赏课堂教学的目的并不是把每个学生培养成专业人才，除了知识技能的教学外，更重要的是提高学生的兴趣，进行审美教育和情感教育，让学生以一种美好的心态去面对周围的一切，面对未来。让学生在潜移默化中接受美的熏陶，才能培养学生向往美的情感，形成高尚的道德情操。

参考文献：

［1］朱光潜.西方美学史［M］.北京：人民文学出版社，1963.

［2］王伯敏.中国绘画史［M］.上海：上海人民美术出版社，1982.

［3］徐书城.宋代绘画史［M］.北京：人民美术出版社，2000.

美术欣赏课中培养学生审美能力之我见

朱宪伟

摘要：普通高中美术教学以立德树人为根本任务，通过欣赏古今中外优秀的美术作品，以美育人，引导学生以自主、合作、探究方式参与美术学习，学会在现实生活情境中发现、提出和分析问题，综合运用美术学科及跨学科知识与技能解决问题，增强社会责任感。教学中，依据形式美原理分析自然、日常生活和美术作品中的美，形成健康的审美观念。从文化角度分析和理解美术作品，认同并弘扬中华传统文化，尊重人类文化的多样性。

关键词：美术欣赏；审美能力；审美原理

常言道："爱美之心，人皆有之。"自古人们就有欣赏美、追求美、创造美的天性和习惯。壮丽的山河、盛开的花朵、幸福的微笑、端庄优雅的仪表、精妙传神的艺术佳作……这些美的画面都会吸引人的目光，打动人的心灵，愉悦人的心情。尽管每个人的生活学习经历有所不同，对美的认识和判断标准有差异，但那些自然质朴、真诚感人、积极向上、充满正能量的美是我们绝大多数人欣赏、追求的方向。不断地欣赏精美高雅的艺术作品，参与生动有趣的审美活动，耳濡目染，循序渐进，就会潜移默化地提升我们的审美能力。对于渴望知识、不断成长的高中生来说，同样需要积极有效的审美教育来提高他们的综合素质和道德情操。美术教学在培养学生审美能力方面发挥着特殊的作用。

审美性原则是美术教学的重要特点。在教学中教师为学生提供具有审美价值的教学内容，通过其教学使学生获得美的感受，领会客观世界的美和艺术之美，提供其审美知觉与审美判断能力。人的审美感受很大一部分来自人的视觉，是由人的眼睛看自然物、人造物或艺术品所得。即使人们欣赏舞蹈、音乐、戏剧、电影、电视等艺术，也需要用眼睛观看，包含着对人物形象美、化妆美、服装美、舞台设计美、灯光美、动作美等造型美的审美感受，这样的审美感受才更丰富，更充实。美术学科的特点决定其教学要体现造型艺术的审美性，要对学生进行领会其美的教育，美术教学就是审美的实践活动。那么怎样来提升学习的审美能力呢？我认为可以从以下几方面入手调动学生的学习积极性。

一、让学生观察、感受美术作品的造型、形式之美

美术作为造型艺术，是一种非语言的通过视觉形象传达信息、感情与观念的行为方式，是人类交流的重要方式。优秀的美术作品无一例外地通过典型的、有审美特色的主体形象传递创作者的意图和情感，造型生动、形式感强烈、主题鲜明、极富感染力。例如，东汉时期著名的青铜雕像"马踏飞燕"，造型写实，构思十分巧妙。一匹膘肥体壮、体态均匀、鬃毛整齐、昂首挺胸的骏马风驰电掣般呼啸而来，尾巴向后扬起，它张开的大口，使人们仿佛听到了它高亢的嘶鸣声。艺术家匠心独运，设计成马的三只蹄抬起，只有右后蹄落下，支撑着整个奔马的重量，造型的平衡是一个难题，艺术家有意使马的头和颈往后收缩，让重心尽量后移，同时后蹄尽量前伸，让马的支撑点和重心正好在一条垂直线上，再加上向前伸出的两条腿和扬起的尾巴，不仅使马在整体上保持平衡，而且使马的造型更加优美。令人拍案叫绝的是，马的这只后蹄踏在一只飞燕上，作者非凡的想象力表现了超然的神速。作品具有蓬勃的生命力和一往无前的气势。而西汉霍去病墓石刻群造型形式之美另具特色。包括马踏匈奴、卧马、跃马、卧虎、卧象、卧牛、石蟾等14件，全部用花岗岩雕成。作者运用循石造型的艺术手法，巧妙地将圆雕、浮雕、线刻等技法融汇在一起，刻画形象以恰到好处、足以表现客体特征为度，绝不作自然主义的过多雕琢，从而加强了作品的整体感和力度感，堪称"汉人石刻，气魄深沉雄大"的杰出代表。这项纪念碑群雕的主体是——马踏匈奴石刻。在这件高168厘米的主题雕刻中，作者运用寓意手法，以一匹气宇轩昂、傲然卓立的战马形象象征骠骑将军霍去病，以战马将侵略者践踏在地的典型情节，来赞颂骠骑将军在抗击匈奴战争中建树的奇功，那仰面朝天的失败者，手中握着弓箭，尚未放下武器，告诫人们切不可放松警惕。作品的外轮廓雕刻得极其准确有力，马头到马背部分，作了大起大落的处理，形象十分醒目。马踏匈奴石刻是思想性与艺术性完美统一的典范，是西汉纪念碑雕刻取得划时代成就的标志。

美术作品形式感的抽象美是审美的重要因素。生动的艺术形象不是自然和生活形象的简单模仿和复制，是作者经过高度的艺术概括、夸张、变形，提取抽象因素重新组织，加工，塑造出崭新的艺术形象。美术教师要善于引导学生从优秀的美术作品中发现抽

象美的规律，点线面、黑白灰构成的节奏，尝试着应用到各种美术技能的实践中。例如，书法，凭借其线条与结构美，成为书写情怀的手段，可以说是抽象美的大本营。陈老莲《水浒叶子》绣像插图的衣纹组织更具独特抽象美感。当代著名画家、美术教育家吴冠中先生对绘画的形式美感作了大量深入细致的研究，他游览各地，不间断地写生，形成民族性与当代性相结合的独特的个人风格。他认为，采用民族的构思、构图与西方的写实手法及形式美规律地结合，更着力于意境美，因此在每幅作品的创作中都需要转移写生角度与地点，移花接木，移山倒海，运用各局部的真实感构建虚拟的整体效果，提出了中国韵味、中国意境与西方现代形式美感结合的新课题。

二、让学生理解美术作品的题材内容之美

生活是美术创作者的灵感源泉，处处都有美。西班牙著名艺术家毕加索说过："生活中不是缺少美，而是缺少发现。"古今中外流传下来的经典美术作品都是那个时代生活的真实写照。画家善于搜集生活中打动人心的素材，经过组织、加工，创作出精美的艺术作品。例如，现代著名画家傅抱石和关山月为北京人民大会堂创作的一幅壁画《江山如此多娇》表现了祖国大好河山的壮美。画家采取俯视构图，极目远眺祖国的美丽山川，远处山峦起伏，惟余莽莽。中景长城逶迤，大河滔滔。近景松涛阵阵，清泉奔流。更有一轮红日高高挂在天边，生机勃勃，气象万千。作者以美的绘画形象再现了毛泽东诗词《沁园春·雪》的磅礴气象。壮哉！美哉！又如北宋著名画家张择端的风俗画《清明上河图》是宋代风俗画的顶峰之作。表现了中国古代城市格局、面貌的历史性转换以后的兴衰气象。画面以全景式构图，严谨精细的笔法，展现了12世纪中国都市各阶层人物的生活状况和社会风貌，内容异常丰富。总计人物500多个，牲畜50余头，船只、车辆20余乘。各色建筑上百座，有城门楼阁、桥梁寺院，有官府宅第、百姓村舍。其中的人物包括多种社会阶层成员，以反映市民生活为主。全卷分三段：首段为市郊风景；中段是以虹桥为中心的汴河及其两岸车船运输、商贸活动；后段写市区街景，车水马龙，繁华热闹。这幅画所表现的主题，是对汴梁日常生活的赞美与歌颂，是北宋时期城市文明的结晶。作品对宋代城市面貌做了百科全书式的描绘，是现实主义的杰作。

三、让学生领悟美术作品传递的情感之美

艺术源于生活，又高于生活。每一件成功的美术作品都是作者带着真情实感来创作的，唯有如此才能调动自己的情绪，展开构思、想象力，极力运用特有的艺术手法

进行创作，表达自己的审美感受，引起观者的共鸣。美术教师要适时启发引导学生领会作品抒发的意境和情感。中国画的"意境"是一种借助匠心独运的艺术手法所营造出的情景交融，境与意会，意味隽永深长的艺术境界。意境理论的提出与发展，使中国传统绘画，尤其是山水画创作在审美意识上具备了二重结构：一是客观事物的艺术再现，一是主观精神的表现，而二者的有机联系则构成了中国传统绘画的意境美。为此，传统美术所强调的意境，既不是客观物象的简单描摹，也不是主观意念的随意拼合，而是主、客观世界的统一，是画家通过"外师造化，中得心源"，在自然美、生活美和艺术美三方面所取得的高度和谐的体现。意境的表现能带给绘画创作和欣赏更加广阔而深邃的艺术空间与审美享受，因而也是画家们刻意追求的境界。著名画家齐白石的作品《蛙声十里出山泉》，以蛙声出山泉立意，以数尾蝌蚪取像，绘声绘色地成功表现出诗句清新、隽永的意境。清代著名画家石涛的作品《李白诗意图》，画出山间客舍和大片的云天，景象极为空旷、苍茫。虽无明月，却很好地表现出李白诗句"举头望明月，低头思故乡"悠长而深邃的意境。

综上所述，优秀的美术作品是内容与形式的和谐统一，艺术性与思想性的完美统一。在欣赏课上，美术教师可以采用分组讨论，启发式教学方法，充分调动学生审美感知，既能认识到美术作品特有的形式美感，又能感受到作品里蕴含的思想情感，与作者产生共鸣。做到愉悦心情，陶冶情操，启迪智慧。提升学生对高雅美、高尚美的理解和认知，培养学生的审美能力。

参考文献：

[1] 常锐伦.美术学科教育学［M］.北京：首都师范大学出版社，2000.
[2] 吴冠中.吴冠中画语录［M］.北京：人民文学出版社，2009.

深入挖掘中国画题画诗对学生的教育意义

张剑平

摘要： 在中国画鉴赏教学中，我们完全有必要也必须通过深入挖掘题画诗的深刻含义，增加对中国画画外之意的理解，达到滋润、影响学生的素养和生活情趣，使学生在以后的人生历程中逐渐形成积极向上、高雅友善的生活品位的育人目标。

关键词： 高中美术；中国画题画诗；鉴赏与写作

德育工作是学校工作的灵魂，它致力于对学生思想品德和人格素质的培养，体现着学校教育的基本目的，贯穿德、智、体、美教育实践各个方面，统领着整个学校教育。它对青少年学生健康成长和学校工作起着导向、动力和保证作用。如果说小学德育是社会主义精神文明建设的奠基工程，是提高全民族思想道德素质奠基性教育，是培养造就合格公民的起点，那么高中德育则是整个中小学德育向大学德育的过渡和衔接，是培养学生正确人生观、价值观和世界观的关键节点，具有极其重要的作用和意义。

高中美术课程中的德育资源具有两种属性。

一类是存在于主题性绘画作品中的显性德育资源。比如董希文的油画《开国大典》、陈逸飞与魏景山合作的油画《蒋家王朝的覆灭》等等，这一类型作品的创作目的本身就具有重要的历史意义及育人作用，是正面说教型的，在教学实践中比较容易掌握和运用。

另一类是存在于中国画和书法作品中的隐性德育资源。从中国画和书法作品表面来看，似乎和德育没有关系，然而这一类型的德育教育属性，是通过潜移默化的滋润来影响人的素养和生活情趣，逐渐形成积极向上、高雅友善的生活品位，从而达到德育的根本目的。显性德育资源对人的教育往往是一时的，而像中国画和书法这样注重培养人的素养、生活情趣和品位的隐性德育资源，对人心灵的滋润和影响却是一生的。

对本民族文化的认同和热爱，就意味着对民族和祖国的热爱，这正是学校德育工作根本目的之所在。但是，由于这一类型德育资源是隐性的，在教学中不是被教师所忽视，就是不知道如何引领学生深入探究。

古希腊诗人西蒙尼蒂斯说"画是无声诗，诗是有声画"，我国宋代大文豪苏东坡评价王维的诗和画是"诗中有画、画中有诗"，诗画就意境而言本来相通。中国画讲究"诗、书、画、印"四位一体，把"诗"排在首位，可见题画诗对于中国画的重要性。因此，在中国画鉴赏教学过程中，我们完全有必要也必须通过深入挖掘题画诗的深刻含义，增加对中国画画外之意的理解，达到滋润、影响学生的素养和生活情趣，使学生在以后的人生历程中逐渐形成积极向上、高雅友善的生活品位这样的育人目标。

由于"题画诗"在中国画花鸟画科中体现得比较丰富多彩，下面我就具体论述在中国花鸟画鉴赏教学过程中，怎样深入挖掘"题画诗"所蕴含的深层德育要素，启发和引导学生对中国花鸟画画外之意进行分析和理解，进而激发学生对本民族文化艺术的热爱之情，增强学生的自身修养和爱国情怀，最大程度地实现德育教育目标。

我主要通过两个教学环节来实现上述的教学目的。一是通过鉴赏题画诗，引领学生进入中国画鉴赏的深层次；二是通过指导学生自己写题画诗，进一步激发学生对继承和发扬本民族文化艺术传统的热情，增强学生的自身修养和爱国情怀。这两个环节是相辅相成的关系，第一个环节是实现第二个环节的重要基础和铺垫；第二个环节是第一个环节所展现的中国传统美学深刻内涵的有效拓展和延伸，对学生审美教育和德育都意义重大。

第一环节：题画诗鉴赏

中国花鸟画题画诗，有多种写作目的和表达形式，我主要从以下三个典型方式来选取教学素材，引导学生深入鉴赏。

1.物理物态的联想

花鸟的物理、物态一般都画得出来，但有两样无法表现，得靠题画诗来帮忙，那就是被称为"天籁"的声音和花卉的香气。这些也是花鸟独具的特性，是它们被人类所欣赏的美感的组成部分，虽然画不出来，但诗可以描述，把它们题在画上，可以为画增添趣味，扩大审美空间。

例1　唐寅题《画竹诗》：

> 一林寒竹护山家，
> 秋夜来听雨似麻。
> 嘈杂欲疑蚕上叶，
> 萧疏更比蟹爬沙。

一首诗用三句写竹子的声音，比喻十分奇特，这就扩大了画面的联想空间，为画面增添了笔墨造型无法表现的审美趣味。

例2　陈道复题《画梅》诗：

> 梅花得意占群芳，
> 雪后追寻笑我忙。
> 折取一枝悬竹杖，
> 归来随路有清香。

尾句利用诗歌能够叙事与述香的特长，创造一种令人愉悦的氛围。你会联想一路上的行人，碰到竹杖悬梅的采花老人，都会禁不住深深地吸一下梅的香气，诗和画的意境就活了。

2. 表现物情与物趣

花鸟的"物情"也是绘画形式所难于表现的，也需要题画诗来帮忙表达，这也是诗的专长。所谓"物情"，是人的情感与心境投射到花鸟引起共鸣之后的回响及反应。动植物有生命，但没有意识，不会思维，所以花鸟也无所谓情和趣。花情鸟趣都源于人以自己的情感为标准，赋予花鸟各种审美价值，使花鸟成为欣赏对象，从古至今一直被写画被吟咏，永不乏味。这就要求题画之人自己必须首先要有思想、有情趣，才能移情于花鸟，让花鸟作代言人，抒发自己的审美情感。

一般来讲，题画诗都是作者借物比兴，联系自己的生活、思想与情感，歌之咏之、乐之忧之、嬉笑怒骂、皆成文章。花鸟题画诗是画者精神情感抒发的工具，画面为抒发提供了一个场景。

例1　郑板桥题《兰》诗：

> 乌皮小几竹窗纱，
> 堪笑盆栽几箭花。
> 楚雨湘云千万里，
> 青山是我外婆家。

诗中用兰花的口气，说它本来住在千里之外的青山里，现在被栽到花盆中，感到很好笑。这是极富诗歌想象力的拟人，让我们仿佛看到几位非常可爱的潇湘少女，嬉笑畅谈，心情不禁为之怡然，画外之韵味增加了画面的美感。

例2　齐白石题《鸡冠花》诗：

老眼朦胧看作鸡，

通身毛羽叶高低。

客窗一夜如年久，

听到天明汝不啼。

　　一般来说，再怎么老眼朦胧，也不会把鸡冠花认作是公鸡。这样写也是借写物趣，产生人与物的互动，表现离乡之人对故土的思念。

　　3. 托物寓意和抒情

　　托物寓意和抒情，是题画诗的重要形式之一。花鸟画题诗重寓意，这是中国文人花鸟画形式构成中重要的中华民族艺术特色之一，是最能表达作者内心的激情与感受的主要载体，同时也是区别于西方绘画（静物画）的重要标志之一。

　　例1　郑板桥题《风竹》诗：

衙斋卧听萧萧竹，

疑是民间疾苦声。

些小吾曹州县吏，

一枝一叶总关情。

　　郑板桥这首著名的题画竹诗，是托物寓意的佳例。诗中利用竹子被风吹动的声音来升华普通墨竹的内涵。一般题墨竹，都只是把它作为君子刚正不阿的象征，郑板桥却把它作为一种提醒官员施行德政的座右铭，既独具匠心，又体现了自己的道德情操，使人深受感动。他在写给弟弟的家书中，批评王维和赵孟頫的平生诗文"可曾一句道着民间痛痒？"说明这是一个画家自我完善道德的行为，也是诗画有益于社会的突出实例。从这个例子就足以领会中国文人花鸟画托物寓意、修身养性的意义。

　　例2　郑板桥题《竹石图》诗：

咬定青山不放松，

立根原在破岩中。

千磨万击还坚劲，

任尔东西南北风。

　　郑板桥是历代花鸟画家中，最善于在题画诗里托物寓意的一位。这幅《竹石图》里的诗画所要反映的，是坚韧不拔的人格精神，竹石同样只是一种媒介。画家在立意时，抓住了竹子根部的物理特征，再利用拟人化手法，使竹子形象变得高大坚强，具有了人的精神。这种拟人手法，和第一首题画诗的比喻手法，都是托物寓意最常运用的，我们教师首先要做到深刻的领会，然后引导学生进行深入的鉴赏。

以上，通过三个方面题画诗的分析与鉴赏，我们体会到抓住题画诗这一关键，是有效提高高中美术中国花鸟画鉴赏课教学质量的重要手段，我们要在新课标指导下，深入充分地挖掘教材的内涵与外延，引领学生的心智向美术鉴赏的深层次发展，以达到最好的教学效果，这也是实现德育目标的有效途径和方法。

第二环节：题画诗的写作

选取中国历代名家经典花鸟画作品，引导学生根据自己的想法和经历重新立意，指导学生尝试题画诗的写作，是高中美术中国画鉴赏课教学的创新实践，是在引领学生深入鉴赏题画诗的基础上，使学生对中国传统美学思想深刻内涵加深理解和扩大外延的有效手段，不仅可以极大地激发学生的学习乐趣和创新精神，而且还可以增强学生的实践能力，从而实现提高学生自身修养和爱国情怀的育人目的。

指导高中生尝试题画诗的写作，是一个普及性与专业性合理结合的系统性的教学工作。当今的高中生，对中国古典诗词从表面上看似熟悉，其实，从专业写作的角度来看是非常陌生的，几乎是一窍不通。因此，怎样化繁为简，能够使学生快速入门，从而产生强烈的创作兴趣，就成了这项创新性教学工作的关键。我是从以下三个方面入手，在短时间内迅速解决这个难题的。

1. 押韵的问题

"合辙押韵"是中国古典诗词的根本标志，离开了"合辙押韵"这个基本原则，那就不是中国古典诗词了。因此，怎样用"韵"，就成了指导学生写作"题画诗"的首要问题。

自唐、宋始，到清、民国，一直到当代，中国的先贤学者和广大文人墨客始终运用自古以来的《平水韵》《佩文诗韵》《词林正韵》等韵书，这些韵书，是在充分尊重汉语的古音和方音的基础上编制的，韵部的划分也比较细致繁琐。

就汉语的古音和方音来说，比如"白"字，在现代汉语普通话里读"bái"，是平声，而在古音或方音里就读"bò"，是仄声。再就是"入声字"的问题，比如鸭子的"鸭"和乌鸦的"鸦"，在现代汉语普通话里都读"yā"，是平声，完全相同；而在古音或方音里"鸭"字是"入声字"，发音舌头卷起来声调上挑，是仄声字，而"鸦"字读"yā"，是平声，两字古音和方音完全不同。

因此，为了使学生快速入门，化繁为简，我就指定学生以国家《现代汉语拼音方案》规定的普通话发音为基础，汉语拼音读音的"一声二声"为平声，"三声四声"为仄声；以《新华字典》规范的汉字为标准，取消"入声字"；这样一来，用韵的问题就简化了，障碍扫除，学生立刻就可以入门了。

2. 平仄格式的问题

中国古典诗词讲究"合辙押韵"，"韵"得合"辙"，这个"辙"就是中国古典诗词的形式规则。这方面，传统诗词韵律格式法则一般来说让人望而生畏。

为了能够让学生容易入门，我放弃了讲解传统诗词韵律格式法则及规律（这是古典诗词的核心，等学生入门以后，根据自身的兴趣和爱好再去逐渐了解和掌握），而是采取利用学生从小学就会背诵的经典古诗入手，通过掌握这些耳熟能详的经典古诗的基本平仄规则，然后进行模仿尝试创作，打消了学生心理上的畏难情绪，收到了很好的教学效果。

3. 模仿与借鉴

引导学生从互联网上寻找中国花鸟画名家大师经典的题画诗作品，重点寻找苏东坡、文同、王冕、文征明、沈周、唐寅、恽寿平、马元驭、扬州八怪、前海派画家、吴昌硕、齐白石、王个簃、诸乐三、吴茀之以及历代文人写的花鸟诗，通过模仿和借鉴，逐渐达到深入理解，进而能够以中国传统题画诗的形式抒发自己的情感，为自己所喜爱的花鸟画作品重新写作题画诗。

通过以上教学实践证明，学生普遍兴趣盎然，为自己喜爱的花鸟画作品写作"题画诗"的热情极高，潜藏在传统花鸟画背后的中国传统美学深刻内涵得到了有效的拓展和延伸，不仅对学生的审美教育有着重大的意义，而且极大地实现了德育育人的综合教学目标。

参考文献：

［1］洪惠镇.题画诗写作［M］.杭州：中国美术学院出版社，2004.